KIELER GEOGRAPHISCHE SCHRIFTEN

Herausgegeben vom Geographischen Institut der Universität Kiel
durch C. Corves, F. Dünckmann, R. Duttmann, R. Hassink,
W. Hoppe, N. Oppelt, A. Vafeidis und R. Wehrhahn

Schriftleitung: P. Sinuraya

Band 126

Hochwasser in Bangkok:

Verwundbarkeiten und Handlungsstrategien von Bewohnern

Frederick Massmann

KIEL 2015

IM SELBSTVERLAG DES GEOGRAPHISCHEN INSTITUTS
DER UNIVERSITÄT KIEL
ISSN 0723 – 9874

ISBN 978-3-923887-68-2

Bibliographische Information der Deutschen Nationalbibliothek
Die Deutsche Nationalbibliothek verzeichnet diese Publikation in der
Deutschen Nationalbibliografie; detaillierte bibliografische Daten sind
im Internet unter http://dnb.dnb.de abrufbar

ISBN 978-3-923887-68-2

Die vorliegende Arbeit entspricht im Wesentlichen der von der Mathematisch-Naturwissenschaftlichen
Fakultät der Christian-Albrechts-Universität zu Kiel im Jahre 2014 angenommenen gleichlautenden
Dissertation.

Das Titelfoto zeigt die Slumsiedlung Ratchapa-Tubtim-Ruamjai in Bangkok,
die regelmäßig von Hochwasser betroffen ist.

Foto: Frederick Massmann

Danksagung

Die Dissertation ist geschrieben, verteidigt und nun – endlich – auch gedruckt. Der lange, meist spannende und freudvolle aber auch oft steinige Weg liegt hinter mir. Dass ich es bis zum Ende geschafft habe, liegt vor allem auch an der Unterstützung zahlreicher Personen, denen ich an dieser Stelle meinen tiefen Dank aussprechen möchte.

Meinem Doktorvater Prof. Dr. Rainer Wehrhahn danke ich für das entgegengebrachte Vertrauen, die fachliche Betreuung und die persönliche Unterstützung während der gesamten Dissertationsphase. Seinen oft kritischen Nachfragen und seinen inhaltlichen Ratschlägen habe ich es zu verdanken, in den entscheidenden Augenblicken die richtigen Entscheidungen getroffen zu haben. Für die empirische Feldarbeit waren seine Erfahrungen und Hilfestellungen Gold wert. Gerne erinnere ich mich an fachliche Diskussionen und persönliche Gespräche in Bangkoks Bars, Cafés und Hotelzimmern.

Ich danke Prof. Dr. Horst Sterr für seine langjährige Unterstützung, für die Vermittlung wichtiger Kontakte und für kreative Gespräche. Weiterhin danke ich Prof. Dr. Florian Dünckmann, der spontan das Koreferat dieser Arbeit übernommen hat.

Ganz besonders danke ich den Mitgliedern meiner Arbeitsgruppe für die intensive und freundschaftliche Zeit, für inhaltliche und methodische Diskussionen und für die Hilfestellung untereinander. Geteiltes Leid ist bekanntlich halbes Leid und so danke ich den mehr oder weniger mit mir zusammen fertig gewordenen Kollegen und Freunden Dominik Haubrich und Angelo Gilles. Benno Haupt danke ich für das Korrekturlesen des Manuskriptes, Monika Höller für die organisatorische Unterstützung im Hintergrund und Petra Sinuraya für die nette Zusammenarbeit im Vorfeld der Veröffentlichung.

Einen wesentlichen Anteil am Gelingen dieser Arbeit hatten außerdem Uta Lungershausen, Imke Brandt, Lars Riesner und Joscha Kleber. Danke.

Diese Arbeit baut auf mehreren Forschungsaufenthalten in Bangkok auf. Ich danke den Kollegen vom Social Research Institute der Chulalongkorn University für die Bereitstellung eines Arbeitsplatzes und den fachlichen Austausch. Ganz besonders danke ich Dr. Narumon Arunotai für ihre kompetente und außerordentlich freundliche Unterstützung. Ich danke meinen Übersetzern Woon und Ann für ihre Arbeit und für spannende, lustige und nette Momente während der Feldforschung. Ich danke außerdem Sumon für ihre aufopfernde Hilfsbereitschaft bei allen kleinen und großen Problemen, mit denen ich in Thailand konfrontiert war.

Diese Arbeit wäre nicht möglich gewesen ohne die Bereitschaft der vielen Menschen in den Untersuchungsgebieten Ban Lad Kret und Ratchapa-Tubtim-Ruamjai mich an ihrem

Leben teilhaben zu lassen. Ich danke für das entgegengebrachte Vertrauen und die herzliche Offenheit, die es mir ermöglichten diese Dissertation zu schreiben.

Nicht zuletzt danke ich meiner Familie für all ihre Unterstützung bis zum heutigen Tag und ihr Vertrauen in mich. Ich danke meiner Freundin Alina für ihre unermüdliche Geduld und ihre Aufmunterung auch in den schweren Zeiten der Dissertation.

Kiel, im Mai 2015   Frederick Massmann

Inhaltsverzeichnis

Abbildungsverzeichnis

Tabellenverzeichnis

Abkürzungsverzeichnis

BAAC	Bank of Agriculture and Agricultural Cooperatives
BMA	Bangkok Metropolitan Administration
BMR	Bangkok Metropolitan Region
CODI	Community Organizations Development Institute
DAAD	Deutscher Akademischer Austauschdienst
DDPM	Department of Disaster Preparedness and Mitigation
DDS	Department of Drainage and Sewerage
DFID	Department for International Development
DPMA	Disaster Prevention and Mitigation Act
DPMP	Disaster Prevention and Mitigation Plan
ETA	Expressway and Mass Transit Authority
FROC	Flood Relief Operations Center
HFA	Hyogo Framework for Action
IPCC	Intergovernmental Panel on Climate Change
IWF	Internationaler Währungsfonds
MOAC	Ministry of Agriculture and Cooperatives
MoI	Ministry of Interior
MOPH	Ministry of Public Health
MSDHS	Ministry of Social Development and Human Security
NHA	National Housing Authority
NRO	Nichtregierungsorganisation
OTOP	One Tambon One Product
PAO	Provincial Administrative Organization
PAR	Pressure and Release
RID	Royal Irrigation Department
SLF	Sustainable Lifelihood Framework
SNAP	Strategic National Action Plan
TAO	Tambon Administrative Organization
TAT	Tourism Authority of Thailand
UCDO	Urban Community Development Office
UNISDR	United Nations Office for Disaster Risk Reduction
USD	US-Dollar

Zusammenfassung

Die Thailändische Hauptstadt Bangkok ist aufgrund der Kombination von extremen Nie-
derschlagsereignissen, Meeresspiegelanstieg, Landabsenkung, Sturmfluten und vielfältigen anthropogenen Nutzungen in überschwemmungsgefährdeten Gebieten regelmäßig
von Überflutungen betroffen. Im Jahr 2011 führte ein besonders schweres Hochwasser in
Thailand zu mehr als 800 Todesopfern, Millionen zerstörten Existenzen und wirtschaftlichen Gesamtschäden in Höhe von 46,5 Mrd. USD. Das staatliche Katastrophenmanagement offenbarte dabei schwerwiegende Defizite, was dazu führte, dass die betroffene
Bevölkerung auf eigene Strategien im Umgang mit der Überflutung angewiesen war.

Auf der lokalen Ebene unterscheiden sich die Auswirkungen von Hochwasser stark – sowohl zwischen einzelnen Nachbarschaften als auch zwischen Haushalten bzw. Individuen.
Die diversen Unterschiede repräsentieren vielfältige Verwundbarkeiten, die sich wiederum in bestimmten Bewältigungs- und Anpassungsstrategien manifestieren. Vor diesem
Hintergrund verfolgt diese Arbeit das Ziel das kontextspezifische Bedingungsgefüge der
Vulnerabilität von Bewohnern zweier ausgewählter Untersuchungsgebiete in Bangkok
sowie deren Handlungsstrategien im Umgang mit Hochwasser zu identifizieren und zu
analysieren. Aus einer akteursorientierten Perspektive werden dafür, aufbauend auf dem
Konzept der Doppelstruktur von Verwundbarkeit von BOHLE und der Strukturationstheorie von GIDDENS, gesellschaftliche Strukturelemente und Handeln im Kontext von Verwundbarkeit untersucht. Das Forschungsdesign beruht auf einem interpretativ-verstehenden Paradigma. Während drei Feldaufenthalten zwischen 2010 und 2013 wurden
insgesamt 43 problemzentrierte Interviews sowie vier Gruppendiskussionen durchgeführt.

Die vielschichtigen Ergebnisse der empirischen Untersuchungen machen deutlich, dass
die Einflussfaktoren von Vulnerabilität kontextspezifisch und multidimensional sind. Dabei erweist sich die historische Einbettung als besonders wichtig, d.h. Kenntnisse über
die Geschichte eines Ortes tragen entscheidend zum Verständnis von Vulnerabilität bei.
Weiterhin zeigt sich, dass die vielen gesellschaftlichen Einflussfaktoren von Vulnerabilität in gegenseitiger Wechselwirkung zueinander stehen und maßgeblich von eingeschränkten Verfügungsrechten und ungleichen Machtverhältnissen bestimmt werden.
Analytisch lassen sich die Einflussfaktoren einer sozialen, einer ökonomischen und einer
politischen Dimension zuordnen, die als Strukturelemente gleichsam die Bedingungen
von Handeln im Kontext von Verwundbarkeit repräsentieren. Im konkreten Vollzug von
Bewältigungs- und Anpassungshandlungen wird diese Struktur dann (re)produziert. Es
wird deutlich, dass die Bewohner der Untersuchungsgebiete die Ihnen zur Verfügung
stehenden Strukturelemente kreativ und flexibel einsetzen, um möglichst effektive Umgangsformen mit dem Hochwasser zu entwickeln. Dennoch schränkt ein begrenzter Zugang zu allokativen und autoritativen Ressourcen, dem oft ungleiche Machtverhältnisse
zugrunde liegen, das Handeln ein.

Summary

Bangkok, the capital city of Thailand, is prone to periodical and severe flooding triggered by a combination of heavy precipitation, sea level rise, land subsidence, and human land use in low lying areas. The severe flood event in 2011 resulted in more than 800 casualties, millions of disturbed livelihoods and economic losses of approximately 46.5 billion USD. Due to serious weaknesses of the governmental risk management, the affected population had to rely on themselves and developed its own strategies to cope with the disaster.

The flood impacts on the local level vary between single communities as well as between households and individuals. The various impacts represent different vulnerabilities and coping and adaptation strategies accordingly. Against this background, this study's aim is to identify and analyze the determining factors of the vulnerability of inhabitants in two case study areas in Bangkok as well as their handling of floods. From an actor-oriented perspective the vulnerability-concept of BOHLE which divides vulnerability into an internal and an external side is used in combination with GIDDENS' theory of structuration to examine societal structures and agency within the limits of vulnerability. The research design is based on a qualitative-interpretive paradigm. During three fieldtrips from 2010 to 2013 a total of 43 problem-based interviews and four focus group discussions were conducted.

The empirical research resulted in complex outcomes that illustrate the context-sensitivity and the multidimensionality of vulnerability. Vulnerability is historically embedded, i.e. knowledge about the history of a place contributes to a better understanding of vulnerability. Another result shows that the determining factors of vulnerability are linked inextricably to one another and that they are influenced by limited entitlements and unequal power relations. The various factors contributing to vulnerability can analytically be assigned to a social, an economic and a political dimension, that represent the conditions under which actors carry out coping and adaptation strategies. By the use of these strategies, actors (re)produce the conditions that enable and restrict their agency. The inhabitants of the two study areas apply creative and flexible coping and adaptation strategies. Nevertheless their freedom of action is very much restricted by limited allocative and authoritative resources that are a result of unequal power relation.

1 Einleitung

Verstädterung und Verwundbarkeit – seit Beginn des 21. Jahrhunderts finden diese beiden Begriffe im wissenschaftlichen und gesellschaftlichen Diskurs zunehmend zusammen. Von 1994 bis 2014 hat sich die weltweite Bevölkerung in Städten von 2,3 auf 3,9 Milliarden erhöht. Damit leben inzwischen mehr Menschen in Städten als auf dem Land. Projektionen für 2050 sprechen von 6,3 Milliarden (UN 2014). Das schnelle Städtewachstum geht einher mit Vorteilen und Chancen auf der einen Seite (z. B. effiziente Flächennutzung, großer Arbeitsmarkt, kreative und innovative Milieus) und mit vielfältigen, sich wechselseitig überlagernden Problemen auf der anderen Seite (z. B. Zunahme an sozialen und ökonomischen Disparitäten, ökologische Probleme, schwierige Regierbarkeit). Besonders ausgeprägt sind diese Dynamiken in Megastädten, also in Städten mit mehr als fünf Millionen Einwohnern (KRAAS 2007b). HANSJÜRGENS et al. (2008, S. 20) sehen in ihrer konzeptionellen Arbeit über Vulnerabilität in Megastädten bevorzugt die negativen Begleiterscheinungen des Stadtwachstums und warnen: „It is surely no exaggeration to assume that some cities will reach currently inconceivable dimensions".

Große Bevölkerungsteile von Millionen- und insbesondere Megastädten sind dabei exponiert gegenüber Naturgefahren und oft in hohem Maße verwundbar (MITCHELL 1999). Insgesamt 60 % der Menschen, die 2011 in Städten mit mehr als einer Million Einwohnern lebten (das sind ca. 890 Millionen), waren einem hohen Risiko ausgesetzt von Hochwasser oder Erdbeben betroffen zu sein (UN 2014). NICHOLLS (1995) weist darauf hin, dass sich Städte als wichtige Wachstumspole aus strategischen Gründen meist an Flussufern und Küsten befinden und damit einem erhöhten Risiko gegenüber Hochwasser, Stürmen und Sturmfluten ausgesetzt sind. Die größte Exposition weisen Städte in Deltaregionen auf, von denen sehr viele in Asien liegen (SYVITSKI et al. 2009). Als Beispiele können hier Kalkutta, Dhaka, Ho-Chi-Minh-Stadt, Shanghai und Bangkok genannt werden.

Naturkatastrophen stellen eine der großen gesellschaftlichen Herausforderungen dieses Jahrhunderts dar. Nach WISNER et al. (2004) starben allein von 1900 bis 1999 über 80 Millionen Menschen durch Dürreereignisse, Überschwemmungen, Erdbeben und Tsunamis, Stürme sowie Vulkanausbrüche. Die Opferstatistiken werden dabei angeführt von den weniger entwickelten Ländern dieser Welt, in denen schon vergleichsweise schwache Naturereignisse katastrophale Wirkungen nach sich ziehen. Neben den Charakteristika der Naturgefahr sind nämlich vor allem gesellschaftliche Faktoren maßgebliche Determinanten für das Schadensausmaß. Ein Vulkanausbruch auf einer unbewohnten Insel ist demnach keine Katastrophe, sondern lediglich ein spektakuläres Naturphänomen. Herr Geiser, die Romanfigur aus „Der Mensch erscheint im Holozän" von Max Frisch bringt diese Überlegungen auf den Punkt: „Katastrophen kennt allein der Mensch, sofern er sie überlebt; die Natur kennt keine Katastrophen" (FRISCH 1979, S. 103).

Die hier angesprochene gesellschaftliche Dimension von Naturkatastrophen spielt in urbanen Räumen eine besondere Rolle. Nach HANSJÜRGENS et al. (2008) sorgen vor allem
die komplexen Transformationsprozesse in Städten, die auf unterschiedlichen zeitlichen
und räumlichen Skalen ablaufen, für eine spezifische Verwundbarkeit. Beispielsweise
kann ein rapides Stadtwachstum dazu führen, dass sich der Aufbau eines adäquaten staatlichen Katastrophenmanagements nicht in gleicher Geschwindigkeit vollzieht, sondern
sehr viel langsamer. Die sozioökonomischen Entwicklungen in Megastädten bringen in
aller Regel Gewinner und Verlierer hervor, wobei die Verwundbarkeit gegenüber den
meisten externen Einwirkungen, Naturgefahren eingeschlossen, bei den Verlierern sehr
viel größer ist als bei den Gewinnern. Sozial und ökonomisch marginalisierte Menschen
sind aufgrund ihrer oftmals unsicheren Wohn- und Arbeitssituation, aufgrund ihres eingeschränkten Ressourcenzugangs und aufgrund ungleicher Machtverhältnisse gemeinhin
stärker von den negativen Auswirkungen eines Naturereignisses betroffen (WISNER et al.
2004). Der Zusammenhang von gesellschaftlicher Verwundbarkeit und den Auswirkungen von Naturereignissen im urbanen Kontext wurde zwar erkannt und wird auch in
verschiedenen Studien thematisiert (z. B. BULL-KAMANGA 2003; SHERBININ et al. 2007).
Dennoch ist es so, dass lokale kontextspezifische Analysen, die eine detaillierte Erfassung der Vulnerabilität[1] erst ermöglichen, bisher unterrepräsentiert sind:

> „Although the risks faced by urban populations from climate change impacts, espe-
> cially in low- and middle-income nations, have been acknowledged in various regi-
> onal assessments, vulnerability cannot be reliably estimated without detailed know-
> ledge of local contexts, since vulnerabilities are so specific to each location and
> societal context. Too little attention has been paid to the vulnerability of urban po-
> pulations to climate change, and especially to the vulnerability of their low-income
> populations" (ADELEKAN 2010, S. 434).

Auch für die Megastadt Bangkok ist dies der Fall. In einer von der Weltbank in Auftrag
gegebenen Studie zu Hochwasserrisiken werden auf Grundlage komplexer Modellie-
rungen zwar verwundbare Stadtteile identifiziert. Allerdings werden gesellschaftliche
Bedingungsgefüge von Vulnerabilität dabei völlig außer Acht gelassen (World Bank
2009). Übergeordnete politische Rahmenprogramme wie der Bangkok 5-year Action
Plan for Climate Change sind ebenfalls eher technischer Natur. Sie fokussieren strukturelle Maßnahmen und vernachlässigen Anstrengungen auf lokaler Ebene die Verwundbarkeit zu reduzieren. Verschiedene Autoren konstatieren für Bangkok das Fehlen qualitativer, lokaler Studien zu Vulnerabilität gegenüber dem Klimawandel und assoziierten
Extremereignissen (vgl. HUTANUWATR o. J.; ONREPP 2010; AHSAN 2013).

---

1   Die beiden Begriffe Vulnerabilität und Verwundbarkeit werden in dieser Arbeit synonym verwendet.

Bangkok liegt im Delta des Chao Phraya Flusses und wurde noch Anfang des 20. Jahrhunderts als das „Venedig des Ostens" bezeichnet. Die unzähligen Kanäle, auch Khlongs genannt, waren Verkehrs- und Kommunikationswege, an denen die Menschen in zum Wasser gewandten Häusern lebten, Handel trieben und sich versammelten. Heutzutage erinnert kaum noch etwas an diese Zeit, denn seit dem Ende des zweiten Weltkrieges hat sich Bangkok schnell und tiefgreifend verändert (KRAAS 1996). Industrialisierungsprozesse in Kombination mit einer verstärkten Land-Stadt-Wanderung führten zu einem enormen Bevölkerungsanstieg, so dass Bangkok inzwischen weit mehr als zehn Millionen Menschen beheimatet (NSO 2010). Das Stadtwachstum verlief dabei weitgehend ungeplant und unkontrolliert. Bodenspekulation, mangelnde Regulierungen sowie fehlende Landnutzungsplanung führten zum heute charakteristischen Mosaik von Landwirtschaft, Industrie und Wohnnutzung, das sich entlang der Ausfallstraßen bis weit in die Schwemmlandbereiche des Chao Phraya ausbreitet (RATANAWARAHE 2013). In den zentralen Bereichen der Stadt ist in den letzten drei Dekaden ein verstärktes vertikales Wachstum in Form von Büro- und Hoteltürmen, Apartmenthochhäusern und Shoppingkomplexen zu beobachten. Parallel zu diesen Entwicklungen wurden mehr und mehr der vielen Khlongs zugeschüttet und zu Straßen umfunktioniert, so dass der ursprüngliche Charakter Bangkoks weitgehend verloren ging. Direkte und indirekte Folgen dieses rapiden und wenig geplanten Stadtwachstums sind eine Reihe sozialer, ökonomischer und ökologischer Probleme wie z. B. die Entstehung von Slums, verstärkte Informalität, Wasser- und Luftverschmutzung und eine völlig überlastete Verkehrsinfrastruktur.

Bangkok ist seit jeher mit monsunbedingtem Flusshochwasser konfrontiert, wobei sich die Ausgangslage grundlegend gewandelt hat. Noch vor etwa 70 Jahren lebten die Bewohner Bangkoks in einer Symbiose mit dem Wasser und seinen schwankenden Pegelständen. Heutzutage wird das Hochwasser mittels eines aufwendigen, technischen Hochwasserschutzes (z. B. Deiche, Schutzmauern und Pumpwerke) von der Stadt und seinen Bewohnern ferngehalten. Kommt es zu einem Versagen dieser Schutzmechanismen sind die Schäden meist besonders hoch; so auch im Jahr 2011 (KRAAS 2012) als es infolge extrem hoher Niederschläge von 1822 mm zwischen Januar und Oktober (das sind 28 % über dem Durchschnitt) in Kombination mit Starkregen durch mehrere durchziehende tropische Stürme zu einer der schwersten Überflutungen in der Geschichte Thailands mit insgesamt 813 Todesopfern und wirtschaftlichen Gesamtschäden in Höhe von 46,5 Mrd. US-Dollar (USD) kam. 13 Mio. Menschen in Zentral- und Nordthailand waren betroffen, darunter auch große Teile der Bevölkerung Bangkoks. Nach Angaben der Weltbank litten arme und marginalisierte Haushalte in Bangkok am stärksten unter den Überschwemmungen (World Bank 2012). Dieses Extremereignis zeigt, wie relevant eine wissenschaftliche Auseinandersetzung mit dem Thema Hochwasser für die Stadt Bangkok ist. Das Versagen des technischen Hochwasserschutzes rückt dabei gesellschaftliche Mechanismen im Umgang mit Überflutungen in den Mittelpunkt.

1.1 Zielsetzung und Fragestellung

Vor dem Hintergrund obiger Ausführungen beschäftigt sich die vorliegende Arbeit mit den Bewohnern[2] von zwei Untersuchungsgebieten in Bangkok und ihrer spezifischen Verwundbarkeit gegenüber Hochwasser. Bei den Untersuchungsgebieten handelt es sich um die innerstädtische Slumsiedlung Ratchapa-Tubtim-Ruamjai (im Folgenden abgekürzt als Ratchapa) und um Ban Lad Kret, ein Dorf auf einer im suburbanen Raum liegenden Flussinsel. Zentrales Anliegen ist es, aus einer akteursorientierten Perspektive mit qualitativen Methoden die Verwundbarkeit von Individuen und Haushalten in diesen beiden Untersuchungsgebieten sowie ihr Bewältigungs- und Anpassungshandeln zu analysieren. Bei Verwundbarkeit handelt es sich, wie sich in den theoretischen Überlegungen dieser Arbeit zeigen wird, um ein sehr komplexes Phänomen für dessen Analyse das gleichnamige Konzept herangezogen wird, das sich unterschiedlichster Ansätze bedient. Dadurch wird es möglich, den Facettenreichtum auf eine integrierte Art und Weise darzustellen und somit auch die vielfältigen Einflussfaktoren mit einzubeziehen. Aus dieser Zielsetzung ergeben sich folgende übergeordnete Fragestellungen:

- Was sind die Auswirkungen von Hochwasser auf die Bewohner der Untersuchungsgebiete und unterscheiden sich diese? Und wenn ja, aus welchen Gründen?
- Welche kontextspezifischen Faktoren konstituieren die Vulnerabilität der Bewohner?
- Welche Handlungsstrategien gibt es bzw. werden entwickelt, um die Auswirkungen von Hochwasser zu bewältigen und sich an zukünftige Ereignisse anzupassen?
- Welche Handlungsbedingungen liegen Bewältigung und Anpassung zugrunde und wie gestaltet sich deren Einfluss?

Um diese Fragen beantworten zu können, wird vor dem Hintergrund der Debatte um das dialektische Verhältnis von Struktur und Handeln die Weiterentwicklung eines theoretisch-analytischen Rahmens angestrebt, mit dem zum einen die Bedingungsgefüge (Strukturen und Prozesse) von Vulnerabilität gegenüber Hochwasser kontextspezifisch bestimmt und zum anderen die Besonderheiten des Handelns unter verwundbaren Bedingungen herausgearbeitet werden können. Auf Grundlage dieses erweiterten Analyserahmens sollen empirisch begründete Aussagen über qualitative Einflussfaktoren für Vulnerabilität getroffen werden. Auf methodischer Ebene sollen die Vorteile qualitativer Methoden für Vulnerabilitätsanalysen herausgestellt sowie die Potenziale der Kombination von problemzentrierten Interviews und Gruppendiskussionen aufgezeigt werden. Die Zielsetzung und die Fragestellung dieser Arbeit sind das Ergebnis eines schrittweisen

---

2 Im Rahmen dieser Arbeit wird auf eine Differenzierung zwischen weiblichem und männlichem Geschlecht, sofern es inhaltlich nicht erforderlich ist, aus Gründen einer besseren Lesbarkeit verzichtet.

und dynamischen Arbeitsprozesses, der vor allem auf drei Feldaufenthalten von 2012 bis 2013 basiert.

1.2 Aufbau der Arbeit

Die vorliegende Arbeit setzt sich im Wesentlichen aus sechs aufeinander aufbauenden Abschnitten zusammen. Auf die theoretischen Ausführungen in Kapitel 2 folgt die Erläuterung des methodischen Vorgehens in Kapitel 3, bevor in Kapitel 4 der Untersuchungskontext vorgestellt wird. Daran anschließend werden in Kapitel 5 die empirischen Ergebnisse der Arbeit dargestellt und erläutert, die dann in einer Schlussbetrachtung in Kapitel 6 zusammengefasst und abschließend diskutiert werden. Ziel des zweiten Kapitels ist es, einen theoretischen Rahmen für Verwundbarkeit aufzuspannen, mit dem das komplexe, miteinander in Wechselwirkung stehende Bedingungsgefüge aus sozialen, ökonomischen und politischen Faktoren sowie das kontextspezifische Bewältigungs- und Anpassungshandeln der betroffenen Bewohner der Untersuchungsgebiete analysiert werden kann. Die Grundlage hierfür bildet der Forschungsstand zum Thema Vulnerabilität (Kapitel 2.1), in dem die dominanten Entwicklungslinien im Hinblick auf die Fragestellung dieser Arbeit genauer betrachtet werden. Anschließend werden aus einer akteurs- und handlungsorientierten Perspektive konzeptionelle Überlegungen zu „Handeln im Kontext von Vulnerabilität" (Kapitel 2.2) ergänzt. Die theoretischen Ansätze werden schließlich in Form eines erweiterten Analyserahmens für diese Arbeit zusammengeführt (Kapitel 2.3).

Kapitel 3 befasst sich mit den methodischen Aspekten dieser Arbeit. Nach einer Darstellung der wesentlichen Bestimmungskriterien qualitativer Sozialforschung werden die beiden Erhebungsinstrumente „problemzentriertes Interview" und „Gruppendiskussion" präsentiert (Kapitel 3.1 und 3.2). Sehr wichtig für die Nachvollziehbarkeit der Forschung ist die detaillierte Darstellung der Durchführung der Datenerhebung (Kapitel 3.3), an die eine kritische Reflexion des Vorgehens anschließt (Kapitel 3.5). Verwundbarkeit als kontextspezifisches Phänomen kann nicht losgelöst vom Untersuchungskontext betrachtet werden. Die Einbettung dieser Studie in übergeordnete Rahmenbedingungen erfolgt in Kapitel 4. Zunächst wird anhand exemplarischer Einblicke die Stadtentwicklung Bangkoks vorgestellt (Kapitel 4.1 und 4.2) und aufbauend darauf die Exposition gegenüber Hochwasser erläutert (Kapitel 4.4). Abschließend erfolgt eine Einführung in das politische System Thailands (Kapitel 4.5), wobei der Fokus auf dem staatlichen Hochwassermanagement und auf politischen Strukturen und Prozessen liegt, die Verwundbarkeit konstituieren.

In Kapitel 5 werden schließlich die empirischen Ergebnisse dargestellt, analysiert und diskutiert. Aufbauend auf dem zuvor erarbeiteten erweiterten Analyserahmen werden die strukturellen Einflussfaktoren von Vulnerabilität einer sozialen (Kapitel 5.4.1), einer ökonomischen (Kapitel 5.4.2) und einer politischen Dimension (Kapitel 5.4.3) zugeordnet und mit exemplarischen Handlungsweisen in Beziehung gesetzt. Hieran anschließend werden weitere Bewältigungs- und Anpassungsstrategien sowohl der Bewohner (Kapitel 5.5) als auch verschiedener externer Akteure (Kapitel 5.6) vorgestellt und analytisch eingeordnet. Die Ergebnispräsentation wird dabei auf Grundlage der theoretisch-konzeptionellen Annahmen kontinuierlich reflektiert. Eine zusammenfassende Schlussbetrachtung, in der die zentralen Ergebnisse und Schlussfolgerungen dieser Arbeit herausgestellt werden, liefert Kapitel 6.

2   Vulnerabilität: Theoretische Grundlagen

Das wissenschaftliche Interesse an Katastrophen folgte lange Zeit einer naturdeterminis-tischen Perspektive. Ein Wendepunkt kam in den 1980er Jahren, als zunehmend auch die gesellschaftliche Dimension von Katastrophen berücksichtigt wurde (exemplarisch BIRKMANN 2006a). Ob eine Naturkatastrophe als solche wahrgenommen wird und wie die negativen Konsequenzen ausfallen, hängt nämlich keinesfalls nur von den Charakteristika der Naturgefahr ab – sei es ein Tornado, eine Dürre oder eine Überflutung – sondern vor allem vom Zustand der Gesellschaft, der in einer ersten Annäherung mit dem Begriff Vulnerabilität umschrieben werden kann:

> „Whether or not people have enough land to farm, or adequate access to water, or a decent home, are determined by social factors (including economic and political processes). And these same social processes also have a very significant role in determining who is most at risk from hazards: where people live and work, and in what kind of buildings, their level of hazard protection, preparedness, information, wealth and health have nothing to do with nature as such, but are attributes of society [...]. So people's exposure to risk differs according to their *class* (which affects their income, how they live and where), whether they are *male or female*, what their *ethnicity* is, what *age group* they belong to, whether they are *disabled* or not, their *immigration status*, and so forth" (WISNER et al. 2004, S. 6; Hervorhebung im Original).

Mit zwei Beispielen soll die Bedeutung gesellschaftlicher Vulnerabilität veranschaulicht werden: Ein Erdbeben der Stärke 6,6 auf der Richterskala führte im Dezember 2003 in Kalifornien zum Verlust von zwei Menschenleben. Nur vier Tage später starben bei einem gleich starken Beben 26.000 Menschen in der Stadt Bam im Iran. Ein weiteres Beispiel liefert der Vergleich des Erdbebens von Japan im Jahr 2011, das die Stärke 8,0 auf der Richterskala aufwies und 28.000 Todesopfer forderte, mit dem Beben von Haiti ein Jahr zuvor, das lediglich eine Stärke von 7,0 erreichte, bei dem aber fast achtmal so viele Menschen starben, nämlich 220.000 (FELGENTREFF et al. 2012). Verallgemeinernd kann man sagen, dass in den Ländern des Südens die Schäden von Naturkatastrophen[1] am stärksten ausfallen. Ein hohes Bedrohungspotenzial trifft hier auf geringe Bewältigungs- und Anpassungskapazitäten, die nicht zuletzt in der vergleichsweise schwachen sozioökonomischen Situation dieser Länder begründet liegt. Hans Magnus Enzensberger sagte ganz treffend: „Wir sitzen alle in einem Boot. Doch: Wer arm ist, geht schneller unter" (ENZENSBERGER 1978, S. 71).

---

1   Die Autoren Felgentreff und Glade schlagen vor, vor dem Hintergrund der hier veranschaulichten Argumentation, von Sozialkatastrophen anstatt von Naturkatastrophen zu sprechen (FELGENTREFF und GLADE 2008).

Dieser epistemologische Wandel spiegelt sich in der politischen Auseinandersetzung mit Katastrophen wider; auch wenn nach wie vor eine eher technokratische Herangehensweise an konkrete Lösungs- und Managementansätze dominiert (z. B. PELLING 2003; BRKLACICH und BOHLE 2006). Die Internationale Dekade zur Reduzierung von Naturkatastrophen der 1990er Jahre markierte den Anfang einer internationalen Aufmerksamkeit hinsichtlich der Themen Katastrophen und Verwundbarkeit und führte dazu, dass mittlerweile nahezu jede nationale Regierung, zumindest formal, Programme zur Reduzierung des Katastrophenrisikos vorgelegt hat (WISNER et al. 2011a). Das 2005 verabschiedete Hyogo Framework for Action (HFA) schob daraufhin die Verminderung gesellschaftlicher Verwundbarkeit in den Mittelpunkt des politischen Interesses. Die Einführung einheitlicher Indikatoren zur Messung von Vulnerabilität und die besondere Berücksichtigung der lokalen Ebene sind zwei wichtige Eckpunkte des HFA (UNISDR 2007). Auch die regelmäßig publizierten Berichte des Weltklimarates IPCC betonen inzwischen die gesellschaftlichen Aspekte des Klimawandels und fordern eine Reduzierung der sozialen Verwundbarkeit (IPCC 2007).

Dieses Kapitel richtet sich auf die wissenschaftliche Auseinandersetzung mit dem Thema Verwundbarkeit. Nachwievor gibt es keine einheitliche Definition des Begriffs Vulnerabilität, geschweige denn eine einheitliche Verwendung. Schon 1981 kritisierte TIMMERMAN (1981, S. 17): „Vulnerability is a term of such broad use as to be almost useless for careful description at the present, except as a rhetorical indicator of areas of great concern". Eine Metastudie aus dem Jahr 2006 hat 36 verschiedene Definitionen des Begriffs gefunden (THYWISSEN 2006). Diese Vielzahl reflektiert die verschiedenen Disziplinen, in denen das Konzept der Verwundbarkeit Verwendung findet und weiterentwickelt wird. Während Ingenieure und Naturwissenschaftler vor allem die physische Exposition gegenüber Schocks hervorheben, fokussieren Sozialwissenschaftler Machtverhältnisse und den Zugang zu Ressourcen. Ziel dieses Kapitels ist es, eine Übersicht über das breite Feld der Verwundbarkeitsforschung zu schaffen und relevante konzeptionelle Entwicklungen aufzuzeigen, auf denen der empirische Teil dieser Arbeit aufbaut. Die Besprechung des Forschungsstandes (Kapitel 2.1) mündet in der Formulierung bestimmter Desiderate (Kapitel 2.1.4), von denen vor allem die mangelnde gesellschaftliche Theoretisierung aufgegriffen wird. Mit Hilfe von Giddens' Strukturationstheorie werden dann strukturtheoretische Überlegungen durch eine stärker akteurs- und handlungsorientierte Perspektive ergänzt (Kapitel 2.2). Darauf aufbauend wird anschließend der Analyserahmen dieser Arbeit vorgestellt (Kapitel 2.3).

2.1 Entwicklungslinien der Vulnerabilitätsforschung

Eine für geographische Sachverhalte relevante Auseinandersetzung mit Fragen von Verwundbarkeit und im Zuge dessen mit der Entwicklung von Vulnerabilitätskonzepten begann Mitte des letzten Jahrhunderts und hält bis heute an. Um die Bedeutung der unterschiedlichen Begriffsdefinitionen und Konzepte, die es aktuell gibt, zu verstehen, ist es notwendig die historische Entwicklung sowie die dominanten Epistemologien der jeweiligen Forschungsfelder, die sich mit Vulnerabilität beschäftigen, genauer zu betrachten. In dieser Arbeit werden drei grobe Entwicklungslinien unterschieden: die von Beginn an stärker sozialwissenschaftlich fundierte Geographische Entwicklungsforschung, die in ihren Ursprüngen eher technische, praxisbezogene Hazardforschung und die stark integrativ ausgerichtete Nachhaltigkeitsforschung. In der Literatur finden sich andere Klassifikationen. So spricht SMITH (2004) anstatt von Entwicklungslinien von Paradigmen und differenziert zwischen dem *behavioural paradigm* und dem *development paradigm*, wohingegen HUFSCHMIDT (2011) eine Trennung zwischen der *human ecologist school* und dem *structural paradigm* vornimmt (weitere Klassifikationen bei z. B. CUTTER 2003; ADGER 2006). Allen Klassifikationsversuchen ist gemein, dass innerhalb der einzelnen Entwicklungslinien bzw. Paradigmen im Laufe der Zeit eine immer stärkere Differenzierung, auch durch den Einfluss von Nachbardisziplinen, stattfand, und dass die Unterschiede zunehmend verschwammen. Hierzu bemerken WISNER et al. (2011a, S. 2 f.), dass „[...] the institutional silos that used to house 'humanitarian studies', 'natural hazard research and applications', 'disaster studies', 'development studies' and 'climate science' are now interconnected by many tunnels and bridges – an entire landform overlaps".

Während am Anfang der chronologischen Entwicklung der Geographischen Entwicklungsforschung und der Hazardforschung eine trennscharfe Differenzierung noch möglich war, erweist sie sich im Laufe der Zeit als zunehmend schwierig (vgl. auch MANYENA 2012). Im Folgenden wird diese Entwicklung unter besonderer Berücksichtigung des Konzeptes Vulnerabilität nachgezeichnet. Bei der jüngeren Nachhaltigkeitsforschung sollte besser von einer aktuellen Perspektive als von einer Entwicklungslinie gesprochen werden. Sie bedient sich Ideen und Konzepten der beiden erstgenannten Paradigmen, weist aber einige Alleinstellungsmerkmale wie z. B. eine Integration von Sozial- und Naturwissenschaften und eine stärkere Multidimensionalität auf und nimmt inzwischen eine dominante Stellung innerhalb der internationalen Vulnerabilitätsdebatte ein (vgl. ADGER 2006). Mit der Präsentation von Entwicklungslinien soll an dieser Stelle ein möglichst umfassender Überblick über die Genese der zentralen Ansätze von Vulnerabilität gegeben, sowie der aktuelle Forschungsstand dargestellt werden. Des Weiteren sollen hier dominante und auch marginalisierte Konzeptualisierungen und etwaige Desiderate identifiziert werden.

2.1.1 Geographische Entwicklungsforschung

Das Erkenntnisinteresse der Geographischen Entwicklungsforschung ist vielfältig und hängt davon ab, was konkret mit dem Begriff „Entwicklung" gemeint ist, welche Theorien der Forschung zugrunde liegen und mit welchem Ziel geforscht wird. Die Entwicklungsforschung innerhalb der Geographie war stets eng mit der Entwicklungspraxis verbunden und entwickelte sich parallel. In den 1970er und 80er Jahren dominierte ein normativer Entwicklungsbegriff und das Bezugsobjekt damaliger Forschung waren Entwicklungsländer[2], die hinsichtlich ihrer Einkommens- und Entwicklungsunterschiede zu Industrieländern untersucht wurden (KREUTZMANN 2003; MÜLLER-MAHN und VERNE 2010). Zuerst prägten modernisierungstheoretische Arbeiten die Geographische Entwicklungsforschung (z. B. BRONGER 1976). Die Auffassung von einer aufholenden Entwicklung wurde allerdings zeitnah durch empirische Arbeiten infrage gestellt, die die Verteilung von Wirtschaftskraft durch strukturelle Verflechtungen erklärten und entsprechend den Dependenztheorien zugeordnet werden können (z. B. RAUCH 1985). Die großen Globaltheorien der Modernisierung und Abhängigkeit gingen beide trotz ihrer gegensätzlichen Grundannahmen davon aus, dass Entwicklung durch externe Maßnahmen initiiert werden kann, was sich durch eine Vielzahl an Großprojekten in der Entwicklungspraxis widerspiegelte (MÜLLER-MAHN und VERNE 2010). In den 1990er Jahren schien die Geographische Entwicklungsforschung zu stagnieren bzw. an einem Wendepunkt angelangt zu sein. MENZEL (1992) konstatierte „[d]as Ende der Dritten Welt und das Scheitern der großen Theorie" und begründete diese Aussage mit der immer stärkeren Ausdifferenzierung der Länder der Dritten Welt und dem damit einhergehenden Erklärungs- und Aktualitätsverlust der damaligen Entwicklungstheorien. Der Zusammenbruch des Ostblocks und die dadurch neu entstandenen globalen geopolitischen Verhältnisse, das Ausbleiben nennenswerter Fortschritte in der internationalen Entwicklungszusammenarbeit und die Zunahme an Prozessen, die man unter dem Überbegriff Globalisierung fassen kann, trugen dazu bei. Weiterhin stellten sich der Geographischen Entwicklungsforschung vermehrt Fragen, die aus den sich verändernden sozialwissenschaftlichen Paradigmenbildungen entsprangen und die eine Neuorientierung herausforderten (KREUTZMANN 2003; MÜLLER-MAHN und VERNE 2010).

KRÜGER (2003) identifiziert drei grobe Arbeitsrichtungen, die sich seit der Neuorientierung der Geographischen Entwicklungsforschung ergeben haben und die seit der Jahrtausendwende prägend sind. Die erste wichtige Arbeitsrichtung beschäftigt sich explizit mit Phänomenen der Globalisierung, die zweite mit Fragen der Mensch-Umwelt-Interaktion und die dritte mit dem Thema Vulnerabilität und Livelihoods. Diese Aufzählung kann ergänzt werden durch die in der englischsprachigen Geographie bedeutsame *Post-Development*-Forschung (vgl. RADCLIFFE 2005; ZIAI 2006), die sich kritisch mit Begriffen wie Dritte Welt und Entwicklung auseinandersetzt und dabei Ansätze der Diskursforschung oder des Post-Marxismus bemüht. Insgesamt nahm die Dominanz des Ökonomischen als Erklärungsmuster ab und es rückten stärker soziale, ökologische und kulturelle Aspekte in den Fokus der Entwicklungsforschung (SIMON 2003). Die wenigen großen Theorien wurden abgelöst durch viele Theorien mittlerer Reichweite und Theorien auf Mikroebene, die verstärkt akteursorientiert und handlungstheoretisch ausgerichtet sind. Bohle erklärt, dass die aktuelle Geographische Entwicklungsforschung Raumstrukturen als „regionale

---

2   Der Begriff Entwicklungsland wird ausführlich in BÖHN und ROTHFUSS (2007) diskutiert.

gesellschaftliche Erscheinungen und Prozesse" begreift und entsprechend das epistemologisch „schwer fassbare Spannungsverhältnis zwischen Räumlichkeit und Sozialem, zwischen Raum und Entwicklung, zwischen Struktur und menschlichem Handeln" im Fokus steht (BOHLE 2011, S. 748). Meist geht es um die Analyse von Handlungsmöglichkeiten bzw. Handlungszwängen gesellschaftlicher Akteure auf verschiedenen räumlichen Ebenen, die durch bestimmte Ressourcen bedingt sind. Der Zugang zu diesen Ressourcen ist wiederum bestimmt durch ein System institutioneller Regelungen. Diese Überlegungen ähneln denen von KRÜGER (2003), der eine handlungsorientierte Entwicklungsforschung skizziert, deren Interesse der Untersuchung von Handlungen (Spielräumen, Rationalitäten, Entscheidungen und Folgen) von Akteuren gilt. Theoretische Bezüge bestehen hierbei besonders zu GIDDENS (1995) und WERLEN (1995) aber auch zu BOURDIEU (1987)[3]. Empirische Studien, die sich dieses Ansatzes bedienen und versuchen Handlungslogiken zu rekonstruieren beschäftigen sich beispielsweise mit der Verankerung von individuellem Handeln in traditionellen Strukturen Ägyptens (MÜLLER-MAHN 2001) oder mit Handeln zur Ernährungssicherheit im Kontext gesellschaftlicher Veränderungen in Tansania (TRÖGER 2004).

2.1.1.1 Erste Theorien der Vulnerabilität: Space of Vulnerability, sozialer Raum und Doppelstruktur

Innerhalb der Entwicklungsforschung war es vor allem die Untersuchung von Hungerkrisen, während derer eine erste Prägung des Begriffes, respektive des Konzeptes Vulnerabilität, stattfand. Der Ökonom und Nobelpreisträger Amartya Sen gilt als Vorreiter einer frühen Verwundbarkeitsforschung (BOHLE und GLADE 2008). Er befasste sich Anfang der 1980er Jahre mit der großen Hungersnot in Bengalen und konnte nachweisen, dass diese nicht primär auf das physische Fehlen von Nahrungsmitteln zurückzuführen ist, sondern vor allem auf den eingeschränkten Zugang zu Nahrung, u. a. durch steigende Nahrungsmittelpreise (SEN 1981). Die damals dominante naturdeterministische Argumentation wird hier abgelehnt und die Hungersnot als Konsequenz von sozio-ökonomischer Vulnerabilität konzipiert (MANYENA 2012). Wichtig ist, an dieser Stelle zwischen Armut und Verwundbarkeit zu differenzieren, denn wie CHAMBERS (1989, S. 1) bereits sagte: „Vulnerability, though, is not the same as poverty". Diese Aussage spiegelt das generelle Unbehagen gegenüber dem Armutsbegriff innerhalb der damaligen Entwicklungsforschung wider. Eine relativ undifferenzierte Klassifizierung von Menschen nach ihrer Einkommenshöhe wird den entwicklungspolitischen Anforderungen nicht gerecht, denn „[i]n addition to income, there are a multiplicity of other factors that co-determine whether an individual will go hungry" (WATTS und BOHLE 1993, S. 44).

Maßnahmen innerhalb der Entwicklungszusammenarbeit, die lediglich auf eine Steigerung des Einkommens zielen, haben oftmals sogar eine Erhöhung der Hungeranfälligkeit

---

3 Zu Bourdieu innerhalb der Entwicklungsforschung siehe DÖRFLER et al. (2003).

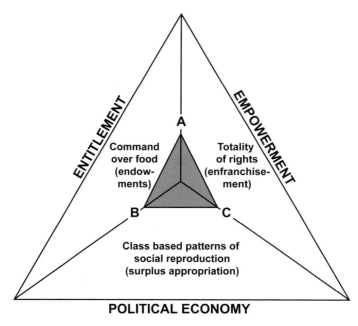

ENTITLEMENT

EMPOWERMENT

A

Command
over food
(endow-
ments)

Totality
of rights
(enfranchise-
ment)

B   C

Class based patterns of
social reproduction
(surplus appropriation)

POLITICAL ECONOMY

Space of Vulnerability
A   Vulnerability by lack of CAPABILITY
B   Vulnerability by EXPOSURE
C   Vulnerability by lack of CAPACITY

Abb. 1: Der Space of Vulnerability; aufgespannt durch die drei Erklärungsansätze
Entitlement, Empowerment und Political Economy
Quelle: WATTS und BOHLE 1993, S. 53, verändert

zur Folge. Beispielsweise kann der Besitz von Land die Mobilität verringern, was im Angesicht einer Dürre die Verwundbarkeit unter Umständen erhöht. Weiterhin bringt geregelte Lohnarbeit zwar Einkommen, hat aber auch das Potenzial etablierte soziale Netzwerke zur Lebenssicherung aufzulösen bzw. zu schwächen oder den Arbeitgeber von Patronagepflichten zu entbinden (vgl. COLLET 2012). Eine erste Definition von Vulnerabilität liefert CHAMBERS (1989, S. 1):

> „Vulnerability here refers to exposure to contingencies and stress, and difficulty in coping with them. Vulnerability has thus two sides: an external side of risks, shocks, and stress to which an individual or household is subject; and an internal side which is defencelessness, meaning a lack of means to cope without damaging loss".

WATTS und BOHLE (1993, S. 45) bedienen sich dieser Definition und versuchen darauf aufbauend ein erstes theoretisch fundiertes Konzept von Vulnerabilität zu entwickeln:

„We regard such an enterprise as a critical first step toward a generic theory of vulnerability". Sie wollen also die Ursachenstruktur von Vulnerabilität erklären und nutzen obige Definition, um folgende drei Bestandteile von Verwundbarkeit abzuleiten:

> „1) the risk of exposure to crises, stress and shocks;
> 2) the risk of inadequate capacities to cope with stress, crises and shocks; and
> 3) the risk of severe consequences of, and the attendant risks of slow or limited poverty (resiliency) from, crises, risk and shocks."

Die am stärksten verwundbaren Individuen und Gruppen sind also diejenigen, die dem größten Krisenrisiko ausgesetzt sind, die am wenigsten Bewältigungsmöglichkeiten haben, die am stärksten unter den negativen Folgen einer Krise leiden und die am längsten brauchen, sich von diesen zu erholen. WATTS und BOHLE (1993) konzeptualisieren Vulnerabilität als multidimensional und verknüpfen drei theoretische Ansätze aus der damaligen Entwicklungsforschung, um einen theoretischen Rahmen, den *Space of Vulnerability,* aufzuspannen; nämlich *Entitlement*-Ansätze, *Empowerment*-Ansätze und Ansätze der Politischen Ökonomie (Abb. 1). Der *Space of Vulnerability* wird durch politische, ökonomische und institutionelle Faktoren an einem bestimmten Ort zu einer bestimmten Zeit konstituiert, die die oben genannten drei Dimensionen determinieren. Verwundbarkeiten, so eine zentrale These, sind vor allem durch bestimmte gesellschaftliche Machtkonstellationen und verfügungsrechtliche Beziehungen bestimmt. Abhängigkeiten und Machtverhältnisse sind zentrale Elemente des strukturtheoretisch ausgerichteten Vulnerabilitätskonzeptes (ebd.). Wichtig ist, zu betonen, dass die drei eben genannten theoretischen Ansätze als in sich abgeschlossen entwickelt wurden, sich aber dennoch gegenseitig überschneiden.

> „Each [the three concepts; Anmerkung des Verf.] can be grasped only as congeries of social relations and hence each [...] represents a network of ideas, a broad and complex literature which often carries important complementarities and areas of overlap with the other two [...]" (BOHLE et al. 1994, S. 39).

Im Folgenden sollen die einzelnen Ansätze hinsichtlich ihres Nutzens für eine Theoretisierung von Verwundbarkeit kurz vorgestellt werden. Auf eine vertiefende Rezeption wird allerdings verzichtet[4].

Der Entitlement-Ansatz (SEN 1981) liefert wichtige theoretische Erklärungen für die Ursachenstruktur von Vulnerabilität. *Entitlements* bzw. Verfügungsrechte sind „the set of alternative commodity bundles that a person can command in a society using the totality

---

4   Innerhalb der Geographischen Entwicklungsforschung wurden *Entitlement*-Ansätze, *Empowerment*-Ansätze und polit-
    ökonomische Ansätze mehrfach dargestellt und diskutiert (vgl. LOHNERT 1995, KRÜGER 1997).

of rights and opportunities that he or she faces" (SEN 1984, S. 497). Sie bestimmen den Zugang zu Ressourcen, die dabei helfen Stresssituationen zu bewältigen und sich von den negativen Folgen von Krisen zu erholen. Verfügungsrechte sind ein Komplex aus Einkommen, der sozialen Position, Marktentwicklungen und institutionellen Verteilungsmechanismen (vgl. DIETZ 2011). Besitzt eine Person oder ein Haushalt eingeschränkte Verfügungsrechte, so können Ansprüche auf den Zugang zu Ressourcen nicht geltend gemacht werden. Die Verwundbarkeit wird also potentiell erhöht. Verfügungsrechte werden meist durch juristische und ökonomische Kriterien konzipiert (DRÈZE und SEN 1989). Hier setzt auch die Kritik am *Entitlement*-Ansatz an, da ökonomische und juristische Erklärungsmuster der Vielfalt an Verfügungsrechten nicht gerecht werden und ihre soziale Konstruktion außer Acht lassen (WATTS und BOHLE 1993; DEVEREUX 2001). Verfügungsrechte können sich auch auf nicht-legalem Wege manifestieren, z. B. in Form von Aufständen, Demonstrationen und Diebstahl. Weiterhin bauen bestimmte Verfügungsrechte auf gesellschaftlichen Strukturen wie z. B. traditionellen Solidaritätsnetzwerken oder indigenen Sicherungsmechanismen auf (WATTS und BOHLE 2003). Aufbauend auf dieser Kritik ergänzen WATTS und BOHLE (1993) den klassischen *Entitlement*-Ansatz um sozio-politische Erklärungen aus der Politischen Ökonomie und der *Empowerment*-Forschung, die im Folgenden vorgestellt werden sollen.

Mit Hilfe des *Empowerment*-Ansatzes kann Vulnerabilität durch die Verteilung von Macht definiert und somit vereinfacht als Machtlosigkeit übersetzt werden. *Empowerment* selbst ist ein Prozess der Ermächtigung von Personen oder Haushalten durch eine Integration in sozial bzw. politisch bedeutsame Prozesse (DIETZ 2006). Es können verschiedene Arten von Macht differenziert werden (nach FRIEDMANN 1992): Soziale Macht, politische Macht und psychologische Macht. Innerhalb einer Gesellschaft sind diese Arten der Macht unterschiedlich verteilt, was zu einer sozialen Differenzierung von Verwundbarkeit führt. WATTS und BOHLE (1993) führen hier z. B. patriarchale Strukturen auf Haushaltsebene und Exklusion mit Bezug auf den Zugang zu Land oder anderen Ressourcen als Beispiele auf. Ein Defizit an politischer Macht, das sich durch mangelnde Einflussnahme bei politischen Entscheidungen ausdrückt (z. B. Top-down-Planung von Großprojekten wie Staudämmen ohne Einbeziehung der lokalen Bevölkerung), wird als wesentlich hinsichtlich einer Erhöhung von Vulnerabilität gesehen (DIETZ 2006). Insgesamt wird dem *Empowerment*-Ansatz ein hoher Stellenwert bei der Erklärung und Reduzierung von Vulnerabilität eingeräumt: „Again 'empowerment' may be much more critical to reducing the vulnerability of [...] people than any particular tools, information or regulations to combat a hazard" (HEWITT 1997, S. 153).

Als weiterer Erklärungsansatz für Verwundbarkeit wird die Politische Ökonomie angeführt, die auf eine strukturtheoretische Art und Weise den Klassencharakter und das Historische von Vulnerabilität betont (vgl. WOLFF und RESNICK 1987). Aufbauend auf den Ideen von Karl Marx identifizieren politökonomische Arbeiten kapitalistische Produkti-

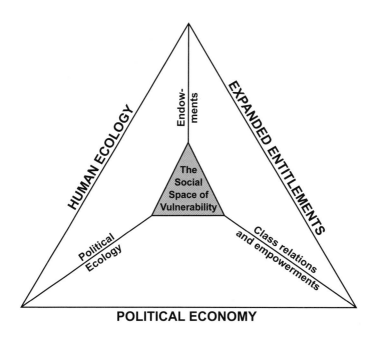

Abb. 2: Der soziale Raum von Verwundbarkeit; hier mit humanökologischen anstatt
Empowerment-Ansätzen
Quelle: BOHLE *et al. 1994, S. 39, verändert*

onsverhältnisse als Determinante für die gesellschaftliche (Re)Produktion der Verteilung von Verfügungsrechten und von Machtverhältnissen (PELLING 2003; DIETZ 2011). Hier wird noch einmal die starke Verschränkung der unterschiedlichen Erklärungsansätze deutlich. Beispiele für eine explizit politökonomisch ausgerichtete Perspektive auf Vulnerabilität liefern die Arbeiten zu Dürre im Sudan von O'BRIEN (1985) oder die stärker theoretisch ausgerichtete Erklärung von klassenspezifischen Verwundbarkeiten gegenüber Naturgefahren von SUSMAN et al. (1983).

In der Folgezeit wurde das Analysemodell modifiziert und explizit auf den Klimawandel und seine Folgen angewandt (BOHLE et al. 1994). Auch hier stehen nach wie vor die strukturellen Rahmenbedingungen als Erklärung von Verwundbarkeit im Zentrum. Es wurden allerdings die *Empowerment*-Ansätze durch humanökologische Ansätze ersetzt (Abb. 2); vermutlich, um einen stärkeren räumlichen Bezug herzustellen und, wie COLLET (2012) anführt, um den Entwicklungen innerhalb der damaligen Ökosystemforschung Rechnung zu tragen. Es ist nicht so, dass die wichtigen *Empowerment*-Ansätze aus dem Modell verschwinden; vielmehr werden sie einem erweiterten *Entitlement*-Ansatz untergeordnet. Die humanökologischen Erklärungsansätze gehen davon aus, dass sich Vulnerabilität über soziale und politische Prozesse in Wechselwirkung mit materiell-stofflichen

Folgen externer Stressoren (z. B. Naturgefahren) konstituiert (DIETZ 2011). Es wird thematisiert, inwiefern menschliche Aktivitäten und die natürliche Umwelt sich gegenseitig beeinflussen (vgl. BRUHN 1974). Relevante Fragestellungen beziehen sich auf die Wahrnehmung der physischen Umwelt hinsichtlich Risiken und Bedrohungen und auf den Umgang mit diesen Risiken (BOHLE 1994). Prozesse der Umweltveränderung werden immer auch durch soziale und politische Verhältnisse bestimmt und umgekehrt. Während in der Vergangenheit Hungerkrisen und Naturkatastrophen als Resultat natürlicher Faktoren konzipiert wurden, nahmen sozialwissenschaftliche Ansätze die Position der Opposition ein und verwiesen auf die Bedeutung von sozialen und politischen Faktoren (so auch WATTS und BOHLE 1993). Mit der Einbeziehung von humanökologischen Überlegungen eröffnet sich eine integrative Herangehensweise, die es erlaubt die Dichotomie von natürlichen und sozialen Faktoren zu überwinden. Es ergeben sich Parallelen zu anderen integrativen Ansätzen wie z. B. zur Politischen Ökologie (BLAIKIE 1999; ROBBINS 2004), zur Sozialen Ökologie (BECKER und JAHN 2006) oder zur englischsprachigen sozial-ökologischen Forschung (TURNER et al. 2003).

Die hier vorgestellten Dreiecksmodelle versuchen die Ursachen zu erfassen, die zur Entstehung von Vulnerabilität führen. Hierfür werden *Entitlement-*, *Empowerment-*, politökonomische und humanökologische Ansätze herangezogen und miteinander verschränkt. Bedient man sich nun den Analysemöglichkeiten dieser unterschiedlichen Ansätze, sollte es möglich sein, die Kausalstruktur von Verwundbarkeit kontextspezifisch zu definieren und ein verwundbares Bezugsobjekt (z. B. eine Person oder eine Gruppe) in einem multidimensionalen Raum zu positionieren. BOHLE et al. (1994) tun dies und identifizieren verschiedene Bevölkerungsgruppen, die aufgrund eingeschränkter Zugangsrechte, Machtlosigkeit oder politökonomischer Rahmenbedingungen besonders verwundbar sind. Dazu zählen sie beispielsweise Lohnarbeiter, die urbane Unterschicht, alleinstehende Frauen und Behinderte. Das erste Dreiecksmodell entstand im Kontext von Dürre und Hunger, während das zweite im Kontext des Klimawandels entwickelt wurde. Die externe Gefahr spielt für die Theoretisierung von Verwundbarkeit innerhalb dieser Modelle allerdings nur eine untergeordnete Rolle, was eine Übertragbarkeit auf andere Kontexte erleichtert. So nutzte MUSTAFA (1998) das Modell von BOHLE et al. (1994), um Verwundbarkeit gegenüber Überflutungen in Pakistan zu analysieren. Dass dem externen Ereignis und seinen biophysikalischen Eigenschaften eine nur untergeordnete Rolle zukommt, wird allerdings auch kritisiert (z. B. ADGER 2006). Ein weiterer zentraler Kritikpunkt an den bisher vorgestellten Analysemodellen bezieht sich auf die eingenommene epistemologische Perspektive der Ansätze. Sie sind strukturtheoretisch ausgerichtet, d. h. sie legen die Rahmenbedingungen, in denen Menschen leben und handeln, als determinierend fest. Auf diese Art und Weise werden handelnde Akteure als passive Betroffene konzipiert (HEWITT 1997). Des Weiteren bietet die Zusammenführung von verfügungsrechtlichen, politökonomischen, humanökologischen und *Empowerment*-Ansätzen Angriffsfläche für Kritik, denn eine Gewichtung der einzelnen Erklärungsfaktoren wird nicht geliefert. Außerdem haben die unterschiedlichen Ansätze jeweils spezifische Erklärungsreichweiten, die zu konzeptionellen Unklarheiten führen (STEINBRINK 2009). KRÜGER (2003) kritisiert, dass Ursachen und Folgen von Verwundbarkeit häufig nicht voneinander zu trennen sind. So werden Verfügungsrechte zum Teil aufgrund politökonomischer Verhältnisse eingeschränkt, was entsprechend keine Ursache, sondern ein möglicher Ausdruck von Vulnerabilität ist. Ein weiterer Kritikpunkt bezieht sich auf die schwierige Messung von z. B. Machtverhältnissen oder einer spezifischen Politischen Ökonomie. Die Komplexität, Relationalität und Dynamik von Sozialsystemen, innerhalb derer Vulnerabilität verortet ist, beschränken die Analysen meist auf qualitative Ansätze (siehe Kapitel 3; BOHLE und GLADE 2008).

Die Entwicklung der hier vorgestellten Analyserahmen lief parallel zu den Diskussionen um das dialektische Verhältnis von Struktur und Handlung in den Sozialwissenschaften (vgl. STEINBRINK 2009). Die anfängliche Fokussierung auf strukturelle Rahmenbedingungen, die Handeln determinieren, spiegelt sich in der strukturtheoretischen Prägung der Dreiecksmodelle wider. Sie beschränken sich auf die Rahmenbedingungen, in denen Akteure eingebunden sind, vernachlässigen aber weitgehend ihre Handlungsstrategien. Im weiteren Zeitverlauf fand eine stärkere Hinwendung auf den handelnden Akteur statt,

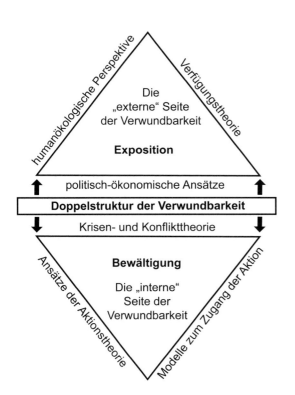

dessen Handeln zwar weiterhin als gesellschaftlich eingebunden aber dennoch als individuell verstanden wird. Der theoretische Fokus löste sich also von einer strukturalistischen Perspektive in Richtung eines methodologischen Individualismus (ebd.). Diese Hinwendung zu einem handlungszentrierten Ansatz, der vor allem durch Überlegungen von GIDDENS (1995) und WERLEN (1995) geprägt ist, führte zu einer weiteren Überarbeitung bzw. Weiterentwicklung der bisher vorgestellten Vulnerabilitätskonzepte, die sich im Modell der Doppelstruktur von Verwundbarkeit manifestierte (BOHLE 2001b). Vulnerabilität wird hier, aufbauend auf den Überlegungen von CHAMBERS (1989), als bestehend aus einer internen und einer ex-

Abb. 3: Die Doppelstruktur von Verwundbarkeit ternen Dimension konzipiert
Quelle: BOHLE und GLADE 2008, S. 102, verändert (Abb. 3). Die externe Dimension

wird als Exposition[5] bezeichnet und repräsentiert im Wesentlichen die früheren struktur-theoretischen Theorien, die Vulnerabilität mit verfügungsrechtlichen, humanökolo-gischen und politökonomischen Ansätzen erklären und die bereits im Detail diskutiert wurden. Die interne Seite (Bewältigung) bezieht sich auf konkrete Handlungsstrategien und wird damit der zunehmenden Handlungsorientierung innerhalb der Entwicklungsfor-schung gerecht. Ausgearbeitete theoretische Erklärungsansätze gibt es für die interne Sei-te bisher nicht. BOHLE (2001b, S.3) schlägt als übergeordnete Analyseperspektive die Strukturationstheorie von Giddens vor:

> „Three main strands of conceptual and theoretical discussions seem to be most rele-
> vant to grasp the whole range of coping strategies. [...] A first strand of research
> focuses on action-oriented approaches, especially on the interaction and dialectic
> relationship between the external and internal side of vulnerability or, to speak in
> Giddens' (1996) terms, 'structure' and 'agency.' It is still an open question and
> certainly highly contextual to what extend [...] people have a bundle of options to
> cope [...] or to what extend their coping strategies are determined by structural
> constraints".

Weiterhin kann man Bewältigungs- und Anpassungsstrategien mit dem Zugang zu Aktiva (sozio-politische, ökologische, ökonomische und persönliche) erklären (BOHLE et al. 1998; BOHLE 2001b). Der Zugang zu diesen Aktiva ist wiederum abhängig von den Fä-higkeiten der Akteure sich innerhalb einer Arena voll von Risiken und Konflikten durch-zusetzen. BOHLE (2001b) führt seine Überlegungen an dieser Stelle nicht weiter aus, so dass es bei einer relativ oberflächlichen Konzeptualisierung bleibt. Mit der Doppelstruk-tur der Verwundbarkeit schafft er es dennoch die drängenden Entwicklungen in den Sozi-alwissenschaften aufzunehmen und in die Geographie zu integrieren. Er leistet einen wertvollen Beitrag zur Diskussion um die Dualität von Struktur und Handeln innerhalb der Entwicklungsforschung. VAN DILLEN (2002, S.146) beklagt allerdings die „konzep-tionelle Unschärfe", denn im Sinne einer dialektischen Beziehung von Handeln und Struktur lässt sich die interne Seite nicht von der externen trennen. Die Integration der internen und externen Seite wird in neueren Vulnerabilitätsmodellen mit anderen diszi-plintheoretischen Hintergründen über die Zusammenführung der Konzepte Exposition, Sensitivität und Resilienz versucht (z.B. TURNER et al. 2003, siehe Kapitel 2.1.3). Die hier vorgestellten theoretischen Überlegungen werden im Verlauf dieser Arbeit noch eine Rolle spielen, wenn es darum geht ein Analysekonzept für die Untersuchung von Vulne-rabilität gegenüber Überflutungen in Bangkok zu entwickeln.

---

5 Exposition im Sinne von BOHLE (2001a) darf nicht mit dem Begriffsverständnis innerhalb der Nachhaltigkeitsforschung (Kapitel 2.1.3) verwechselt werden, wo mit Exposition im weitesten Sinne die Ausgesetztheit gegenüber
einem externen Schock gemeint ist.

2.1.1.2 Das Sustainable Livelihoods Framework

Die oben beschriebene paradigmatische Hinwendung zu stärker akteursorientierten Ansätzen und die Kritik an den bestehenden Vulnerabilitätsmodellen, die sich vor allem auf die schwierige Operationalisierung und auf die problembehaftete Konzeption der Betroffenen als passiv und äußeren Zwängen ausgeliefert bezieht, führten zur Entwicklung des Sustainable Livelihoods Framework (SLF) (Abb. 4). KRÜGER (2003) betont, dass es mit Verwundbarkeitskonzepten zwar gelingen mag, Indikatoren zu identifizieren, dass aber eine quantitative Messung kaum möglich ist. Das SLF wurde daher als ein praxisorientiertes Konzept vom Britischen Department for International Development (DFID) entworfen, mit dem die Möglichkeiten von Individuen und Haushalten in Entwicklungsländern untersucht werden können, auf Grundlage der ihnen zur Verfügung stehenden Ressourcen, mit externem Stress umzugehen (vgl. CARNEY et al. 1999; DFID 1999). Es wird also ein Teil der internen Seite der Vulnerabilität genauer beleuchtet. Die als *Livelihood* bezeichnete Lebenshaltung umfasst die Gesamtheit der Fähigkeiten, Ausstattungen und Handlungen, die zur Existenzsicherung erforderlich sind. Zentrales Element des SLF ist dabei die Ressourcenausstattung (auch *livelihood assets*, Aktiva oder Kapitalien genannt) von Haushalten. Es werden fünf Aktiva unterschieden: Humankapital (z. B. Wissen, Fähigkeiten, Fertigkeiten), Naturkapital (z. B. Land, Wasser, Boden), Sozialkapital (z. B. gesellschaftlicher Status, Einbindung in soziale Netzwerke), Sachkapital (z. B. Produktionsmittel, Wohneigentum) und Finanzkapital (z. B. Einkommen, Ersparnisse). Diese Ressourcenausstattung ermöglicht es einem Haushalt, Anpassungs- und Bewältigungsstrategien zu entwickeln. Qualität und Quantität der verfügbaren Ressourcen determinieren, wie erfolgreich und wie nachhaltig die Lebenssicherung gelingt (BOHLE und GLADE 2008).

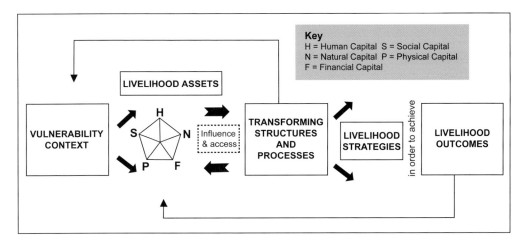

Abb. 4: Das Sustainable Livelihoods Framework (SLF)
Quelle: DFID 1999, verändert

BOHLE (2001a) nutzt das SLF zur Bestimmung nachhaltiger Lebenssicherung von Armutsgruppen in Nepal und kommt zu dem Schluss, dass die Analyse der Ressourcenausstattung gut funktioniert, dass es aber Defizite bezüglich der Erfassung der strukturellen Rahmenbedingungen von Vulnerabilität gibt, d. h. dass die Zugangsbedingungen zu den Kapitalien nicht erklärt oder dass handlungsrelevante Machtverhältnisse ausgeblendet werden (ASHLEY und CARNEY 1999). Innerhalb des SLF wird auf diese Rahmenbedingungen als „Transforming Structures and Processes" hingewiesen; es wird allerdings nicht weiter darauf eingegangen, so dass der Blackbox-Charakter bestehen bleibt (BOHLE 2001a; DÖRFLER et al. 2003). Das eher statische und mechanistische Konzept bleibt also oft deskriptiv. Während an den bisherigen Vulnerabilitätsmodellen die Dominanz der Struktur kritisiert wurde, kann man beim SLF umgekehrt argumentieren und anführen, dass Handlungsoptionen hier lediglich als Ausdruck von Handlungspotenzialen und Handlungsfreiheiten gesehen werden und struktureller Zwang ausgeklammert wird (vgl. DÖRFLER et al. 2003). Verantwortung für erfolgreiche oder gescheiterte Strategien zum Überleben liegen hier allein auf Akteursebene, was als klare Kritik zu sehen ist. Hinsichtlich dieser Überlegungen kann die Ergänzung des Vulnerabilitätsmodells durch das SLF als sinnvoll interpretiert werden, auch wenn eine handlungstheoretische Einbettung nach wie vor fehlt. Ein weiterer Kritikpunkt betrifft die schwierige Messbarkeit einiger weniger Aktiva wie z. B. von Sozialkapital und Humankapital und die problematische Vergleichbarkeit der einzelnen Kapitalarten (für weitere Kritikpunkte siehe DE HAAN 2012).

2.1.2 Geographische Hazardforschung

Die Geographische Hazardforschung baut auf Überlegungen zur Interaktion von Gesellschaft und Umwelt auf und ist somit innerhalb einer der ältesten Traditionen der Geographie angesiedelt. CUTTER et al. (2000) gehen so weit, zu behaupten, dass die Anfänge der Geographischen Hazardforschung auf den US-amerikanischen Geographen Harlan Barrows und seinen 1923 erschienenen Aufsatz „Geography as Human Ecology" zurückgehen, in dem er eine Überwindung des Naturdeterminismus und eine Konzentration geographischer Forschung auf Mensch-Umwelt-Beziehungen fordert und sich unter anderem auf das Beispiel menschlicher Anpassung gegenüber Überflutungen bezieht (BARROWS 1923). Andere Autoren identifizieren als Anfang der Geographischen Hazardforschung die Arbeiten von Gilbert White, die er Mitte des letzten Jahrhunderts publizierte (z. B. WEICHSELGARTNER 2003; FELGENTREFF und DOMBROWSKY 2008; POHL 2008; GREGORY et al. 2009). Eine Zunahme an negativen Auswirkungen auf den Menschen durch Naturereignisse und eine paradigmatische Abkehr vom immer noch weit verbreiteten Geodeterminismus waren die Grundlage für Gilbert White und seine Studenten Ian Burton und Robert Kates, aufbauend auf der Sozialökologie der 1920er Jahre[6], erste Untersu-

---

6   Die Sozialökologie der 1920er Jahre, entwickelt in den USA innerhalb der Chicagoer Schule, insbesondere durch Robert E. Park und Ernest W. Burgess, beschäftigte sich mit Prozessen der wechselseitigen Anpassung zwischen menschlichen Gemeinschaften und ihrer physisch-räumlichen Umwelt am Beispiel der Stadt Chicago (vgl. PARK et al. 1925).

chungen zu Überflutungen und ihren sozialen Implikationen anzustellen. Beispiele sind Forschungsarbeiten zu steigenden Überflutungsschäden am Mississippi trotz gestiegener Investitionen in den strukturellen Überflutungsschutz (WHITE 1945), zu menschlichen Reaktionen und Anpassungen an Überflutungen (WHITE 1964) oder zur Wahrnehmung von Flutrisiken durch Landwirte und ihre Auswirkungen auf die tatsächliche Landnutzung (BURTON 1962). Aufbauend auf CUTTER et al. (2000) und PAUL (2011) können vier Hauptforschungsthemen identifiziert werden, die der älteren Hazardforschung[7] zugrunde lagen:

- Charakteristika und räumliche Verteilung von Naturgefahren,
- Möglichkeiten von Individuen und Gruppen mit Naturgefahren umzugehen,
- Wahrnehmung von Naturgefahren im Speziellen und der Umwelt im Allgemeinen,
- Interdisziplinarität als notwendige Voraussetzung für eine ganzheitliche Bearbeitung von Forschungsfragen.

Die frühe Hazardforschung legte den Grundstein für eine stärker fachübergreifende Bearbeitung von Fragen zu Naturgefahren und für eine dringend notwendige kritische Auseinandersetzung mit strukturellen Maßnahmen zum Katastrophenschutz. Sie führte zu einem politischen Diskurs über Naturgefahren und rückte nicht-strukturelle Maßnahmen wie z. B. Landnutzungs- und Bebauungsplanung oder Frühwarnsysteme in den Vordergrund (MUSTAFA et al. 2011). WEICHSELGARTNER (2003) betont die Implikationen innerhalb der Forschungslandschaft, die durch das Aufkommen der Geographischen Hazardforschung ausgelöst wurden und nennt den rasanten Anstieg an Forschungsgeldern, das Aufkommen internationaler Institutionen, die sich mit den Themen Naturgefahren, Risiko und Vulnerabilität beschäftigen und das Neuerscheinen von verschiedenen diesbezüglichen wissenschaftlichen Journals.

Das zentrale Konzept der älteren Geographischen Hazardforschung heißt *Adjustments* und meint rationale und zielgerichtete, manchmal aber auch zufällig oder nebenbei entwickelte Maßnahmen, um die negativen Auswirkungen eines Naturereignisses zu reduzieren (WHITE 1974), z. B. den Bau von Deichen, erdbebensicheres Bauen oder aber auch eine allgemeine Verbesserung der Wohn- und Lebensqualität. Eine Katastrophe entsteht hier erst, wenn die menschlichen Anstrengungen nicht ausreichen, um mit den negativen Auswirkungen fertig zu werden. *Adjustments* weisen einen relativ kurzen Zeithorizont auf. Werden *Adjustments* gesellschaftlich institutionalisiert, spricht man innerhalb der frühen Hazardforschung von *Adaptation*s. *Adaptations* sind kulturelle oder gar biologische Mechanismen, die den Umgang mit Naturgefahren steuern und die lang-

---

7 Die Einteilung in ältere und moderne Hazardforschung wird an dieser Stelle aus Gründen der besseren Verständlichkeit vorgenommen. Die ältere Hazardforschung bezieht sich dabei grob auf die zweite Hälfte des letzten Jahrhunderts, während die moderne Hazardforschung aus der Kritik an der älteren Hazardforschung hervorging und ihren Anfang Ende der 1980er Jahre hatte.

fristig über das kollektive Gedächtnis einer Gesellschaft weitergegeben werden (ebd.), z. B. der Anbau dürreresistenter Arten oder Pfahlbaukulturen in Hochwasserregionen. Die Unterscheidung zwischen *Adjustments* und *Adaptations* wird von HUFSCHMIDT (2011) als schwammig kritisiert, da der Zeitpunkt, an dem eine Handlung als kulturell reproduziert gilt, kaum bestimmbar ist. Weitere Kritik an der älteren Hazardforschung bezieht sich auf den noch immer inhärenten Geodeterminismus, der entgegen des eigenen Anspruches nicht überwunden werden konnte. Naturgefahren und ihre biophysikalischen Eigenschaften bestimmen die gesellschaftlichen Reaktionen in Form von *Adjustments* und *Adaptations* (HEWITT 1997; HUFSCHMIDT 2011). Auch Pelling greift diese Kritik auf und bezieht sie auf konkrete Auswirkungen in den Bereichen Politik und Wissenschaft. Er sagt, dass Hazardforschung „has directed the bulk of policy and research towards a preference for physical rather than social science analysis" (PELLING 2003, S. 47). Die ältere Hazardforschung entwickelte sich zu einem technokratischen, pragmatischen, praxisorientierten Ansatz, dem eine theoretische Fundierung fehlt (vgl. OLIVER-SMITH 1986; ALEXANDER 1997; HEWITT 1998; POHL 2008) und der sozialwissenschaftliche Fortschritte hinsichtlich des modernen Konstruktivismus (Naturgefahren als kulturell und sozial konstruiert) weitgehend unberücksichtigt lässt (vgl. O'KEEFE et al. 1976; BLAIKIE et al. 1994).

Als Resultat auf die vielfältige Kritik begann in den 1980er Jahren ein Umdenken in der Hazardforschung und der Forschungsschwerpunkt verschob sich von der Naturgefahr in Richtung auf die Verwundbarkeit der Gesellschaft. Einen Beitrag hierzu leistete auch die Geographische Entwicklungsforschung, die zeigte, dass das Erklärungsmodell der älteren Hazardforschung für Naturgefahren und ihre Auswirkungen in Entwicklungsländern nicht angemessen ist (HANSJÜRGENS et al. 2008). Als wichtiges determinierendes Faktorenbündel müsse der politökonomische Kontext viel stärker berücksichtigt werden, der die Fähigkeiten der Betroffenen mit Naturgefahren umzugehen, bedingt, so CUTTER (2003). Für die moderne Hazardforschung ist seither das Konzept der Vulnerabilität und eine Betrachtung der strukturellen sozioökonomischen und politischen Rahmenbedingungen zentral (CUTTER et al. 2000; VAN DILLEN 2002; POHL 2008). Nach VAN DILLEN (2002) kann man die Perspektive der jüngeren Hazardforschung wie folgt zusammenfassen (aufbauend auf BLAIKIE et al. 1994; HEWITT 1997):

- Sowohl Ursachen als auch Folgen von Katastrophen stehen in engem Zusammenhang mit gesellschaftlichen Prozessen und Strukturen,
- Naturereignisse werden nicht einfach so zu Katastrophen, denn ihre Auswirkungen auf Menschen unterscheiden sich trotz gleicher Exposition,
- Die Verteilung von Ressourcen innerhalb einer Gesellschaft, die Art der Produktionsbeziehungen und die Verteilung externer Maßnahmen sind Faktoren, die die Auswirkungen von Naturereignissen auf gesellschaftliche Gruppen maßgeblich determinieren.

Risiken beruhen hier auf Konventionen und sind das Ergebnis von gesellschaftlicher Sinnzuschreibung. Trotz dieser wissenschaftlichen Kurskorrektur bemüht die Politik, vor allem in Entwicklungsländern, heutzutage immer noch vorwiegend technische Lösungen zur Eindämmung von negativen Auswirkungen durch Naturgefahren. Im Folgenden werden die Arbeiten von BLAIKIE et al. (1994) und die darauf aufbauenden Erweiterungen von WISNER et al. (2011b) ausführlicher dargestellt, die versucht haben Vulnerabilität im Kontext von Naturgefahren zu konzeptualisieren.

Das Pressure and Release-Modell und das Access-Modell

„In evaluating disaster risk, the social production of vulnerability needs to be considered with at least the same degree of importance that is devoted to understanding and addressing natural hazards" (BLAIKIE et al. 1994, S. 21).

Dieses Zitat aus dem wegweisenden Buch „At Risk" von BLAIKIE et al. (1994) verdeutlicht die konzeptionelle Neuausrichtung innerhalb der Hazardforschung, die begann sich stärker sozialwissenschaftlich zu orientieren und dabei vor allem die Bedeutung von sozialen Strukturen zu berücksichtigen. Es entstehen erste theoretische Überschneidungsbereiche mit der Entwicklungsforschung, die sich im Wesentlichen auf verfügungsrecht-

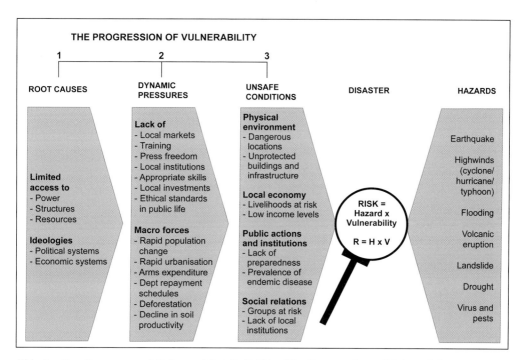

Abb. 5: Das Pressure and Release-Modell (PAR) – The Progression of Vulnerability
Quelle: Wisner et al. 2003, S. 51, verändert

liche und politökonomische Überlegungen beziehen (PAUL 2011). Das Risiko einer Katastrophe wird von BLAIKIE et al. (1994, S. 51) an der Schnittstelle zwischen Naturgefahr und Verwundbarkeit konstruiert. Aus der Pseudogleichung „Disaster Risk = Hazard x Vulnerability" folgt, dass ein Risiko nur dann existiert, wenn die Bezugseinheit verwundbar gegenüber einer vorhandenen Gefährdung ist. Wenn beispielsweise eine wohlhabende Familie in einem erdbebensicheren Haus wohnt und staatliche Institutionen des Katastrophenschutzes vorhanden sind, so ist sie gegenüber Erdbeben bis zu einer bestimmten Stärke nicht verwundbar. Es besteht also kein Risiko. Wenn diese Familie in einem alten Holzhaus wohnt, über wenig Einkommen verfügt und staatliche Institutionen nur schwach ausgeprägt sind, so ist sie gegenüber Erdbeben stark verwundbar. Das Risiko einer Katastrophe ist also sehr hoch. Man denke an die in der Einleitung dieses Kapitels vorgestellten vergleichenden Beispiele zu Erdbebenfolgen. Eine häufig zitierte Definition von Verwundbarkeit lautet:

> „By vulnerability we mean the characteristics of a person or group and their situation that influence their capacity to anticipate, cope with, resist and recover from the impact of a natural hazard (an extreme natural event or process)" (WISNER et al. 2004, S. 11).

Aufbauend auf den obigen Überlegungen wurde das Pressure and Release-Modell (PAR-Modell) entwickelt (Abb. 5), das strukturelle Vulnerabilität als Abfolge von *root causes*, *dynamic pressures* und *unsafe conditions* erklärt. *Root causes* sind z.B. ökonomische, demographische oder politische Grundbedingungen, die den Zugang zu Macht und Ressourcen bedingen. Sie sind immer historisch und kulturell spezifisch und an die örtlichen Ideologien (z.B. an die Staatsform) angepasst (WISNER et al. 2011b). *Root causes* manifestieren sich in *dynamic pressures* wie z.B. schnell voranschreitender Urbanisierung, gewalttätigen Konflikten, Preisanstiegen oder Umweltdegradierung. Aufgrund dieser dynamischen Veränderungen werden Unsicherheiten innerhalb der physischen und sozialen Umwelt von Personen und Gruppen produziert. Physische *unsafe conditions* beziehen sich beispielsweise auf gefährliche Orte zum Leben oder ungeschützte Gebäude während soziale *unsafe conditions* instabile lokale Märkte, nicht vorhandenes Katastrophenmanagement und dergleichen meinen (vgl. BLAIKIE et al. 1994; WISNER et al. 2011b). Wenn nun diese sozialen und politischen Bedingungen, die Verwundbarkeit repräsentieren, in Kontakt mit externen Störungen durch eine Naturgefahr kommen, kann eine Katastrophe eintreten. Um das Risiko einer Katastrophe zu minimieren, können entweder auf Seiten der Naturgefahr Eingriffe vorgenommen werden oder es können die *root causes, dynamic pressures* oder *unsafe conditions* gezielt eliminiert werden. Das Modell zeigt, und das ist ein wichtiger Verdienst, dass elementare Ursachen von Vulnerabilität meist sehr weit (zeitlich und räumlich) von der eigentlichen Katastrophe entfernt sind. Das PAR-Modell wurde bereits auf vielfältige Art und Weise angewandt, z.B. im Kontext von Überflutungen in Norwegen (RAUKEN und KELMAN 2010) oder hinsichtlich der Risiken durch problematische Abwasserentsorgung in Indien (SINGH 2008).

Vulnerabilität wird mit Hilfe des PAR-Modells nachvollziehbar auf eine strukturalistische Art und Weise erklärt. Allerdings sind die Erklärungsansätze nicht theoretisch fundiert, was zu starker Kritik führte (z. B. HEWITT 1997). Eine Rezeption von verfügungsrechtlichen oder politökonomischen Ansätzen, wie sie innerhalb der Entwicklungsforschung stattfand (WATTS und BOHLE 1993; BOHLE et al. 1994), fehlt weitestgehend. Das PAR-Modell inkorporiert explizit eine natürliche Dimension in Form der Naturgefahr; es ist allerdings nicht in der Lage, die Interaktionen zwischen Gesellschaft und Umwelt abzubilden (YASIR 2009). Naturgefahren beeinflussen aber soziale und ökonomische Faktoren, welche Verwundbarkeit determinieren. Des Weiteren rücken die betroffenen Menschen und ihre Fähigkeiten und Handlungsstrategien bei der starken Fokussierung auf strukturelle Rahmenbedingungen in den Hintergrund. Hier setzen Überlegungen an, ähnlich denen des Sustainable Lifelihood Frameworks (vgl. Kapitel 2.1.1.2), die sich auf den Zugang von Haushalten zu bestimmten Ressourcen und entsprechende daraus abgeleitete Handlungsstrategien beziehen – das sogenannte Access-Modell. Das Access-Modell ist nicht aus einer Kritik am PAR-Modell heraus entstanden, sondern wurde als Ergänzung entwickelt (WISNER et al. 2004). Es fokussiert die Schnittstelle von Vulnerabilität und Naturgefahr auf der Mikroebene, d. h. auf individueller und Haushaltsebene, was in Abbildung 5 in Form einer Lupe dargestellt wird. Kern des Modells ist ein Ablaufschema, das zeigt, wie die alltägliche Lebenssicherung eines Haushaltes, eingebettet in bestimmte soziopolitische Rahmenbedingungen, von einer Naturgefahr beeinträchtigt wird und wie der Haushalt auf Grundlage seiner verfügbaren Ressourcen darauf reagieren kann. Während das PAR-Modell die strukturellen Rahmenbedingungen von Vulnerabilität fokussiert, analysiert das Access-Modell auf einer akteurszentrierten Ebene *Livelihoods* und Handlungsstrategien. Es bestehen also große Ähnlichkeiten zu den Dreiecksmodellen und zum SLF der Entwicklungsforschung. Während zumindest die Dreiecksmodelle eine gesellschaftstheoretische Einbettung aufweisen, fehlt diese bei PAR- und Access-Modell weitgehend bzw. ist lediglich angedeutet.

2.1.3 Nachhaltigkeitsforschung

Bei der Nachhaltigkeitsforschung kann man weniger von einer Entwicklungslinie als vielmehr von einer relativ jungen Perspektive auf das Phänomen Vulnerabilität sprechen (dazu KATES 2001). Einige Autoren sprechen anstatt von Nachhaltigkeitsforschung auch von Resilienzforschung (vgl. EAKIN und LUERS 2006). Konzeptionell wird hier interdisziplinär und systemtheoretisch orientiert mit sozial-ökologischen Systemen[8] gearbeitet (dazu KASPERSON und KASPERSON 2001). Wesentliche Grundlagen für eine Auseinandersetzung mit Verwundbarkeit innerhalb der Nachhaltigkeitsforschung liefern Überlegungen aus der Entwicklungs- und Hazardforschung: „[...] from its origins in disaster and entitlement theories, there is a newly emerging synthesis of system-oriented research

---

8 Bei der Nachhaltigkeitsforschung zu gekoppelten sozial-ökologischen Systemen besteht weder ein Bezug zur deutschsprachigen Sozialökologie (vgl. BECKER und JAHN 2006), noch zu systemtheoretischen Überlegungen nach LUHMANN (1987).

attempting, through advances in methods, to understand vulnerability in a holistic manner in natural and social systems" (ADGER 2006, S. 272).

Ein sozial-ökologisches System ist ein System, das aus sozialen und biophysikalischen Subsystemen besteht, die in gegenseitiger Wechselbeziehung stehen (GALLOPÍN 2006). Wichtige Eigenschaften eines solchen Systems sind eine hohe Komplexität, d. h. die Zusammensetzung aus vielen miteinander in Wechselwirkung stehenden Elementen auf verschiedenen Ebenen und Adaptivität, d. h. die Fähigkeit zu lernen und sich zu verändern (vgl. DAMM 2009). Das bekannteste und am häufigsten zitierte Konzept zur Analyse von Vulnerabilität von gekoppelten sozial-ökologischen Systemen ist das Turner-Modell (TURNER et al. 2003). Es baut auf dem PAR-Modell (BLAIKIE et al. 1994) und zum Teil auf der Doppelstruktur von Verwundbarkeit (BOHLE 2001b) auf und versucht sich die Kritik an diesen Ansätzen zunutze zu machen. Beide älteren Ansätze thematisieren fast ausschließlich gesellschaftliche Aspekte von Verwundbarkeit und vernachlässigen das biophysikalische Subsystem und entsprechend seine ökologische Vulnerabilität. Während BOHLE (2001b) die materielle Dimension von Verwundbarkeit fast völlig außer Acht lässt und einen Bezug lediglich durch humanökologische Ansätze herstellt, berücksichtigen BLAIKIE et al. (1994) den Hazard mit seinen Eigenschaften. Außerdem werden Wechselwirkungen zwischen einzelnen Faktoren, die Verwundbarkeit konstituieren nicht deutlich (vgl. TURNER et al. 2003) und der Dualismus von interner und externer Seite von Verwundbarkeit, zwischen Struktur und Handlung besteht weiterhin (vgl. DIETZ 2006). Hier setzt das Turner-Modell an, das entsprechend seines holistischen Anspruchs, soziale und biophysikalische Vulnerabilität inklusive der vielfältigen Wechselwirkungen einzelner Determinanten analysiert; allerdings aus einer komplett anderen epistemologischen Perspektive.

> „Vulnerability is the degree to which a system, subsystem, or system component is likely to experience harm due to exposure to a hazard, either a perturbation or stress/stressor" (TURNER et al. 2003, S. 8074).

In dieser stark komprimierten Definition wird deutlich, dass es verschiedene Grundkomponenten gibt, die für die Analyse von Vulnerabilität von Bedeutung sind:

- Ein gekoppeltes Mensch-Umwelt-System bzw. ein Teil dieses Systems als Expositionseinheit;
- Ein oder mehrere Stressfaktoren, die auf die Expositionseinheit einwirken. Im Kontext der Hazardforschung handelt es sich meist um ein Naturereignis;
- Die Eigenschaften und die Handlungen der Expositionseinheit, die über Wahrscheinlichkeit und Ausmaß der Beschädigung infolge von Stress entscheiden;
- Ergebnisse des Einwirkens von Stress in Form von Störungen oder Beschädigungen des Systems.

TURNER et al. (2003) konzipieren Vulnerabilität als bestehend aus den drei Dimensionen *Exposure, Sensitivity* und *Resilience* (Abb. 6). Wichtig ist anzumerken, dass, ähnlich wie beim Begriff Vulnerabilität, keine einheitliche Definition dieser Dimensionen verfügbar ist. An dieser Stelle soll ausschließlich das Begriffsverständnis von TURNER et al. (2003) dargestellt werden. *Exposure* bestimmt, ob und wie stark ein Bezugsobjekt in Kontakt mit Stressfaktoren kommt. Einflussgrößen sind hier z.B. die räumliche Lage oder bestimmte Charakteristika des Bezugsobjektes wie z.B. die Baumaterialien eines Hauses. *Sensitivity* beschreibt den Zustand des Bezugsobjektes in Relation zu den Stressfaktoren und bestimmt so das Ausmaß der Auswirkungen von diesen. *Resilience*, die dritte Dimension von Vulnerabilität, repräsentiert die Stärken und verfügbaren Ressourcen einer Bezugseinheit und determiniert so die Fähigkeit mit Stress umzugehen, diesen zu bewältigen und sich anzupassen. *Resilience* kann als interne Dimension von Verwundbarkeit (BOHLE 2001b) gesehen werden, mit der ein Handlungsbezug hergestellt wird. Auch wenn von TURNER et al. nicht explizit so ausgedrückt, kann man sagen, dass mit den drei Dimensionen *Exposure, Sensitivity* und *Resilience* eine Integration von interner und externer Seite von Vulnerabilität bzw. von struktureller und handlungsorientierter Perspektive erreicht wird (DIETZ 2006). Wie genau aber Akteure innerhalb struktureller Rahmenbedingungen handeln, wird nicht deutlich und bedarf einer stärkeren handlungstheoretischen Einbettung (vgl. CALGARO und LLOYD 2008). Außerdem wird nach wie vor das Verhältnis der drei Dimensionen

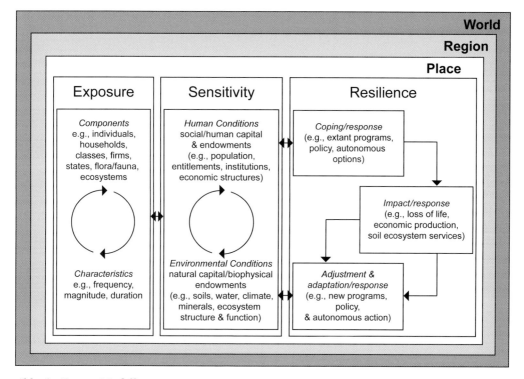

Abb. 6: Turner-Modell
Quelle: TURNER et al. 2003, S. 8077, verändert

zueinander diskutiert. Beispielsweise stellt sich die Frage, ob es sinnvoll ist *Exposure* als ein Bestandteil von Vulnerabilität zu sehen (dazu LUERS 2005; GALLOPÍN 2006; SMIT und WANDEL 2006). Eine Person mit schlechter Immunabwehr ist verwundbar gegenüber Krankheiten, unabhängig davon ob sie exponiert ist oder nicht. Man könnte allerdings auch argumentieren, dass diese Person, solange sie sich in einem sterilen Umfeld bewegt, nicht verwundbar ist. Ebenso schwierig stellt sich die genaue Verortung des Begriffes *Resilience* dar (dazu FOLKE 2006; GALLOPÍN 2006). VOSS (2009) ordnet in der Religion institutionalisierte Deutungsmuster von Katastrophen den Bewältigungsmechanismen zu. Institutionen können allerdings auch der Dimension *Sensitivity* zugeordnet werden.

Das Turner-Modell berücksichtigt unterschiedliche räumliche, funktionale und zeitliche Skalen. Die Vulnerabilität einer Expositionseinheit ist immer ortsspezifisch, d. h. die einzelnen Dimensionen haben einen Ortsbezug, der auf die lokalen sozial-ökologischen Strukturen und Prozesse zurückzuführen ist. Dennoch werden auch räumlich entfernte Prozesse berücksichtigt. Politische Entscheidungen globaler Tragweite können genauso auf die Vulnerabilität an einem Ort einwirken wie z. B. der Klimawandel. Auch die aktuelle Finanz- und Wirtschaftskrise beeinflusst die Vulnerabilität auf lokaler Ebene, indem sie aufgrund schrumpfender finanzieller Ressourcen die Implementierung von Präventionsmaßnahmen verhindert (z. B. den Bau von Deichen zum Hochwasserschutz). Die einzelnen Komponenten des Modells sind dynamisch, d. h. sie verändern sich im Zeitverlauf. Bezogen auf gesellschaftliche Charakteristika ist die historische Dimension zu betonen, mit der z. B. die Reproduktion bestimmter Klassenverhältnisse als Folge der Kolonisierung deutlich gemacht werden kann.

Auf Grundlage der bisherigen Ausführungen kann man von einer schwierigen Operationalisierung des Turner-Modells ausgehen. Selbst einfache soziale Systeme wie z. B. ein Haushalt sind zu komplex, um alle Variablen von Verwundbarkeit identifizieren und analysieren zu können. Der Anspruch naturwissenschaftliche und sozialwissenschaftliche Verwundbarkeitsforschung zu integrieren ist hoch und die Wahrscheinlichkeit dies zu erreichen wird von verschiedenen Autoren angezweifelt (z. B. VOSS UND HIDAJAT 2001; CANNON und MÜLLER-MAHN 2010). TURNER et al. reflektieren ihre Arbeit hinsichtlich der Operationalisierbarkeit und kommen zu dem Schluss:

> „A full vulnerability assessment is no easy task given the complexity of factors, processes, and feedbacks operating within even relatively simple coupled human-environment systems. The difficulties of the task are amplified by scalar dynamics, be they global processes operating on the local system of assessment, the asynchronous character of important social and natural processes, or the various, even incompatible goals of the different stakeholders in the system. Indeed, a full vulnerability assessment following the framework developed by the Sustainability Systems Program may lie well beyond the capacities of most research efforts. Yet this gene-

ral conceptual framework provides a useful point of departure for examining vulnerability. For practical and theoretical reasons, such frameworks should be modified (simplified) to suit the specifics of a given application" (TURNER et al. 2003, S. 8085).

Die meisten Anwendungen des Turner-Modells folgten diesen Empfehlungen und simplifizierten das Bezugsobjekt, fokussierten nur eine Dimension der Verwundbarkeit oder vernachlässigten bestimmte Wechselbeziehungen (Empirische Beispiele z. B.: CALGARO und LLOYD 2008; DAMM 2009; KAPLAN et al. 2009; WILHELM 2011; WILLROTH et al. 2012; MASSMANN und WEHRHAHN 2014). Das Turner-Modell stellt weiterhin einen Analyserahmen dar, der sich ausgesprochen gut für interdisziplinäre Forschung eignet. Beispielsweise wurden im Kontext des Tsunamis 2004 und den Auswirkungen auf die Küste Thailands ökologische, ökonomische und soziale Vulnerabilitätsanalysen erfolgreich integriert (vgl. STERR et al. 2009).

Es gibt Ansätze das Verwundbarkeitskonzept innerhalb der Nachhaltigkeitsforschung weiter zu entwickeln. Dabei wird versucht den aus der Ökologie stammenden Resilienzbegriff (vgl. HOLLING 1973) für die Sozialwissenschaften fruchtbar zu machen. Es wird verstärkt die Abkehr von einer systemtheoretischen hin zu einer akteurszentrierten Perspektive forciert, um z. B. Machtbeziehungen, die immanent wichtig für die soziale und politische Dimension von Verwundbarkeit sind, besser thematisieren zu können (CANNON und MÜLLER-MAHN 2010). Die Geographen KECK und SAKDAPOLRAK (2013) konkretisieren das Konzept der „Social Resilience" und identifizieren drei wichtige Dimensionen: *Coping capacities*, *adaptive capacities* und *transformative capacities*. Sie argumentieren, dass dieses Vorgehen unter anderem an das Turner-Modell anschlussfähig ist, da dort die Resilienz-Dimension neben einer natürlichen auch eine soziale Komponente aufweist. Auch hier wird deutlich, wie stark die verschiedenen Entwicklungslinien ineinander verschränkt sind und dass eine Trennung nur aus einer analytischen Perspektive Sinn macht.

2.1.4 Zusammenfassung und Forschungspotenzial

Die bisherigen Ausführungen zeigen, dass sowohl innerhalb der Entwicklungsforschung als auch innerhalb der Hazardforschung zuerst eine strukturtheoretische Sichtweise auf Vulnerabilität dominierte, die sich in entsprechenden Analysemodellen manifestierte. Parallel zu paradigmatischen Entwicklungen in den Sozialwissenschaften fand dann eine stärkere Fokussierung auf den handelnden Akteur statt und bisherige Modelle wurden zum Teil ergänzt, wobei eine fundierte gesellschafts- bzw. handlungstheoretische Einordnung weitgehend fehlt. Die starke Hinwendung zu akteursorientierter Forschung innerhalb der Geographie, ausgelöst vor allem durch die Arbeiten von WERLEN (1995), spiegelt sich in der Debatte um Vulnerabilität kaum wider. Lediglich BOHLE (2001b) stellt einige Überlegungen zu diesem Thema an und versucht so, das noch vergleichsweise junge Forschungsfeld Vulnerabilität stärker konzeptionell zu konsolidieren. Empirische Untersuchungen zu Handeln im Kontext von Verwundbarkeit, die eine stärkere theoretische Fundierung aufweisen, beschäftigen sich beispielsweise mit Gesundheitsrisiken in indischen Slums auf der Grundlage von Bourdieus Theorie der Praxis (SAKDAPOLRAK 2010) oder mit Stresserleben und Coping gegenüber einem Großbauprojekt in Guangzhou, China aus einer stärker psychologischen Perspektive (BERCHT 2013).

Eine strukturtheoretische Perspektive auf Vulnerabilität scheint im Entwicklungskontext plausibel. Bei genauerem Hinsehen ergeben sich allerdings Fragen zur Dynamik struktureller Rahmenbedingungen und zur gestalterischen Rolle von Akteuren (vgl. TRÖGER 2004). Nimmt man dagegen eine stärker auf das Subjekt und das individuelle Handeln ausgerichtete Perspektive ein, unterliegt man leicht der Versuchung gesellschaftliche Probleme lediglich als Fehlhandlungen von Individuen zu interpretieren (vgl. DÖRFLER et al. 2003). Für diese Arbeit ist die Berücksichtigung von und die Gewichtung zwischen Struktur und Handeln elementar. Immer wieder stellt sich die Frage, ob Verwundbarkeit gegenüber Überflutungen auf irrationales, unangepasstes oder ausgebliebenes Handeln zurückzuführen ist oder auf die äußeren, einschränkenden Zwänge von Struktur. Diese Dualität stellt eine große Herausforderung für die aktuelle Vulnerabilitätsforschung dar. In Kapitel 2.2 wird versucht mit Hilfe der Strukturationstheorie von GIDDENS (1995), welche Struktur und Handeln nicht als Gegenbegriffe, sondern als zwei Seiten derselben Medaille betrachtet, zu vermitteln.

Als ein wichtiges Forschungsdesiderat kann also eine mangelnde integrative Theoretisierung von Vulnerabilität identifiziert werden, wobei der Aussage von BÜRKNER (2010), dass es keine fundierten sozialwissenschaftlichen Ansätze zu Vulnerabilität gibt, auf Grundlage der obigen Ausführungen, nicht zugestimmt werden kann. Auch der Hypothese von STEINBRINK (2009), dass eine theoretische Grundlegung vor dem Hintergrund des holistischen Anspruchs des Vulnerabilitätskonzeptes nicht möglich sei, soll mit Skepsis begegnet werden. Schließlich weisen neben einer Vielzahl von theoriegeleiteten empirischen Vulnerabilitätsanalysen auch aktuelle theoretische Überlegungen und Ergänzungen auf die Aktualität und Relevanz des Vulnerabilitätskonzeptes hin. Beispielsweise entwickelten ETZOLD et al. (2012) einen praxistheoretischen Ansatz zu Institutionen, der hervorhebt, dass Institutionen keine statischen, technisch hergestellten Strukturen sind, sondern durch das Handeln von Akteuren produziert und reproduziert werden. Die Autoren weisen explizit auf die Kompatibilität mit dem Modell der Doppelstruktur von Verwundbarkeit (BOHLE 2001b) hin.

Ein weiterer Bereich, der sich an die obige Diskussion anschließt, betrifft die soziale Konstruktion von Vulnerabilität. Trotz realer Gefährdung und materieller Dimension externer Einwirkungen entwickeln Individuen nach Wahrnehmung und Verarbeitung bestimmter

Ereignisse ein subjektives Gefühl von Verwundbarkeit. Aufbauend auf dieser Konstruktionsleistung finden bestimmte Handlungen statt. Beispielsweise können regelmäßige Überflutungen zu der gemeinsam geteilten Annahme führen, dass zukünftig mit Hochwasser zu rechnen und Anpassung nötig sei. Andersherum kann es auch passieren, dass trotz vieler Indikatoren, die für Vulnerabilität sprechen, Individuen für sich selbst keine Verwundbarkeit sehen und entsprechend nicht handeln. Auch zu berücksichtigen sind verschiedene Vulnerabilitätskonstruktionen vor dem Hintergrund unterschiedlichen soziokulturellen Wissens. Als 2004 der Tsunami die Küsten des Indischen Ozeans heimsuchte, war es eine Gruppe indigener Seenomaden, deren Kultur eine Tsunamigefährdung inhärent war, die die Zeichen der herannahenden Welle richtig deuteten und die sich schlussendlich in Sicherheit bringen konnten (vgl. ARUNOTAI 2008). CHRISTMANN et al. (2011) behaupten, dass die soziale Konstruktion von Verwundbarkeit eine zentrale Forschungslücke darstelle. Auf Grundlage diverser Forschungsarbeiten der vergangenen Jahre, von denen viele von poststrukturalistischen Überlegungen beeinflusst wurden, muss diese Aussage relativiert werden (explizit mit der sozialen Konstruktion von Vulnerabilität beschäftigen sich z. B. PLAPP 2005; CANNON 2008; BALGAR und MAHLKOW 2013; DIETZ 2014). Die Berücksichtigung der sozialen Konstruktion von Verwundbarkeit soll in dieser Arbeit nicht auf einer diskursiven Ebene stattfinden, sondern durch den Einsatz interpretativ-verstehender Verfahren (siehe dazu Kapitel 3; MASSMANN und WEHRHAHN 2014).

Zentraler Bestandteil der Konzeptionen von Vulnerabilität nach BOHLE et al. (1994) und BLAIKIE et al. (1994) ist die politische Dimension, die unterschiedliche Verwundbarkeiten innerhalb einer Gesellschaft mit ungleichen Machtverhältnissen erklärt. Trotz dieser theoretischen Forcierung fehlt es nach Dietz bisher an empirischen Untersuchungen:

> „Obgleich […] Vulnerabilität als multidimensional konzipiert wird, bleiben die politischen Dimensionen und Fragen nach der gesellschaftlichen Verteilung von Gestaltungs- und Entscheidungsmacht als Einflussfaktoren von Vulnerabilität und geringer Anpassungskapazität weitgehend unberücksichtigt. In einigen Arbeiten wird zwar verstärkt auf die Bedeutung von politischen Rechten und Partizipation […] hingewiesen […], ein Widerhall in der empirischen Forschung findet sich bislang jedoch selten" (DIETZ 2011, S. 41).

Mit ihrer Argumentation ist Dietz nicht alleine. Auch andere Autoren fordern eine stärkere Einbeziehung politischer Aspekte. So betont ADGER (2006, S. 277): „Inclusion of vulnerable sections of society […] within decision making structures is an important and highly under-researched area". Auch JANSSEN und OSTROM (2006, S. 238) fordern „to incorporate governance research on the mechanisms that mediate vulnerability and promote adaptive action and resilience". Nicht nur die Berücksichtigung politischer Aspekte des Konzeptes ist von Bedeutung, sondern auch seine politischen Implikationen. Mit der Zuweisung des Prädikats „verwundbar" lassen sich Individuen, Gruppen sowie Regionen stigmatisieren bzw. bestimmte Regierungen delegitimisieren. Hier ist anzumerken, dass Vulnerabilität ein westlich geprägtes Konzept ist, welches per se kulturelle Differenzen der untersuchten Gesellschaft kaum berücksichtigt (vgl. COLLET 2012; Kapitel 2.1.1 zu *Post-Development*-Forschung). Unter diesen Umständen ist ein reflektierter Forschungsprozess besonders wichtig (siehe Kapitel 3.5).

2.2 Handeln im Kontext von Verwundbarkeit

Die verschiedenen Entwicklungslinien der Vulnerabilitätsforschung (vgl. Kapitel 2.1) zeigen, dass es einen Trend zu einer stärkeren Akteurs- und Handlungsorientierung gibt. Bestimmte gesellschaftliche Bedingungen wie eingeschränkte Verfügungsrechte und ungleiche Machtverhältnisse bilden dabei den Rahmen für individuelle Handlungsweisen, werden aber gleichzeitig durch das Handeln produziert und reproduziert. Im Kontext von Katastrophen wie z. B. Hungersnöten oder Überflutungen geht es also darum, wie sich Individuen oder Gruppen unter bestimmten Rahmenbedingungen verhalten, wie sie die Katastrophe wahrnehmen, wie sie darüber reden und wie sie sich vor den Auswirkungen schützen. Menschen werden auf diese Weise nicht als ohnmächtige Opfer, sondern als aktiv Handelnde konzeptualisiert (vgl. MÜLLER-MAHN 2008). Hier stellt sich die elementare Frage, ob individuelle Akteure in ihrem Handeln frei sind oder ob strukturelle Rahmenbedingungen das Handeln determinieren. Dieses Grundproblem der Soziologie versucht der britische Soziologe Anthony Giddens mit seiner Strukturationstheorie[9] zu lösen (GIDDENS 1984)[10]. Er offeriert Möglichkeiten die komplexe Beziehung zwischen individuellem Handeln und dem limitierenden bzw. ermöglichenden Charakter von Struktur zu untersuchen. Dieser Ansatz hat Potenzial, nicht nur für die Geographische Entwicklungs- und Hazardforschung, sondern für die gesamte Humangeographie.

> „Interest in the complex relationship between human agency and the constraints of structure brings common ground to the domain of human geography inquiry; while this problematic is taken up variously through different theoretical perspectives, Giddens' highly focused explication provides a strong foundational statement from which to examine processes of enablement and constraint" (DYCK und KEARNS 2006, S. 86).

Bereits Anfang der 1980er entfachte in der englischsprachigen Geographie eine entsprechende Debatte (z. B. GREGORY 1981; THRIFT 1983) und etablierte Paradigmen wie der Voluntarismus oder der Determinismus gerieten in einen Rechtfertigungszwang (vgl. GREGSON 2005).

---

9 Im englischen Original spricht Giddens von der „Theory of Structuration". Die deutsche Übersetzung schlägt „Theorie der Strukturierung" vor. Im Folgenden werden die Begriffe Strukturation und Strukturierung synonym verwendet.

10 Giddens veröffentlichte seine Monographie mit dem Titel „The constitution of society – Outline of the theory of structuration" im Jahr 1984. Das Buch wurde in die deutsche Sprache übersetzt und liegt mittlerweile in der dritten Auflage vor. Eine erste übersichtliche Einführung in das komplexe Werk von Giddens gibt z. B. LAMLA (2003).

Um den Dualismus von Struktur und Handeln zu überwinden, versucht GIDDENS (1995) zwischen der interpretativen Soziologie mit ihrem Primat auf Handeln und Sinn und dem Funktionalismus bzw. Strukturalismus zu vermitteln[11]. WERLEN (1995) bezeichnet die beiden soziologischen Grundperspektiven als Holismus und Individualismus, wobei der Holismus von einer Dominanz der gesellschaftlichen Struktur ausgeht, die das Handeln des Individuums determiniert. Die individualistische Perspektive lehnt diesen Determinismus ab und betont die Entscheidungsfreiheit und Gestaltungsfähigkeit der handelnden Menschen. Die Strukturationstheorie sieht Struktur und Handeln nicht als Gegensätze, sondern als zwei Seiten derselben Medaille. Handlungen sind bei Giddens rekursiv, d. h. sie werden von handelnden Akteuren ständig reproduziert. In und durch das Handeln reproduzieren die Akteure die Bedingungen, die ihr Handeln ermöglichen bzw. einschränken - die Struktur. Bevor in den nächsten Unterkapiteln eine genauere Erläuterung der relevanten Begriffe folgt, soll mit einem Originalzitat hier kurz die Grundthese der Theorie der Strukturierung vorgelegt werden:

„Die Begriffe ‚Struktur' und ‚Handeln' bezeichnen so die allein *analytisch* unterschiedenen Momente der Wirklichkeit strukturierter Handlungssysteme. Strukturen selbst existieren gar nicht als eigenständige Phänomene räumlicher und zeitlicher Natur, sondern immer nur in der Form von Handlungen oder Praktiken menschlicher Individuen. Struktur wird immer nur wirklich in den konkreten Vollzügen der handlungspraktischen *Strukturierung* sozialer Systeme, weshalb ich auch meinen Ansatz ‚Theorie der Strukturierung' genannt habe" (GIDDENS 1988, S. 290; Hervorhebung im Original).

Für die Diskussion um das Konzept Vulnerabilität macht es Sinn, Verwundbarkeit einerseits als Resultat von Fehlhandlungen, mangelndem Wissen und eingeschränkten Fähigkeiten individueller Akteure zu sehen und andererseits als Ergebnis äußerer Zwänge. Verwundbare Individuen und Gruppen sind in einen Komplex aus knapper Ressourcenbasis, Abhängigkeitsverhältnissen und mangelnden Verfügungsrechten eingebunden, innerhalb dem sie aktiv Bewältigungs- und Anpassungshandlungen vollziehen. Obwohl Akteure aktiv und reflexiv agieren, haben sie ihr Handeln doch nicht vollständig unter Kontrolle. Bei Marx findet sich ein passendes Zitat: „Die Menschen machen ihre eigene Geschichte, aber sie machen sie nicht aus freien Stücken, nicht unter selbstgewählten, sondern unter unmittelbar vorgefundenen, gegebenen und überlieferten Umständen" (MARX 1869, S. 1). Diese Perspektive nimmt auch PELLING (2003) in seinem viel zitierten Buch „The Vulnerability of Cities" ein. Er verweist auf die Strukturationstheorie von Giddens, rezipiert diese aber nur sehr oberflächlich und liefert entsprechend keine theoretische Weiterentwicklung des Vulnerabilitätskonzeptes. Obwohl Giddens' Strukturationstheorie keine anwendungsorientierte, sondern eine Metatheorie ist (vgl. CHILD 1997), lassen sich doch

---

11 Ein wichtiger Vertreter der interpretativen Soziologie ist Max Weber. Der Funktionalismus bzw. Strukturalismus wurde maßgeblich geprägt durch Émile Durkheim, Talcott Parsons und Auguste Comte.

Konzepte ableiten bzw. theoretisieren, die sich mit der Konstitution des Individuellen und des Gesellschaftlichen beschäftigen (DYCK und KEARNS 2006). GIDDENS (1991, S. 213) selbst sieht seine Theorie als Beitrag „[…] to be used in a selective way in thinking about research questions or interpreting findings". In dieser Arbeit soll die Vulnerabilitätstheorie als Theorie mittlerer Reichweite verstanden und auf Basis der Strukturationstheorie reflektiert und erweitert werden. Die Strukturationstheorie dient dabei gewissermaßen als Interpretationshilfe, was ganz im Sinne von DYCK und KEARNS (2006, S. 100) ist:

> „[...] further progress in the field [vulnerability research; Anmerkung des Verf.] will be made only if researchers develop a more robust, integrated perspective on vulnerability, one capable of addressing the interrelated dynamics of social structure, human agency and the environment(s)".

DÖRFLER et al. (2003) betonen die empirischen Vorteile von akteursorientierten Ansätzen für die Bearbeitung von Fallbeispielen. Sie warnen allerdings auch vor einer vorschnellen Nutzung der Strukturationstheorie in der Entwicklungsforschung im Allgemeinen und einer Übertragung auf Zusammenhänge im Kontext von Verwundbarkeit im Speziellen[12], denn Ursachen für Entwicklungsprobleme bzw. für Verwundbarkeit würden bei einer unkritischen Verwendung oftmals nicht auf der strukturellen Ebene gesucht, sondern als individuelle Fehlhandlungen interpretiert (ebd.). Diese Kritik an der Strukturationstheorie[13], die den Vorwurf eines subjektivistischen Übergewichtes formuliert, wird in ähnlicher Art und Weise von einer Vielzahl anderer Autoren hervorgebracht (z. B. JOHNSON et al. 1984). Allerdings gibt es auch diametral gegensätzliche Kritik, die Giddens objektivistische Tendenzen unterstellt (z. B. KIESSLING 1988). Entsprechend kommt eine akteursorientierte Verwundbarkeitsforschung nicht umhin, sich mit der Kontextabhängigkeit des Handelns auseinanderzusetzen.

2.2.1 Handeln

Der Handlungsbegriff als zentrale Kategorie für dieses Kapitel, respektive diese Arbeit, soll an dieser Stelle genauer beleuchtet werden. Hierfür wird mit einer definitorischen Unterscheidung vom Verhaltensbegriff begonnen. Verhalten schließt jede spezifische Reaktion auf Umwelt ein, also „*jede* motorische, verbale, kognitive, emotionale Aktivität" (ESSER 2002, S. 178; Hervorhebung im Original) und ist somit Tieren und Menschen gemeinsam. Max Weber, einer der bedeutendsten deutschen Soziologen definiert Handeln als „ein menschliches Verhalten (einerlei ob äußeres oder innerliches Tun, Unterlassen oder Dulden) […], wenn und insofern als der oder die Handelnden mit ihm einen subjektiven *Sinn* verbinden" (WEBER 1922, S. 1; Hervorhebung im Original). Die Unterschei-

---

12 Es gilt zu beachten, dass Giddens seine Theorie für die postindustrielle Gesellschaft Englands formuliert hat.
13 Eine detaillierte kritische Auseinandersetzung mit der Strukturationstheorie von Giddens liefert WALGENBACH (2006).

dung erfolgt hier durch die Einführung des Sinns. Handeln ist also ein von Sinn gesteuertes Verhalten bzw. ein von Sinn bestimmtes Unterlassen. Eine genaue Unterscheidung zwischen Verhalten und Handeln ist nicht einfach, denn was einmal unwillkürlich passiert, kann beim nächsten Mal auch bewusst geschehen. Hierzu bemerkt WEBER (1922, S. 10): „Wirklich effektiv, d. h. voll bewußt und klar, sinnhaftes Handeln ist in der Realität immer nur ein Grenzfall". Reales Handeln verläuft meist „in dumpfer Halbbewußtheit oder Unbewußtheit seines ,gemeinten Sinns'". Als weitere Unterkategorie von Handeln lässt sich „Soziales Handeln" identifizieren, d. h. solches Handeln, dass sich am Verhalten anderer orientiert (Abb. 7).

In der deutschsprachigen Geographie dominiert der Handlungsbegriff nach WERLEN (2008, S. 282), der sich an Giddens orientiert. Handeln wird hier als „menschliche Tätigkeit im Sinne eines intentionalen Aktes begriffen, bei dessen Konstitution sowohl sozial-kulturelle, subjektive wie auch physisch-materielle Komponenten bedeutsam sind". Hieraus folgt, dass ein Akteur oder ein Handelnder (Giddens gebraucht diese Begriffe synonym) intentional und reflexiv handelt, d. h. er besitzt ein bestimmtes Wissen über sein Handeln und über die strukturellen Bedingungen, in denen sein Handeln eingebettet ist. Die Reflexivität des Handelns verdeutlicht GIDDENS (1995, S. 53) mit folgendem Zitat:

> „Ein menschliches Wesen zu sein, heißt, ein zweckgerichtet Handelnder zu sein, der sowohl Gründe für seine Handlungen hat, als auch fähig ist, diese Gründe auf Befragung hin diskursiv darzulegen (oder auch: sie zu verbergen)".

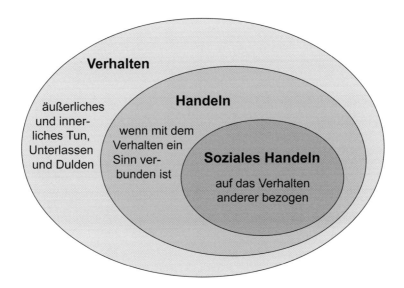

Abb. 7: Die Beziehung von Verhalten, Handeln und Sozialem Handeln
Quelle: GERTENBACH et al. 2009, S. 20, verändert

Es lässt sich schlussfolgern, dass Akteure eine gewisse Freiheit genießen, da sie immer auch anders hätten handeln können. Im Kontext von Verwundbarkeit wirkt diese Erkenntnis allerdings provozierend, denn in vielen Fällen wirkt das Akteurshandeln in Risikosituationen, z. B. von überflutungsgefährdeten Slumbewohnern, alles andere als frei, sondern vielmehr wie ein passives Sich-Fügen. Hier ist es wichtig darauf hinzuweisen, dass trotz Zweckorientierung und Diskursfähigkeit, die Mehrzahl der Handlungen eben nicht auf einem diskursiven Bewusstsein des Akteurs gründen. Vielmehr ist es das praktische Bewusstsein, das es Akteuren ermöglicht, innerhalb der Routinen des gesellschaftlichen Lebens klarzukommen. Das diskursive Bewusstsein eines Akteurs umfasst sämtliches Wissen, das zum einen im Handeln Anwendung findet und zum anderen auch artikuliert werden kann. Das praktische Bewusstsein hingegen bezieht sich auf das Wissen der Akteure über die Rahmenbedingungen und den Kontext ihres Handelns, welches allerdings nicht verbal zum Ausdruck gebracht werden kann (vgl. GIDDENS 1995). WERLEN (2008, S. 290) betont, dass Handlungen immer „Ausdruck des jeweiligen sozial-kulturellen Kontextes" sind. Eine scharfe Trennung zwischen diskursivem und praktischem Bewusstsein lässt sich kaum vornehmen und ist von Akteur zu Akteur in Abhängigkeit seiner Fähigkeiten unterschiedlich (vgl. WALGENBACH 2006).

Obige Ausführungen machen deutlich, dass Handeln nicht ohne vorgegebene Strukturen denkbar ist, auch wenn der Akteur in seinem Handeln eine gewisse Freiheit hat. Dieser Aspekt der Strukturationstheorie ist von großer Bedeutung, da eine Überwindung des Dualismus von Handeln und Struktur sonst nicht möglich wäre (vgl. LAMLA 2003). Vorgefundene Lebensumstände wie z. B. eingeschränkte Verfügungsrechte oder ungleiche Machtverhältnisse schränken die Handelnden nicht nur ein, sondern eröffnen ihnen auch Möglichkeiten. In dem Moment, in dem sich ein Akteur für oder gegen etwas entscheiden kann, kann er einen Unterschied bewirken und ist entsprechend mit einer gewissen Macht ausgestattet (vgl. GIDDENS 1995). Im Folgenden soll der Strukturbegriff und der Prozess der Strukturation genauer beleuchtet werden, bevor dann auf das Problem des strukturellen Zwangs eingegangen wird.

2.2.2 Struktur und Strukturierung

Die hier vorgenommene Unterscheidung von Handeln und Struktur macht nur analytisch einen Sinn. Strukturen existieren nicht als eigenständige Phänomene, sondern werden erst im Handeln sichtbar. In ihrem Handeln beziehen sich Akteure auf die strukturellen Bedingungen, die meist in Form praktischer Wissensbestände bzw. als materielle Ressourcen die Basis für ihr Handeln darstellen. Umgekehrt werden in diesem Handeln die strukturellen Bedingungen reproduziert. Diesen Prozess nennt GIDDENS (1995, S. 67 ff.) „Strukturierung"; die wechselseitige Verbindung von Handeln und Struktur „Dualität von Struktur" (Abb. 8). Wichtig bei Giddens' Überlegungen ist, dass Struktur nicht als Zwang verstanden werden darf, da sie Handeln eben nicht nur einschränkt, sondern auch ermöglicht. Ohne Struktur wären wir in unserem Alltag desorientiert.

> „Gemäß dem Begriff der Dualität der Struktur sind die Strukturmomente sozialer Systeme sowohl Medium wie Ergebnis der Praktiken, die sie rekursiv organisieren. Struktur ist den Individuen nicht ‚äußerlich': in der Form von Erinnerungsspuren und als in sozialen Praktiken verwirklicht, ist sie in gewissem Sinne ihren Aktivitäten eher ‚inwendig' als ein [...] außerhalb dieser Aktivitäten existierendes Phänomen. Struktur darf nicht mit Zwang gleichgesetzt werden: sie schränkt Handeln nicht nur ein, sondern ermöglicht es auch" (GIDDENS 1995, S. 77 f.).

Handeln und Struktur sind entsprechend zwei Seiten derselben Sache und keine Gegensätze. Sie existieren im Prozess der Strukturierung gleichzeitig. Akteure sind in ihrer Lebensrealität meist mit einer Vielzahl unterschiedlicher Strukturvorgaben konfrontiert, aus denen sie sich für ihr Handeln diejenigen herausgreifen werden, die zu ihnen passen bzw. die ihnen den größtmöglichen Nutzen versprechen. Meist erfolgt die Strukturierung auf Grundlage des praktischen Bewusstseins der Akteure. Wenn aber das praktische Wissen keine standardisierten Antworten für Handlungsentscheidungen mehr anbietet, z.B. während außergewöhnlicher Zustände wie einer Hochwasserkatastrophe, wird der Akteur sich reflexiv und diskursiv mit den existierenden Strukturvorgaben auseinandersetzen. In jedem Fall kann es zu einer Änderung der strukturellen Rahmung kommen, entweder durch die Kombination verschiedener Strukturelemente, durch intendierte und nicht-intendierte Handlungsfolgen oder durch unerkannte Handlungsbedingungen (vgl. TRÖGER 2004; MIEBACH 2010).

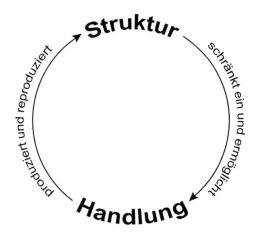

Abb. 8: Die Dualität von Struktur und Handlung
Quelle: BERCHT 2013, S. 122, verändert

Strukturen beziehen sich auf Regeln und Ressourcen und stabilisieren soziale Systeme in Raum und Zeit. Sie sind die „institutionellen, dauerhaften Gegebenheiten, mit denen die Individuen konfrontiert werden, in denen sie sich ‚bewegen' und mit denen sie ‚leben' und sich auseinandersetzen müssen" (TREIBEL 2006, S. 261). Dabei sind Regeln verallgemeinerbare Verfahrensweisen und Konventionen, die den Akteuren ihre Handlungsoptionen inklusive der jeweiligen Bedeutung aufzeigen. Regeln können entweder normative oder sinnkonstituierende

Implikationen haben[14]. Bei den Ressourcen wiederum unterscheidet GIDDENS (1995) zwischen allokativen und autoritativen Ressourcen. Allokative Ressourcen haben eine materielle Dimension und beziehen sich auf die Fähigkeiten zur Kontrolle über materielle Produkte (z. B. Rohstoffe oder Land). Autoritative Ressourcen beziehen sich auf die Fähigkeit zur Koordination des Handelns von Menschen. An dieser Stelle soll auf das Handlungsbewusstsein zurückgekommen werden (siehe Kapitel 2.2.1). Die meisten Regeln und Ressourcen sind den Akteuren nicht diskursiv bewusst, sondern nur praktisch wie z. B. die Regeln der Höflichkeit. Das praktische Bewusstsein bzw. Wissen ist entsprechend verantwortlich für die Reproduktion und Produktion sozialer Regeln. Eine wiederholte Anwendung von Regeln und Ressourcen innerhalb von Alltagsroutinen konstituiert soziale Regelmäßigkeit über Raum und Zeit hinweg (Abb. 8). Auf diese Art und Weise bekommt Struktur einen institutionalisierten Charakter (vgl. DYCK und KEARNS 2006). Man denke an die zahlreichen Konventionen des Alltags, die zu einem kleinen Teil kodifiziert vorliegen wie z. B. Verkehrsregeln und zu einem großen Teil informell befolgt werden wie z. B. die gegenseitige Begrüßung.

Zusammenfassend lässt sich feststellen, dass das Handeln von Akteuren zum einen von ihrer eigenen Ressourcenbasis und denjenigen Regeln, die sie für ihr Handeln heranziehen und spezifisch interpretieren abhängt und zum anderen von den in der Struktur verfügbaren Regeln und Ressourcen. Man kann an dieser Stelle einen Anknüpfungspunkt zu den in Kapitel 2.1 vorgestellten strukturtheoretisch geprägten Vulnerabilitätsmodellen erkennen, die auf die Ressourcenausstattung und den Ressourcenzugang verweisen. Mit Giddens' These der Dualität der Struktur können diese bisherigen Denkweisen insofern erweitert werden, als dass die Dynamik struktureller Bedingungen mit dem Handeln von Akteuren erklärt werden kann. BRKLACICH und BOHLE (2006, S. 59) bringen diese Ausführungen auf den Punkt. Für sie ist eine nachhaltige Entwicklung verwundbarer Gruppen „always shaped by institutions that are embedded in structures of power relations, that are made and remade, and that are highly contested through people's practice". Von besonderem Interesse für diese Arbeit ist die Frage, inwieweit sich die institutionellen Gegebenheiten in Thailand und Bewältigungs- und Anpassungshandeln im Kontext von Überflutungen wechselseitig beeinflussen (dazu LEBEL et al. 2011). Hier bietet sich neben dem schon diskutierten verfügungsrechtlichen Ansatz (vgl. Kapitel 2.1.1.1) der Institutionenbegriff nach NORTH (1990) an, der zwischen formalen und informellen Institutionen unterscheidet. Formale Institutionen umfassen z. B. juristische Verfahrensweisen und Gesetze. Informelle Institutionen sind dagegen z. B. Traditionen, Normen und Gebräuche, die immer kulturell spezifisch sind. Ob das thailändische Rechtssystem den von Überflutungen Betroffenen Orientierung und Sicherheit gibt, oder ob diese Aufgabe eher von sozialen Netzwerken übernommen wird, ist eine Frage die in Kapitel 5.4 beantwortet wird. Eine explizit strukturationstheoretische Perspektive auf Institutionen innerhalb der

---

14 Für eine detaillierte Auseinandersetzung mit Regeln siehe GIDDENS (1995, S. 81ff.).

Geographischen Entwicklungsforschung nehmen ETZOLD et al. (2012) ein. Sie begegnen so dem Vorwurf des subjektivistischen Übergewichts und beziehen sich dabei auf die Kritik von DÖRFLER et al. (2003). Institutionen als „permanently socially (re-)produced rules that enable, constrain, and give meaning to social practices and that comprise regulative, normative, and cultural-cognitive elements" zu begreifen (ETZOLD et al. 2012, S. 186), wird demnach dem dynamischen Charakter von Institutionen gerecht und bietet Anknüpfungspunkte mit anderen vielversprechenden Ansätzen innerhalb der Entwicklungsforschung, wie z. B. mit dem Ansatz der Doppelstruktur von Verwundbarkeit (BOHLE 2001b).

2.2.3 Handeln als Ausdruck von Zwang oder Freiheit?

Wie bereits mehrfach angesprochen, bezieht sich ein wesentlicher Kritikpunkt an Giddens Strukturationstheorie auf das subjektivistische Übergewicht, d. h. auf den methodologischen Individualismus, der dazu führen kann, dass Struktur lediglich als Produkt von zweckorientiertem, freiem Handeln gesehen wird. Im Kontext von Verwundbarkeit wird auf diese Weise eine risikoträchtige Lebenssituation mit individuellen Fehlhandlungen begründet, was für viele sicherlich zynisch klingt. Giddens erkennt strukturellen Zwang zwar an, sieht ihn aber nicht als determinierend, da Akteure durch eine Veränderung ihrer Wünsche bzw. Motive in jeder Situation anders handeln könnten:

> „Wenn Zwänge die Menge der (gangbaren) Alternativen so einschränken, daß einem Akteur nur eine Option oder ein Optionstyp offensteht, ist zu vermuten, daß es der Akteur nicht wert findet, irgendetwas anderes zu tun als sich zu unterwerfen. Die dabei getroffene Wahl ist eine negative, insofern man die Folgen der Nicht-Unterwerfung zu vermeiden sucht. Wenn der Handelnde in der Situation ‚nicht anders handeln konnte', dann deshalb, weil nur eine Option vorhanden war, die Wünsche dieses Handelnden vorausgesetzt. Dies *darf* […] nicht mit dem ‚nicht anders handeln können' verwechselt werden, das die konzeptuelle Handlungsgrenze markiert; es ist genau diese Verwechslung, der strukturtheoretisch orientierte Soziologen leicht unterliegen." (GIDDENS 1995, S. 364 f. Hervorhebung im Original).

TRÖGER (2003, S. 27 f.) erkennt in diesem Zitat den reflexiv Handelnden, der sich der begrenzten Handlungsalternativen bewusst ist und angemessen handelt. Sie geht nicht weiter auf das problematische Verhältnis von Zwang und Handlungsfreiheit ein und bezieht sich in ihren folgenden Ausführungen auf den, ihrer Ansicht nach, Normalfall, d. h. „[…] nicht in erster Linie die ökonomische Ressourcenbasis legt das Potential zur Durchsetzung der eigenen Interessen fest, sondern das Wissen um gesellschaftliche Zusammenhänge, das zum Einen in den praktischen Bewusstseinsinhalten gesellschaftlicher Regeln und Normen enthalten ist, das aber auch in diskursiven Prozessen erschlossen werden kann" (ebd., S. 29).

STEINBRINK (2009) widmet sich Giddens' Ausführungen zum strukturellen Zwang genauer und bezieht sich ebenfalls auf das obige Zitat. Er erkennt in der Aussage, dass die Wünsche des Handelnden die Handlungsoptionen einschränken, den Versuch, strukturellen Zwang in den „Verantwortungsbereich der Individuen" zu legen (ebd., S. 70). Um strukturellen Zwängen zu entgehen, müsste der Akteur lediglich seine Wünsche ändern, d. h. die Zwecksetzung seiner Handlungen. Gibt es aber eine Freiheit der Zwecksetzung oder ist diese kontextabhängig und damit abhängig von strukturellen Bedingungen? Genau dieses „Schlupfloch" sieht STEINBRINK (2009, S. 71) wenn er über die „Rationalität der Zwecksetzung" sagt: „Es ist der situative Kontext, der die Zwecksetzung der Handelnden (mit)bestimmt. Und es ist dieser Kontext, der bestimmt, welche Zwecksetzung als rational gelten kann". Als Beispiel führt er das Zähneputzen an, das im Sinne des Zwecks der Mundhygiene eine rationale Handlung darstellt. Putzt der Akteur aber auf den Bahnschienen seine Zähne, während ein Zug auf ihn zurast, so erscheinen diese Handlung und der Zweck der Mundhygiene keineswegs als rational (ebd., S. 71). Steinbrink sieht hier einen objektiven Zwang, der auf die Zwecksetzung wirkt, also einen Zwang der unabhängig von den Wünschen und Motiven der Handelnden existiert. Im Sinne der Rationalität der Zwecksetzung besitzen die gegebenen Lebensumstände also durchaus einen handlungsbeeinflussenden Charakter. Somit wird der fundamentalen Kritik eines subjektivistischen Übergewichtes begegnet und die Strukturationstheorie gewinnt für die Erforschung von Verwundbarkeit im Speziellen und Entwicklungsproblemen im Allgemeinen an Erklärungsgehalt zurück. Das Handeln von Akteuren unter „normalen" Bedingungen wird von anderen Zwecken bestimmt (z. B. Nutzenmaximierung) als das Handeln unter unsicheren Bedingungen. Gemäß der Prämisse, dass die Rationalität der Zwecksetzung kontextgebunden ist, lässt sich das Handeln im Kontext von Verwundbarkeit nicht mit Profitmaximierung erklären, sondern vielmehr mit dem Zweck der Risikominimierung. STEINBRINK (2009, S. 78; Hervorhebung im Original) spricht hier auch von der „Rationalität des Risiko-Managements bzw. des *Überlebens*". Wichtig ist der Hinweis, dass beim Handeln im Kontext von Verwundbarkeit die Zwecke nicht gesetzt sind, sondern in Abhängigkeit des Risikos für jede Handlung immer wieder neu gesetzt werden. Man kann die Zwecksetzung als einen Teil der Handlung selbst begreifen, der durch äußere Bedingungen beeinflusst wird. SCOTT (1976) untersucht die Handlungsweisen innerhalb kleinbäuerlicher Subsistenzwirtschaft und kommt zu dem Schluss, dass je existenzbedrohender die augenblickliche Situation eines Haushaltes ist, desto rationaler wird der Zweck der Sicherheit bzw. der Risikominimierung. Diese Schlussfolgerung lässt sich auf von Überflutungen bedrohte Individuen und Haushalte in Bangkok übertragen, deren Handlungszwecke ihrer Gefährdungssituation entsprechen. Zentrale Handlungsstrategien im Kontext von Verwundbarkeit sind Bewältigung und Anpassung, die im Folgenden genauer betrachtet werden.

2.2.4 Bewältigung und Anpassung

Allgemein geht es bei den Begriffen Bewältigung und Anpassung[15] innerhalb der Verwundbarkeitsforschung immer um die Frage, wie eine Bezugseinheit (z. B. eine Person, ein Haushalt oder eine Nachbarschaft) mit Stress bzw. Schocks (z. B. mit Überflutungen) umgeht. Bevor eine genauere Betrachtung der beiden Begriffe erfolgt, soll erneut die Rationalität der Zwecksetzung aufgegriffen werden, die sich entsprechend obiger Ausführungen, am Kontext orientiert. Knapper werdende Ressourcen oder der Wegfall von Partizipationsmöglichkeiten, beides verwundbarkeitskonstituierende Elemente, können zu einer Verschiebung der Rationalität der Zwecksetzung führen, so dass der Zweck der Existenzsicherung oder Risikominimierung für das Handeln von verwundbaren Individuen wahrscheinlicher wird als beispielsweise die Profitmaximierung. Wird die Situation für die Handelnden noch drastischer, z. B. durch das Auftreten einer schweren Überschwemmung, so können Handlungsstrategien durchaus auch erosiv ausfallen, d. h. die Gesundheit gefährden oder die Ressourcengrundlage beschädigen. LAMBERT (1994, S. 337) spricht hierbei von den „costs of coping". In einer solchen Situation orientiert sich das Handeln nicht mehr am Zweck der Risikominimierung, sondern unter Umständen nur noch am Überleben (vgl. STEINBRINK 2009).

Mit der Einführung der Begriffe Bewältigung und Anpassung soll ein Bogen zwischen den eingangs vorgestellten, eher strukturtheoretisch orientierten Vulnerabilitätskonzepten (siehe Kapitel 2.1) und den von Giddens inspirierten handlungstheoretischen Ausführungen geschlagen werden.

> „Consistent throughout the literature is the notion that the vulnerability of any system (at any scale) is reflective of (or a function of) the exposure and sensitivity of that system to hazardous conditions and the ability or capacity or resilience of the system to cope, adapt or recover from the effects of those conditions" (SMIT und WANDEL 2006, S. 286).

Smit und Wandel betonen, dass die Fähigkeiten zur Bewältigung und Anpassung durch strukturelle Bedingungen beeinflusst werden. Faktoren wie der Zugang zu Ressourcen, die Qualität der Infrastruktur, das institutionelle Umfeld und soziale Netzwerke werden als wichtige Determinanten aufgeführt. Einige dieser Einflussfaktoren können lokaler Art sein (z. B. lokale soziale Netzwerke), andere spiegeln das politische System wider (z. B. staatlich subventionierte Kredite oder Versicherungen). Bewältigung und Anpassung kann von Akteuren auf verschiedenen Ebenen ausgehen, von der nationalen oder städtischen bis zur Haushalts- oder individuellen Ebene (vgl. SMIT und WANDEL 2006; BIRKMANN et al. 2010). Betrachtet man Bewältigungs- und Anpassungshandeln als inten-

---

15 Die Begriffe Bewältigung und Anpassung sind im deutschen positiv konnotiert und implizieren, jedenfalls alltagssprachlich, eine erfolgreiche Handlung. In dieser Arbeit werden die Begriffe neutral verwendet und können entsprechend ebenso gescheitertes Handeln einschließen.

tionale Akte im Sinne von Giddens, so muss die Produktion bzw. Reproduktion der Struktur mitgedacht werden. Diese Arbeit zeigt, dass beispielsweise Landnutzungsänderungen als Anpassung gegenüber Hochwasser auf einer diskursiven Auseinandersetzung mit den Überflutungsschäden aufbauen und so neue Strukturelemente schaffen.

Grundsätzlich lassen sich bei den Anstrengungen die negativen Auswirkungen von Stress oder Schocks zu verhindern, strukturelle und nicht-strukturelle Maßnahmen[16] unterscheiden (vgl. PARKER 1999; FEW 2003; SMITH 2004). Strukturelle Maßnahmen sind technischer Art und umfassen im Kontext von Überflutungen unter anderem Eindeichungen, Flussbegradigungen und den Bau von Staudämmen. Aufgrund vergleichsweise hoher Kosten und zum Teil fragwürdiger Erfolge gewinnen nicht-strukturelle Maßnahmen immer mehr an Bedeutung (vgl. MUSTAFA et al. 2011). Bei ihnen geht es nicht um eine komplette Verhinderung des Ereignisses, sondern um eine Verminderung der Auswirkungen. Nicht-strukturelle Maßnahmen auf der Makroebene umfassen Frühwarnsysteme, Evakuierungspläne oder Landnutzungsplanung. Auf der Mikroebene hat lokales Wissen und Erfahrung immer mehr an Bedeutung gewonnen. Beispielmaßnahmen bei Hochwasser sind der Bau von Stelzenhäusern, Einkommensdiversifizierung und die Mobilisierung sozialer Netzwerke (vgl. FEW 2003). Eine weitere Klassifizierung richtet sich nach zeitlichen Kriterien und differenziert zwischen antizipativen, gleichzeitigen und reaktiven Maßnahmen (dazu SMIT und WANDEL 2006; TANNER und MITCHELL 2008; CANNON und MÜLLER-MAHN 2010). CLARKE GUARNIZO (1992) zieht als Unterscheidungsmerkmal die den Maßnahmen zugrunde liegenden Mechanismen heran. Entsprechend ergeben sich soziale Maßnahmen, die auf sozialen Netzwerken aufbauen, ökonomische Maßnahmen, die sich in der Gründung von Spargemeinschaften manifestieren, technologische Maßnahmen wie der Bau widerstandsfähiger Häuser und kulturelle Maßnahmen, die sich aus über Generationen weitergegebenen Erfahrungen ergeben.

Die hier vorgestellten Maßnahmen und ihre Klassifikationen lassen sich auf einer Metaebene wiederum in Bewältigung und Anpassung differenzieren. Diese Trennung, die im Übrigen auch dieser Arbeit zugrunde liegt, besitzt keine Allgemeingültigkeit. STEINBRINK (2009, S. 84) spricht beispielsweise nur von Bewältigung und schließt hier alles Handeln ein, das als Reaktion auf „außergewöhnliche negative Veränderungen der Handlungsbedingungen" gelten kann, also auch Anpassung. Ähnlich verfährt GALLOPÍN (2006), der Bewältigung und Anpassung unter dem Begriff *response* zusammenfasst. Eine bewusste Differenzierung der beiden Begriffe findet sich bei BIRKMANN (2011, S. 814), der Bewältigung stärker auf die Auswirkungen von Stress oder Schocks bezieht und Anpassung auf einen generellen Wandel: „Adaptation in contrast to coping involves changes that allow a community or a system to live with changing environmental conditions in the medium

---

16 Um einer begrifflichen Verwirrung vorzubeugen, sei darauf hingewiesen, dass bei strukturellen und nicht-strukturellen Maßnahmen kein Zusammenhang zu den am Anfang des Theoriekapitels gemachten strukturtheoretischen Überlegungen besteht.

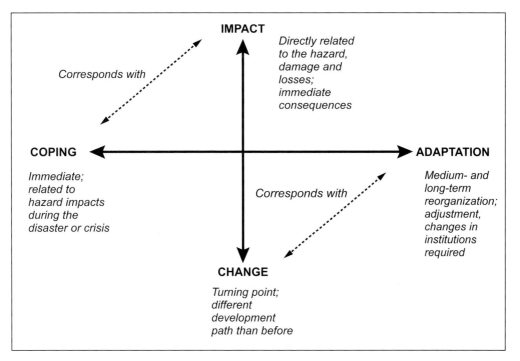

Abb. 9: Das Verhältnis von Impact, Change, Coping und Adaptation zueinander
Quelle: BIRKMANN *2011, S. 816, verändert*

and long term". Bewältigung stellt für ihn eine direkte Reaktion auf ein externes Ereignis dar und umfasst Maßnahmen und Strategien, die sich auf die spezifischen Auswirkungen beziehen und die entsprechend während bzw. direkt nach dem Ereignis zur Anwendung kommen. Die Kapazitäten zur Bewältigung beziehen sich auf das existierende institutionelle Umfeld. Als Beispiel führt Birkmann eine Verringerung der Nahrungsaufnahme und den Verkauf von Besitztümern während einer Dürre an. Im Gegensatz dazu wird bei Anpassung auf mittel- und langfristige Strategien und Maßnahmen zurückgegriffen, die zu einem Wandel führen, der meist mit einer Veränderung des institutionellen Umfeldes einhergeht. Anpassung kann also zu einem Wendepunkt innerhalb eines Entwicklungspfades führen (Abb. 9).

Ein passendes Beispiel bezieht sich auf die Verwundbarkeit von Küstenbewohnern in Thailand gegenüber Tsunamis (vgl. MASSMANN 2010; WILLROTH et al. 2012). Es wird gezeigt wie Anpassungsprozesse die ursprüngliche Art und Weise Landwirtschaft zu betreiben verändert haben. Traditionelle Anbaufrüchte wurden durch salzresistente aber weniger absatzstarke Arten ersetzt. Vor dem Hintergrund der obigen Ausführungen zur Rationalität der Zwecksetzung kann man eine Verschiebung des Zwecks erkennen. Während vor dem Tsunami die Rationalität der Profitmaximierung im Vordergrund stand, ist es nach dem Tsunami die Rationalität der Risikominimierung, die durch den veränderten

Tab. 1: Die Charakteristika von Bewältigung und Anpassung

Coping	Adaptation
Short-term and immediate	Oriented towards longer-term livelihood security
Oriented towards survival	A continuous process
Not continuous	Results are sustained
Motivated by crisis; reactive	Uses resources efficiently and sustainably
Often degrades the resource base	Involves planning
Prompted by a lack of alternatives	Combines old and new strategies and knowledge
	Focused on finding alternatives

Quelle: TAYLOR et al. 2010, S. 12, verändert

Kontext das Handeln der Plantagenbesitzer bestimmt. Dieser Zusammenhang von Anpassung und Wandel ist oft positiv zu bewerten, z. B. wenn repressive Institutionen abgelöst werden und gesellschaftlicher Mehrwert entsteht (vgl. GALLOPÍN 2006). Um eine Parallele zu Giddens herzustellen, kann man den Prozess der Strukturierung nennen, bei dem „die scheinbar so festen Strukturen [der Gesellschaft; Anmerkung des Verfassers] entstehen und vergehen und kontinuierlich *durch die Akteure* verändert werden" (JOAS und KNÖBL 2004, S. 403; Hervorhebung im Original). Die hier vorgestellte Differenzierung von Bewältigung und Anpassung wird von verschiedenen Autoren kritisiert, da nicht trennscharf unterschieden werden kann, ab welchem genauen Zeitpunkt man statt von Bewältigung von Anpassung sprechen kann (z. B. DIETZ 2011; HUFSCHMIDT 2011). Als Ergänzung zu den bisherigen Ausführungen dient Tabelle 1, die weitere Charakteristika von Bewältigung und Anpassung im Entwicklungskontext aufführt und nebeneinander stellt. Wichtig ist, dass Anpassung, im Gegensatz zu Bewältigung, oft einen nachhaltigen Prozess darstellt. Aus erfolgreicher Bewältigung sollten also nicht zwangsläufig Anpassungsstrategien entwickelt werden (TAYLOR et al. 2010). Die kurzfristig wirksame Bewältigungsstrategie der Holzkohlegewinnung zur Einkommenssubstitution während einer Dürre in der Sahelzone, ist als Anpassungsstrategie gegenüber dem Klimawandel und dem vermehrten Auftreten von Dürren kontraproduktiv.

2.3 Die Analyse von Verwundbarkeit

Bei der Entwicklung von Konzepten zur Analyse von Verwundbarkeit spielten in der Vergangenheit strukturtheoretische Positionen eine dominante Rolle. Sowohl die Dreiecksmodelle (Kapitel 2.1.1.1) als auch das PAR-Modell (Kapitel 2.1.2) betonen die gesellschaftlichen Rahmenbedingungen als strukturelle Determinanten und spiegeln damit den damaligen wissenschaftsparadigmatischen Trend wider. Verwundbare Menschen wurden so zu passiven Opfern degradiert, die sich in ihre Lebensumstände fügen. Kritik an diesem Menschenbild und parallele Entwicklungen in den Sozialwissenschaften führten zu einer stärkeren Akteurs- und Handlungsorientierung, die die Bedeutung struktureller Rahmenbedingungen relativierte und die Fähigkeiten und Handlungen der Betroffenen in den Vordergrund rückte (Kapitel 2.1.1.2). Aber auch hier kam es schnell zu Einwänden, denn verwundbare Akteure schienen nach diesem Verständnis, für ihre Situation selbst verantwortlich, was vor allem im Entwicklungskontext ein Problem darstellte. Neuere Verwundbarkeitskonzeptionen versuchten entsprechend sowohl strukturtheoretische als auch handlungstheoretische Ansätze zu berücksichtigen. Die Doppelstruktur von Verwundbarkeit (Kapitel 2.1.1.1) ist so ein Konzept, das Verwundbarkeit als ein aus zwei Seiten bestehendes Phänomen konzipiert, nämlich aus einer externen (Struktur) und einer internen (Handeln) Seite. Problematisch bei dieser Konzeption aus wissenschaftstheoretischer Sicht ist die Dialektik von Handeln und Struktur. In dieser Arbeit wurde versucht mit Hilfe von Giddens' Strukturationstheorie (Kapitel 2.2) das Verhältnis von gesellschaftlichen Rahmenbedingungen und Akteurshandeln metatheoretisch zu fundieren. Es wurde gezeigt, dass die externe Seite von Verwundbarkeit maßgeblich für die jeweilige Setzung von Handlungszwecken verantwortlich ist und damit für Bewältigungs- und Anpassungshandlungen (Kapitel 2.2.3 und 2.2.4). Wichtig ist die Erkenntnis, dass es kein universales theoretisches Konzept von Verwundbarkeit gibt, da Verwundbarkeit immer spezifisch ist und nur innerhalb des entsprechenden Kontextes verstanden werden kann.

Für diese Arbeit ergibt sich eine Forschungsheuristik, die das Phänomen Vulnerabilität in Anlehnung an BOHLE (2001b) analytisch in eine externe und eine interne Seite aufteilt. Die externe Seite wird hier vereinfacht durch eine soziale, eine ökonomische und eine politische Dimension repräsentiert, die sich gegenseitig überlagern und beeinflussen (Abb. 10). Die Ausführungen dieses Kapitels haben gezeigt, dass es sich bei Verwundbarkeit um ein komplexes Phänomen handelt. Ein wesentliches Charakteristikum stellt die Multidimensionalität dar (vgl. BIRKMANN 2006b; MCLAUGHLIN und DIETZ 2008; DIETZ 2011; HUFSCHMIDT 2011). Die Analyse der Verwundbarkeit einer Person oder einer Gruppe im gesamtgesellschaftlichen Kontext geht also immer über ökonomische Kriterien hinaus und umfasst zusätzlich soziale, kulturelle und politische Aspekte. WISNER (2009) geht noch einen Schritt weiter und spricht zusätzlich von einer physischen und einer organisatorischen Dimension von Vulnerabilität. Die physische Dimension bezieht sich auf den Zustand von Gebäuden und Infrastruktur, wohingegen die organisatorische Dimension die Verfügbarkeit und Stärke bzw. Schwäche von nationalen und internationalen Institutionen fokussiert. In einem urbanen Kontext ist die Multidimensionalität besonders stark ausgeprägt und erlangt zusätzliche Komplexität durch Informalität (HANSJÜRGENS et al. 2008; SAKDAPOLRAK et al. 2008). Kulturelle Aspekte sollen vereinfachend der sozialen Dimension und physische Aspekte der ökonomischen Dimension zugeordnet werden. Für die Analyse der drei Dimensionen der externen Seite von Vulnerabilität wird in dieser Arbeit der *Entitlement*-Ansatz genutzt, mit dem der Zugang zu Ressourcen erklärt werden kann (vgl. Kapitel 2.1.1.1). Hilfestellung bietet hier das SLF, das auf relativ pragmatische Art und Weise die Ressourcenausstattung eines Haushaltes konzeptualisiert (siehe Kapitel 2.1.1.2). Ein Individuum bzw. ein Haushalt kann also in Abhängigkeit seiner Verfügungsrechte auf natürliche, finanzielle, physische, soziale sowie Humanressourcen zurückgreifen, die es ihm ermöglichen bestimmte Bewältigungs- und Anpassungshandlungen zu vollziehen. Weiterhin ergibt sich Erklärungsgehalt aus dem *Empowerment*-Ansatz, der hier vor allem soziale und politische Teilhabe meint, durch die selbstständig Veränderungen hervorgerufen werden können. *Empowerment* kann so als programmatisches Kürzel zur Förderung von Selbstbestimmung gesehen werden.

Bezieht man sich auf die in der Literatur identifizierten Desiderate innerhalb der Verwundbarkeitsforschung, so fehlt eine stärkere Einbeziehung der politischen Dimension von Verwundbarkeit in empirische Analysen (vgl. Kapitel 2.1.4). Mit Hilfe konzeptioneller Überlegungen zum *Empowerment*-Ansatz soll das Politische von Verwundbarkeit stärker konsolidiert werden, um es für die konkrete Empirie nutzbarer zu machen. Ver-

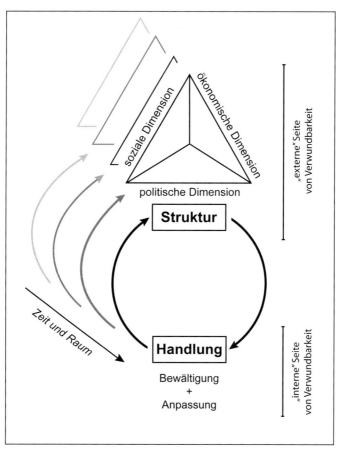

Abb. 10: Ein Analyserahmen für die Untersuchung von Verwundbarkeit
Quelle: Eigene Darstellung

wundbare Bevölkerungsgruppen sind häufig von Entscheidungsprozessen und vom Zugang zu Macht und anderen Ressourcen ausgeschlossen und haben entsprechend weniger Handlungsspielräume zur Reduzierung ihrer Vulnerabilität (PELLING 2003). Demgegenüber stehen machtvolle Akteure, die bestimmte *Governance*-Strukturen und Institutionen zu ihrem Vorteil nutzen können (ADGER 2006). SIMON und DOOLING (2013) identifizieren folgende politische Prozesse, die Verwundbarkeit konstituieren:

- Ignoranz: Vulnerabilität wird von Entscheidungsträgern nicht erkannt, herabgesetzt oder ignoriert,
- Ausbeutung: Vulnerabilität wird produziert durch die Ausnutzung bestimmter Gruppen (wodurch andere profitieren),
- Mobilisierung: Vulnerabilität wird innerhalb bestimmter Politikfelder rhetorisch instrumentalisiert und damit diskursiv produziert,
- Widerstand: Vulnerabilität kann aktiv von den Betroffenen reduziert werden.

Aktuelle Prozesse, die für die politische Dimension von Verwundbarkeit, vor allem innerhalb entwicklungspolitischer Debatten, eine maßgebliche Rolle spielen, sind *Good Governance*, Dezentralisierung und Partizipation (vgl. DIETZ 2011). *Good Governance* beschäftigt sich als normatives Konzept mit der Rolle des Staates in Entwicklungs- und Planungsprozessen und betont die Bedeutung von Rechtstaatlichkeit, Demokratie, Transparenz sowie die Bereitstellung öffentlicher Güter (NUSCHELER 2009). Dezentralisierung umfasst Maßnahmen in den Bereichen Verwaltung und Fiskalpolitik, die darauf abzielen, den unteren politischen Ebenen mehr Verantwortung zu übertragen. Im Zusammenhang mit der Strategie der Dezentralisierung steht der Begriff *Local Governance*, bei dem es um soziale Integration auf der lokalen Ebene und um die Überwindung hierarchischer Strukturen geht (BURCHARDT 2001). Die politische Stärkung der lokalen Ebene eröffnet Räume der Partizipation, die wiederum als Grundvoraussetzung für eine Reduzierung der Verwundbarkeit gelten (DIETZ 2011). Partizipation spielt außerdem innerhalb des *Good Governance*-Konzeptes eine entscheidende Rolle. Die Einbeziehung zivilgesellschaftlicher Organisationen soll politische Entscheidungen auf ein breites Fundament stellen und legitimieren. Um die politischen Determinanten zu erfassen, die Vulnerabilität konstituieren, ist eine Untersuchung der relevanten politischen Programme und der verantwortlichen Akteure notwendig. Für diese Arbeit beschränkt sich die Berücksichtigung der politischen Dimension von Verwundbarkeit weitgehend auf die lokale Ebene, d. h. es werden diejenigen Politiken untersucht, die für die lokale Ebene eine Rolle spielen sowie lokale politische Strukturen und Räume der Partizipation wie z. B. Nachbarschaftsorganisationen.

Ein bisher wenig besprochener Aspekt von Vulnerabilität ist der Zeit- und Raumbezug. Verwundbarkeit ist kein statischer Zustand sondern ein dynamischer Prozess (vgl. ADGER 2006; BIRKMANN 2006b; DIETZ 2011; SIMON und DOOLING 2013). Die analytischen Kategorien der sich gegenseitig beeinflussenden drei Dimensionen der externen Seite von

Vulnerabilität sind kontextspezifisch und verändern sich in Raum und Zeit. ERIKSEN und
O'BRIEN (2007, S. 399) betonen, dass Vulnerabilität „is thus a dynamic concept; it is in a
continous state of flux as the biophysical and social processes that shape local conditions
and ability to cope also change". In Abhängigkeit vom betrachteten Zeithorizont können
sich Veränderungen sehr langsam vollziehen, etwa während gesellschaftlichen Wandels,
oder aber auch sehr schnell wie z. B. bei den täglichen Entscheidungen innerhalb eines
Haushaltes (DE VRIES 2007). Außerdem ist Verwundbarkeit historisch eingebettet und
wird lange vor der eigentlichen Katastrophe konstituiert:

> „Many of the patterns established over centuries of colonial domination in Africa,
> Latin America and Asia are still present, albeit in modified forms, including: the
> dominance of export-orientation economic activity as opposed to production for
> the internal market; the persistence and growth of cities marked by smaller planned
> and serviced cores versus vast unplanned, under- or unserviced peripheries; and,
> above all, the power of a small economic and political elite. All of this bears heav-
> ily on the social production and reproduction of disaster risk" (MASCARENHAS und
> WISNER 2011, S. 50).

Oliver Smith (1999) zeigt in einem Fallbeispiel, dass die Verwundbarkeit der ländlichen
Bevölkerung Perus gegenüber dem Erdbeben von 1970 maßgeblich durch weit in der
Geschichte zurückliegende Ereignisse begründet liegt. Die Zerstörung der Inkakultur mit
ihrer angepassten Bauweise und Landnutzung durch die spanischen Kolonialherren und
der anschließende Wiederaufbau schränkte die Bewältigungs- und Anpassungskapazitäten der lokalen Bevölkerung stark ein und ist als ein erstes konstituierendes Element
ihrer Vulnerabilität zu sehen. Verschiedene Autoren betonen die mangelnde Berücksichtigung der Zeit, vor allem in empirischen Studien (vgl. BANKOFF 2011; CHRISTMANN et
al. 2011). Der Analyserahmen dieser Arbeit soll ausdrücklich die Zeit berücksichtigen
und somit die empirische Perspektive schärfen. Auf Basis der Überlegungen von BLAIKIE
et al. (1994) in ihrem PAR-Model wird das Fortschreiten der Vulnerabilität ausgehend
von *root causes* untersucht (siehe Kapitel 2.1.2). Für die Datenerhebung und die anschließende Analyse muss berücksichtigt werden, dass lediglich ein begrenzter Zeitabschnitt
untersucht werden kann. Diese Momentaufnahme kann allerdings nicht losgelöst von
historischen Entwicklungen interpretiert werden. Bereits die Besiedlung der Untersuchungsgebiete dieser Arbeit hat Erklärungsgehalt für bestimmte Ausprägungen von Verwundbarkeit, die sich in aktuellen Prozessen und Strukturen manifestieren. Entsprechend
werden auch in der Zeit weit zurückliegende Ereignisse in den Interviews mittels retro-
spektiver Fragen thematisiert sowie anhand von Literaturrecherchen bearbeitet.

Auch wenn sich Vulnerabilität meist lokal manifestiert, ist dennoch die Beeinflussung
durch Prozesse, die auf anderen räumlichen Ebenen stattfinden, zu berücksichtigen (AD-
GER 2006; COLLET 2012; SIMON und DOOLING 2013). Beispielsweise beeinflussen Preis-

schwankungen auf dem globalen Nahrungsmittelmarkt die Einkommen von lokalen Bauern. Umgekehrt können z. B. nachbarschaftliche Proteste gegen das Risikomanagement der Regierung zu Interventionen und Gesetzesänderungen führen. Die verschiedenen Ebenen sind also interdependent. Einen Überblick über verschiedene Raumkonzepte innerhalb der Vulnerabilitätsforschung gibt BOHLE (2007). In dieser Arbeit sollen explizit die zeitliche und räumliche Dimension von Vulnerabilität beachtet werden, die bereits in ersten Überlegungen innerhalb der Vulnerabilitätsforschung Erwähnung fanden: „The coping strategies of those who are poor and deprived vary by region, community, social group, household, gender, age, season and time in history" (CHAMBERS 1989, S. 3).

Die bisherigen Ausführungen zeigen, dass die strukturellen Bedingungsgefüge von Verwundbarkeit multidimensional sind und sich wechselseitig beeinflussen. Sie sind immer nur in ihrem spezifischen Kontext zu begreifen und können entsprechend nicht als statisch verstanden werden. Vor diesem Hintergrund muss man das Handeln von Akteuren verstehen, die mit diesem Bedingungsgefüge konfrontiert sind. Betrachten wir also nun die interne Seite von Verwundbarkeit, d. h. die Handlungsseite etwas genauer. Bewältigungs- und Anpassungsstrategien der von Überflutungen Betroffenen werden in dieser Arbeit nicht als bloße Reaktion auf Stress und Schocks verstanden, sondern als integraler und konstituierender Bestandteil des Konzeptes (Abb. 10):

> „An actor-oriented view [...] addresses the interests, values, knowledge, and agency of actors, allowing examination of issues of power, social change, access, entitlements, conflict, and equity [...]. Vulnerability is rooted in the actions and multiple attributes of human actors" (MILLER et al. 2010, o. S.).

Ein Analyserahmen muss also sowohl die multidimensionalen gesellschaftlichen Bedingungen von Verwundbarkeit sowie das damit in Wechselwirkung stehende Akteurshandeln berücksichtigen. Darüber hinaus muss er der Forderung nach einer stärkeren Theoretisierung, vor allem auf der „Handlungsseite" gerecht werden. Hier kommt die Strukturationstheorie von Giddens ins Spiel, deren Prinzip der „Dualität von Struktur" zu einer theoretisch fundierten Erklärung der Beziehung von Struktur und Handeln beiträgt. Eine der Grundannahmen dieser Arbeit ist es, dass Handeln im Kontext von Verwundbarkeit ein intentionales Handeln ist. Die verwundbaren Akteure beschäftigen sich diskursiv mit ihren Handlungsalternativen, die durch die vorhandenen Strukturmomente eingeschränkt aber auch ermöglicht werden. Wichtig ist darauf hinzuweisen, dass ein gewisser struktureller Zwang durch die Rationalität der Zwecksetzung wirkt, der die verschiedenen Formen von Bewältigungs- und Anpassungshandeln erklärt (Kapitel 2.2.3). Man könnte argumentieren, dass vor dem Hintergrund der regelmäßig stattfindenden Hochwasserereignisse bestimmte Bewältigungshandlungen zu Alltagspraktiken geworden sind. Jahr für Jahr informieren sich exponierte Haushalte in den Medien über bevorstehende Überflutungen, woraufhin sie Möbel und andere Gegenstände hochstellen und

Sandsackbarrieren vorbereiten. In den Interviews werden aber sämtliche dieser Handlungsweisen diskursiv besprochen, so dass auch die regelmäßigen Bewältigungshandlungen als intentionale Akte begriffen werden. Wichtig im Sinne Giddens ist hier die Anmerkung, dass durch Bewältigungs- und Anpassungshandeln Strukturelemente produziert bzw. reproduziert werden. Bei den Anpassungshandlungen kommt es häufig, aufgrund der diskursiven Auseinandersetzung, zu einer Produktion neuer Strukturelemente. Diese Erkenntnis deckt sich mit den Ausführungen von Birkmann (2011; Kapitel 2.2.4), der sagt, dass Anpassungshandeln meist mit einem Wandel bzw. mit Veränderungen der institutionellen Rahmenbedingungen einhergeht.

Die Handlungsbedingungen unterscheiden sich von Individuum zu Individuum und von Haushalt zu Haushalt. In dieser Arbeit sind Haushalte als handelnde Akteure zu definieren, die zwar aus mehreren Individuen bestehen, aber wenn es um Handlungen bezüglich des Umgangs mit Überflutungen geht, als Einheit auftreten. Die vielen verschiedenen Definitionen des Begriffs Haushalt lassen sich wie folgt zusammenfassen: Ein Haushalt besteht aus einem oder mehreren Individuen, die unter einem Dach leben und gemeinsam essen. Oft werden Entscheidungen gemeinsam getroffen bzw. koordiniert. Der Haushaltsbegriff wurde aus einer europäischen Perspektive heraus konzeptualisiert, was vor dem Hintergrund kultureller Bedingungen zu Problemen führen kann (vgl. RUSSELL 1993). Es gilt zu berücksichtigen, dass in der thailändischen Gesellschaft Haushalte zwar zu finden sind, diese aber unter Umständen eine andere Bedeutung haben.

Das hier erarbeitete Theoriekonzept dient zunächst dazu, die eingangs genannten Leitfragen dieser Arbeit zu konkretisieren, bevor es als quasi Interpretationsanleitung für das Verstehen der empirischen Ausführungen herangezogen wird. Auf Grundlage konzeptioneller Überlegungen und erster Gespräche in den Untersuchungsgebieten konnten differenzierte analytische Fragen abgeleitet werden:

- **Wie gestaltet sich die soziale Dimension von Vulnerabilität?**
- Welche Rolle spielen soziale Netzwerke für den Umgang mit Hochwasser?
- Kann Bildung die Verwundbarkeit gegenüber Hochwasser beeinflussen? Und wenn ja, wie?
- **Wie gestaltet sich die ökonomische Dimension von Vulnerabilität?**
- Zu welchen finanziellen Ressourcen besteht Zugang und welche Rolle spielen sie bei der Bewältigung von Hochwasser?
- Wie äußert sich der Einfluss der baulichen Umwelt (z. B. Qualität der Gebäude) auf die Vulnerabilität?
- Welche Strategien zur Existenzsicherung (z. B. Einkommensdiversifizierung) erhöhen bzw. verringern die Verwundbarkeit und wieso?
- Wie wirkt staatliche Wirtschaftsförderung auf die Verwundbarkeit?

- **Wie gestaltet sich die politische Dimension von Vulnerabilität?**
- Welche Akteure beeinflussen Vulnerabilität auf der lokalen Ebene (z. B. lokale Regierung oder Nachbarschaftsvertretung) und wie? Daran schließen sich die folgenden Fragen an:
  - Inwieweit können die Bewohner der Untersuchungsgebiete in diesen politischen Institutionen partizipieren und ihre Verwundbarkeit reduzieren?
  - Wie beeinflussen Klientelismus und Korruption die politischen Prozesse auf der lokalen Ebene?
- **Wie gestaltet sich Handeln im Kontext von Vulnerabilität?**
  - Welche Bewältigungs- und Anpassungsstrategien lassen sich auf individueller bzw. Haushaltsebene identifizieren?
  - Inwiefern beeinflussen die soziale, die ökonomische und die politische Dimension diese Handlungsstrategien?
  - Welche Auswirkungen haben die Handlungen auf die Handlungsbedingungen?

Die Beantwortung der übergeordneten Fragestellungen erfolgt anhand der vorgestellten Theoriestränge entlang einer multidimensionalen Heuristik. Die drei Dimensionen von Vulnerabilität, die soziale, die ökonomische und die politische, dienen der Strukturierung der Arbeit. Sie grenzen sich nicht trennscharf voneinander ab, noch schließen sie sich gegenseitig aus. Vielmehr beeinflussen sie sich wechselseitig. Diese Komplexität des zu untersuchenden Phänomens Vulnerabilität soll in dieser Arbeit integrativ untersucht werden. Wichtig ist dabei der Hinweis, dass die einzelnen theoretischen Ansätze nicht in der Tiefe rezipiert und angewandt werden, wie es in einer Arbeit der Fall wäre, die sich nur einer der vielen Facetten von Verwundbarkeit widmen würde. Die weitergehenden theoretischen Überlegungen bedienen sich akteurs- und handlungsorientierter Perspektiven und weisen auf die Spezifika des Handelns im Kontext von Verwundbarkeit hin. Es wird also zum einen gefragt: Wie lässt sich das komplexe Bedingungsgefüge von Vulnerabilität aufschlüsseln und den drei Dimensionen „sozial", „ökonomisch" und „politisch" zuordnen? Zum anderen ist von Interesse, welche Bewältigungs- und Anpassungsstrategien sich im Umgang mit Hochwasser identifizieren lassen und wie diese in Wechselwirkung mit den Handlungsbedingungen stehen. Eine zentrale Annahme dieser Arbeit ist, dass Vulnerabilität und Handlungsspielräume im Umgang mit Hochwasser davon beeinflusst werden, inwieweit es Akteuren gelingt, ihre Ansprüche auf den Zugang zu materiellen und immateriellen Gütern (oder in den Worten von Giddens: allokative und autoritative Ressourcen) durchzusetzen. Hieraus abgeleitet stellt sich die Frage, welche Ressourcen wichtig für den Umgang mit Hochwasser sind und wie sich der Zugang zu diesen Ressourcen gestaltet. Die Konzeption von Verwundbarkeit als multidimensionales Phänomen hilft dabei, eindimensionale Schlussfolgerungen zu vermeiden. Finanzielle Ressourcen spielen zwar eine Schlüsselrolle für die Reduzierung von Vulnerabilität und bedingen, dass die Armen in der Regel am stärksten unter Katastrophen leiden. Ein Fokus auf finanzielle Ressourcen verstellt aber auch den Blick auf andere Einflussgrößen und nimmt den Raum für Aspekte der Resilienz bzw. der Bewältigung und der Anpassung.

3 Methodisches Vorgehen

Mit Hilfe einer angepassten Methodik soll die kontextspezifische Vulnerabilität gegenüber Hochwasser in zwei Untersuchungsgebieten[1] in Bangkok analysiert werden. Dieses Ziel kann vor dem Hintergrund der konzeptionellen Ausführungen als sehr ambitioniert bezeichnet werden, muss es doch sowohl die handlungstheoretisch begründete Analyse von Bewältigung und Anpassung (Kapitel 2.2) als auch die gesellschaftlich verursachten handlungsermöglichenden und handlungseinschränkenden Rahmenbedingungen umfassen (Kapitel 2.1). Diese zwei Seiten von Vulnerabilität, die interne und die externe, sind nicht unabhängig voneinander zu betrachten, sondern stehen, gemäß der „Dualität von Struktur", in gegenseitiger Wechselwirkung zueinander (Kapitel 2.2.2). Eine zusätzliche Herausforderung stellt die Berücksichtigung der zeitlichen Komponente dar, da auch längst vergangene Ereignisse Einfluss auf die aktuelle Verwundbarkeit ausüben können (Kapitel 2.3). Für die Operationalisierung von Verwundbarkeit eignen sich besonders qualitative Fallstudien, denn sie „[…] stellen ein geeignetes methodisches Vorgehen dar, wenn Phänomen und Kontext auf vielfältige Weise miteinander verflochten sind, mithin eine eindeutige Grenzziehung zwischen Ursache, Wirkung und beeinflussenden bzw. intervenierenden Variablen schwierig zu leisten ist" (DIETZ 2011, S. 30). Diese Argumentation wird von verschiedenen Autoren bestätigt, die bei der Vulnerabilitätsanalyse von gesellschaftlichen Systemen, aufgrund der Komplexität, qualitative Ansätze bevorzugen (z. B. BOHLE und GLADE 2008; MASSMANN und WEHRHAHN 2014). Dennoch gibt es auch Stimmen, die für eine quantitative Herangehensweise plädieren bzw. für eine Kombination von qualitativen und quantitativen Ansätzen (vgl. MILLER et al. 2010).

In dieser Arbeit wird entsprechend den Charakteristika der akteursorientierten Verwundbarkeitsforschung eine Mikroperspektive eingenommen. Der „[…] konkrete Ort und die Menschen, die sich dort vorfinden lassen" (WELZ 1998, S. 183) bilden den methodischen Schwerpunkt. Es wird versucht die subjektiven und kollektiven Erfahrungen, Wahrnehmungen und Handlungen in ihrem Kontext und ihrer Komplexität deutend zu verstehen und zu erfassen. Dies kann gemäß eines qualitativen, offenen und interpretativ-verstehenden Paradigmas nur durch ein „weg von den Zahlen, den Statistiken, den Mittelwerten, den Korrelationskoeffizienten, hin zu Texten und zu Kontexten" erfolgen (MATTISSEK et al. 2012, S. 127). Epistemologisch basiert dieses Vorgehen auf dem Konstruktivismus, der Phänomenologie und der Hermeneutik (vgl. GADAMER 1960; SEIFFERT 2006)[2]. Der empirische Ansatzpunkt qualitativer Sozialforschung ist also das Verstehen des subjektiv gemeinten Sinns, den Individuen mit ihren Handlungen verbinden. Mit dieser Grundposition begründete Max Weber eine eigene sozialwissenschaftliche Methode, die sich von naturwissenschaftlich beeinflussten Ansätzen abgrenzt (WEBER 1921). Soziale Wirklich-

---

1 Die Auswahl der Untersuchungsgebiete wird in Kapitel 5.1 begründet.
2 Zusätzliche wissenschaftstheoretische Grundlagen für qualitative Forschung liefern der Symbolische Interaktionismus und die Ethnomethodologie (vgl. FLICK et al. 2008; LAMNEK 2010).

keit als Konstruktion wird durch Handeln und Interpretationsprozesse konstituiert. Mit qualitativen Methoden werden nun diese subjektiven Interpretationen durch den Forschenden interpretiert; man kann auch von einer Rekonstruktion von Konstruktionen sprechen. Deutungen und Handlungsmotive der zu untersuchenden Akteure können nicht vollständig nachvollzogen werden, da ein Hineinversetzen in den Beforschten nur bedingt möglich ist. Es wird also annäherungsweise versucht, Handlungen und subjektive Weltinterpretationen zu verstehen, Intentionen aufzuzeigen und Sinnzusammenhänge deutlich zu machen (vgl. MATTISSEK et al. 2012). Damit interpretativ-verstehende Verfahren nicht auf der Ebene einer „naiven Alltagsdeutung" verbleiben, ist eine theoretisch fundierte Interpretation von Interpretationen unerlässlich. Ein Theoriekonzept übernimmt dabei die Aufgabe einer „Interpretationsanleitung" (ebd., S. 139). Qualitative Forschung folgt einer gewissen Offenheit und Prozessualität (vgl. LEGEWIE 1995; LAMNEK 2010). Im Forschungsverlauf können neue Ergebnisse zu einer Revision theoretischer, aber auch methodischer Aspekte führen, die dann nach dem Prinzip der *Grounded Theory*[3] in einer iterativen Weiterentwicklung der Forschung mündet. Dieser Prozess wird auch als „hermeneutischer Zirkel" bezeichnet (PFAFFENBACH 2011, S. 173). Hierbei muss der Forschungsprozess „[…] so offen dem Gegenstand gegenüber gehalten werden, daß Neufassungen, Ergänzungen und Revisionen sowohl der theoretischen Strukturierung und Hypothesen als auch der Methoden möglich sind, wenn der Gegenstand dies erfordert" (MAYRING 1996, S. 16).

Die bisherigen Ausführungen zeigen, dass der Forschende bei interpretativ-verstehenden Verfahren nicht losgelöst und unabhängig vom Forschungsprozess existiert, sondern durch sein interpretierendes Vorgehen vielmehr ein zentraler Teil davon ist: „Wann immer also interpretatives Verstehen den Weg der wissenschaftlichen Auseinandersetzung bildet, kann das Ergebnis nur eine kontextabhängige Wirklichkeit sein, eine subjektiv gefärbte Re-Konstruktion der Verfasser" (MATTISSEK et al. 2012, S. 139). Es ergeben sich bestimmte Kennzeichen qualitativer Forschungspraxis, die das methodische Vorgehen, das dieser Arbeit zugrunde liegt, begründen. Folgende Zusammenstellung nach FLICK et al. (2008) liefert einen Überblick:

1.   Methodisches Spektrum: Je nach Fragestellung wird aus einem breiten Spektrum an Methoden ausgewählt,

2.   Gegenstandsangemessenheit: Die Auswahl einer oder mehrerer Methoden richtet sich nach der Fragestellung,

3.   Orientierung am Alltag: Die Datenerhebung erfolgt im alltäglichen Kontext,

---

3   Beim Verfahren der *Grounded Theory* erfolgt die Datenerhebung nicht getrennt von der Analyse, sondern gleichzeitig und miteinander verschränkt. Eine detaillierte Übersicht über die *Grounded Theory* findet sich bei GLASER und STRAUSS (1967) und STRAUSS und CORBIN (1997).

4. Kontextualität: Interviewaussagen werden immer in ihrem Kontext betrachtet (z. B. Lebenssituation des Interviewpartners),

5. Perspektivenvielfalt: Es gibt immer unterschiedliche Perspektiven auf Forschungsinhalte, die auch möglichst alle aufgezeigt werden sollen,

6. Reflexivität des Forschers: Der Einfluss des Forschers muss selbstkritisch berücksichtigt werden,

7. Verstehen als Erkenntnisprinzip: Komplexe Zusammenhänge werden rekonstruiert. Es werden Motive und Sinnzusammenhänge gesucht,

8. Offenheit: Der gesamte Forschungsprozess ist offen im Sinne von anpassungsfähig, also auch die Forschungsfragen und die Interviewführung,

9. Fallanalyse als Ausgangspunkt: In einem ersten Schritt wird der Einzelfall, d.h. die einzelne Person betrachtet. In einem zweiten Schritt finden dann Vergleiche und Verallgemeinerungen statt,

10. Interpretativität: Rekonstruktionen von Konstruktionen durch den Forscher,

11. Textwissenschaft: Daten liegen meist in Form von Text vor,

12. Entdeckung von Theorien: Theorien werden aus der Empirie entwickelt bzw. erweitert.

Die konkrete Planung einer Untersuchung entsprechend des interpretativ-verstehenden Paradigmas wird als Forschungsdesign bezeichnet (vgl. ATTESLANDER 2006; LAMNEK 2010). Nach FLICK (2007, S. 172 ff.) gehört die Festlegung auf ein Ziel der Forschung und auf eine oder mehrere Fragestellungen genauso zum Forschungsdesign wie die Auswahl von Theorie und Methode (Abb. 11). Das übergeordnete Thema dieser Arbeit bezieht sich auf Überflutungen und Überflutungsfolgen in der thailändischen Hauptstadt Bangkok. Auf Grundlage theoretischer Überlegungen zu Vulnerabilität wurden verschiedene Fragestellungen entwickelt, welche sich als „roter Faden" durch die gesamte Untersuchung ziehen, die im Forschungsverlauf allerdings auch flexibel angepasst wurden. Um diese Fragestellungen bearbeiten zu können, muss ein bestimmtes methodisches Verfahren gewählt werden, sowie eine Auswahl hinsichtlich der zu untersuchenden Personen bzw. Situationen getroffen werden. Neben einer umfangreichen Literaturrecherche und intensiven Beobachtungen (auch während Phasen akuter Überschwemmungen) basiert die Datenerhebung vor allem auf der Durchführung von problemzentrierten Interviews und Gruppendiskussionen, die im Folgenden näher beschrieben werden sollen. Die Wahl mehrerer Methoden soll einerseits der Mehrdimensionalität des Forschungsgegenstandes Vulnerabilität gerecht werden und hat andererseits positive Implikationen hinsichtlich der Datenbandbreite. Die Ergebnisse der einzelnen Methoden werden im Sinne der Triangulation[4] zusammengeführt.

---

4 Bei der Triangulation handelt es sich um eine Forschungsstrategie, bei der ein Untersuchungsgegenstand mit verschiedenen Methoden beforscht wird. Auf diese Weise werden validere und umfassendere Ergebnisse generiert. Eine Übersicht über die verschiedenen Arten der Triangulation gibt FLICK (2008).

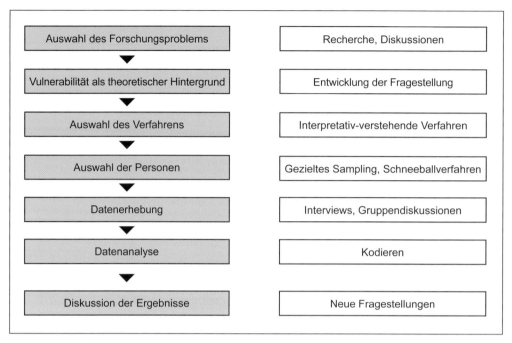

Abb. 11: Forschungsdesign und Forschungsablauf
Quelle: Eigene Darstellung

3.1 Problemzentrierte Interviews

Die Wahl der Interviewform für die individuellen Interviews orientiert sich an der Frage-stellung. Da die Vulnerabilität der Befragten anhand ihrer individuellen Erfahrungen und Handlungsweisen rekonstruiert werden soll, wurden unter anderem problemzentrierte Interviews durchgeführt. Die Interviews waren dadurch gekennzeichnet, dass die Thema-tik vorgegeben war, ohne den Befragten jedoch den Raum zu nehmen, die Ausformung des Themas selbst zu bestimmen. Um problemzentrierte Interviews besser in die Vielfalt verschiedener qualitativer Interviews einordnen zu können, soll hier kurz die Klassifika-tion nach LAMNEK (2010) vorgestellt werden, der das Kriterium „Offenheit" für seine Differenzierung nutzt (Abb. 12).

Den Begriff Offenheit muss man für den Interviewer und für die Befragten unterschied-lich definieren. Für die Befragten existiert dann völlige Offenheit, wenn keine Antwort-möglichkeiten vorgegeben werden. Hier ist die Abgrenzung klar. Für den Interviewer hingegen sind die Übergänge zwischen Offenheit und Geschlossenheit fließend. Ein völ-lig offenes Interview ist das rezeptive Interview, bei dem der Interviewer Zuhörer ist ohne bereits theoretische Hypothesen gebildet zu haben. An nächster Stelle folgt das narrative Interview, welches ebenfalls sehr offen ist. Hier besitzt der Interviewer rudimentäre the-oretische Vorannahmen, die erst im Nachhinein (auf empirischer Basis) weiterentwickelt

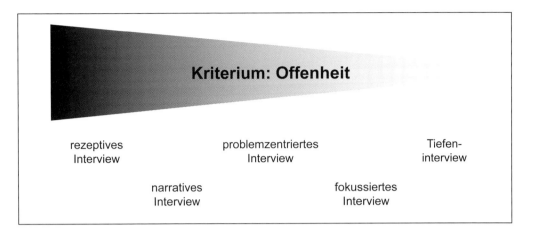

Kriterium: Offenheit

rezeptives
Interview

problemzentriertes
Interview

Tiefen-
interview

narratives
Interview

fokussiertes
Interview

Abb. 12: Formen qualitativer Interviews
Quelle: MATTISSEK et al. 2012, S. 160, verändert

werden. Ein weiterer relativ offener Interviewtyp ist das problemzentrierte Interview, bei dem allerdings ein theoretisches Konzept bereits vorhanden ist. Annahmen des Interviewers fließen in die Befragung mit ein. Die beiden Typen fokussiertes Interview und Intensivinterview haben eine sehr geringe Offenheit. Der Interviewer hat feste theoretische Vorstellungen und verwendet einen darauf aufbauenden standardisierten Leitfaden (vgl. LAMNEK 2010, S. 349 f.). Der für diese Arbeit gewählte Interviewtyp entspricht größtenteils dem problemzentrierten Interview. Das im vorigen Kapitel erarbeitete Analysekonzept für die Untersuchung von Vulnerabilität konstituiert dabei das theoretische Fundament, auf dem die Interviews aufbauen. Die Problemzentrierung umfasst entsprechend Fragen nach Erfahrungen und Wahrnehmungen von Überflutungsereignissen als auch Fragen nach dem Umgang mit diesen Ereignissen.

Der Interviewverlauf beim problemzentrierten Interview ist weitgehend flexibel, beruht aber auf einem Leitfaden „[…] der aus Fragen und Erzählanreizen besteht [und] insbesondere biographische Daten mit Hinblick auf ein bestimmtes Problem thematisiert" (FLICK 2007, S. 210). Der Leitfaden richtet sich also immer nach dem Forschungsinteresse und ist auf die zu interviewende Person (z. B. Slumbewohner, Nachbarschaftsvertreter, Lokalpolitiker) zugeschnitten. Er enthält die für die Fragestellung wichtigen Themenkomplexe und optional vorformulierte Fragen. Die Reihenfolge der Themen in den Leitfäden dieser Arbeit unterliegt einer gewissen chronologischen Logik. Am Anfang stehen die Problemkomplexe Hochwasserbedrohung und Hochwasserauswirkungen. Darauf aufbauend werden dann Bewältigungs- und Anpassungsstrategien thematisiert. Während eines Interviews dient der Leitfaden als eine Interviewhilfe bzw. Checkliste und kann flexibel an neue Erkenntnisse angepasst werden. Es gilt das Prinzip, „so wenig direktiv wie möglich zu verfahren, d.h. den Interviewten seine eigenen Relevanzen entwickeln und formulieren zu lassen" (HONER 2010, S. 97).

Den Anfang eines Interviews bilden meist einleitende Fragen nach Name, Alter, Bildung, Familienstand, Erwerbstätigkeit, Einkommen und Wohndauer. Der thematische Einstieg erfolgt über eine narrative Frage, die den Interviewten dazu auffordert „seine Geschichte" zu erzählen. Die Bewohner in den Untersuchungsgebieten wurden beispielsweise gebeten: „You live in a flood-prone area. Please tell us how your everyday life looks like with respect to flooding." Der Interviewte hat das Bedürfnis seine Erzählung möglichst logisch aufzubauen, plausibel wiederzugeben und zu Ende zu bringen. Inhaltlich unabhängige Elemente der Leitfäden sind die Begrüßung mit einer Vorstellung und der Erörterung von Formalitäten, einer kurzen Erklärung worum es geht und der Abschluss, in der der Interviewte die Gelegenheit hat, Fragen zu stellen. Den Themenkomplexen der Leitfäden, die für diese Arbeit Anwendung fanden, wurden zumeist vorformulierte Fragen zugeordnet. Dieses Vorgehen sollte zum einen gewährleisten, dass der Übersetzer die Themen und ihre möglichen Facetten versteht und zum anderen helfen, den Interviewfluss in Gang zu halten. Viele der Fragen haben narrativen Charakter und sollen Erzählanreize geben: How do you see the future development of this village?" Neben diesen sogenannten Primärfragen, die im Leitfaden zu finden sind, werden während des Interviews auch Sekundärfragen gestellt. Sie dienen z. B. der inhaltlichen Vertiefung oder der Aufrechterhaltung des Gespräches und werden spontan gestellt (vgl. LAMNEK 2010). In der Literatur finden sich verschiedene Anleitungen bzw. Regieanweisungen zur Durchführung von qualitativen Interviews (vgl. CRANG und COOK 2007; HERMANNS 2008; MATTISSEK et al. 2012).

3.2 Gruppendiskussionen

Zusätzlich zu den problemzentrierten Interviews wurden für diese Arbeit Gruppendiskussionen[5] durchgeführt. Das Grundcharakteristikum ist die sprachliche Interaktion der verschiedenen Gruppenteilnehmer (KITZINGER 1994; CAMERON 2005, S. 116). Es geht weniger um subjektive Bedeutungszuschreibungen und individuelle Meinungsbilder als vielmehr um öffentliche Meinungen wie z. B. politische Ansichten. Gesellschaftliche Strukturen können auf diese Weise unter Umständen besser sichtbar gemacht werden (vgl. MORGAN 1996). In Gruppendiskussionen kommt es oft durch die Gesprächsdynamik und gegenseitiges „Hochschaukeln" zu spontanen Äußerungen, die wesentliche Informationen enthalten. Auf diese Weise entstehen andere und oft auch mehr Informationen als bei individuellen Interviews (ELWOOD 2010). LAMNEK (2010, S. 395) äußert diesbezüglich allerdings Bedenken, denn „[d]ie persönliche Bekanntschaft verhindert manchmal die notwendige Offenheit, weil Konflikte über die Gruppendiskussionsdauer hinaus befürchtet werden".

---

5 In der Literatur findet man unterschiedliche Begriffe und Definitionen. MATTISSEK et al. (2012, S. 183) unterscheiden Gruppeninterviews und Gruppendiskussionen. In Gruppeninterviews hat der Moderator eine stärker steuernde Funktion als bei Gruppendiskussionen. In der englischsprachigen Literatur hat sich der Begriff *focus group* für Gruppenverfahren etabliert. Detaillierte Informationen finden sich z.B. bei LONGHURST (2010). In dieser Arbeit wird der Begriff Gruppendiskussion verwendet ohne dabei auch stärker vom Moderator beeinflusste Gespräche auszuschließen.

Es ist also auch plausibel, dass in individuellen Interviews oftmals intime Dinge zur Sprache kommen, die niemals in Gruppendiskussionen thematisiert werden würden. Eine Kombination von problemzentrierten Interviews und Gruppendiskussionen im Sinne einer Triangulation scheint also sinnvoll und wurde in verschiedenen Studien bereits erfolgreich umgesetzt (z. B. KAPLOWITZ 2001; WILLROTH et al. 2012; MASSMANN und WEHRHAHN 2014).

Bei der Gruppenbildung sollte darauf geachtet werden, dass die Teilnehmer möglichst auch im Alltag eine Gruppe darstellen. Hinsichtlich forschungsrelevanter Aspekte können homogene von heterogenen Gruppen unterschieden werden. Bei homogenen Gruppen sind bestimmte Eigenschaften der Teilnehmer gleich (z. B. Beruf oder Alter), was den Vorteil hat, dass viele Anknüpfungspunkte für eine gemeinsame Diskussion vorhanden sind. Die Mindestgröße einer Gruppe beträgt drei Personen und die Maximalgröße 15 Personen (siehe z.B. KITZINGER 1994; LAMNEK 2010; LONGHURST 2010). Gruppendiskussionen werden von einem geschulten Moderator geleitet und beginnen in der Regel mit einer organisatorischen Einführung und anschließender Vorstellung der Gruppenteilnehmer. Der Diskussionseinstieg erfolgt durch einen Diskussionsanreiz. Dies kann z. B. ein kurzer Film, eine Präsentation oder ein Text sein, der ins Thema einführt und gleichzeitig provokative bzw. für die Teilnehmer relevante Aussagen macht. In dieser Arbeit wurden Karten der Untersuchungsgebiete gezeigt, auf denen die Gruppenteilnehmer ihr Haus bzw. ihre Wohnung und die Überflutungsfläche einzeichnen sollten. Aus dieser relativ simplen Anweisung entwickelten sich intensive Debatten. Die Diskussion wird durch den Moderator am Laufen gehalten und entsprechend eines Leitfadens, wie er auch in problemzentrierten Interviews zum Einsatz kommt, gesteuert, allerdings ohne dabei zu stark einzuschränken. Der Moderator achtet auf Redezeiten und lässt zurückhaltende Teilnehmer zu Wort kommen.[6]

3.3 Durchführung der empirischen Feldforschung

Die empirischen Forschungsarbeiten wurden während insgesamt drei Aufenthalten zwischen 2010 und 2013 in Bangkok durchgeführt. Der insgesamt dreijährige Erhebungszeitraum bot die Möglichkeit, Vulnerabilität im Zeitverlauf zu analysieren. Angesichts der räumlichen Ausdehnung Bangkoks und der Komplexität der Untersuchungsthematik war es erforderlich sich auf ausgewählte Teilgebiete der Stadt zu konzentrieren, die die soziale, ökonomische und politisch-institutionelle Diversität wenigstens näherungsweise abbilden. Eine auf diese Kriterien gerichtete Auswahl fand in einem ersten zweiwöchigen Forschungsaufenthalt im November 2010 statt. Es wurden verschiedene Forschungseinrichtungen wie das Social Research Institute der Chulalongkorn University und das Asian Institute of Technology sowie Regierungsstellen wie die Bangkok Metropolitan Admini-

---

6 Zum idealtypischen Ablauf von Gruppendiskussionen siehe z.B. KITZINGER (1994) oder MATTISSEK et al. (2012, S. 185 ff.).

stration und das Department of Irrigation konsultiert, um Informationen zur Überflu-
tungsgefährdung bestimmter Stadtgebiete zu erhalten. Auf dieser Grundlage wurden
zahlreiche potentielle Fallstudiengebiete aufgesucht, um Beobachtungen vor Ort zu machen und erste Gespräche mit den Bewohnern dieser Gebiete und der lokalen Verwaltung
zu führen. Anschließend wurden zwei Untersuchungsgebiete für diese Arbeit ausgewählt.
Außerdem wurden Kontakte zu zahlreichen Ansprechpartnern hergestellt, die für den Forschungsverlauf immens wichtig waren, z. B. in Bezug auf fachlichen Austausch, Überset-
zertätigkeiten und Zugang zu Fachliteratur.

Im Anschluss an diesen ersten explorativen Aufenthalt fand von August bis September
2011 ein zweiter Feldaufenthalt statt, während dem, mittels problemzentrierter Interviews in den zwei ausgewählten Untersuchungsgebieten, mit der Vulnerabilitätsanalyse
begonnen wurde. Ferner fand eine umfangreiche Recherche örtlicher Literatur und Statistiken statt, mit deren Hilfe Informationen zur wirtschaftlichen und sozialen Entwicklung
der Stadt sowie von einzelnen Stadtbezirken, zur Bevölkerungsstruktur, zum thailändischen Landrecht und vor allem auch zu Überflutungen und zum städtischen Risikomanagement zusammengetragen wurden. Ende September kündigten sich ernstzunehmende
Überflutungen für Zentralthailand und Bangkok an, was eine Möglichkeit bot, Wahrnehmungen und vorbereitendes Handeln innerhalb der Interviews zu thematisieren. Ende
2011 kam es dann tatsächlich zu den schwersten Überflutungen in der jüngeren Geschichte Thailands mit schwerwiegenden Auswirkungen auf die Bewohner der zwei Untersuchungsgebiete (siehe Kapitel 5.3).

Während des dritten, vom Deutschen Akademischen Austauschdienst (DAAD) geför-
derten Feldaufenthaltes von September 2012 bis Februar 2013 fand der Großteil der empirischen Arbeiten statt. Neben problemzentrierten Interviews fanden in dieser Phase
auch die Gruppendiskussionen statt. Das Hochwasser von 2011 diente dabei als Refe-
renzereignis, so dass Erfahrungen sowie Bewältigungshandlungen den Befragten noch
präsent waren und detailliert wiedergegeben werden konnten. Außerdem jährte sich zu
Beginn des dritten Feldaufenthaltes die Überflutung von 2011 zum ersten Mal und war
entsprechend in Politik, Wissenschaft und Medien allgegenwärtig, was den Zugang zu
und die Interviewbereitschaft von verschiedensten Experten enorm verbesserte. Beispielsweise fanden Ende 2012 zahlreiche wissenschaftliche und politische Konferenzen
und Workshops zum Thema Hochwasser statt, an denen der Verfasser teilnahm und so
das Netzwerk potentieller Ansprechpartner vergrößerte. Zusätzlich zu den problemzentrierten Interviews und Gruppendiskussionen konnten wertvolle Informationen durch
zahlreiche informelle Gespräche generiert werden, die im Forschungsalltag stattfanden.

3.3.1 Feldzugang und Auswahl der Interviewpartner

Mit dem Ausdruck „Feld" kann eine bestimmte Institution, eine Subkultur, eine Familie, eine Nachbarschaft oder eine andere spezifische Gruppe gemeint sein. In der qualitativen Forschung ist der Feldzugang grundsätzlich schwieriger als bei quantitativer Forschung, da offene Interviews dichteren und intensiveren Kontakt verlangen und sich der zu Untersuchende stärker auf die Forschung einlassen muss als dies beispielsweise beim Ausfüllen eines Fragebogens der Fall ist (FLICK 2007). Bevor mit der Forschung begonnen werden kann, muss das Feld ausgewählt werden. Dabei können verschiedene Probleme auftreten wie z. B. eine mangelnde Bereitschaft an der Forschung zu partizipieren oder schlechte Erreichbarkeit von Personen. Außerdem muss der Forscher seine Position im Feld definieren. Für diese Arbeit wurde weitgehend eine Außenperspektive eingenommen, was den Vorteil hat, dass bestimmte Routinen und Abläufe, die den beforschten Personen nicht mehr bewusst sind, wahrgenommen und hinterfragt werden können (ebd.). Nichtsdestotrotz wurde auch bei bestimmten Gelegenheiten, gemäß den Prinzipien der teilnehmenden Beobachtung[7], aktiv am Alltagsleben der Bewohner in den Untersuchungsgebieten teilgenommen, um bestimmte Handlungsweisen besser verstehen zu können und auch um eine Vertrauensbeziehung aufzubauen. Zu erwähnende Ereignisse sind gemeinsame Essen mit Bewohnern in den Untersuchungsgebieten, die Teilnahme an Nachbarschaftstreffen und -festen (z. B. Kindertag, Loy Krathong[8], Theateraufführungen) und gemeinsame Besuche von Gottesdiensten bzw. Tempelzeremonien.

Die Auswahl der Interviewpartner für individuelle und Gruppeninterviews fand schrittweise und kontinuierlich während der Feldphasen statt. Ein einzelner Interviewpartner kann als Fall und eine Gruppe von Interviewpartnern als Fallgruppe bezeichnet werden. Fälle und Fallgruppen wurden gemäß des interpretativ-verstehenden Paradigmas nach konkret-inhaltlichen anstatt abstrakt-methodologischen Kriterien ausgewählt, also nach Relevanz und Plausibilität anstatt nach Repräsentativität. Innerhalb einer Fallgruppe soll möglichst die Unterschiedlichkeit, die im Feld enthalten ist, erschlossen werden (vgl. FLICK 2007). Für diese Arbeit wurde also versucht, die in den Untersuchungsgebieten vorhandene Diversität bezüglich der dort lebenden Menschen, abzudecken und zu rekonstruieren. Die Auswahl fand also nicht nach dem Zufallsverfahren statt, sondern bewusstspezifisch nach Kriterien wie der räumlichen Lage, der beruflichen Situation, des Geschlechts, der politischen Orientierung, der Religion, des Alters usw. Auf diese Weise wurde ein möglichst breites Spektrum an Handlungsmustern und übergeordneten Kontexten sichtbar gemacht, die sich theoretisch-konzeptionell einordnen lassen und dadurch

---

7 Einen guten Überblick über die Methode der teilnehmenden Beobachtung geben CARGO und MERCER (2008).

8 Loy Krathong ist das thailändische Lichterfest, bei dem kleine geschmückte Flöße mit Kerzen auf dem Wasser treiben.

ein holistisches Bild ergeben[9]. Für die Slumsiedlung stellte sich im Forschungsverlauf heraus, dass es zwei politische Lager und entsprechende Konflikte gibt, was vor dem Hintergrund von Prozessen wie Marginalisierung und Korruption verwundbarkeitskonstituierenden Charakter hat. Die iterative Empirik dieser Arbeit erlaubte die Berücksichtigung dieser Tatsache und es wurden gezielt Personen mit entgegengesetzten politischen Ansichten für die Interviews ausgewählt. Neben der bewusst-spezifischen Auswahl kam das Schneeballverfahren zum Einsatz, bei dem bereits interviewte Personen weitere potentielle Interviewpartner empfehlen bzw. vermitteln[10].

Im Zentrum dieser Arbeit stehen Individuen und Haushalte und die von ihnen getroffenen Handlungsentscheidungen. Ein weiteres Kriterium bei der Auswahl der Interviewpartner war entsprechend die Funktion innerhalb eines Haushaltes. Grundsätzlich wurde angestrebt, möglichst den Haushaltsvorstand zu interviewen, da so neben individuellen auch kollektive Informationen abgefragt werden konnten. Auch die Teilnehmer der Gruppendiskussionen waren primär die Vorstände verschiedener Haushalte. Bei den Gruppen wurde außerdem auf Homogenität geachtet, d. h. darauf, dass die Teilnehmer bestimmte gemeinsame Eigenschaften haben, die mit der Problemstellung dieser Arbeit in Verbindung stehen. Die Gruppen setzten sich aus Bewohnern der Untersuchungsgebiete zusammen, die alle von Überflutungen betroffen waren. In der Slumsiedlung wurde bei der Gruppenbildung zusätzlich auf die bereits erwähnte politische Differenzierung geachtet. Interviewpartner, mit denen bereits problemzentrierte Interviews durchgeführt wurden, kamen als Teilnehmer für Gruppendiskussionen nicht mehr in Frage. Auf Nachbarschaftsebene wurden Repräsentanten der Nachbarschaftsvertretung und anderer Gruppierungen wie z. B. Sparvereinigungen interviewt. Zusätzlich zu diesen lokalen bzw. internen Perspektiven wurden verschiedene externe Experten[11] für Interviews konsultiert, die vor allem vertiefende Informationen zu den Rahmenbedingungen geben konnten, d. h. zu Aspekten des staatlichen Risikomanagements oder zu stadtplanerischen Maßnahmen. Es wurde mit Politikern auf Subdistrikt-, Distrikt- und Provinzebene genauso wie mit Vertretern von Nichtregierungsorganisationen (NROs) gesprochen (Tab. 2 und Tab. 3). Zusätzlich fand eine Reihe von Diskussionen mit Wissenschaftlern verschiedener Universitäten statt, die nur im entferntesten Sinne Interviewcharakter hatten; die aber zum Teil sehr informativ waren bzw. den Forschungsprozess mit kreativen Ideen bereichern konnten. Zu den wesentlichen universitären Gesprächspartnern zählten Wissenschaftler vom Social Research Institute der Chulalongkorn University, vom Asian Institute of Technology und vom Institute of Urban and Environmental Planning der Kasetsart University.

---

9 Man kann hier auch von einer theoretischen Auswahl bzw. von einem selektiven Sampling sprechen (vgl. MERKENS 2008).

10 Zu den verschiedenen Strategien bei der Auswahl von Interviewpartnern siehe MATTISSEK et al. (2012, S. 189 ff.).

11 Der Begriff Experte dient hier lediglich der alltagssprachlichen Differenzierung. In Anlehnung an FROSCHAUER und LUEGER (2003) sind auch die Bewohner der Untersuchungsgebiete Experten auf dem Gebiet ihrer Erfahrungswelt.

Tab. 2: Liste der Interviewpartner für das Untersuchungsgebiet Ratchapa

	Datum	m	w	Alter	Haushalts-vorstand	Erwerbstätigkeit	Funktion	Interview-dauer (Min)
						Bewohner		
1	08.09.2011		x	40	ja	Informelle Garküche		90
2	08.09.2011		x	51	ja	Informeller Getränkestand		90
3	08.09.2011	x		45	ja	Informeller Getränkestand		30
4	08.09.2011		x	76	nein	im Ruhestand		30
5	15.09.2011	x		70	nein	im Ruhestand		60
6	15.09.2011		x	29	ja	Haushälterin		90
7	15.09.2011		x	37	ja	Wachpersonal	Mitglied Nachbarschaftsvertretung	60
8	21.09.2011	x		23	/	Motorradtaxi-Fahrer	Mitglied Nachbarschaftsvertretung	90
9	18.10.2012	x		/	ja	Fischer		45
10	18.10.2012	x		/	ja	Fabrikarbeiter		45
11	20.10.2012		x	43	ja	Informelle Garküche		60
12	31.10.2012		x	53	ja	Reinigungskraft		90
13	31.10.2012	x		56	ja	Fischer, Zimmermann		75
14	18.01.2013		x	86	nein	im Ruhestand		45
15	20.10.2012		x	56	ja	Informeller Handel		90
						Bewohner mit speziellen Funktionen		
16	15.10.2012	x				Nachbarschaftsvorstand		90
17	15.10.2012	x				Stellvertretender Nachbarschaftsvorstand		120
18	25.11.2012	x				Ehemaliger Nachbarschaftsvorstand, Verantwortlicher *Village Fund*		90
						Externe Akteure		
19	18.01.2013	x				Mönch (chinesischer Tempel)		30
20	10.02.2013		x			Vorstand Kirchengemeinde		90
21	18.01.2013	x				Mönch (Wat Ratchapatikaram)		30
22	14.11.2012	x				Department of Administration, Dusit District		60
23	14.11.2012		x			Department of Community Development, Dusit District		40
24	15.11.2012	x				Department of Public Works, Dusit District		90
25	11.02.2013		x			*Community Organizations Development Institute* (CODI)		60
26	11.02.2013	x				*Royal Irrigation Department* (RID)		20
27	13.02.2013	x				*Department of Drainage and Sewerage, BMA* (DDS)		20

Quelle: Eigene Zusammenstellung

Tab. 3: Liste der Interviewpartner für das Untersuchungsgebiet Ban Lad Kret

		Ge-schlecht		Alter	Haushalts-vorstand			Interview-dauer (Min)
	Datum	m	w	Alter		Erwerbstätigkeit	Funktion	
Bewohner								
1	07.09.2011	x		38	ja	Ladenbesitzer		60
2	07.09.2011	x		48	ja	Produzent Kunsthandwerk		60
3	07.09.2011		x	25	nein	Informeller Getränkestand		60
4	14.09.2011		x	67	ja	Besitzerin Töpferei		90
5	14.09.2011	x		22	nein	Motorradtaxi-Fahrer		90
6	19.11.2012		x	29	nein	Soldat		75
7	25.01.2013		x	30	ja	Händler Kunst-handwerk	Mitglied lokale Verwaltung	90
8	26.01.2013	x		33	nein	Angestellter	Mitglied OTOP-Töpferware	/
9	26.01.2013		x	55	ja	Landwirtschaft	Mitglied Sparvereinigung	30
10	02.02.2013	x		/	ja	Ladenbesitzerin	Mitglied OTOP-Töpferware	90
Bewohner mit speziellen Funktionen								
11	19.11.2012	x		Ratsmitglied TAO				90
12	28.11.2012	x		Pooyaibaan (Dorfvorstand)				90
Externe Akteure								
13	26.01.2013	x		Kamnan (Tambonvorstand)				30
14	20.09.2013		x	Pressesprecherin, TAO Koh Kret				105
15	07.11.2012	x		Leiter, TAO Koh Kret				120
16	12.02.2013	x		Stellvertretender Leiter, Pak Kret District				60
17	15.02.2013	x		Department for Disaster Preparedness and Mitigation, Nonthaburi Province (DDPM Nonthaburi)				60

Quelle: Eigene Zusammenstellung

3.3.2 Durchführung der Interviews

Insgesamt wurden 44 problemzentrierte Interviews durchgeführt, wobei es sich beim Großteil der Befragten um Bewohner der Untersuchungsgebiete handelte. Die übrigen Interviewpartner waren Mitglieder der Nachbarschaftsvertretungen oder anderer Gruppierungen auf Nachbarschaftsebene (z. B. Sparvereinigungen oder Berufsgruppen), Repräsentanten der lokalen Kirche bzw. des lokalen Tempels, Politiker auf Subdistrikt-, Distrikt oder Provinzebene sowie Mitarbeiter von NROs. 27 der Interviews bezogen sich auf die innerstädtische Slumsiedlung und 17 auf die Flussinsel. Dieses Ungleichgewicht lässt sich mit einer komplexeren Situation innerhalb der Slumsiedlung begründen (größere Akteurs- und Interessenvielfalt, verdeckte Prozesse wie Korruption und Patronage, differenzierte Überflutungsauswirkungen usw.). Das Verhältnis von männlichen zu weiblichen Interviewpartnern betrug 26:18. Zusätzlich zu den individuellen Interviews fanden in beiden Untersuchungsgebieten jeweils zwei Gruppendiskussionen mit insgesamt 34 Teilnehmern statt. Die erste Gruppendiskussion in Ratchapa wurde am 21.01.2013 (GD_ R1) und die zweite am 24.01.2013 (GD_R2) durchgeführt. In Ban Lad Kret fanden die Gruppendiskussionen am 12.02.2013 (GD_B1) sowie am 13.02.2013 (GD_B2) statt. Die problemzentrierten Interviews hatten eine durchschnittliche Dauer von 70 Minuten und fanden zumeist bei den Befragten zu Hause statt, also im „lebensnahen und alltäglichen Umfeld des Befragten", wie MATTISSEK et al. (2012, S. 161) es empfehlen. In einer Alltagssituation fühlt sich der Interviewte in der Regel wohl und offenere Gespräche kommen zustande (vgl. LAMNEK 2010). Trotz der Situation des Einzelinterviews kam es relativ häufig vor, dass Bekannte und Verwandte während der Gespräche anwesend waren und bestimmte Aussagen kommentierten. Dies wurde im Interviewprotokoll vermerkt. Im Falle von Experteninterviews war der Interviewort meist das Büro des Befragten. Die Gruppendiskussionen hatten eine Dauer von drei Mal 90 Minuten und einmal 100 Minuten und fanden an möglichst neutralen Orten wie z. B. in der Krankenstation der Slumsiedlung oder in Räumlichkeiten der lokalen Verwaltung statt (Abb. 13). Die Gruppenteilnehmer wurden in den meisten Fällen nach obigen Kriterien rekrutiert, wobei auch hier das Schneeballverfahren zum Einsatz kam. Bei der Organisation der Räumlichkeiten

Abb. 13: Gruppendiskussion bezüglich der Ausbreitung des Hochwassers von 2011 in Ratchapa
Quelle: Eigene Aufnahme 2013

wurde auf die Hilfe lokaler Ansprechpartner zurückgegriffen. In der Slumsiedlung gestaltete sich die freiwillige Teilnahme an den Gruppendiskussionen als schwierig, so dass als zusätzlicher Anreiz ein gemeinsames Abendessen organisiert und jedem Teilnehmer umgerechnet 1,20 Euro gezahlt wurde.

Die Durchführung sämtlicher Interviews fand durch den Verfasser in enger Zusammenarbeit mit drei thailändischen Masterstudierenden des Social Research Institute der Chulalongkorn University Bangkok statt. Die Studierenden waren mit der Forschungsthematik vertraut, hatten umfangreiche Interviewerfahrungen und sprachen sehr gutes Englisch. Im Vorfeld der Interviews hat der Verfasser den Studierenden gegenüber ausführlich seine methodischen Intentionen und Forschungsfragen vermittelt. Bei den problemzentrierten Interviews war jeweils eine Studentin bzw. ein Student anwesend und übersetzte simultan, was eine flexible Gestaltung der Interviews und konkretes Nachfragen ermöglichte. Aufgrund der stärkeren Gesprächsdynamik waren bei den Gruppendiskussionen zwei Übersetzer zugegen, von denen der eine die Diskussion entsprechend des Leitfadens zurückhaltend steuerte und das Gesprochene protokollierte und der andere für den Verfasser übersetzte. Während sämtlicher Interviews wurden Protokolle zu Interviewinhalten und zum Gesprächsverlauf sowohl durch den Verfasser als auch durch den Übersetzer angefertigt. Fast alle Interviews wurden mittels eines digitalen Aufnahmegerätes aufgezeichnet. Für die Gruppendiskussionen und vier besonders interessante problemzentrierte Interviews wurden Transkriptionen[12] angefertigt. Für den Rest der Interviews wurden auf Grundlage der digitalen Aufnahmen die Gesprächsprotokolle ergänzt. Zusätzlich erfolgte zeitnah nach jedem Interview eine ausführliche Besprechung mit dem Übersetzer, um offene Fragen zu klären und Widersprüchlichkeiten aus dem Weg zu räumen. Dieses Vorgehen war hinsichtlich kontextspezifischer und interkultureller Besonderheiten (z. B. bezüglich der administrativen Strukturen Bangkoks oder der Interpretation thailändischer Redewendungen) äußerst hilfreich.

Eine angenehme und vertrauliche Interviewsituation wurde durch die Vorstellung der eigenen Person und des Übersetzers, gefolgt von einer kurzen Erläuterung des Forschungsinteresses und einer Zusicherung von Anonymität geschaffen. Der Verfasser lernte im Vorfeld und während der Forschungsaufenthalte die Grundlagen der thailändischen Sprache, was im Forschungsalltag den Zugang zu den Interviewpartnern enorm erleichterte, wenn nicht zum Teil sogar erst ermöglichte. Die befragten Bewohner der Untersuchungsgebiete freuten sich über das Interesse eines ausländischen Wissenschaftlers, der mit der bekanntesten thailändischen Universität assoziiert war[13], an ihrem Leben und ihren Ansichten und nahmen sich Zeit für ausführliche Gespräche, in denen oft auch persönliche

---

12 Verschiedene Transkriptionsverfahren werden vorgestellt bei MATTISSEK et al. (2012, S. 192 ff.).
13 Während des sechsmonatigen Aufenthaltes von September 2012 bis Februar 2013 war der Verfasser offizieller Gastwissenschaftler an der Chulalongkorn University Bangkok. Die „Chula", wie die Universität im Volksmund genannt wird, ist national bekannt und erfreut sich eines großen Ansehens.

und politisch sensible Angelegenheiten wie z. B. Korruption oder Krankheiten thematisiert wurden. Aufgrund des Arbeitsalltags der Bewohner, fanden die Gespräche meist am späten Nachmittag bzw. frühen Abend statt. Die Interviews mit externen Akteuren gestalteten sich als weitaus schwieriger. Gesprächstermine wurden erst nach schriftlicher Anfrage vergeben, wobei hinter der Anfrage eine offizielle Institution stehen musste, was im Falle des Verfassers das Social Research Institute der Chulalongkorn University war. Probleme ergaben sich nicht nur aus der sehr langen Bearbeitungsdauer der Anfragen, sondern auch aus der unzuverlässigen Termineinhaltung.

3.4 Datenanalyse

Die Analyse qualitativer Daten kann nach HEINZE (2001, S. 157) als die „virtuelle Übernahme der Perspektive der Befragten" bezeichnet werden. Es geht darum, die Aussagen und Handlungen von Personen zu verstehen und richtig zu interpretieren. Dies kann nur näherungsweise mit Hilfe verschiedener Auswertungsmethoden geschehen und ist immer durch die Perspektive des Forschers verzerrt. Je nach Art der Daten und nach der Fragestellung wird entweder ein quantitativ orientiertes Verfahren herangezogen oder eine offenere, intuitivere, gleichzeitig aber auch subjektivere Interpretation. Eine erste Strukturierung des auszuwertenden Materials fand durch die nach Themenblöcken geordneten Leitfäden statt. Im weiteren Analyseprozess wurde auf Kodierungsverfahren zurückgegriffen, deren Ziel es ist „einen Text aufzubrechen und zu verstehen und dabei Kategorien zu vergeben, zu entwickeln und im Lauf der Zeit in eine Ordnung zu bringen" (Flick 2011, zitiert in MATTISSEK et al. 2012, S. 201). Das Kategoriensystem dieser Arbeit entwickelte sich zum einen auf induktive Weise aus dem gewonnenen Material mittels mehrmaligem Lesen der Interviewprotokolle und -transkripte sowie der Feldnotizen und zum anderen aus theoretischen Vorüberlegungen. Themen, die in den Rohdaten auffallen, wiederholt auftreten und einen Bezug zum Konzept der Vulnerabilität aufweisen, werden zu übergeordneten Kategorien verdichtet. Es wurde versucht die Kategorisierung möglichst weit zu fassen. Verschiedene Textstellen können mehreren Kategorien zugeordnet werden, was bei der Interpretation zu berücksichtigen ist. Im weiteren Verlauf wurden Unterkategorien nach demselben Schema gebildet bis schließlich der gesamte Text aufgebrochen und strukturiert war. Vor dem Hintergrund der konkreten Forschungsfragen wurden die kodierten Interviewdaten in Bezug auf die jeweiligen Verwundbarkeiten anschließend interpretiert und vergleichend analysiert.

3.5 Kritische Reflexion der empirischen Forschung

Insgesamt kann der Prozess der Datenerhebung als erfolgreich bezeichnet werden. Vor dem Hintergrund des interpretativ-verstehenden Paradigmas ist eine durchgehende kritische Reflexion des eigenen Vorgehens und den der Forschung zugrunde liegenden Rahmenbedingungen allerdings unerlässlich. Ein grundsätzliches Problem qualitativer Methoden ist der bereits angesprochene epistemologische blinde Fleck, der eine vollständige Rekonstruktion der Meinungen, Motive, Interessen usw. der beforschten Akteure verhindert. Oft sind sich die Befragten ihrer eigenen Intentionen selbst nicht bewusst (siehe hierzu Giddens' Unterscheidung in praktisches und diskursives Bewusstsein, vgl. Kapitel 2.2.1). Die Aufgabe des Forschers kann es also nur sein, zu versuchen die Aussagen und Handlungen zu verstehen und dabei den eigenen Standpunkt zu berücksichtigen. Die Bewusstheit über die eigene Einflussnahme ist gerade auch hinsichtlich des interkulturellen Forschungskontextes[14] von Bedeutung. Westliche Denk- und Interpretationsweisen verstellen dabei unter Umständen ein „richtiges" Verstehen. CANNON und MÜLLER-MAHN (2010) weisen darauf hin, dass gerade im Katastrophenfall Betroffene oft nicht wie von externen Akteuren erwartet, sondern kulturell spezifisch handeln (siehe auch KASPERSON et al. 2005). Diese Spannung gilt es zu beachten und kritisch zu hinterfragen:

> „[…] a vulnerability focus can be construed as negative and potentially stigmatizing, particularly if research is undertaken by outsiders with little community or stakeholder input or influence. The labeling of certain groups or regions as vulnerable can also result in potentially regressive policy decisions and justifications for intervention that undermine community autonomy or increase marginalization" (MILLER et al. 2010, o.S.).

Auch die Rahmenbedingungen des Forschungsprozesses werden durch kulturelle Faktoren beeinflusst. Ein Beispiel stellt der bereits erwähnte erschwerte Zugang zu Entscheidungsträgern auf den verschiedenen Verwaltungsebenen dar. Zusätzlich ist die Menge und Qualität an verfügbarer Literatur und Statistiken stark eingeschränkt. Die Datenerhebung konzentrierte sich entsprechend auf die Interviews in den beiden Untersuchungsgebieten, was zur Folge hatte, dass bestimmte Informationen zu z.B. Bevölkerungsentwicklung und Wanderungsbewegungen, die aus den Interviewdaten gewonnen wurden, nicht abschließend überprüft werden konnten.

Ein weiteres methodisches Problem stellt der Übersetzungsprozess dar. Die konzeptionellen und methodischen Überlegungen des Forschers wurden vom Deutschen ins Englische übersetzt und vom Übersetzer vom Englischen ins Thailändische. Die Aussagen aus den Interviews durchliefen diesen Ablauf in umgekehrter Reihenfolge. Jeder einzelne Übersetzungsschritt stellt eine Interpretationsleistung dar und unterliegt entsprechend der Gefahr einer Fehlinterpretation. Um diesem Risiko vorzubeugen fand, wie bereits angedeutet, eine umfassende Einarbeitung des Übersetzers statt, sowie nachbereitend zu den Interviews eine detaillierte Diskussion. Ein Missverstehen bestimmter Interviewaussagen kann nicht vollständig ausgeschlossen werden und muss, wie MATTISSEK et al. (2012, S. 196) feststellen, „ausgehalten" werden. Zuletzt soll hier noch auf die Auswahl der Un-

---

14 Eine detaillierte Betrachtung interkultureller Forschungspraxis liefert z.B. LIAMPUTTONG (2010).

tersuchungsgebiete eingegangen werden. Ursprünglich strebte der Verfasser die Bearbeitung von drei möglichst unterschiedlichen Fallbeispielen an, was vor dem Hintergrund knapper Zeit- und Geldressourcen aufgegeben wurde. Stattdessen wurden zwei Untersuchungsgebiete mit unterschiedlichen sozio-ökonomischen, politischen und ökologischen Charakteristika gewählt und parallel zueinander beforscht. Mit diesem Vorgehen wird eine analytische Generalisierung über das Phänomen Vulnerabilität angestrebt, d. h. kontextspezifische Aussagen beanspruchen Geltung ohne dabei repräsentativ zu sein. Ziel ist es nicht, einen Vergleich zwischen den beiden Fallstudien anzustellen, sondern ein möglichst umfassendes Bild verwundbarkeitsdeterminierender Faktoren und Handlungsstrategien in ihrem jeweiligen Kontext zu liefern und anschließend zu analysieren. Der Einsatz von Fallbeispielen ist sehr sinnvoll wenn der Forschungsgegenstand mit seinem Kontext auf komplexe Art und Weise verbunden ist, wie es bei gesellschaftlicher Verwundbarkeit der Fall ist (zu den Vorteilen von Fallbeispielen siehe FLYVBJERG 2006).

4   Der Untersuchungskontext

Venedig des Ostens – so wurde die thailändische Hauptstadt aufgrund ihrer vielen Brücken und Kanäle bis ins 20. Jahrhundert hinein genannt. Zurückzuführen ist diese Bezeichnung auf den italienischen Reisenden Salvatore Besso, der 1911 bei einem Besuch der Stadt sagte: „The Venice of the Far East – the capital still wrapped in mystery, in spite of the thousand efforts of modernism amid its maze of canals" (zitiert in STERNSTEIN 1982, S. 13). Der traditionell aquatische Charakter Bangkoks unterlag zu dieser Zeit, wie das Zitat zeigt, bereits einem Entwicklungsprozess, der das städtische Erscheinungsbild bis heute komplett verändert hat. Aus einer vergleichsweise kleinen Agglomeration, deren Bewohner an Kanälen in zum Wasser gewandten Häusern lebten, Handel trieben und sich versammelten, wurde im Laufe des letzten Jahrhunderts eine boomende Megastadt mit glitzernden Hochhausfassaden. Hervorzuheben ist der Zeitraum nach dem zweiten Weltkrieg, in dem durch zunehmende Industrialisierung und verstärkte Zuwanderung der Landbevölkerung die Stadtentwicklung besonders rasch voranschritt (KRAAS 1996). Während 1950 die Einwohnerzahl Bangkoks noch etwa eine Million betrug, waren es 1970 schon mehr als drei Millionen. Heute leben um die 8,3 Millionen Menschen in der Megastadt. Das sind 12,6 % der thailändischen Gesamtbevölkerung von 65,9 Millionen (NSO 2010). Die rasante Urbanisierung betrifft neben dem administrativen Stadtbereich, der Bangkok Metropolitan Administration (BMA), auf den sich die vorigen Zahlen beziehen, auch die umliegenden Regionen. Die Bangkok Metropolitan Region (BMR) umfasst die BMA und die fünf angrenzenden Provinzen Nonthaburi, Pathum Thani, Samut Prakan, Samut Sakhon und Nakhon Pathom (Abb. 14) und beheimatet nach dem neuesten Zensus von 2010 etwa 14,5 Millionen Einwohner (ebd.). Bangkok ist seit jeher

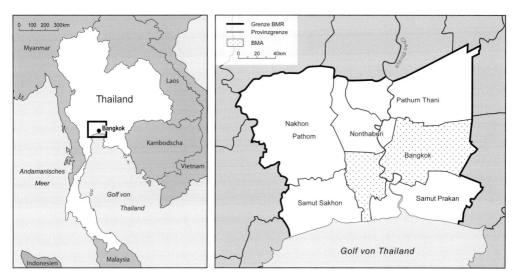

Abb. 14: Bangkok Metropolitan Region (BMR) und Bangkok Metropolitan Administration (BMA) Quelle: Eigener Entwurf

mit monsunbedingten Überschwemmungen konfrontiert, die in der jüngeren Geschichte zum Teil sehr schwere Auswirkungen hatten, was vor allem mit dem Stadtwachstum und den damit einhergehenden Veränderungen zusammenhängt aber auch mit den überforderten Institutionen des Hochwassermanagements der Regierung (KRAAS 2012). Das defizitäre Katastrophenmanagement Thailands ist das Ergebnis halbherziger Verwaltungsreformen, politischer Instabilität und kultureller Spezifika.

Ziel dieses Kapitels ist es, die Entwicklung Bangkoks darzustellen und dabei vor allem den Wandel von einer dem Wasser angepassten Stadt, oder wie es JUMSAI (2011) ausdrückt, von einer „aquatic society" zu einer eher terrestrischen Stadt aufzuzeigen. Außerdem sollen gemäß der theoretischen Annahme, dass Vulnerabilität historisch eingebettet ist (MASCARENHAS und WISNER 2011; Kapitel 2.3), bestimmte Prozesse und Ausprägungen der Stadtentwicklung berücksichtigt werden, die einen Einfluss auf die Genese von Verwundbarkeit haben wie etwa die Besiedlung durch unterschiedliche ethnische und religiöse Gruppen, die Entstehung von Slums oder die Zunahme von Umweltproblemen. Darauf aufbauend wird die Hochwasserexposition Bangkoks erläutert und exemplarisch anhand der schweren Überflutung von 2011 verdeutlicht. Vulnerabilität manifestiert sich meist lokal, z.B. in Form von Todesopfern, menschlichem Leid oder wirtschaftlichen Schäden an einem bestimmten Ort. Die determinierenden Faktoren finden sich allerdings oft auf anderen räumlichen Ebenen (ADGER 2006; Kapitel 2.3). Waldrodungen und Missmanagement der großen Staudämme im Oberlauf des Chao Phraya haben entscheidend zum Ausmaß des Hochwassers von 2011 beigetragen (LENZ 2011). Dieses Argument verdeutlicht, dass ein weiterer wichtiger Betrachtungsgegenstand der Umgang mit bzw. das Management von Überflutungen ist, was sich auch mit der in Kapitel 2.1.4 identifizierten Bedeutung der politischen Dimension von Verwundbarkeit und der Forderung einer stärkeren Berücksichtigung dieser deckt (DIETZ 2011). Die staatlichen Institutionen, die für den Umgang mit Hochwasser verantwortlich sind, sind aufgrund von z.B. unklaren Verantwortlichkeiten, Korruption und einem problembehafteten Dezentralisierungsprozess nicht in der Lage, die anstehenden Probleme nachhaltig zu lösen (z.B. COHEN 2012; LENZ 2011; DANIERE und TAKAHASHI 1999b). Die in diesem Kapitel beleuchteten Hintergrundinformationen sind insofern schon Teil der Vulnerabilitätsanalyse, als dass sie bestimmte übergeordnete Rahmenbedingungen erklären und somit den Kontext, in dem die Bewohner der Untersuchungsgebiete leben und handeln, berücksichtigen.

4.1 Bangkok: Stadtentwicklung bis zum zweiten Weltkrieg

Bangkok wurde 1767 von König Taksin (1767-1782) gegründet, nachdem burmesische Truppen die alte Hauptstadt Ayutthaya einnahmen und zum Teil stark zerstörten. Die Lage war handelsstrategisch klug gewählt, da der Chao Phraya Fluss und die nahe gelegene Mündung zum Golf von Thailand beste Transportmöglichkeiten boten. Taksin entschied sich für das westliche Flussufer und nannte die neue Stadt Thonburi (der heutige

Stadtteil Bangkoks trägt nach wie vor diesen Namen). Sein Nachfolger Rama I (1782-1809) verlegte 1782 die Hauptstadtfunktionen auf die östlich gelegene Halbinsel Rattanakosin, da diese besseren Schutz vor burmesischen Angriffen aus dem Norden bot. Der 21. April 1782 gilt als das offizielle Gründungsdatum der Stadt Bangkok (ASKEW 2002; KING 2011). Ihr wurde der Name „Krungthepmahanakhon Amonrattanakosin Mahintharayutthaya Mahadilokphop Noppharat Ratchathaniburirom Udomratchaniwet Mahasathan Amonphima Nawatansathit Sakkathattiyawitsanukamprasit" gegeben. Die Übersetzung dieses sehr langen Namens lautet: „The City of Angels, Great City, the Residence of the Emerald Buddha, Capital of the World Endowed with Nine Precious Gems, the Happy City Abounding in Great Royal Palaces which Resemble the Heavenly Abode Wherin Dwell the Reincarnated Gods, A City Given by Indra and Built by Vishnukarn" (STERNSTEIN 1982, S. 11).

Der viel kürzere Name Bangkok galt lange Zeit als umgangssprachlich, wurde allerdings später als offizieller Name anerkannt (KING 2011). Als Zentrum der neuen Stadt fungierte der Königspalast, der den Thronsaal, die königliche Kapelle, die Residenz des Königs und weitere wichtige repräsentative Gebäude beherbergt. Um den Palast herum, auch am westlichen Ufer des Chao Phraya, entstanden weitere Tempelanlagen und königliche Gebäude sowie an den Kanälen und Flussläufen ausgerichtete Stadtviertel, in denen das einfache Volk lebte. Der Großteil der Gebäude stand auf Stelzen und orientierte sich an den vielen Wasserläufen, die Medium für Transport, Kommunikation und Handel waren (WEBSTER und MANEEPONG 2011; MATEO-BABIANO 2012). Die Bewohner Bangkoks lebten in Harmonie mit dem Wasser, d.h. schwankende Pegelstände und saisonale Überschwemmungen gehörten zum Alltag. Ein Relikt aus dieser Zeit sind die heutzutage touristisch sehr beliebten schwimmenden Märkte (Abb. 15). Wirtschaftlich gesehen war das frühe Bangkok abhängig vom Reisanbau und vom Handel, der aufgrund der günstigen

Abb. 15: Eine typische Nachbarschaft in Bangkok um 1890 (linkes Foto) und ein schwimmender Markt heute (rechtes Foto)
Quelle: ASKEW 2002, S. 22; eigene Aufnahme 2012

Lage florierte. Bereits wenige Jahre nach der offiziellen Stadtgründung siedelten sich verstärkt chinesische Händler im südlichen Teil von Rattanakosin an (dem heutigen Chinatown), die die Geschäfte mit ihrem Heimatland vorantrieben (RATANAWARAHE 2013).

Anfang des 19. Jahrhunderts nahm die Bedeutung des Handels mit Reis und anderen Produkten wie Gewürzen und Zucker stark zu. Chinesische Immigranten waren enorm wichtig für die wirtschaftliche Entwicklung Bangkoks; nicht nur aufgrund ihrer Rolle als Händler, sondern auch als billige Arbeitskräfte. Außerdem strebten Chinesen auch in politische Ämter und übernahmen wichtige Verwaltungsfunktionen (ASKEW 2002). Mitte des 19. Jahrhunderts nahm die Macht der Kolonialstaaten in Asien zu und setzte auch Thailand unter Druck. 1855 unterschrieb König Rama IV (1851-1868) schließlich das so genannte *Bowring Treaty*, ein Handelsabkommen mit Großbritannien, das vor allem britischen aber auch anderen europäischen Händlern weitreichende Freiheiten einräumte. Es erlaubte das direkte Verhandeln mit den Produzenten von Exportgütern und die Errichtung von Handelsposten und Konsulaten. Die dadurch steigende Nachfrage äußerte sich in einer Ausweitung landwirtschaftlicher Produktion und einem Ausbau der erforderlichen Infrastruktur. Außerdem begann Thailand mit dem Export von Zinn und Tropenholz. Die rapide wirtschaftliche Entwicklung nach Unterzeichnung des *Bowring Treaty* führte zu einem steigenden Bedarf an Arbeitskräften in Bangkok, der in erster Linie von chinesischen Migranten gedeckt wurde. Ende des 19. Jahrhunderts war die Hälfte der Bevölkerung Bangkoks chinesischer Abstammung (PORPHANT 1994). Neue Lagerhäuser und Wohngebäude wurden benötigt und so kam es durch das Stadtwachstum zu sekundären Effekten in Form von neu entstehenden Betrieben in den Bereichen Bau, Transport und Dienstleistungen (ASKEW 2002; RATANAWARAHE 2013).

Vor der Unterzeichnung des *Bowring Treaty* gab es in Bangkok keine Straßen. Die einzelnen Stadtquartiere waren durch ein kleinteiliges Kanalnetzwerk miteinander verbunden. Weiter entfernte Orte der landwirtschaftlichen Produktion waren über den Chao Phraya oder größere Kanäle an Bangkok angeschlossen. Europäisches Engagement und das schnelle Wachstum der Stadt führten in der zweiten Hälfte des 19. Jahrhunderts zu ersten Straßenbauprojekten. Diese Zeitspanne markiert den Beginn der Transformation Bangkoks von einer aquatischen Stadt hin zu einer terrestrischen Stadt (RATANAWARAHE 2013). Vor allem der europabegeisterte König Chulalongkorn (1868-1910) trieb den Bau von Straßen entschieden voran; auch weil sich Investitionen in die Infrastruktur aufgrund des Stadtwachstums für das Königshaus aus steuerlichen Gründen lohnten. Entlang der neuen Straßen entstanden Stadtviertel, die sich äußerlich vor allem durch die chinesischen aus Stein gebauten Shophäuser[1] auszeichneten. Der Großteil der einfachen Bevölkerung lebte allerdings nach wie vor in aus Holz und Bambus gebauten Stelzenhäusern entlang der Kanäle (MATEO-BABIANO 2012). Anfang des 20. Jahrhunderts nahm der

---

1 Shophäuser sind für Südostasien typische Gebäude, die für gewöhnlich aus zwei oder drei Etagen bestehen, von denen das Erdgeschoss als Geschäft genutzt wird. In den darüber liegenden Etagen findet Wohnnutzung statt.

Einfluss des Westens weiter zu. Vor allem westliche Wissenschaft, Technik und Philoso-phie wurden von der thailändischen Oberschicht begeistert aufgenommen. Europäische Kleidung, erste Automobile und französische Architektur veränderten das Straßenbild (Abb. 16). Mit Hilfe ausländischer Berater wurde der Staat schrittweise modernisiert. Ne-ben ersten Verwaltungsreformen beinhalteten die Programme auch den Bau von mehre-ren Eisenbahnlinien und die Planung neuer Stadtteile für Bangkok (CHAOWARAT 2010). Nördlich an Rattanakosin schließt sich beispielsweise der von König Chulalongkorn ge-plante und gebaute aristokratische Stadtteil Dusit an, der sich durch große Boulevards, Gärten, Palastanlagen und Villenkomplexe auszeichnete. Obwohl intensiv überbaut, er-kennt man noch heute das ehemalige Aussehen Dusits. Inzwischen finden sich hier die Wohnanlagen der Königsfamilie, wichtige Regierungsgebäude wie das Government House (Sitz des Premierministers) und zahlreiche Ministerien (ASKEW 2002). Außerdem befindet sich eines der beiden Untersuchungsgebiete dieser Arbeit in Dusit, nämlich die innerstädtische Slumsiedlung Ratchapa-Tubtim-Ruamjai (siehe Kapitel 5.1.1).

Anfang des 20. Jahrhunderts hatte Bangkok etwa 400.000 Einwohner, zwölf Mal so viele wie die nächstgrößere Stadt Chiang Mai. Die Wachstumsraten waren überdurchschnitt-lich hoch und konnten vor allem durch chinesische Arbeitsmigranten erklärt werden. Re-lativ geringe Bevölkerungszahlen auf dem Land und hohe Verdienstmöglichkeiten in der Landwirtschaft sind Gründe für das Ausbleiben von Land-Stadt-Wanderungen vor dem zweiten Weltkrieg. Der ländliche Raum und die ländliche Wirtschaft waren sehr stabil. Hunger und Armut gab es in Thailand zu diesem Zeitpunkt kaum und es herrschte Voll-beschäftigung (ASKEW 2002; RATANAWARAHE 2013).

Abb. 16: Erste Automobile auf Bangkoks ersten Straßen um 1905
Quelle: ASKEW 2002, S. 35

4.2 Bangkok: Stadtentwicklung nach dem zweiten Weltkrieg

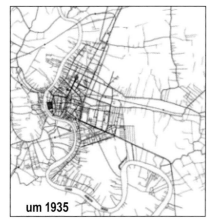

um 1935

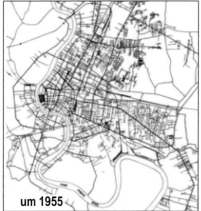

um 1955

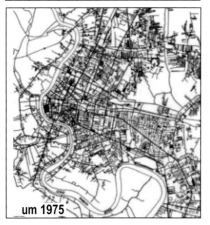

um 1975

Abb. 17: Rückbau des Kanalnetzwerks
  bei gleichzeitiger Zunahme
  an Straßen von 1935 bis 1975
Quelle: THAITAKO *und* MCGRATH
  2008, S. 32, verändert

Nach dem zweiten Weltkrieg begannen die grundlegendsten Veränderungen, die Bangkok bis dato erlebt hatte. Die Bevölkerung wuchs rapide und 1950 lebten bereits 1,3 Millionen Menschen in der Stadt (UN 2012). Angetrieben von einer zunehmenden Verflechtung der Weltwirtschaft, ausländischen Investitionen und der Einführung moderner Transport- und Kommunikationsmittel wandelte sich Thailand immer stärker zu einer exportorientierten Nation. Die industrielle Entwicklung konzentrierte sich in und um Bangkok und wurde politisch durch neue Machteliten forciert, die im Gegensatz zu ihren bürokratischen Vorgängern eine sehr liberale Wirtschaftspolitik betrieben (CHAOWARAT 2010). Die pro-amerikanische Regierung erhielt großzügige technische Unterstützung und Finanzhilfen aus dem Westen, vor allem aus den USA (Thailand hatte zu dieser Zeit eine anti-kommunistische Haltung). Mit dem Bau von Überlandstraßen sollte die wirtschaftliche Entwicklung in anderen Landesteilen gefördert werden, was aber anfangs das genaue Gegenteil begünstigte. Das ländliche Thailand erlebte nach dem zweiten Weltkrieg eine Krise, da Steuererhöhungen auf Reisexporte die Löhne in der Landwirtschaft drückten und gleichzeitig die ländliche Bevölkerung stark wuchs. Zusammen mit dem steigenden Arbeitskräftebedarf in Bangkok und den neu gebauten Überlandstraßen führte dies zu massiven Land-Stadt-Wanderungen (RATANAWARAHE 2013). Wirtschaftlicher Aufschwung und Bevölkerungswachstum resultierten in morphologischen Veränderungen der Stadt. Viele der Kanäle Bangkoks wurden zugeschüttet und zu Straßen umfunktioniert, um dem erhöhten Verkehrsaufkommen gerecht zu werden (Abb. 17). Traditionelle Bauweisen und Baumaterialien wurden abgelöst durch zwei- bis dreistöckige Betongebäude (vor allem Shophäuser). Mit diesem

Wandel geht eine steigende Vulnerabilität gegenüber Hochwasser einher (PELLING 2003), die in ihrem Ausmaß erst viel später erkannt werden sollte (siehe Kapitel 4.4 zum Hochwasser 2011; THAITAKOO und MCGRATH 2008).

Das Wirtschaftswachstum setzte sich in den 1960er Jahren fort und wurde durch eine weitere Liberalisierung der Wirtschaftspolitik forciert. Im Westen ausgebildete und nach Thailand zurückgekehrte Technokraten strebten in die Politik und formulierten nach europäischem und amerikanischem Vorbild erste langfristige Entwicklungspläne wie den National Economic and Social Development Plan (NESDB 1967). Große Infrastrukturprojekte wie der Bau von Staudämmen (z. B. die Bhumibol-Talsperre) und neue Verkehrsverbindungen wurden zu dieser Zeit verwirklicht (BAKER und PHONGPAICHIT 2009). Die Regierung unternahm Anstrengungen, um die sich verstärkenden ökonomischen Disparitäten zwischen Bangkok und dem Rest des Landes auszugleichen. Dazu zählte beispielsweise die Förderung von Provinzstädten durch den Bau von Krankenhäusern und Bildungseinrichtungen (CHAOWARAT 2010). Gleichzeitig wurden erste Stadtentwicklungspläne für Bangkok formuliert, die eine Orientierung an westlichen Vorbildern vorsahen. Inhalte dieser Pläne, die allerdings aufgrund unklarer Verantwortlichkeiten und sich überschneidender Kompetenzen der zuständigen Behörden nur zum Teil umgesetzt wurden, waren eine autofreundliche Umstrukturierung der Stadt sowie eine Trennung der Grundfunktionen (RATANAWARAHE 2013). 1960 hatte Bangkok zwei Millionen Einwohner und war das wichtigste Ziel für Arbeitsmigranten mit Hoffnung auf ein höheres Einkommen. Vor allem Menschen aus den nördlichen und zentralen Provinzen strömten in die Stadt. Ende der 1960er war das Pro-Kopf-Einkommen in Bangkok drei Mal höher als der thailändische Durchschnitt (ASKEW 2002). Der starke Bevölkerungszuwachs führte zu einem Mangel an Wohnraum, der weder durch öffentlichen noch durch privaten Wohnungsbau ausgeglichen werden konnte (zur Entstehung von Slums siehe Kapitel 4.3). Auch der formelle Arbeitsmarkt hatte nicht die Kapazitäten sämtliche Migranten aufzunehmen, so dass Einkommensmöglichkeiten vor allem im informellen Sektor gesucht wurden (ebd.).

Zwischen 1960 und 1974 hat sich die bebaute Fläche Bangkoks mehr als verdoppelt (LO und YEUNG 1996). Die unzureichende Stadt- und Landnutzungsplanung war dieser Entwicklung nicht gewachsen. Unkontrollierte Bebauung entlang der Ausfallstraßen hatte eine mosaikartige Ausbreitung von Landwirtschaft, Industrie und Wohnnutzung bis weit ins Hinterland hinein zur Folge. Die starke Zunahme des individuellen Personennahverkehrs in Verbindung mit einem inadäquaten räumlichen Verhältnis von Wohn- und Arbeitsort überstieg trotz gleichzeitigem Straßenbau schnell die Kapazitäten der Stadt. Eine starke Verkehrsbelastung war die Konsequenz (RATANAWARAHE 2013). Weitere Probleme der fortschreitenden Urbanisierung waren Wasser- und Luftverschmutzung, die vornehmlich aus einer mangelhaften Abwasser- und Abfallentsorgung und aus den stark ansteigenden Industrieemissionen resultierten (STOREY 2012). Insgesamt sind die vielfältigen ökologischen und sozialen Problemlagen der Stadtentwicklung Bangkoks auf Schwächen in der öffentlichen Steuerung zurückzuführen. Nach KRAAS (1996) zeichnete sich diese in den Jahrzehnten nach dem zweiten Weltkrieg vor allem durch hierarchisch orientierte und personengebundene Entscheidungsprozesse, durch eine zersplitterte Verwaltung ohne klare Aufgabenverteilung, durch fehlende horizontale Kooperation und durch geringe vertikale Integration aus (siehe auch Kapitel 4.5).

Abb. 18: Die Bangkok Metropolitan Administration (BMA) untergliedert in einzelne Distrikte
Quelle: Eigene Darstellung

Bis auf kleinere Unterbrechungen durch die Ölkrise 1973 und wiederholte politische Unruhen ging das rasante Wachstum Bangkoks auch in den 1970er Jahren weiter. 1971 hatte Bangkok bereits drei Millionen Einwohner. Die Problemlagen blieben die gleichen wie in den Jahren zuvor und verschärften sich noch. Die politische Antwort auf diese Situation waren verschiedene Umstrukturierungen. 1972 wurde die Bangkok Metropolitan Administration (BMA) gegründet, eine neue Verwaltungseinheit für die Stadt, die an die aktuellen räumlichen Ausmaße angepasst war und behördliche Abläufe vereinfachen sollte (Abb. 18). Um mit der extremen Wohnraumknappheit umzugehen, wurde 1973 die National Housing Authority (NHA) aufgebaut. Im gleichen Jahr wurde auch die Expressway and Mass Transit Authority (ETA) gegründet, deren Aufgaben im Ausbau des öffentlichen Nahverkehrs und in der Verbesserung der Straßeninfrastruktur lagen (ASKEW 2002). Trotz neu geschaffener Behörden und Modernisierung der Verwaltung konnten die bestehenden Probleme allerdings nicht effektiv bekämpft werden. Auf nationaler Ebene standen die sich kontinuierlich verschärfenden Disparitäten zwischen Bangkok und dem ländlichen Thailand auf der Agenda. Dezentralisierung und Investitionen in wenig entwickelten Provinzen wurden gefordert, konnten aber noch nicht durchgesetzt werden (ebd.).

Bangkoks internationale Bedeutung nahm in den 1970er Jahren stark zu. Die strategisch wichtige Lage während der Ära des Kalten Krieges und der Zeit des Vietnamkrieges in Kombination mit der pro-amerikanischen Haltung machten Thailand und dabei vor allem Bangkok zu einem wichtigen Truppenstützpunkt der USA. Gleichzeitig florierten durch die Fortschritte im Flugverkehr die internationalen Handelsbeziehungen und der Tourismus. In Bangkok entstanden Hotels und vielerlei touristische Dienstleistungen, zu denen auch die das öffentliche Bild der Stadt prägenden Rotlichtviertel mit ihren Gogo-Bars und Massagesalons gehören (KING 2011).

In den 1980ern setzten strukturelle Veränderungen innerhalb der thailändischen Wirtschaft ein. Aufgrund sehr geringer Lohnkosten hielten sich ausländische Investitionen, vor allem aus Japan, auf einem hohen Niveau und beflügelten das produzierende Gewerbe und den Export. 1989 machten industriell gefertigte Güter bereits 68 % des Exportvolumens aus (ASKEW 2002). Wichtige Bereiche waren die Textilindustrie, die Elektronikindustrie und die Nahrungsmittelveredlung (CHAOWARAT 2010). Bangkoks wirtschaftliche Dominanz im Vergleich zum Rest des Landes kann anhand wirtschaftlicher Kennzahlen veranschaulicht werden. 1988 generierte Bangkok 50 % des BIP, hatte aber nur einen Anteil von 15,8 % an der Gesamtbevölkerung. Das durchschnittliche Haushaltseinkommen war zu diesem Zeitpunkt 2,3 Mal höher als der nationale Durchschnitt (PORNCHOKCHAI 2003). 1980 hatte Bangkok fünf Millionen Einwohner und war 51 Mal so groß wie die zweitgrößte Stadt Chiang Mai (ASKEW 2002). Der voranschreitende Straßenbau und das Bevölkerungswachstum führten in den 1980ern zu ersten Suburbanisierungsprozessen (Abb. 19). Günstige Kredite ermöglichten Investitionen in Wohnprojekte im suburbanen Raum, die vor allem die sich rasant entwickelnde Mittelschicht ansprachen. Am

Rand der Stadt entstanden neben neuen Wohngebieten auch Shopping-Center, Freizeit-
parks und Golfplätze (Lo und YEUNG 1996). Bangkok breitete sich immer mehr auch in
die benachbarten Provinzen aus, so dass erstmals auch von der Metropolregion Bangkok
die Rede war; der Bangkok Metropolitan Region (BMR).

Ab den 1990ern galt Bangkok endgültig als *Global City* (SASSEN 2001). Der internationale Don Muang Flughafen diente als internationaler Flugverkehrsknotenpunkt, Bangkoks Wirtschaft wuchs dynamisch und Thailand entwickelte sich zu einem politischen
Schwergewicht in Südostasien. 1995 lebten mehr als 6,1 Millionen Menschen in der Stadt
(UN 2012). Vor dem Hintergrund der problembehafteten öffentlichen Steuerung wurden
1992 erneut Stadtentwicklungs- und Landnutzungsplanungen eingeführt (SAJOR und
ONGSAKUL 2007). Die Interessen internationaler Kapitalgeber und lokaler Wirtschaftse-
liten hebelten diese offiziellen Mechanismen allerdings aus, so dass Bodenspekulationen
und unkontrolliertes Stadtwachstum unverändert weitergingen. Verdichtung und verstärkte vertikale Bebauung in zentralen Lagen in Form von Appartementhochhäusern, Büro-
und Hoteltürmen und Shoppingkomplexen trugen stark zum heutigen Äußeren Bangkoks

Abb. 19: Landsat-Falschfarbenkomposit von Bangkok – Suburbanisierungsprozesse sind entlang
der Ausfallstraßen gut zu erkennen
Quelle: BUTTS 2011

bei. Gleichzeitig wurde die urbane Unterschicht weiter marginalisiert und es kam immer häufiger zur Bildung von Slumsiedlungen. Diesbezüglich erklärt ASKEW (2002, S. 85):

> „Bangkok's spaces were, in fact, being made by a range of groups, not only state agencies and large property owners, but also the middle classes and the urban poor. Demands for – and conflict and compromises over – space and its use had produced a metropolis that in many ways encapsulated some of the key relationships and struggles within Thai society as a whole".

1997 setzte als Folge der maßlosen Investitionen in Kombination mit exzessiver Kreditaufnahme eine Finanz- und Wirtschaftskrise ein, die ihren Ausgangspunkt im Immobiliensektor hatte. Die Krise griff auf weitere ostasiatische Staaten über und wurde folglich als Asienkrise[2] bezeichnet. Im Verlauf der Krise griff der Internationale Währungsfond (IWF) ein und setzte ein Rettungsprogramm für Thailand auf, das strukturelle Reformen als Auflagen mit sich brachte (ASKEW 2002). Die Krise war für Thailand nicht nur ein ökonomischer Schock, sondern auch ein sozialer und politischer Einschnitt. Seit dem Ende der 1990er Jahre hat die Spaltung des Landes stark zugenommen (WEBSTER und MANEEPONG 2011).

Auch im 21. Jahrhundert bleibt Bangkok das wirtschaftliche Zentrum des Landes. Vor allem die Automobilindustrie, der Maschinenbau, die chemische Industrie und die Elektroindustrie sind wichtige Impulsgeber innerhalb der BMR. In 2006 machte die Wirtschaftsleistung der BMR 42,81 % des nationalen BIP aus und wuchs mit einer Rate von 7,04 % (NESDB 2007, zitiert in World Bank 2009). Das Bevölkerungswachstum in der BMA und BMR ist inzwischen allerdings stark rückläufig und betrug zwischen 2001 und 2008 noch 1 % bzw. 2,4 % (NESDB 2008, zitiert in WEBSTER und MANEEPONG 2011). Bangkoks Primatstadtcharakter hat neben einer wirtschaftlichen und demographischen auch noch eine politische Dimension. Sämtliche Ministerien und hochrangigen Verwaltungs- und Planungsbehörden sowie fast alle Universitäten des Landes sind in der Stadt angesiedelt. Außerdem ist Bangkok das südostasiatische Zentrum für internationale Organisationen wie die Vereinten Nationen oder die Internationale Arbeitsorganisation. Der ohnehin schon schwierige Dezentralisierungsprozess (siehe Kapitel 4.5.3) wird durch diese Konzentration wichtiger politischer Funktionen noch erschwert (KRAAS 1996; WEBSTER und MANEEPONG 2011). Bangkok gilt heute als typische Megastadt und ist wie bereits angedeutet mit diversen sozialen, politischen, ökonomischen und ökologischen Problemen, wie z.B. der Entstehung von Slums, verstärkter Informalität, schwerer Regierbarkeit, Wasser- und Luftverschmutzung und einer völlig überlasteten Verkehrsinfrastruktur konfrontiert. Gleichzeitig ergeben sich durch den Status der Megastadt eine Reihe von Vorteilen und Chancen (dazu ausführlich KRAAS 2007a). Für in Bangkok lebende

---

2 Die Asienkrise bezeichnet die Wirtschafts-, Finanz- und Währungskrise der Staaten Thailand, Indonesien, Südkorea, Singapur, Malaysia und Philippinen in den Jahren 1997 und 1998. Einen Überblick gibt DIETER (1998).

Bevölkerungsgruppen resultieren hieraus komplexe Verwundbarkeiten, die, was noch hinzu kommt, zeitlich und räumlich stark variieren.

Das heutige Erscheinungsbild Bangkoks ist eines der Gegensätze. In direkter Nachbarschaft zu luxuriösen Appartementhochhäusern mit glitzernden Glasfassaden finden sich Slumsiedlungen aus Bambus und Wellblech. Neben großen Shoppingcentern mit internationalen Designermarken verkaufen informelle Straßenküchen günstige lokale Gerichte. JENKS (2005) nutzt die Metapher „above and below the line" – mit „line" meint er das Nahverkehrssystem Skytrain, das auf Stelzen über den Straßen der Innenstadt fährt –, um diese Gegensätze zwischen Arm und Reich (zwischen Globalisierung und Regionalisierung) zu veranschaulichen. Ein weiteres morphologisches Charakteristikum des heutigen Bangkoks ist der immer schwächer werdende Wasserbezug:

> „The country also possess a long tradition of vernacular 'water architecture'; until recently people settled near the water were adequately equipped to face floods, with housing either on stilts or on rafts, living in symbiosis with the land not only through housing typologies but also with a lifestyle that integrated annual flooding as a matter of course. Today, these various vernacular structures are disappearing, threatened by a change of land use and the desire to 'modernize'. This often leaves dwellers more vulnerable to floods, as they build closer to the ground, while remaining in the same flood-prone areas" (World Bank 2012, S. 175).

Die ehemals an ein Leben im Flussdelta angepasste Stadt versucht inzwischen mit allen Mitteln das Wasser fernzuhalten. Kommt es trotz struktureller Schutzmaßnahmen dennoch zu einer Überflutung der Stadt, zeigt sich das ganze Ausmaß der heutigen Vulnerabilität. Das jüngste Beispiel war das Hochwasser 2011 (siehe Kapitel 4.4).

4.3 Slums in Bangkok

Die oben bereits angesprochene Arbeitsmigration wenig gebildeter und finanziell schwacher Menschen nach Bangkok in den 60er und 70er Jahren bei gleichzeitigem Wohnraummangel begünstigte die Entstehung von Slums. Die Migranten siedelten sich bevorzugt in zentralen Lagen der Stadt an, während parallel die früheren, meist finanziell stärkeren Bewohner dieser Gebiete in den suburbanen Raum zogen. 1960 lebten bereits geschätzte 740.000 Personen auf Flächen mit einer überdurchschnittlich hohen Belegungsdichte, wobei es sich bisher weniger um Slums als vielmehr um verdichtete ehemalige Wohnquartiere handelte (ASKEW 2002). Erst im Verlauf des weiteren Stadtwachstums und morphologischer Veränderungen wurden aus den dicht mit Holz- und Bambushäusern bebauten Nachbarschaften per Definition Slums. Gleichzeitig kam es aufgrund zunehmend knapper werdendem Land zur illegalen Besiedlung vakanter Flächen und exponierter Flussufer bzw. Kanalränder (RATANAWARAHE 2013). Abbildung 20 zeigt die Verteilung der Slumsiedlungen in der BMA.

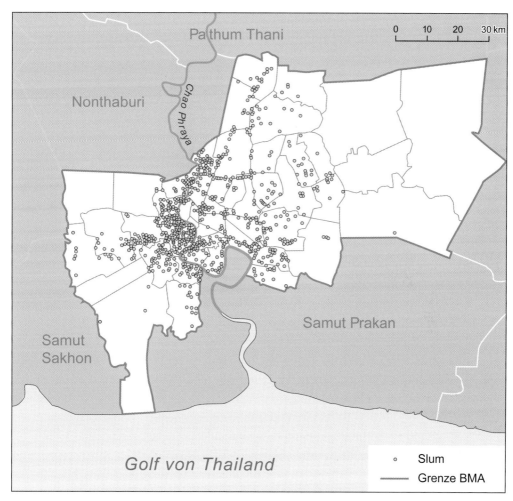

Abb. 20: Räumliche Verteilung von Slumsiedlungen in der BMA
Quelle: Eigener Entwurf nach HUTANUWATR *o. J.*

Die Angaben zur Anzahl an Slumsiedlungen in Bangkok variieren je nach Quelle zum Teil stark, was nicht zuletzt an unterschiedlichen definitorischen Setzungen liegt. Die aktuellsten Zahlen der NHA sprechen für das Jahr 2000 von 1.028 Slums in der BMA und 1.453 in der BMR. 16 % der Einwohner Bangkoks sind Slumbewohner, wobei Slums nur etwa 6 % der Wohnbebauung ausmachen (VIRATKAPAN und PERERA 2006). Nach Angaben des Asian Institute of Technology gab es 2005 insgesamt 1.604 Slumsiedlungen innerhalb der BMA (AIT 2008), wohingegen das United Nations Human Settlements Programme für das Jahr 2000 von 866 Slums spricht (UN-Habitat 2003). Aufgrund sehr vieler Slumräumungen in den 1970er bis 1990er Jahren hat sich die Gesamtzahl in der BMA verringert. Im suburbanen Raum stieg die Anzahl an Slums allerdings kontinuierlich an (PORNCHOKCHAI 2003). Im thailändischen Kontext schließt der Begriff Slum sowohl legale als auch illegale Besiedlungen ein und wird nach National Economic and Social Development Board und Government Housing Bank definiert als

> „a group of buildings with a housing density of not less than 15 houses per rai (0,16 ha), in an area characterized by overcrowding and flooding with deteriorated and unsanitary conditions that offer stuffy, damp and unhygienic accommodation, and which might be harmful for health, security or as the source of illegal or immoral activities" (NESDB und GHB 1995, zitiert in VIRATKAPAN und PERERA 2006).

Die Haushaltsgröße in Slums ist mit acht Personen signifikant größer als Bangkoks Durchschnitt mit 3,7 Personen (PORNCHOKCHAI 2003). Nahezu alle Slums sind inzwischen an das Elektrizitätsnetz und die öffentliche Wasserversorgung angeschlossen – wenn nicht auf offiziellem Wege, dann über das Anzapfen von Leitungen benachbarter Gebäude. Bezüglich der Abwasser- und Müllentsorgung sehen die Zahlen weniger positiv aus. Nur etwa 50 % aller Slumhaushalte besitzen dezentrale Abwassertanks[3]. Die anderen 50 %, vor allem diejenigen, die am Wasser leben, entsorgen ihre Abwässer in Kanälen oder im Fluss. Ähnliches passiert mit dem Hausmüll, der nur in 15 % aller Slumsiedlungen öffentlich entsorgt wird (STOREY 2012). Die Gebäude in einem Slum haben im Vergleich zu ihrer Umgebung, die in den meisten Fällen aus mehrstöckigen Betonhäusern sowie Straßen und Bahnlinien besteht, einen temporären Charakter. Materialien wie Holz, Bambus, Wellblech und Plastik dominieren das Erscheinungsbild. Nach einer Studie von HUTASERANI (1992) lebten 1991 etwa eine Million Menschen in Slums in der BMR, wovon allerdings nur etwa 208.000 unterhalb der damaligen Armutsgrenze einzuordnen waren. Aufgrund eines Mangels an statistischen Daten gibt es lediglich Schätzungen zum aktuellen Anteil armer Bevölkerung in Slumsiedlungen, die von 20 bis 40 % reichen (AS-KEW 2002). Man kann also Slumbewohner nicht automatisch als arm bezeichnen. Das Bild hinsichtlich des sozioökonomischen Status ist sehr divers. Während einige Haushalte Schwierigkeiten haben, sich zu ernähren, verdienen andere überdurchschnittlich viel. Ein Großteil der Slumbewohner Bangkoks (50 bis 60 %) arbeitet als Lohnarbeiter auf Baustellen oder in Fabriken (ebd.). Der zweite große Arbeitsbereich ist der informelle Sektor, in dem vor allem die Bereiche Gastronomie, Handel und Transport von Slumbewohnern ausgefüllt werden. Beispielhafte Tätigkeiten sind das Zubereiten von Mahlzeiten an Garküchen, der Verkauf von Getränken an belebten Plätzen oder das Fahren von Motorradtaxis. Die Regierung unternimmt Anstrengungen den informellen Sektor durch die Formalisierung bestimmter Tätigkeiten bzw. durch restriktive Maßnahmen einzudämmen (RATANAWARAHE 2013). Die Bildung der Slumbewohner hat sich in den letzten Jahren verbessert, was mit strukturellen Veränderungen innerhalb des thailändischen Bildungssystems zusammenhängt (PORNCHOKCHAI 2003). Dennoch liegt der Bildungsgrad in Slums noch deutlich unter dem nationalen Durchschnitt (ASKEW 2002).

---

3 Bangkoks Abwasserentsorgung funktioniert vorwiegend dezentral. Nur etwa 10 bis 20 % aller Haushalte sind an eine Kanalisation mit entsprechendem Klärwerk angeschlossen (World Bank 2012).

Die meisten Slums verfügen neben Nachbarschaftsvereinigungen über Spargenossen-schaften und die sozialen Netzwerke sind in der Regel stark ausgeprägt. Gleichwohl sind die Lebensbedingungen problematisch, vor allem aufgrund der beschriebenen ökolo-gischen Belastungen infolge mangelnder Abwasser- und Müllentsorgung, unsicherer Ar-beitsverhältnisse, einer hohen Kriminalitätsrate und Drogenmissbrauchs sowie nicht zu-letzt wegen einer oftmals exponierten Lage gegenüber Hochwasser. Das größte Problem für viele Slumsiedlungen sind allerdings die meist unsicheren Landbesitzverhältnisse (Interview R25[4]).

Nach Angaben der NHA hatten 1994 etwa die Hälfte aller Slumbewohner Bangkoks un-sichere Landbesitzverhältnisse (NHA 1997, zitiert in VIRATKAPAN und PERERA 2006). Diese bestehen, wenn Flächen illegal besiedelt wurden oder wenn Pachtvereinbarungen über Flächen getroffen wurden, die aber nicht den gesetzlichen Bestimmungen entspre-chen oder nur für kurze Zeiträume gelten (VIRATKAPAN und PERERA 2006). In beiden Fällen kann ein Slum relativ schnell geräumt werden. Die in Kapitel 4.2 beschriebene Entwicklung Bangkoks führte ab den 1970ern auch auf dem Grundstücks- und Immobi-lienmarkt zu einschneidenden Veränderungen. Land nahm dramatisch an Wert zu und wurde zum Objekt von Spekulationen. Immobilienentwickler investierten sehr hohe Summen für Flächen in günstigen Lagen, so dass private Landbesitzer keine Alternative zum Verkauf ihrer Flächen sahen und die Pachtvereinbarungen mit den Slumhaushalten aufkündigten. Die Rechte von Landbesitzern stehen dabei in Thailand immer über denen der Bewohner, „no matter how many UN declarations the government signs" (ACHR 2003, S. 31). Es startete eine anhaltende Welle von Slumräumungen. Mit der Entstehung von Großprojekten verschiedenster Art kam es zu Preissteigerungen der umliegenden Flächen und zu weiteren Räumungen, so dass sich dieser Prozess in bestimmten Teilen Bangkoks wie ein Flächenbrand ausbreitete. Zeitgleich mit der Räumung von Slums führte das Stadtwachstum und der ökonomische Aufschwung Bangkoks, aber auch der Immobilienboom, zu einer hohen Nachfrage an Arbeitskräften und zu weiterer Arbeitsmi-gration. Wohnraumverknappung bei gleichzeitigem Anstieg des Bedarfs hatte die ver-mehrte Entstehung illegaler Slums, vor allem auf öffentlichem Land, zur Folge (USA-VAGOVITWONG 2012). Slumräumungen auf staatlichen Flächen können aus ethischen Gründen schwerer durchgesetzt werden. Geht es aber um Projekte, die das Gemeinwohl verbessern wie z. B. Infrastrukturprojekte oder Krankenhäuser, lässt sich eine Räumung meist rechtfertigen. Nach schweren Überflutungen in Bangkok im Jahr 1983 entschied sich die Stadt beispielsweise für den Bau struktureller Flutschutzmaßnahmen im großen Stil, was mit der Räumung und Umsiedlung vieler Slumsiedlungen an Kanälen und am Ufer des Chao Phraya einherging (ASKEW 2002).

---

4 Eine Tabelle mit den Akteuren, die für diese Arbeit interviewt wurden, findet sich in Kapitel 3.3.1. Die Interviews in beiden Untersuchungsgebieten sind durchnummeriert. Bei der Zitierweise im Fließtext steht „R" für das Untersu-chungsgebiet Ratchapa und „B" für Ban Lad Kret.

Als Reaktion auf die vielen Slumräumungen entwickelte sich in den 80ern und 90ern eine zivilgesellschaftliche Bewegung zur Stärkung von Slumsiedlungen, die großen Einfluss auf die staatliche Wohnungsbaupolitik ausübte. Regierungsprogramme zur Schaffung von Wohnraum gab es bereits in den 50er und 60er Jahren, als die Bevölkerung Bangkoks anfing stark zuzunehmen. 1973 wurde die NHA gegründet, die sich explizit um Wohnraum für die rapide wachsende urbane Unterschicht kümmerte. Bis in die 80er hinein gab es in Kooperation mit der Weltbank Programme zur Aufwertung von Slums, bei denen es vor allem um Infrastrukturverbesserungen, Siedlungsumbau und Umsiedlungen in Slumsiedlungen ging (USAVAGOVITWONG 2012). Im Jahr 1992 wurde das Urban Community Development Office (UCDO) gegründet, das einen Paradigmenwechsel im Wohnungsbau für die urbane Unterschicht einläutete, der eine Abwendung von traditionellen Top-down-Anstrengungen hin zu stärker partizipativen und mit dem Label *empowerment* versehenen Ansätzen bedeutete (BOONYABANCHA 2005a). Das UCDO unterstützte Slumsiedlungen in vielerlei Hinsicht, z. B. durch die Verbesserung von Infrastruktur oder durch die Klärung von Landfragen. Um die Beratungs- und finanziellen Angebote der UCDO nutzen zu können, mussten Nachbarschaften eine gewählte Vertretung und eine Spargemeinschaft aufweisen. Eine weitere Aufgabe des UCDO war die Vernetzung von Slumsiedlungen untereinander. Es entstanden Slumnetzwerke, deren Aufgaben von gegenseitiger Hilfe bis hin zur gemeinschaftlichen Verwaltung staatlicher Kreditprogramme reichten. Das UCDO hatte ein Budget von 50 Millionen USD und war insgesamt sehr erfolgreich. Bis zum Jahr 2000 gründeten sich 950 Spargemeinschaften, wobei insgesamt 796 Slums von Krediten für Infrastruktur und Umstrukturierungsmaßnahmen profitierten. Von insgesamt 25 Millionen USD an Krediten wurde bis zum Jahr 2005 bereits mehr als die Hälfte zurückgezahlt (BOONYABANCHA 2005b).

Im Jahr 2000 wurde das UCDO und sein Pendant im ländlichen Raum, der Rural Development Fund, vereint. Es entstand das Community Organizations Development Institute (CODI), das im urbanen Bereich die Arbeit des UCDO fortsetzte. CODI kann als eine halb-staatliche Organisation bezeichnet werden, denn sie wird zwar vom Ministry of Social Development and Human Security (MSDHS) finanziert, handelt aber weitgehend unabhängig staatlicher Einflussnahme. Unter der Regierung der Thai-Rak-Thai-Partei von Premierminister Thaksin Shinawatra wurde im Jahr 2003 ein groß angelegtes Programm zur Förderung von Slumsiedlung ins Leben gerufen: Baan Mankong[5]. Baan Mankong bedeutet übersetzt „sicheres Wohnen" oder „sicheres Land" und wurde von CODI verwaltet und umgesetzt. Das Programm gründet auf den Erfahrungen des UCDO, dass zentralisierte Slumpolitik nicht erfolgreich sein kann und entsprechend ein partizipativer Ansatz zu wählen ist (ARCHER 2010). CODI unterstützt Slumsiedlungen bei der Gründung von Nachbarschaftsvertretungen und Spargemeinschaften und gibt Impulse für die

---

5   Baan Mankong wurde kurz nach der Implementierung von der Opposition als ein populistisches Programm kritisiert, allerdings nach Absetzung der Regierung von Thaksin Shinawatra im Jahr 2006 weitergeführt. Die politische Situation Thailands wird in Kapitel 4.5 genauer erläutert.

Formulierung von Stärken und Schwächen sowie Bedürfnissen. Darauf aufbauend werden Kredite für z. B. Infrastrukturverbesserungen (Gehwege, Elektrizitäts- und Wasseranschlüsse usw.) oder Gebäudeaufwertungen vergeben. Sind die Landbesitzverhältnisse unsicher, wird versucht durch Verhandlungen mit den Landeigentümern sichere Verhältnisse herzustellen. Dies kann z.B. durch den Kauf von Flächen oder langfristige Pachtverträge erreicht werden. Oftmals muss eine strukturelle Anpassung des Slums an die neu verhandelten Grundstücksdimensionen stattfinden, d.h. bestimmte Gebäude müssen abgerissen und an anderer Stelle neu gebaut werden. Auch hierfür stellt Baan Mankong die finanziellen Mittel bereit. Ist die Schaffung sicherer Landbesitzverhältnisse vor Ort nicht möglich, werden Umsiedlungen diskutiert, geplant und durchgeführt (BOONYABANCHA 2005a; STOREY 2012). Das Vorgehen von CODI im Allgemeinen und bei Baan Mankong im Speziellen ist sehr kommunikativ, d.h. möglichst alle beteiligten Akteure werden zusammengebracht, um dann gemeinsam an einer Lösung zu arbeiten. Dabei ist die Stärkung der Verhandlungsmacht von Slumbewohnern durch die Unterstützung von Nachbarschaftsvertretungen elementarer Bestandteil. Bei Verhandlungen über Landrechte ist laut USAVAGOVITWONG und POSRIPRASERT (2006) besonders der kulturelle und historische Diskurs (lokale Bräuche, kulturelle und historische Stätten usw.) von Bedeutung, der am deutlichsten durch die Slumbewohner selbst formuliert werden kann. Baan Mankong ist ein sehr erfolgreiches Programm. Bis 2009 hatten bereits 80.000 Slumhaushalte in Thailand in verschiedener Art und Weise profitiert (ARCHER 2010) und bis 2011 wurde es in 1.557 Slumsiedlungen eingesetzt (STOREY 2012). Der Erfolg des Programms lässt sich vor allem auf seinen partizipativen Charakter zurückführen, der die schwachen staatlichen Institutionen im Wohnungsbau auszugleichen vermag (BOONYABANCHA 2005a). Auch bezüglich der Exposition gegenüber Hochwasser von vielen Slumsiedlungen und den damit einhergehenden Problemen ist CODI aktiv (Interview R25).

4.4 Überflutungsproblematik

Bis Anfang des 19. Jahrhunderts entwickelte sich Bangkok an seine natürliche Umgebung angepasst, d.h. an die topographischen, hydrologischen und meteorologischen Besonderheiten des Chao Phraya Deltas. Die Bewohner der Stadt lebten in Häusern auf Stelzen und waren auf diese Art und Weise unabhängig von schwankenden Wasserständen. Natürliche Wasserläufe und Kanäle waren Verkehrs- und Transportwege und gleichzeitig Orte des Handels und der Begegnung. Der Reisanbau folgte den Überflutungszyklen und profitierte von saisonalen Überschwemmungen, die das Ackerland düngten. Hochwasser im Deltabereich des Chao Phraya ist ein natürlicher Prozess und findet seit Tausenden von Jahren statt (ENGKAGUL 1993; EMDE 2012). In Jahren mit besonders hohen Niederschlägen kam es regelmäßig auch zu schweren Überflutungen, die Häuser beschädigen und Reisernten zerstören konnten. Mit zunehmender Urbanisierung veränderte sich der zum Wasser ausgerichtete Charakter Bangkoks und die an Überflutungen angepasste Architektur und Lebensweise ging schrittweise verloren, was zwangsläufig zu ei-

Abb. 21: Traditionelles Stelzenhaus (links) neben einem modernen Haus (rechts) im Untersu-
chungsgebiet Ban Lad Kret auf der Flussinsel Koh Kret während eines Hochwassers
in 2010
Quelle: Eigene Aufnahme 2010

ner Erhöhung der Vulnerabilität führte. Bei besonders starkem Hochwasser waren die
Schäden nun umso größer (Abb. 21). Entsprechend dieser Entwicklungen und dem theoretischen Verständnis dieser Arbeit kann man bei den jüngsten Überschwemmungen nicht
mehr von Naturkatastrophen sprechen, sondern, angelehnt an FELGENTREFF und GLADE
(2008) von „Sozialkatastrophen".

Mit der Umstrukturierung und dem Rückbau des komplexen Kanalsystems, der Bebauung und Versiegelung großer Flächen und der Abkehr von traditionellen Lebensweisen in
Kombination mit einem Mangel an Landnutzungs- und Stadtplanung veränderte sich die
Hydrologie des Chao Phraya Deltas nachhaltig. Die Exposition gegenüber Überflutungen
nahm deutlich zu und selbst normale Flutereignisse konnten nun zu Katastrophen werden
(COHEN 2012; KRAAS 2012). Die Hochwasserstatistik weist für Bangkok seit Mitte des
19. Jahrhunderts im Abstand von wenigen Jahren eine Reihe extremer Überflutungsereig-
nisse aus, so in 1942, 1978, 1980, 1983, 1995, 1996, 2002, 2006, 2010 und 2011 (World
Bank 2009; Bangkok Post 2010; World Bank 2012). Nach Aussage von DUTTA (2011) hat
sich die Anzahl an Überflutungen in Südostasien zwischen 1975 und 2002 verdoppelt, die
ökonomischen Verluste sogar verfünffacht. Die natürlichen Gründe für Hochwasser in
Bangkok sind im Wesentlichen monsunbedingte Flusshochwasser, tidebeeinflusste
Sturmfluten und lokale Starkregenereignisse. Bangkok wird entsprechend auch „city of
the three waters" genannt (MAROME et al. o.J.). Die anthropogenen Auslöser der Flut
wurden mit dem rapiden Stadtwachstum und den damit einhergehenden Veränderungen
bereits angesprochen. Dennoch gibt es weitere mit der Stadtentwicklung assoziierte Prozesse, die das Aufkommen von Hochwasser begünstigen. Vor allem durch Grundwasserentnahme aber auch durch Sedimentverdichtung infolge von Bebauung kommt es in

vielen Stadtbereichen Bangkoks, besonders im Osten, zu Landabsenkung. In den 90ern waren die Absenkungsraten am höchsten und betrugen lokal bis zu 12 cm pro Jahr (PHI-EN-WEJ et al. 2006). Infolge staatlicher Reglementierungen hat sich der Prozess abgeschwächt, so dass in 2007 nur noch 1-2 cm pro Jahr gemessen wurden. Bestimmte Stadtteile der ohnehin sehr niedrig liegenden Stadt (große Bereiche liegen unterhalb von 2 m NN) befinden sich inzwischen unterhalb des Meeresspiegels (EMDE 2012). Ein weiterer Prozess, der die Entstehung von Hochwasser begünstigt, bezieht sich auf Landnutzungsänderungen im Oberlauf des Chao Phraya. In Thailand hat zwischen 1980 und 2008 die landwirtschaftliche Fläche um 25 % zugenommen, was mit intensiver Waldrodung, auch in den nördlichen Provinzen, einherging. Entsprechend sind bestimmte wichtige Ökosystemfunktionen wie die Wasserspeicherung und Abflussregulierung verloren gegangen (World Bank 2012).

Ein besonders schweres Hochwasser fand im Jahr 1983 statt und führte dazu, dass große Teile Zentralthailands und auch Bangkoks für fünf Monate unter Wasser standen. Der ökonomische Schaden betrug weit mehr als 200 Millionen USD (World Bank 2012). Als Reaktion darauf begann die thailändische Regierung in den Hochwasserschutz zu investieren. Die östlich des Chao Phraya gelegenen Stadtteile wurden nach niederländischem Vorbild eingedeicht und mit Entwässerungskanälen, Schleusen und Pumpen versehen. Nach weiteren Überflutungen in 1995 erweiterte die Regierung das bestehende Poldersystem räumlich. Darüber hinaus wurden vermehrt Rückhaltebereiche in und um Bangkok geschaffen, große Drainagetunnel gebaut und weitere Deiche angelegt (ZIEGLER et al. 2012). Bereits 1964 wurde der Bhumibol-Staudamm und 1971 der Sirikit-Staudamm in Nordthailand gebaut. Neben der Stromerzeugung und Bewässerung hatten diese Staudämme vor allem die Aufgabe die Überflutungen im Unterlauf zu minimieren (World Bank 2009). Im Jahr 2006 kam es durch überdurchschnittlich hohe Niederschläge während der Monsunzeit zu hohen Abflüssen und Überflutungen in Zentralthailand. Aufgrund der vielen strukturellen Schutzmaßnahmen konnte Hochwasser in Bangkok verhindert werden (ebd.). Ein Gefühl der Sicherheit wurde erzeugt, welches allerdings in den Jahren 2010 und besonders 2011 ad absurdum geführt wurde, als große Bereiche der Stadt überflutet wurden (Interviews R9, R16, R25, B12).

Das Hochwasser von 2011 gilt als das schwerste in der Geschichte Thailands. 66 der 77 Provinzen des Landes waren betroffen. Im November 2011 standen 5,5 % der Landmasse Thailands unter Wasser. Es gab mindestens 813 Todesopfer (KOMORI et al. 2012) und über 13,5 Millionen Betroffene (Verletzungen, Krankheiten, Einkommensverluste, zerstörtes Eigentum usw.). Die ökonomischen Verluste werden auf 46,5 Milliarden USD geschätzt, wobei für den Wiederaufbau zusätzlich etwa 50 Milliarden USD aufgewendet werden müssen (World Bank 2012). Das vergleichsweise frühe Auftreten und die lange Verweildauer der Überflutungen resultierten in großen Schäden in der Landwirtschaft. Insgesamt 18.291 km² Ackerland wurden beschädigt. Es kam zu Ernteausfällen, zur Zerstörung von Anbaufrüchten und zur Beschädigung von Gerätschaften und Gebäuden. Die Verluste für die Landwirtschaft summierten sich in der BMA auf 27 Millionen USD und in Nonthaburi, der Provinz, in der das Untersuchungsgebiet Ban Lad Kret liegt auf 12,5 Millionen USD (ebd.). Bezogen auf die industrielle Produktion erlitten mehr als 10.000 Unternehmen, von denen viele in den großen Industrieparks in Zentralthailand und Bangkok angesiedelt sind, Produktionsausfälle. Die Industrieproduktion verzeichnete einen Rückgang von 20%, der sich auf die globale Wirtschaft auswirkte. Beispielsweise erhöhten sich die Weltmarktpreise für Festplatten kurzfristig um 40% (KRAAS 2012). Das Hochwasser 2011 hatte darüber hinaus Auswirkungen auf andere Sektoren Thailands wie den Tourismus-, den Transport- und den Gesundheitssektor. Eine Studie der Weltbank gibt ausführlich Auskunft über die diesbezüglichen Überflutungsschäden (World Bank 2012).

Das Hochwasser breitete sich vor allem in Nord- und Zentralthailand aus und floss im Einzugsgebiet des Chao Phraya durch Bangkok in den Golf von Thailand. Die strukturellen Flutschutzmechanismen waren den Wassermassen nicht gewachsen, so dass große Teile der Stadt, vor allem im Norden und Osten, für zwei bis drei Monate bis zu 3 m tief unter Wasser standen (Abb. 22; ZIEGLER et al. 2012). Nach Angaben der Weltbank waren vor allem die armen und marginalisierten Bewohner Bangkoks von den Fluten betroffen, da diese überflutungsgefährdete Stadtbereiche besiedeln und wenig bis keine finanziellen Ressourcen zur Bewältigung besitzen. Außerdem arbeiten sie vorwiegend im informellen Sektor, der besonders stark unter Lohnausfällen während des Hochwassers zu leiden hatte (World Bank 2012). Eine Studie von AHSAN (2013) kommt zu dem Ergebnis, dass etwa 73% der urbanen Unterschicht von den Überschwemmungen in 2011 betroffen waren. WEBSTER und MANEEPONG (2011) hingegen behaupten, dass Slums weniger stark von Hochwasser heimgesucht werden, da sie meist innerhalb der Poldersysteme liegen. Dieser Aussage wird widersprochen, da sehr viele Slums nicht innerhalb, sondern außerhalb der Eindeichungen liegen und sehr wohl mit Überflutungen konfrontiert sind. Aufgrund des relativ langsam steigenden Wasserspiegels konnten die Bewohner der exponierten Stadtteile früh gewarnt werden und ihren Besitz in Sicherheit bringen. Die widersprüchliche Informationspolitik seitens der Regierung (siehe Kapitel 4.5.4) und die unerwartet intensiven und lang andauernden Überflutungen führten allerdings trotzdem zu großen Verlusten. Es gab einige wenige Fälle, in denen Häuser aufgrund mangelhafter Statik bzw. Baumaterialien in Kombination mit starker Strömung komplett zerstört wurden, wie im Untersuchungsgebiet Ratchapa-Tubtim-Ruamjai geschehen (Interview R7, GD_R1[6]). Öfter kam es zu beschädigten Fundamenten, verzogenen Tür- und Fensterrahmen, Pilz- und Schimmelbefall und Korrosionserscheinungen (World Bank 2012).

---

6   Details zu den durchgeführten Gruppendiskussionen finden sich in Kapitel 3.3.2. Bei der Zitierweise im Fließtext wird Gruppendiskussion durch GD abgekürzt und durch ein „R" für Ratchapa bzw. ein „B" für Ban Lad Kret sowie die entsprechende Nummer ergänzt.

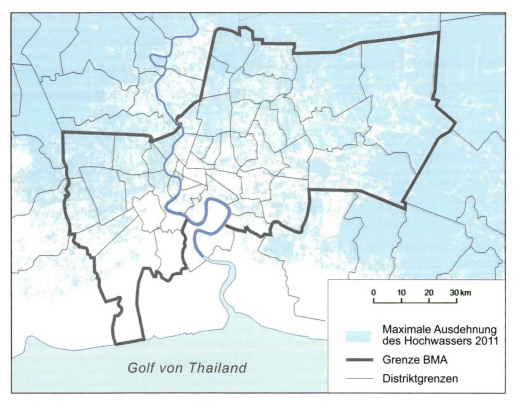

0 10 20 30 km

Maximale Ausdehnung
des Hochwassers 2011

Grenze BMA

Distriktgrenzen

Golf von Thailand

Abb. 22: Maximale Ausdehnung der Überflutungen in 2011
Quelle: Eigene Darstellung nach AHSAN 2013, S. 37

Auslöser des Hochwassers von 2011 war das globale Wetterphänomen La Niña. Die Niederschläge in Thailand begannen früher als gewöhnlich und waren überdurchschnittlich hoch. Insgesamt fielen 146 % des normalen Jahresniederschlages (EMDE 2012). Zusätzlich brachte der Durchzug von auffällig vielen tropischen Stürmen, lokal und in einem engen zeitlichen Rahmen, sehr hohe Niederschläge, was die Abflussraten stark erhöhte. Die großen Staudämme im Oberlauf des Chao Phraya haben die Aufgabe genügend Wasser für die Bewässerung bereitzuhalten und gleichzeitig Wasser aufnehmen zu können, um Überflutungen zu verhindern. Aufgrund dieser konkurrierenden Ziele waren die beiden größten Staudämme des Landes, der Bhumibol-Damm und der Sirikit-Damm, bereits im Oktober 2011 an ihrer Kapazitätsgrenze angelangt, so dass überschüssiges Wasser in großen Mengen abgelassen werden musste (KOMORI et al. 2012). Dies resultierte in Überflutungen in Zentralthailand, die sich langsam in Richtung Süden ausdehnten. Das Fehlen eines integrierten Flussgebietsmanagements äußerte sich dann im weiteren Verlauf in Fehlentscheidungen der anliegenden Provinzregierungen. Potentielle Retentionsflächen wurden aus Eigeninteressen nicht geflutet, was die Lage noch verschärfte (Interview B16). Zusätzlich zu den sich in südliche Richtung bewegenden Wassermassen kam es zu lokalen Starkregenereignissen, die die Ausmaße der Überflutungen noch verstärkten. Als das Hochwasser im November Bangkok erreichte, traf es auf hohe Tiden aus dem Golf von Thailand und wurde entsprechend aufgestaut. Die höchsten Tiden werden ausgerechnet zwischen Oktober und März erreicht (EMDE 2012).

Bereits Anfang Oktober 2011 begann die thailändische Regierung mit ihrem Katastrophenmanagement (siehe Kapitel 4.5.4). Allein bei der Informationsgewinnung über das Hochwasser, beim „undertaking of risk assessment on flood and landslide hazard and evaluating existing condition of vulnerabilities to reveal the probability of their occurrence" waren zehn Regierungsinstitutionen beteiligt, was eine koordinierte Informationspolitik stark erschwerte (KABIR et al. 2011, S. 9). Fragen nach den überflutungsgefährdeten Stadtteilen, dem zeitlichen Verlauf des Hochwassers und den Schadenspotenzialen konnten nicht zufriedenstellend beantwortet werden. Am 21. Oktober wurde aufgrund der zunehmenden Ausmaße der Überflutungen von Premierministerin Yingluck Shinawatra das Flood Relief Operations Center (FROC) gegründet, das die Anstrengungen im Katastrophenmanagement bündeln und koordinieren sollte (World Bank 2012). Dennoch blieben Verantwortlichkeiten unklar und politisch motivierte Konkurrenzkämpfe um Aufgaben und Ressourcen entstanden. Beispielsweise steuerte das von der Demokratischen Partei regierte Bangkok seine Schleusen und Pumpstationen entgegen den Vorgaben des FROC, das der Zentralregierung unterstand und damit der Pheu-Thai-Partei. In den nationalen und internationalen Medien wurde das FROC schnell als inkompetent dargestellt, was nach der Überflutung des eigenen Hauptquartiers am Don Muang Flughafen in Spott umschlug (COHEN 2012). Auch auf der lokalen Ebene entstanden Konflikte, die mit dem Missmanagement der Regierung in Verbindung gebracht wurden. Das Royal Irrigation Department (RID) ließ bewusst bestimmte Stadtteile gefluted, um andere „wichtigere" Bereiche zu schützen. Dies führte zu gewaltsamen Protesten und zur Zerstörung von Flutschutzmauern durch die Betroffenen (KRAAS 2012; World Bank 2012). Insgesamt sind in allen Bereichen des Katastrophenmanagements Fehler gemacht worden, die vor allem auf die kleinteilige Verwaltungsstruktur und die unklaren Verantwortlichkeiten zurückzuführen sind. Das politische Unvermögen der Situation Herr zu werden, führte dazu, dass Bewältigungs- und Anpassungsstrategien auf lokaler Ebene stark an Bedeutung gewannen aber auch dazu, dass große Unsicherheit auf Seiten der Bevölkerung herrschte, die entschiedenes Handeln hinauszögerte (Interviews R9, R16, R25, B12). Ob nun die natürlichen Prozesse oder das Missmanagement der Regierung für das Hochwasser 2011 verantwortlich gemacht werden kann, wurde in Thailand intensiv diskutiert; vor allem entlang der politischen Trennlinie, die durch das Land verläuft (COHEN 2012).

In der Wissenschaft besteht Konsens darüber, dass sich die natürlichen Faktoren, die zu Hochwasser in Zentralthailand führen, verstärken werden. Aufgrund des anthropogenen Klimawandels wird es zu einer Zunahme der Niederschläge und zu einem Anstieg des

Meeresspiegels kommen (EMDE 2012). Neueren Untersuchungen zufolge (World Bank 2009) werden bis 2050 allein die Überflutungsflächen der Provinzen Bangkok und Samut Prakan um 180 km² (30 %) zunehmen. Bezogen auf das BIP hätte Thailand dann – zusammen mit Vietnam – die größten ökonomischen Überflutungsrisiken aller Länder Ostasiens zu tragen (ebd.). Momentan belegt Thailand noch den siebten Rang der am stärksten von Hochwasser gefährdeten Länder weltweit (KABIR et al. 2011). Die Erfahrungen aus dem Hochwasser von 2011 zeigen, dass struktureller Überflutungsschutz allein nicht ausreicht, um Bangkok zu schützen. ZIEGLER et al. (2012, o. S.) schlagen vor:

> „We might not be able to move cities, but we could redesign them to make space for water so that natural processes of flooding occur with minimized damage. This could be done through 'green' engineering solutions and more holistic catchment-wide flood management, which includes supportive policies, a regulatory framework, incentive systems, and public participation".

4.5 Politische Besonderheiten

Die politische Dimension von Vulnerabilität wurde bereits ausführlich diskutiert (siehe Kapitel 2). Viele verschiedene politische Faktoren tragen zur Verwundbarkeit gegenüber Hochwasser in Thailand bei. Um beispielsweise die Arbeit lokaler Selbsthilfegruppen, das Versagen der Regierung adäquate und faire Hilfe zu leisten oder die Wirkung von Klientelismus und Korruption besser verstehen und einordnen zu können, werden im Folgenden sowohl der nationale politische Kontext und die Grundlagen der thailändischen Verwaltung sowie die Politiken und Instrumente des thailändischen Katastrophenmanagements vorgestellt.

4.5.1 Politische Situation Thailands

Im Jahr 1932 wurde Thailand von einer absoluten zu einer konstitutionellen Monarchie und damit faktisch demokratisch. Die darauf folgenden vier Jahrzehnte waren geprägt von einem wiederholten Wechsel von bürokratisch-elitären und Militärregierungen, begleitet von mehrfachen Interventionen des Königs. Die nationale Politik war stark zentralisiert, d.h. die Zentralregierung lenkte die politischen Geschäfte auch innerhalb der periphersten Regionen (BALASSIANO 2008; CHARDCHAWARN 2010). Mit zunehmendem Wirtschaftswachstum fokussierte das politische Handeln in den 70ern stärker auf ökonomische Belange. Erste nationale Entwicklungspläne wurden formuliert und verabschiedet. Diese und andere staatliche Steuerungsmechanismen konnten in den 80ern und 90ern mit dem rasanten wirtschaftlichen Wachstum allerdings nicht mithalten und es kam unter anderem zu ungeplanten Stadtentwicklungsprozessen in Bangkok (siehe Kapitel 4.2) und zu einer deutlichen Zunahme sozioökonomischer Disparitäten. In 1997 folgte schließlich der wirtschaftliche Zusammenbruch. Die Asienkrise markiert nicht nur einen Einschnitt bezüglich der thailändischen Wirtschaftspolitik, sondern steht für eine allgemeine politische Zäsur[7] (USAVAGOVITWONG 2012).

Im Oktober 1997 wurde die 17. Verfassung seit der Abschaffung der absoluten Monarchie verabschiedet. Sie wird auch *People's Constitution* genannt, da bei ihrer Formulierung ein Gremium aus öffentlich gewählten Vertretern beteiligt war. Wichtige Inhalte sind (nach BALASSIANO 2008):

- Verpflichtende Wahlen
- Reform des Repräsentantenhauses
- Einschränkung personengebundener Macht
- Stärkung der Menschenrechte
- Gewaltenteilung und bessere Kontrolle
- *Good Governance*
- Dezentralisierung
- Partizipation

Die erste Wahl nach der neuen Verfassung in 2001 gilt entsprechend als die transparenteste Wahl in der Geschichte des Landes. Unregelmäßigkeiten wie Stimmenkauf oder Manipulationen bei der Stimmenauszählung konnten nicht festgestellt werden (KING 2011). Die 1998 von Thaksin Shinawatra gegründete Thai-Rak-Thai-Partei gewann die Wahlen. Thaksin wurde zum Premierminister und schaffte es, als erster Regierungsführer eine komplette Amtszeit zu regieren und nach Ablauf der Legislaturperiode sogar wiedergewählt zu werden. Seine Politik gilt als populistisch und baut auf der Unterstützung der großen Masse der Landbevölkerung auf. Er griff mit harter Hand beim Drogenhandel durch, führte eine für alle zugängliche Gesundheitsversorgung ein und finanzierte Programme zur Unterstützung der armen Bevölkerung[8]. Thaksin propagierte eine effiziente Staatsführung nach marktwirtschaftlichen Prinzipien und ignorierte die gerade erst in der neuen Verfassung formulierten Dezentralisierungsbemühungen (CHAOWARAT 2010). Im Gegenteil unternahm er Anstrengungen die Verwaltung wieder stärker zu zentralisieren und die Macht bei der Zentralregierung zu bündeln:

> „The Thaksin administration [...] is a good case of a major regime shift from democratic governance to democratic authoritarianism that is generating tidal waves that overflow the process of state autonomisation in the 1990s. The direction of admin-

---

7 BOWORNWATHANA (2008) stellt in chronologischer Reihenfolge die politischen Systeme in Thailand vor und zeigt, dass 1997 eine neue politische Ära begann, die sich stärker als bisher an demokratischen Prinzipien orientierte.

8 Ein in Kapitel 4.3 vorgestelltes Beispiel bezieht sich auf das Baan Mankong Programm. Thaksin führte außerdem Programme zur Unterstützung der ländlichen Bevölkerung ein. Dazu zählt die Vergabe von Kleinkrediten und die organisatorische und finanzielle Förderung von kleinen und mittleren Unternehmen (z. B. MENKHOFF und RUNGRUX-SIRIVORN 2011; NATSUDA et al. 2011).

istrative reform in the democratic governance era of the 1990s was u-turned by Thaksin. Thaksin's tsunami has reversed the process of state autonomisation by introducing administrative reform that further consolidates political power and government authority in the hands of a single person: Prime Minister Thaksin himself" (BOWORNWATHANA 2005, S. 38).

Vor allem die urbane Mittelschicht war mit der Regierung Thaksin unzufrieden und begann zu Beginn seiner zweiten Amtszeit mit intensiven Demonstrationen, die auf Vorwürfen bezüglich Korruption, Einschränkung der Pressefreiheit und Wahlbetrug gründeten. Im Nachhinein konnten die meisten der Beschuldigungen nachgewiesen werden. Thaksin besetzte wichtige Regierungsposten mit Familienangehörigen und nutzte seine politische Macht zur persönlichen Bereicherung (KING 2011). 2006 wurde Thaksin schließlich mit Hilfe des Militärs aus dem Amt geputscht und floh ins Exil, aus dem er die Formierung einer neuen Partei mitgestaltete, nachdem die Thai-Rak-Thai-Partei vom Verfassungsgericht verboten wurde. Die neue Partei nannte sich Partei der Volksmacht und gewann in 2007 die vom Militär anberaumten Neuwahlen. Nach der Wahl begannen die Regierungsgegner, die sich nach wie vor überwiegend aus der urbanen Mittelschicht zusammensetzten, erneut mit Demonstrationen. Sie trugen die Farbe Gelb (in Anlehnung an die Farbe des Königshauses) und wurden in den internationalen Medien auch als Gelbhemden bezeichnet. Die Demonstrationen waren groß, laut und bunt. KING (2011, S. xxii) sagt dazu: „In Thailand, protests and uprising take the form of theatre". Die Gelbhemden besetzten verschiedene Ministerien und den Sitz des Premierministers. Bei Zusammenstößen mit der Polizei gab es mehrere Tote und Verletzte auf Seiten der Gelbhemden. Die Reaktion auf das gewaltsame Vorgehen der Staatsgewalt war die Besetzung des internationalen Flughafens in Bangkok in 2008, was zu einer vorübergehenden Lähmung des Landes führte. Das Verfassungsgericht intervenierte und erklärte die Regierungspartei aufgrund von Wahlfälschungen für illegal. Das somit verkleinerte Parlament ernannte daraufhin Abhisit Vejjajiwa von der Oppositionspartei zum Premierminister (KING 2011; USAVAGOVITWONG 2012).

Die Thaksin-nahe Massenbewegung National United Front of Democracy against Dictatorship begann mit breiter Unterstützung der ländlichen Bevölkerung und der urbanen Unterschicht die Einsetzung von Premierminister Abhisit und seiner Demokratischen Partei in Frage zu stellen. Die Vorzeichen kehrten sich um und es begannen Demonstrationen unter der Farbe Rot (Rothemden). In 2009 stürmten die Rothemden den ASEAN-Gipfel in Pattaya, so dass die Regierungschefs der beteiligten Länder mit dem Hubschrauber evakuiert werden mussten. In 2010 verschärften sich die Proteste in Bangkok und es kam zu Straßenschlachten unter Beteiligung des Militärs, die im Mai eskalierten und insgesamt 90 Todesopfer forderten[9]. Am 19. Mai wurden die Proteste endgültig ge-

---

9 Der Sammelband „Bangkok May 2010. Perspectives on a divided Thailand" von MONTESANO et al. (2012) gibt detailliert Auskunft über die Chronologie der Ereignisse und analysiert die Hintergründe.

räumt, allerdings nicht bevor die Rothemden und ihre Paramilitärs noch 33 wichtige und repräsentative Gebäude in Bangkok anzünden konnten (KING 2011; WEBSTER und MA-NEEPONG 2011). KING (2011) verbildlicht und vereinfacht den Konflikt, indem er vom Einmarsch der armen und ländlichen Bevölkerung (Rothemden) in das Reich der Bourgeoisie (Gelbhemden) spricht. In 2011 gewann die Nachfolgepartei der Partei der Volksmacht, die Pheu-Thai-Partei die Parlamentswahl und nominierte Yingluck Shinawatra, die Schwester von Thaksin zur Premierministerin. Anlässlich eines geplanten Amnestiegesetztes, das unter anderem Straffreiheit für ihren im Exil lebenden Bruder bedeutet hätte, kam es Ende 2013 zu Massenprotesten der Gelbhemden. Der öffentliche Druck auf die Regierung nahm stark zu bis schließlich Neuwahlen angeboten wurden, die allerdings von den Gelbhemden sabotiert und vom Verfassungsgericht daraufhin als ungültig erklärt wurden. Die Opposition forderte und fordert noch immer den Rücktritt von Premierministerin Yingluck. Die politische Spaltung Thailands in Rot- und Gelbhemden scheint sich also aktuell zuzuspitzen und eine Lösung ist nicht in Sicht. Die Rothemden können auf das oberste Demokratieprinzip, nämlich die Macht des Volkes zählen und die Gelbhemden müssen feststellen, dass wirkliche Demokratie das Ende der urbanen Hegemonie bedeutet[10], weshalb sie Neuwahlen auch kategorisch ablehnen.

4.5.2 Klientelismus und Korruption

Trotz dieser offensichtlich undemokratischen Ereignisse betonen ALBRITTON und BUREE-KUL (2004, S. 10f.) die grundsätzlich demokratische Haltung innerhalb der thailändischen Gesellschaft und erklären:

> „The ‚ideology' of democracy has its roots in Thailand from the 1932 downfall of the absolute Thai monarchy. More recently, the period of democratic government 1973-76, reinforced democratic values in a way that has persisted since that time. It is possible, therefore, to hold highly democratic values even under authoritarian regimes and the commitment to democracy has been sustained in periods of both democratic and authoritarian rule".

Trotz moderner Verfassung und in der Gesellschaft verankerten demokratischen Werten bleibt politische Stabilität aus. Einen Erklärungsansatz hierzu liefert die Auseinandersetzungen mit Klientelismus bzw. Patronage[11]. Diese Phänomene spielen nicht nur für die nationale Politik eine wichtige Rolle, sondern definieren Machtverhältnisse auch auf der lokalen Ebene und können somit Erklärungen für Verwundbarkeiten innerhalb der Unter-

---

10 Die Rothemden sind zahlenmäßig den Unterstützern der Gelbhemden weit überlegen, da sie die Mehrheit der ländlichen Bevölkerung Thailands hinter sich versammeln.
11 Mit Klientelismus ist ein informelles Machtverhältnis zwischen ranghöheren und niedriger gestellten Personen gemeint, welches beiden Parteien einen Vorteil gewährt. Die höher gestellte Person erwartet in der Regel Unterstützung, z. B. in Form von Wählerstimmen und bietet dafür eine Gegenleistung. Patronage unterscheidet sich insofern, als dass nicht unbedingt eine direkte Leistung an die höher gestellte Person erbracht wird, sondern oftmals nur Wohlverhalten und Respekt (SCHUBERT und KLEIN 2011). Im Folgenden werden Klientelismus und Patronage synonym verwendet.

suchungsgebiete dieser Arbeit liefern. Es gibt diverse Studien zu Klientelismus in Thailand (z. B. LoGerfo und King 1996; Bertrand 1998; Vinijnaiyapak 2004). Chaowarat (2010, S. 108) sagt, dass „[t]he ubiquitous patron-client networks in Thailand enable the ruling elites to dictate their policies, programs and projects, usually unopposed". Ein besonders anschauliches Beispiel bringt Ockey (1998), der zeigt wie Politiker, Banker und Kriminelle in Bangkok ein Netzwerk gegenseitigen Vorteils aber auch gegenseitiger Abhängigkeit aufgebaut haben. Askew (2002) behauptet, dass die politischen Entwicklungen im 19. Jahrhundert den Grundstein für Klientelismus gelegt haben. Die damals starke Zentralität des thailändischen Staates baute auf familiären bzw. persönlichen Netzwerken auf, die zum Teil bis heute Bestand haben. Ein Beispiel, dass auch Bezug zu dieser Arbeit aufweist, findet sich auf der lokalen Ebene. Lokalpolitiker bauen oftmals gezielt persönliche Beziehungen zu Schlüsselpersonen innerhalb der für sie wichtigen Nachbarschaften auf (meist sind dies die Vorsitzenden der Nachbarschaftsvertretung) und verteilen Geschenke und verschaffen Vorteile. Als Gegenleistung erwarten sie Wählerstimmen (Charuvichaipong und Sajor 2006; Chaowarat 2010; Interviews R13, R18, R20). Askew (2002) betont den ambivalenten Charakter von Klientelismus. Die Entstehung von Abhängigkeitsverhältnissen oder das Fehlen von Beziehungen kann negative Auswirkungen auf die Existenz Einzelner haben. Patronage-Beziehungen können aber auch Dinge bewirken, die innerhalb des formalen Rahmens nicht möglich wären wie z. B. die Schaffung von Arbeitsplätzen innerhalb der informellen Ökonomie. Er sagt, dass Klientelismus „perpetuates inequalities and exploitation, but it also leads to creative solutions to conflict and confrontation" (ebd., S. 101).

Ein weiteres die Verwundbarkeit konstituierendes Element ist Korruption. Korruption geringen Umfangs bezieht sich z. B. auf die Abgabe von Bestechungsgeld von informellen Händlern an die Polizei oder auf Schmiergeldzahlungen, um Verwaltungsabläufe zu beschleunigen bzw. erst in Gang zu bringen (von der Einschreibung in die Schule bis hin zur Abholung des Hausmülls) (Askew 2002). Auf höherer Ebene sind zumeist einzelne Politiker involviert, z. B. bei der staatlichen Ausschreibung von Bauaufträgen, bei der Vergabe von Land und bei infrastrukturellen Großprojekten (Vichit-Vadakan 2008). 73 Mitglieder des Parlaments der ersten Thaksin-Legislatur (2001-2005) besaßen Baufirmen und wurden beschuldigt ihre politische Position zu ihrem eigenen Vorteil genutzt zu haben (Ratanawarahe 2013). Die oben erwähnte demokratische Grundhaltung der Thais steht im Widerspruch zur Toleranz gegenüber kleineren Korruptionshandlungen. Kommt es allerdings zum Bekanntwerden größerer Korruptionsskandale wie z. B. bei Thaksin, ist die gesellschaftliche Empörung groß (Chandranuj 2004). Thailand belegt im internationalen *Corruption Perceptions Index*[12] von 2013 den 102. Rang von 177 Ländern (Transparency International 2013). Inzwischen gibt es verschiedene Institutionen, die vor allem in der Politik für mehr Transparenz sorgen sollen wie z. B. die National Anti-Corruption Commission oder Ombudsfrauen und -männer.

---

12 Der *Corruption Perceptions Index* ist ein international anerkannter Index, der den von Experten wahrgenommenen Grad an Korruption von Nationalstaaten wiedergibt. Er wird seit 1995 von Transparency International erhoben.

4.5.3 Partizipation, Dezentralisierung und Verwaltung

Drei der oben aufgeführten Prinzipien der „People's Constitution" von 1997 sind *Good Governance*, Dezentralisierung und Partizipation. In Anlehnung an DIETZ (2011) sind es genau diese drei Prinzipien bzw. Prozesse, die die politische Dimension von Vulnerabilität konstituieren (vgl. Kapitel 2.3). Politische Partizipation und zivilgesellschaftliches Engagement sind in Thailand traditionell schwach ausgeprägt, was mit der langen Zeit der zentralistischen Regierungsführung und der Tatsache, dass Thailand niemals kolonisiert wurde, erklärt werden kann (CHAOWARAT 2010). Nichtsdestotrotz gab es schon immer zivilgesellschaftliche Institutionen in Thailand wie z. B. buddhistische Tempel, die verschiedene Leistungen wie Bildung, Wohnen, Gesundheitsversorgung usw. zur Verfügung stellten. Später siedelten sich darüber hinaus christliche Kirchen in Thailand an, die ein ähnliches Angebot aufwiesen. Anfang des 19. Jahrhunderts kam es, wie in Kapitel 4.1 geschildert, zu Arbeitsmigration aus China. Es bildeten sich chinesische Vereinigungen, die zivilgesellschaftlichen Charakter hatten, indem sie gegenseitige Hilfe und soziale Absicherung boten (ebd.). Nach der Abschaffung der absoluten Monarchie in 1932 wurde eine Reihe neuer zivilgesellschaftlicher Institutionen gegründet wie z. B. Sportvereine, Alumnigruppen oder Hilfsorganisationen für notleidende Menschen. In der zweiten Hälfte des 20. Jahrhunderts entstanden vermehrt politisch motivierte Organisationen, die dann aber nach dem Militärputsch von 1976 zum Teil wieder aufgelöst wurden (ebd.). Erst mit der Verfassung von 1997, an der unter anderem auch verschiedene NROs mitgewirkt hatten und den darauf aufbauenden politischen Veränderungen, erlebte zivilgesellschaftliche Partizipation in Thailand eine nachhaltige Stärkung. Anfang des 21. Jahrhunderts kam es zur Gründung vieler neuer zivilgesellschaftlicher Organisationen in den unterschiedlichsten Bereichen. Auch während des Hochwassers 2011 waren verschiedene NROs wie z. B. das Thai Red Cross oder die Asian Foundation aktiv.

Der auf der Verfassung von 1997 aufbauende Decentralization Procedure and Plan Act von 1999 legt fest, dass „local governments are obliged to promote democracy, equality and liberty of citizens; and civil participation in local development" (Decentralization Procedure and Plan Act 2006, S. 7, zitiert in CHAOWARAT 2010, S. 96). Auch der Municipal Act von 2003 fordert, dass „municipalities must concern people participation in the municipal development plan-making, the budget planning, the procurement, the assessment, the evaluation and the public information disclosure" (Municipal Act 2003, S. 11, zitiert in CHAOWARAT 2010, S. 96). Hier wird also in erster Linie politische Teilhabe gefordert. Zu den wenigen Anstrengungen der thailändischen Regierung diese zu stärken, zählt die Förderung von Organisationen auf Nachbarschaftsebene, die in beiden Untersuchungsgebieten dieser Arbeit eine wichtige Rolle spielen. Das Ministry of Interior (MoI) hat sämtliche Lokalregierungen dazu aufgerufen „to encourage, organize, recognize, and support Cooperative Community Groups […] in local areas" (WONGPREEDEE und MAHAKANJANA 2008, S. 74). Dieser Aufruf ist allerdings nicht uneigennützig, denn Nachbarschaftsorganisationen können wichtige Aufgaben auf der lokalen Ebene übernehmen und damit die lokalen Verwaltungen entlasten. Außerdem erhoffen sich Lokalpolitiker durch Nachbarschaftsvertretungen, wie oben bereits angedeutet, eine vereinfachte Einflussnahme auf die lokale Bevölkerung und entsprechende Unterstützung bei Wahlen. Es gibt weitere Formen der Öffentlichkeitsbeteiligung, die sich im 21. Jahrhundert entwickelt haben wie z. B. eine deutlich gesteigerte Nähe der Lokalpolitiker zur Bevölkerung durch informelle Diskussionsrunden und Sprechstunden oder Programme wie Baan Mankong, bei dem die Zivilgesellschaft gezielt gestärkt wird. In vielen Bereichen hat politische Partizipation zugenommen, wobei es immer noch sehr viel Spielraum für Verbesserungen gibt. CHAOWARAT (2010, S. 1) schlussfolgert z. B. für die Öffentlichkeitsbeteiligung innerhalb der Planung:

> „Participatory planning has now been promoted in Thailand for over a decade; however, there is much evidence of its shortcomings. For example, the number of corruption cases in local administrations has increased; City Comprehensive Plans that claim to involve citizens in planning and design processes are scarcely implemented, while other projects outside of such plans have been dubiously constructed".

SIROROS und HALLER (2000) kritisieren die Regierungsanstrengungen zur Stärkung von Partizipation scharf und beziehen sich dabei vor allem auf öffentliche Anhörungen bei Großprojekten. Der Decentralization Plan and Procedure Act von 1999 legt zwar die rechtliche Grundlage für Öffentlichkeitsbeteiligung fest, offeriert aber keine Details, wie diese konkret auszusehen hat. Öffentliche Anhörungen bei Großprojekten haben nicht den Zweck die Öffentlichkeit an der Planung zu beteiligen, sondern lediglich über bereits getroffene Entscheidungen zu informieren und sind somit unwirksam (ebd.).

Der Übergang von einer stärker elitär-autoritären zu einer demokratischen Gesellschaft, in der zivilgesellschaftliche Partizipation ein grundlegendes Element darstellt, ist untrennbar mit Dezentralisierung verbunden. Dezentralisierung meint die Übertragung von administrativen, politischen und fiskalischen Angelegenheiten von der Zentralregierung auf die Ebene der Städte und Gemeinden. Im politisch und administrativ stark zentralisierten Thailand gab es in der Vergangenheit kaum Dezentralisierungsbemühungen. Kurz nach Abschaffung der absoluten Monarchie wurde 1933 der National Administrative Organization Act durchgesetzt, der 1955 vom Provincial Administrative Organization Act ergänzt wurde. Dezentralisierung war in Ansätzen erkennbar, wurde allerdings durch die Zentralregierung unterminiert indem z. B. Gemeinderäte, Bürgermeister oder Provinzgouverneure nicht gewählt, sondern eingesetzt wurden (CHAOWARAT 2010). Das starke Wachstum Bangkoks und die entstehenden Disparitäten zu den übrigen Provinzen Thailands ließen wirtschaftliche Dezentralisierungsanstrengungen immer notwendiger erscheinen. Effektive Maßnahmen wurden allerdings nicht in die Wege geleitet (vgl. Kapitel 4.2). In den 90er Jahren und vor allem während der Asienkrise knüpfte der Internationale Währungsfonds seine Geldpolitik an Bedingungen, zu denen unter anderem politische Dezentralisierung zählte und setzte die Thailändische Regierung somit unter Druck (RATANAWARAHE 2013). Mit der Verfassung von 1997 hat Thailand schließlich den Weg zu grundlegenden Verwaltungsreformen geebnet, zu deren Grundprinzipien Dezentralisierung zählt. In der Verfassung heißt es:

> „The state shall decentralise [sic] powers to localities for the purpose of independence and self-determination of local affairs [...] as well as develop into a large-sized local government organization a province ready for such purpose, having regard to the will of the people in that province" (Constitution of the Kingdom of Thailand 1997, Absatz 78).

Aufbauend auf diesem und weiteren Verfassungsinhalten wurde 1999 der Decentralization Plan and Procedure Act verabschiedet, der den Prozess der Dezentralisierung gesetzlich regelt. Lokale Wahlen wurden eingeführt und Verantwortlichkeiten wurden von der Zentralregierung auf die lokale Ebene verlagert. Das Ziel war es, bis 2006 genau 35 % der nationalen Einnahmen lokal zu verwalten (CHARDCHAWARN 2010). Allerdings wurden bis 2006 nur etwa 25 % erreicht (NESDB o. J.). Der Dezentralisierungsprozess startete in einer schwierigen Zeit, in der die Thaksin-Regierung versuchte, die Macht der Zentralregierung zu stärken, anstatt Dezentralisierung voranzutreiben. Außerdem waren die lokalen Verwaltungen wenig auf die neuen Aufgaben und Verantwortungen vorbereitet. Es gab kaum Unterstützung, zu wenig Personal und Finanzmittel und zu wenig Knowhow. Vor allem aber führte das Widerstreben der Zentralregierung Macht abzugeben zu einer Verlangsamung des Prozesses. Weiterhin waren die Verantwortlichkeiten zum Teil nicht detailliert genug geregelt, so dass es oftmals zu Überschneidungen und Konkurrenz zwischen den verschiedenen Verwaltungsebenen kam (CHAOWARAT 2010; SOITHONG 2011). Beim Hochwassermanagement zeigt sich dieses Problem exemplarisch, z. B. als Angestellte der Provinzregierung völlig andere Prognosen zum Verlauf der Überflutungen von 2011 an die Bevölkerung ausgaben als die Tambon Administrative Organizations (Subdistriktverwaltung) (Interview B14). Der Dezentralisierungsprozess wird grundsätzlich positiv gesehen, ist aber noch mit weiteren Problemen verknüpft. So sagt CHARDCHAWARN (2010, S. 92):

> „Thailand has been governed through a centralized state system for centuries – even now the central government retains dominance in local development [...]. The current ability of Thai municipalities to facilitate local development planning is relatively poor. Significant local public affairs are not well covered by their authority and duties; their boundaries do not correspond to the actual urban area; and they have insufficient resources for effective planning – including staff, equipment and fiscal autonomy. Obviously, [...] such preconditions must improve".

Entsprechend des Decentralization Plan and Procedure Act gibt es in Thailand drei Verwaltungsebenen, nämlich zentral, regional und lokal (Abb. 23). Die zentrale Ebene setzt sich aus dem Amt des Premierministers und den 19 Ministerien zusammen, denen jeweils eine Vielzahl verschiedener Behörden zugeordnet ist. Sämtliche Ministerien befinden sich in Bangkok und die Minister haben weitreichende politische Befugnisse, was ein weiteres Hindernis auf dem Weg zu Dezentralisierung darstellt (SOITHONG 2011). Die regionale Ebene ist die Provinzverwaltung. Sie ist sozusagen der verlängerte Arm der Zentralverwaltung in die einzelnen Provinzen und Distrikte hinein, denn der Provinzgouverneur und weiteres Personal wird nicht gewählt, sondern vom MoI ernannt (WONGPREEDEE und MAHAKANJANA 2008). Es gibt vier Hierarchieebenen innerhalb der Provinzverwaltung: Provinz, Distrikt (Amphoe), Subdistrikt (Tambon) und Dorf (Mubaan).

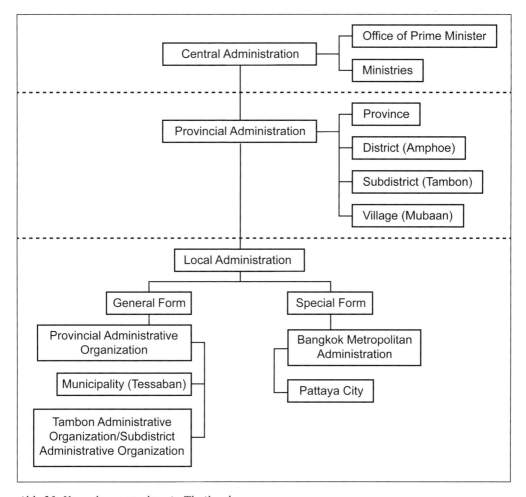

Abb. 23: Verwaltungsstruktur in Thailand
Quelle: WONGPREEDEE und MAHAKANJANA 2008, S.55, verändert

Insgesamt gibt es 75 Provinzen, 795 Distrikte, 7.255 Subdistrikte und 71.864 Dörfer in Thailand. Lediglich das Personal der Dorfebene wird nicht von der Zentralregierung benannt, sondern frei gewählt. Jedes Dorf wählt einen Dorfvorstand (Pooyaibaan) (SOITHONG 2011). Die Aufgaben von „subdistrict headmen and village headmen include law and order, security, *disaster and disease prevention and control*, population registration, transmitting central government policies, and other development-related work" (WONGPREEDEE und MAHAKANJANA 2008, S. 54; Hervorhebung durch Verfasser).

Die lokale Verwaltungsebene spiegelt die Dezentralisierungsbemühungen der vergangenen Jahre wieder und bezieht sich auf sämtliche administrative Einheiten, die kleiner sind als der Nationalstaat, nämlich Provincial Administrative Organizations (PAOs), Municipalities (Tessabans) und Tambon Administrative Organizations (TAOs). Zusätzlich gibt es zwei Sonderformen, nämlich die BMA und Pattaya City. Für jede dieser Einheiten werden Wahlen durchgeführt, d. h. nicht die Zentralregierung entscheidet über Personal und Politik, sondern die Bevölkerung der jeweiligen administrativen Einheit. Die Legislaturperiode beträgt vier Jahre (SOITHONG 2011). Außerdem besitzen sie entsprechend dem Decentralization Plan and Procedure Act eine gewisse Autonomie in Bezug auf Finanzen und Aufgaben (CHAOWARAT 2010). Tessaban bezieht sich auf urbane administrative Einheiten und TAO auf ländliche administrative Einheiten. TAO und Tessaban arbeiten in der Regel eng zusammen und haben den stärksten Bezug zur lokalen Bevölkerung, denn sie stellen lokale öffentliche Dienstleistungen zur Verfügung. Ihre Hauptaufgaben lassen sich in sechs grobe Kategorien einteilen (nach WONGPREEDEE und MAHAKANJANA 2008, S. 72):Infrastruktur; Lebensqualität; Kommunale Entwicklung; Handel, Investitionen und Tourismus; Umwelt- und Naturschutz sowie Kultur.

Innerhalb dieser Kategorien finden sich Aufgaben, die direkt oder indirekt dem Hochwassermanagement zuzuordnen sind wie z. B. die Instandhaltung von Kanälen oder die Organisation von Entschädigungszahlungen nach einer Überflutung. Entsprechend wird hier erneut das Problem der sich überschneidenden Verantwortlichkeiten deutlich. Grundlage der Arbeit der lokalen Verwaltung sind Entwicklungspläne, die in der Regel für einen Zeitraum von drei Jahren unter Mitarbeit der lokalen Bevölkerung erstellt werden. Innerhalb einzelner Nachbarschaften werden Bedürfnisse formuliert, die dann Eingang in die Formulierung des Entwicklungsplanes finden. CHAOWARAT (2010) sieht in diesem Vorgehen einen demokratischen Prozess, der die lokale Bevölkerung stärkt und politisch sensibilisiert.

Bangkok besitzt einen Sonderstatus. Hierarchisch ist die BMA auf einer Ebene mit der PAO, wobei sie in der Realität ungleich mehr Autonomie besitzt. Innerhalb der BMA gibt es 16 verschiedene Departments, die weitaus mehr Aufgaben bewältigen als die Tessabans oder TAOs. In Bezug auf das Hochwassermanagement ist zum Beispiel das Department of Drainage and Sewerage (DDS) verantwortlich für die Steuerung der Poldersysteme (BMA

o. J.). Eine Studie des International Ocean Institutes kommt zu dem Ergebnis, dass alle Departments wenigstens indirekt am Hochwassermanagement beteiligt sind (IOI 2012). Die BMA setzt sich aus 50 Distrikten zusammen, die, genau wie der Bürgermeister von Bangkok und der Stadtrat, für vier Jahre gewählt werden. Die BMA überträgt Aufgaben und Verantwortlichkeiten an die Distrikte (PORNCHOKCHAI 2003; SOITHONG 2011).

Die Verwaltungsreformen der letzten Jahre und die damit verbundenen Schwierigkeiten, mangelnde Partizipation bei politischer Entscheidungsfindung sowie die Bedeutung von familiären Netzwerken und Patronage-Beziehungen haben zu einer schwach ausgeprägten öffentlichen Steuerung geführt, die am Beispiel des Katstrophenmanagements im Folgenden etwas genauer betrachtet werden soll.

4.5.4 Katastrophenmanagement

Katastrophenmanagement umfasst die „Gesamtheit aller aufeinander abgestimmten Maßnahmen in den Bereichen *Katastrophenvermeidung*, *Katastrophenvorsorge*, *Katastrophenbewältigung* und *Wiederherstellung* nach Katastrophen, einschließlich der laufenden Evaluierung der in diesen Bereichen getroffenen Maßnahmen" (JACHS 2011, S. 75; Hervorhebung im Original). Eine Regierung, die Katastrophenmanagement betreibt, versucht also eine Katastrophe zu verhindern, bereitet sich trotzdem vor, koordiniert und greift während einer Katastrophe ein und organisiert den Wiederaufbau und die Wiederherstellung des gesellschaftlichen Lebens. Die elementare Grundlage dieser einzelnen Schritte bildet die Risikoanalyse, d.h. Risiken müssen identifiziert und abgeschätzt werden (Abb. 24). Um dies zu erreichen, sind Kenntnisse über die physikalischen Charakteristika von Naturgefahren ebenso wichtig wie Informationen über die gesellschaftliche Verwundbarkeit (GEENEN 2008). Staatliches Katastrophenmanagement war in vielen Ländern lange Zeit sehr stark reaktiv, d.h. die beiden Bereiche Katastrophenbewältigung und Wiederherstellung hatten Priorität vor der Vermeidung und Vorsorge. Außerdem ist Katastrophenmanagement meist zentralisiert, was der Tatsache, dass Katastrophen lokal auftreten, nicht gerecht wird. Effiziente institutionelle Strukturen aufzubauen ist entsprechend nicht einfach (BOLLIN 2008). Liegt das Katastrophenmanagement in der Hand vieler verschiedener Institutionen, wie es in Thailand der Fall ist, kann es zu Problemen bezüglich unklarer Verantwortlichkeiten, sich überschneidender Aufgaben sowie Rivalitäten kommen. BOLLIN (2008, S. 257) merkt an, dass es wichtig ist, übergeordnete Strukturen zu schaffen und diese mit den notwendigen Ressourcen und Entscheidungsgewalt auszustatten, damit sie nicht zu „Papiertigern" werden. Weiterhin ist es wichtig, und dies gilt insbesondere auch für Thailand, dass die allgemeinen Prinzipien von *Good Governance* eingehalten werden. Dazu gehört unter anderem, dass die Verwaltung möglichst dezentralisiert ist und dass Partizipation der Bevölkerung stattfindet. Effektives Katastrophenmanagement muss auf der lokalen Ebene besonders stark sein und die verwundbaren Bevölkerungsgruppen müssen an Entscheidungen partizipieren (IDS 2007). Der letzte

Punkt ist umso wichtiger, da staatliches Katastrophenmanagement in Schwellen- und Entwicklungsländern häufig defizitär ist und somit lokale bzw. nachbarschaftliche Strategien von besonderer Bedeutung sind (HIDAJAT 2008).

In Thailand wird das Katastrophenmanagement gesetzlich durch den Disaster Prevention and Mitigation Act (DPMA) geregelt, der 2007 in Kraft trat und damit den alten Civil Defense Act von 1979 abgelöst hat. Entsprechend des DPMA ist das Department of Disaster Preparedness and Mitigation (DDPM) die zentrale Behörde, die das staatliche Katastrophenmanagement steuert. Das DDPM ist im MoI ange-

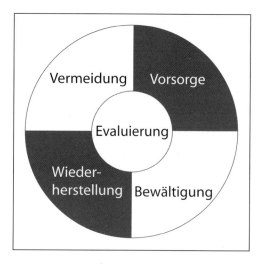

Abb. 24: Bereiche des Katastrophenmanagements
Quelle: Eigene Darstellung

siedelt und formuliert Disaster Prevention and Mitigation Plans (DPMPs) für die nationale Ebene, für sämtliche Provinzen und für die BMA. Es legt außerdem die Verantwortlichkeiten der einzelnen beteiligten staatlichen Akteure am Katastrophenmanagement fest und koordiniert diese (AIPA 2011; CHARIYAPHAN 2012; World Bank 2012). Diese relativ junge Organisationsstruktur entstand zu großen Teilen nach dem Tsunami von 2004, der eklatante Schwächen innerhalb des staatlichen Katastrophenmanagements offenbarte (vgl. KAMOLVEJ 2006). Die konkreten Aufgaben, die das DDPM in ihren DPMPs formuliert, lassen sich den oben genannten einzelnen Bereichen des Katastrophenmanagements zuordnen (nach CHARIYAPHAN 2012). Ausgeführt werden diese Aufgaben von den zuständigen Behörden auf den unterschiedlichen räumlichen Ebenen. Zur Katastrophenvermeidung bzw. -vorsorge gehören die Formulierung eines Katastrophenschutzplanes, das Training des Verwaltungspersonals und der Civil Defense Volunteers[13], das Informieren der Bevölkerung über Risiken, die Bereitstellung von Equipment (z. B. Zelte, Fahrzeuge und mobile Toiletten) sowie die Durchführung jährlicher Katastrophenübungen. Zur Katastrophenbewältigung zählt die Warnung der Bevölkerung durch Nutzung sämtlicher Telekommunikationssysteme, die Durchführung von Nothilfemaßnahmen (Evakuierung, Verteilung von Notfallpaketen usw.) und die Koordinierung der beteiligten Akteure. Zur Wiederherstellung gehören Aufräumarbeiten, Schadensabschätzung, Kompensationszahlungen und Wiederaufbauaktivitäten.

Das Budget für Aufgaben im Rahmen des Katastrophenmanagements hat sich von 35 Millionen USD in 2003 auf 129 Millionen USD in 2012 erhöht (RERNGNIRUNSATHIT

---

13 Das Civil Defence Volunteer Networt Program ist ein Programm des DDPM, bei dem Freiwillige zu Katastrophenhelfern ausgebildet werden, die dann im Ernstfall Hilfe leisten sollen. Insgesamt wurden bereits über eine Million Freiwillige ausgebildet (CHARIYAPHAN 2012).

2012), was die gestiegene Bedeutung widerspiegelt. Außerdem bekennt sich Thailand zunehmend auch zu internationalen Bemühungen bezüglich der Reduzierung von Katastrophen. So wurde in 2005 auf Grundlage des Hyogo Framework für Action (HFA)[14] ein Strategiepapier zur Katastrophenvorsorge beschlossen, nämlich der Strategic National Action Plan (SNAP). Er konkretisiert anhand der Richtlinien des HFA die einzelnen Bereiche des staatlichen Katastrophenmanagements. HUTANUWATR (o. J.) kritisiert das thailändische Katastrophenmanagement dahingehend, dass es die gesellschaftliche Dimension von Katastrophen vernachlässigt und entsprechend den Themenkomplex Verwundbarkeit außen vor lässt, der im HFA als elementarer Bestandteil verankert ist. Es wird empfohlen stärker auch nicht-strukturelle Maßnahmen einzusetzen, die lokale Ebene zu stärken, Frühwarnsysteme einzuführen, die Öffentlichkeit besser zu informieren und verstärkten Wert auf Schulbildung bezüglich Katastrophen zu legen (AIPA 2011).

Das DDPM differenziert zwischen verschiedenen Gefahren, die eine Katastrophe auslösen können. Die größte Gefahr für Thailand sind Überflutungen, wie bereits in Kapitel 4.4 geschildert. Trotz des oben vorgestellten strukturellen Rahmens zum Katastrophenmanagement, konnte das Hochwasser von 2011 nicht verhindert werden. Es wird sogar behauptet, dass es erst wegen der vielen Managementfehler zu derart starken negativen Auswirkungen kam (COHEN 2012; KRAAS 2012). Das wesentliche Problem im Hochwassermanagement wird in der Vielzahl beteiligter Institutionen und den daraus resultierenden unklaren Verantwortlichkeiten und Rivalitäten gesehen, die vom DDPM nicht koordiniert werden konnten (World Bank 2012). Über 30 verschiedene Behörden in acht unterschiedlichen Ministerien führen Aufgaben aus, die einen Wasserbezug haben, ohne dass eine übergeordnete Richtlinie existiert (ebd.). Das Resultat ist laut SAJOR und ONGSAKUL (2007, S. 795):

„In Thailand, line function fragmentation, overlaps and conflicts between government ministries and agencies in their water-related functions and programs [...] combine with administrative separatism based on territorial jurisdiction".

Zu einem ähnlichen Ergebnis kommt eine Evaluation des Hochwassermanagements von 2011 vom IOI, in der es heißt, dass zu den Problemen „unclear remits of role and responsibility in flood management, inadequate data or knowledge or technology sharing which may result in the duplication of efforts to gather data [...], a number of gaps [...], relating to expertise, experience, training, and technology" zählen (IOI 2012, S. 3). Alleine bezüglich der Risikoanalyse verteilen die vom DDPM formulierten DPMPs die Aufgaben und Verantwortlichkeiten auf zehn Ministerien (World Bank 2012). Die Ergebnisse der Risikoanalyse müssen darüber hinaus für die Politik und die Öffentlichkeit aufbereitet

---

14 Das Hyogo Framework for Action ist ein Zehn-Jahres-Plan zur Reduzierung von Katastrophenschäden, der vom United Nations Office for Disaster Risk Reduction (UNISDR) im Jahr 2005 verabschiedet wurde. Er gibt Handlungsempfehlungen für die einzelnen Nationalstaaten (UNISDR 2007).

und veröffentlicht werden, was ohne übergeordnete Struktur zu teilweise gegensätzlichen bzw. voneinander abweichenden Aussagen führen kann, wie es in 2011 der Fall war (KABIR et al. 2011). Die Unklarheiten bezüglich der Aufgabenverteilung wurden durch die Ad-hoc-Gründung des FROC im Oktober 2011 noch verstärkt (World Bank 2012). Nicht nur bei der Risikoanalyse, sondern auch bei der Katastrophenbewältigung und dem Wiederaufbau sind unterschiedliche Regierungsinstitutionen beteiligt. Die beteiligten Akteure unterscheiden sich hinsichtlich der betroffenen Sektoren. Für die Landwirtschaft sind beispielsweise das Ministry of Agriculture and Cooperatives (MOAC), dass nach dem Hochwasser 2011 Saatgut und Setzlinge bereitstellte sowie beratend tätig war und die Bank of Agriculture and Agricultural Cooperatives (BAAC), die Schulden erließ und vergünstigte Kredite anbot, die wichtigsten staatlichen Akteure (ebd.). Die in Kapitel 4.4 angesprochenen strukturellen Schutzmaßnahmen in Bangkok werden von zwei Behörden der BMA gesteuert, dem DDS und dem RID. Das RID ist zuständig für die Kanäle, Schleusen und Pumpen und versucht durch die Reglementierung des Wasserstandes und des Abflusses Überflutungen zu verhindern. Das DDS ist zuständig für den Bau und die Wartung der Flutschutzmauern und Deiche und für die insgesamt 21 Rückhaltebecken im Stadtgebiet (CHIPLUNKAR et al. 2012). Die Nothilfe für die betroffene Bevölkerung wird durch das MoI in Zusammenarbeit mit den lokalen Verwaltungen organisiert, während zusätzliche Unterstützung (z. B. höhere Kompensationszahlungen) für die besonders verwundbaren Bevölkerungsgruppen durch das MSDHS geleistet wird. Neben diesen und weiteren Top-down-Strategien gibt es noch partizipatives Hochwassermanagement, das von der Regierung zwar propagiert aber in der Realität kaum gefördert wird (IDS 2007). Es gibt in einigen Dörfern und Nachbarschaften Thailands Anstrengungen lokale Strukturen zu stärken, um die Verwundbarkeit gegenüber Überflutungen zu senken. Zu diesen Anstrengungen zählen z. B. Katastrophenübungen und die selbstständige Gründung von Notfallgruppen, die sich um Frühwarnung, Evakuierungen und die Verteilung von Hilfsgütern kümmern. Von insgesamt 27.000 Nachbarschaften in überflutungsgefährdeten Gebieten weisen nur etwa 5.400 ein solches lokales Hochwassermanagement auf (KABIR et al. 2011). Abgesehen von der Regierung ist eine Vielzahl weiterer Akteure im Hochwassermanagement aktiv wie z. B. verschiedene NROs, das Militär oder die Medien. Das Katastrophenmanagement innerhalb der beiden Untersuchungsgebiete dieser Arbeit und die involvierten Akteure werden in Kapitel 5.4.3.1 und 5.6 dargestellt und im Detail untersucht.

5 Verwundbarkeiten und Handlungsstrategien

Im vorigen Kapitel wurden die übergeordneten Rahmenbedingungen vorgestellt, in die diese Arbeit eingebettet ist. Aufbauend auf den theoretischen (Kapitel 2) und methodischen (Kapitel 3) Ausführungen soll nun die Vulnerabilität der Bewohner der beiden Untersuchungsgebiete sowie ihr Bewältigungs- und Anpassungshandeln untersucht werden. Zu Beginn des Kapitels werden beide Untersuchungsgebiete vorgestellt und in den Untersuchungskontext eingeordnet. Ein besonderes Augenmerk liegt dabei auf der historischen Einbettung von Vulnerabilität, die sich aus kontextspezifischen, in der Vergangenheit zu suchenden *root causes* ergibt. Daran anschließend wird analytisch zwischen einer sozialen, einer ökonomischen und einer politischen Dimension von Vulnerabilität unterschieden. Auf diese Weise wird das multidimensionale Bedingungsgefüge von Vulnerabilität aufgeschlüsselt. Wichtig ist dabei zu berücksichtigen, dass Verwundbarkeit ein komplexes Phänomen ist und sich die einzelnen Faktoren gegenseitig beeinflussen. Sie bilden die Handlungsbedingungen, auf denen Bewältigungs- und Anpassungsstrategien aufbauen. Bereits bei der Analyse der externen Seite von Verwundbarkeit werden exemplarisch Handlungsweisen herangezogen, um den einschränkenden bzw. ermöglichenden Charakter gesellschaftlicher Strukturelemente zu verdeutlichen. Das daran anschließende Kapitel zur internen Seite von Verwundbarkeit identifiziert weitere bisher nicht genannte Handlungsstrategien und vervollständigt damit die Kategorien Bewältigung und Anpassung. Der Fokus der Analyse liegt auf der lokalen Ebene. Interviews mit Bewohnern und lokalen Akteuren mit besonderen Funktionen wie z. B. Lokalpolitikern (siehe Kapitel 3.3) bilden dabei die Datenbasis. Wichtige Einflussgrößen, die auf die lokale Ebene wirken, die aber nicht der lokalen Ebene zuzuordnen sind (z. B. Maßnahmen des nationalen Hochwassermanagements) wurden ebenfalls berücksichtigt. Neben einer bloßen Darstellung werden die einzelnen Ergebnisse in diesem Kapitel bereits diskutiert und theoretisch eingeordnet.

5.1 Untersuchungsgebiete

Aussagen über die Hochwasservulnerabilität von Bangkok als Ganzes lassen sich lediglich unter Zuhilfenahme relativ grober Indikatoren und auf großer räumlicher Skala vornehmen. Dabei werden z. B. exponierte Bereiche mit Daten zur Bevölkerungsdichte und dem Vorhandensein kritischer Infrastruktur in Verbindung gebracht, was dann in einer Risikokarte der Stadt graphisch dargestellt werden kann. Außerdem lassen sich verschiedene Megastädte in Asien anhand von Exposition, politisch-institutionellen Strukturen und ökonomischen Kennwerten vergleichen. Über den Wert solcher Analysen für die Entwicklung konkreter Handlungsoptionen lässt sich dabei streiten. Möchte man Vulnerabilität auf einer Ebene untersuchen, die differenziertere Aussagen zulässt und auf der sichtbare Veränderungen in einem überschaubaren Zeithorizont herbeigeführt werden können, so müssen die lokalen Gegebenheiten ins Zentrum des Interesses rücken. Die

Betrachtung der hier als sozial, politisch und ökonomisch bezeichneten Dimensionen von Vulnerabilität soll entsprechend in zwei unterschiedlichen lokalen Kontexten innerhalb Bangkoks erfolgen. Dieses Vorgehen bietet die Möglichkeit, wissenschaftliche Erkenntnisse über ein Phänomen zu erlangen, zu dem bisher wenig empirische Befunde vorliegen. Wichtig ist der Hinweis, dass es sich nicht um einen Vergleich bzw. um eine Gegenüberstellung zweier Gebiete handelt, sondern vielmehr um eine parallel ablaufende Untersuchung von zwei unterschiedlichen Fällen. Dieses Vorgehen ermöglicht die Generierung möglichst vieler und vor allem differenzierter Aussagen über Verwundbarkeit. GEORGE und BENNETT (2005) betonen, dass durch den Mehrwert, der durch die Untersuchung von zwei Fällen entsteht (mehr Variablen und Hypothesen), der konzeptionelle Geltungsanspruch erweitert wird. Es ist also das Ziel, im Rahmen einer analytischen Generalisierung, Gemeinsamkeiten und Unterschiede hinsichtlich der Bedeutung der sozialen, politischen und ökonomischen Dimensionen zu suchen. In den zwei Untersuchungsgebieten finden sich divergierende historische und strukturelle Ausgangsbedingungen, so dass sich die Frage stellt, ob trotz der vorhandenen Differenzen, generelle theoretische Aussagen über die Bedeutung der unterschiedlichen Dimensionen von Vulnerabilität und ihr Verhältnis zueinander getroffen werden können oder ob lediglich eingeschränkte und fallbezogene Aussagen möglich sind. Anfänglich sollten für diese Arbeit Untersuchungen in drei Gebieten stattfinden, was vor dem Hintergrund obiger Ausführungen durchaus sinnvoll erscheint, was aber aufgrund eingeschränkter zeitlicher und finanzieller Ressourcen nicht ermöglicht werden konnte.

Die Auswahl der Untersuchungsgebiete erfolgte gegenstandsbezogen, wobei als ein erstes zentrales Kriterium die Hochwasserexposition diente. Anhand einer Überflutungsmodellierung der Weltbank ließen sich besonders exponierte Stadtteile identifizieren (World Bank 2009). Diese wurden allerdings zum größten Teil noch nie überschwemmt, so dass als zweites zentrales Auswahlkriterium die Erfahrung mit regelmäßig auftretendem Hochwasser herangezogen wurde[1]. Die Auswahl war weiterhin bestimmt durch sozioökonomische sowie sozialräumliche Kriterien. Urbane Transformationsprozesse haben zu vielfältigen Disparitäten innerhalb der BMR geführt (vgl. Kapitel 4.2). Einkommensunterschiede, ökonomische Marginalisierung, in ihrer Ausprägung verschiedene soziale und technisch-infrastrukturelle Versorgungsmechanismen sowie weitere Ungleichheitsmuster weisen auf vielfältig verteilte Verwundbarkeiten und Handlungsspielräume im Umgang mit Hochwasser hin. Diese Unterschiede sollten bei der Fallauswahl gemäß der obigen Argumentation zur Untersuchung von zwei Fällen berücksichtigt werden. Ein weiteres Kriterium bezog sich auf das Vorhandensein politischer Strukturen und Prozesse sowohl auf Makroebene (hier: Demokratisierung und Dezentralisierung) als auch auf lokaler Ebene (hier: Nachbarschaftsgruppen, lokale Verwaltungen usw.). Auf dieser Grundlage können Aussagen zur politischen Dimension von Vulnerabilität getroffen werden.

---

1   Wichtig ist zu bemerken, dass die Auswahl der Untersuchungsgebiete in 2010 stattfand, also ein Jahr vor dem Extremhochwasser 2011. Entsprechend konnten anhand der Auswahlkriterien nur solche Gebiete identifiziert werden, die bereits von „normalen" Überflutungen betroffen waren.

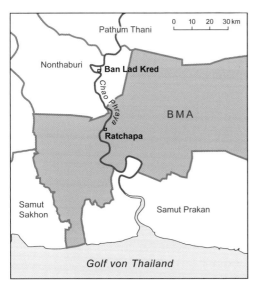

Abb. 25: Räumliche Lage der beiden Unter-
suchungsgebiete Ban Lad Kret und
Ratchapa
Quelle: Eigene Darstellung

Ausgehend von diesen Kriterien wurden mit Hilfe verschiedener Experten[2] potentielle Gebiete identifiziert, die daraufhin aufgesucht wurden, um Beobachtungen vor Ort zu machen und erste Gespräche mit den Bewohnern und der lokalen Verwaltung zu führen. Im Rahmen dieses ersten Feldzugangs wurde als weiteres wichtiges Kriterium die Praktikabilität herangezogen. Aufgrund der zum Teil sehr peripheren Lage in Kombination mit der notorisch überlasteten Verkehrsinfrastruktur der Megastadt Bangkok, konnten einige der Gebiete ausgeschlossen werden. Das Ergebnis der Auswahl sind die beiden Gebiete Ratchapa und Ban Lad Kret (Abb. 25). Beide Untersuchungsgebiete sind regelmäßig stark von Hochwasser betroffen. Die Bewohner haben entsprechend vielfältige Erfahrungen im Umgang mit Überschwemmungen. Ratchapa ist eine innerstädtische Slumsiedlung am Ufer des Chao Phraya und steht damit exemplarisch für eine Vielzahl weiterer gegenüber Überflutungen exponierter Slums an Flüssen oder an Kanälen. Ban Lad Kret ist ein Dorf auf der Flussinsel Koh Kret im nördlichen suburbanen Raum, deren Bewohner der Mittelschicht zuzuordnen sind.

5.1.1 Ratchapa-Tubtim-Ruamjai

Die Slumsiedlung Ratchapa befindet sich im westlichen Teil des Stadtviertels Dusit und liegt unmittelbar am Ufer des Chao Phraya (Abb. 26). Dusit zeichnet sich vor allem durch eine zentrale Lage und die hier angesiedelten bedeutenden historischen und religiösen Gebäude sowie durch eine Vielzahl an Regierungsinstitutionen (z. B. Sitz des Premierministers und verschiedene Ministerien) aus. Als einer von 50 Distrikten hat Dusit eine eigene Verwaltung, die öffentliche Aufgaben für die 122.000 registrierten Einwohner übernimmt. Dusit wurde als aristokratischer Stadtteil geplant (siehe Kapitel 4.1) und beheimatet nach wie vor eine eher wohlhabende und elitäre Einwohnerschaft (SOPHA 2009). Slumsiedlungen in Dusit stellen entsprechend einen starken Kontrast zu ihrem Umfeld dar, was ihre Situation nicht erleichtert (siehe Kapitel 5.4.3.3 zu unsicheren Landbesitzverhältnissen und Vertreibung). Ratchapa ist einer von fünf Slums, die sich entlang des Flussufers von Dusit aneinanderreihen. Insgesamt leben hier auf einer Fläche

---

2 Im Wesentlichen handelte es sich um Forschungseinrichtungen (z. B. Chulalongkorn University, Asian Institute of Technology) und Regierungsstellen (z. B. BMA, RID, DDS).

Abb. 26: Die Slumsiedlung Ratchapa am Ufer des Chao Phraya
Quelle: Eigene Aufnahme 2012

von etwa 5.000 m² 825 Menschen in 90 Haushalten, von denen 470 weiblich und 355 männlich sind. Die Haushaltsgröße beträgt 9,2 Personen und liegt damit sogar leicht über den durchschnittlich acht Haushaltsmitgliedern in thailändischen Slums (PORNCHOKCHAI 2003). Ratchapa ist um die Krungton Brücke angesiedelt, die eine räumliche Trennung zwischen dem nördlichen Teil und dem südlichen Teil der Nachbarschaft darstellt. Der Bereich nördlich der Brücke nennt sich, angelehnt an den benachbarten Tempel Wat Ratchapatikaram, Ratchapa. Der südliche Bereich heißt Tubtim und befindet sich direkt vor einem chinesischen Schrein, in dem die gleichnamige chinesische Göttin verehrt wird. Entsprechend erklärt sich auch der Name der Nachbarschaft Ratchapa-Tubtim-Ruamjai (Ruamjai bedeutet so viel wie „gemeinsam" oder „zusammen"). Wie in Abbildung 27 zu erkennen, gibt es weitere trennende Elemente wie einen privaten Pier im südlichen Teil und ein Bauunternehmen im nördlichen Teil, die erst im Laufe der letzten Jahre entstanden sind, aber dafür sorgen, dass die Interaktionen zwischen den Slumbewohnern eingeschränkt werden (siehe Kapitel 5.4.1.1 zu sozialen Netzwerken). Südwestlich an Ratchapa schließt sich eine weitere Slumsiedlung an, die Mitakam I heißt und mit der einerseits eine Fusion angestrebt wird aber andererseits eine Vielzahl an Konflikten besteht. Die weiteren Begrenzungen von Ratchapa bilden der Chao Phraya im Westen und Wohnviertel der Mittelschicht im Norden und Osten. Interessant ist die südöstlich gelegene Nachbarschaft Ban Yuan, die vietnamesisch-katholische Wurzeln hat und in der es eine Kirche und mehrere christliche Schulen gibt (siehe Kapitel 5.2).

Abb. 27: Karte der Slumsiedlung Ratchapa
Quelle: Eigene Darstellung auf Grundlage eigener Erhebungen und CODI 2003

Die Mehrheit der südlich der Brücke liegenden Gebäude von Ratchapa ist auf Stelzen in
den Fluss hinein gebaut. Nördlich der Brücke befinden sich die Häuser zum Großteil auf
dem Land. Es dominieren leichte und temporäre Baumaterialien wie Holz, Wellblech und
Plastik, wobei vereinzelt auch Betongebäude vorzufinden sind. Verkehrlich wird Ratchapa durch Holzstege erschlossen, auf denen die Bewohner zu ihren Häusern gelangen
können. Der Stadtteil Dusit wird durch eine Flutschutzmauer vor Hochwasser geschützt,
die sich am Ufer des Chao Phraya entlang zieht. Sie weist allerdings aufgrund von unklaren Landbesitzverhältnissen und physischen Hindernissen einige Lücken auf. Wie in
obiger Karte zu erkennen, befindet sich die Slumsiedlung Ratchapa außerhalb des Schutz-
systems und ist entsprechend exponiert gegenüber Überflutungen. Die Slumsiedlung entstand vor ca. 60 Jahren, ist aber erst seit 1999 eine anerkannte Nachbarschaft mit registrierten Häusern und offizieller Nachbarschaftsvertretung (siehe Kapitel 5.4.3.1 zu lokaler
Governance). Die Bewohner von Ratchapa arbeiten größtenteils als Lohnarbeiter in der
Industrie und im informellen Sektor. Zentraler Versammlungsort ist der chinesische Tempel.

5.1.2 Ban Lad Kret

Ban Lad Kret ist ein Dorf auf der Flussinsel Koh Kret (Abb. 28), die sich im nördlichen
suburbanen Raum Bangkoks befindet. Koh Kret gehört zum Distrikt Pak Kret, der wiederum in der Provinz Nonthaburi liegt. Nonthaburi hat ca. eine Million Einwohner und ist
nach Bangkok die am dichtesten besiedelte Provinz Thailands. Nichtsdestotrotz gibt es,
vor allem im Westen, noch sehr viel Landwirtschaft, die historisch bedingt sehr kleinteilig
strukturiert ist[3]. Es dominiert der Anbau von Reis und Obstbäumen. Suburbanisierungsprozesse sind vor allem auf der östlichen Seite des Chao Phraya entlang der Agglomera-
tionen Tessaban Nonthaburi und Tessaban Pak Kret zu beobachten (Abb. 29). Die vor-
herrschende Landnutzung auf Koh Kret ist eine kleinteilige Mischung aus Landwirtschaft
und Wohnen, wobei der Tourismus eine immer wichtigere Rolle spielt (RONGWIRIYAPHA-
NICH 2012). Koh Kret ist 3,5 km² groß und beheimatet 5.667 registrierte Einwohner. Außer regelmäßig verkehrenden kleinen Fähren gibt es keine Verbindung zum Festland.
Entsprechend gibt es keine Straßen, sondern nur ein rudimentär ausgebautes Netz aus
aufgeständerten Betonwegen, das die einzelnen Dörfer miteinander verbindet. Trotz der
räumlichen Nähe zum Tessaban Pak Kret[4] und somit zu Shopping Malls und Wohnkom-
plexen, ist Koh Kret weitgehend ländlich geblieben und hat seine Traditionen bewahrt,
was vor allem mit der peripheren Lage begründet werden kann (siehe Kapitel 5.2). Sichtbare Veränderungen auf der Insel lassen sich mit der seit ca. 15 Jahren zunehmenden
touristischen Bedeutung begründen (SUWATTANA 2002). Koh Kret wird regelmäßig während der Monsunzeit überflutet, da es keinen strukturellen Überflutungsschutz wie z. B.
Deiche gibt.

---

3 Durch Erbteilung hat sich die Parzellengröße kontinuierlich auf bis zu 0,3 ha verkleinert (RONGWIRIYAPHANICH 2012).
4 Im Distrikt (Amphoe) Pak Kret liegt die gleichnamige Stadt (Tessaban) Pak Kret.

Abb. 28: Die zum Wasser ausgerichtete Seite von Ban Lad Kret während eines Hochwassers in
2010
Quelle: Eigene Aufnahme 2010

Das Dorf Ban Lad Kret hat eine Fläche von ca. 0,35 km² und liegt im Osten Koh Krets
gegenüber dem dicht besiedelten Pak Kret. Insgesamt leben hier 1.062 Menschen in 261
Haushalten, von denen 574 weiblich und 488 männlich sind. Die Einwohnerzahl bleibt
seit ca. 70 Jahren mehr oder weniger konstant (Interview B12). Die Haushaltsgröße in
Ban Lad Kret ist mit durchschnittlich vier Haushaltsmitgliedern signifikant kleiner als im
Untersuchungsgebiet Ratchapa (9,2 Haushaltsmitglieder). Ban Lad Kret wird auch als
Ban Mon bezeichnet, da die Wurzeln von einem Großteil der Einwohner auf die Mon[5]
zurückgehen, einem indigenen Volk, dass hauptsächlich im östlichen Myanmar und im
westlichen Thailand siedelt. Die dominante Religion ist der Buddhismus. Traditionelle
Berufe sind die Herstellung von Töpferware und Konditoreiprodukten sowie Landwirtschaft. Inzwischen arbeitet die Mehrzahl der Bewohner im Tourismus im eigenen Dorf
oder als Angestellte in der Privatwirtschaft und im öffentlichen Dienst auf dem Festland
(siehe Kapitel 5.4.2.2). Wie in Abbildung 30 zu erkennen, erstreckt sich Ban Lad Kret
entlang des Flussufers von Norden nach Süden. Das Hinterland wird landwirtschaftlich
genutzt. Die Gebäude sind vornehmlich traditionelle zweistöckige Holzhäuser, wobei es
auch einige modernere Betonbauten gibt (PHATTANAWASIN 2009). Im Süden des Dorfes
liegen die Tempel Wat Chimplee Suttahawat und Wat Pa Lelai. Nördlich von Ban Lad
Kret erstreckt sich das Dorf Ban Aung Aang, in dem sich der zentrale Fähranleger und die
wichtigsten Sehenswürdigkeiten von Koh Kret befinden. Südlich schließt sich Ban Sala-
kun Nong an, in dem Landwirtschaft dominiert. In Ban Lad Kret gibt es ein Dorfkommit-
tee, das von einem Dorfvorstand (Pooyaibaan) geleitet wird und das sich um die lokalen
Belange kümmert. Darüber hinaus finden sich in Ban Lad Kret verschiedene lokale Orga-

---

5 Weiterführende Informationen zur Geschichte der Mon in Thailand liefert BAUER (1990).

Abb. 29: Lage von Ban Lad Kret im Distrikt Pak Kret
Quelle: BUTTS 2011, verändert

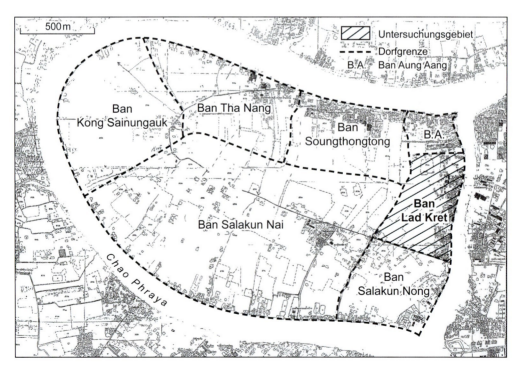

Abb. 30: Die Flussinsel Koh Kret, die Lage von Ban Lad Kret und der sechs anderen Dörfer
Quelle: Eigene Darstellung

nisationen wie z. B. Sparvereinigungen und berufliche Gruppierungen (siehe Kapitel 5.4.2 zur ökonomischen Dimension und Kapitel 5.4.3 zur politischen Dimension von Vulnerabilität).

5.2 Die historische Einbettung von Verwundbarkeit

Vulnerabilität ist historisch eingebettet, was bereits in den theoretischen Ausführungen (Kapitel 2) gezeigt wurde. Die dort genannten Beispiele bezogen sich auf die kolonialzeitliche Beeinflussung von großen Teilen Afrikas, Lateinamerikas und Asiens durch europäische Staaten. Lokale und an ihre Umgebung angepasste Gesellschaften wurden überformt, so dass z. B. traditionelle Bauweisen und landwirtschaftliche Techniken verloren gingen. Das Resultat dieser Entwicklungen war eine gesteigerte Verwundbarkeit gegenüber Naturgefahren. Im PAR-Model wird von *root causes* gesprochen, aus denen dann bestimmte Einflussfaktoren entstehen, die einen verwundbaren Zustand erzeugen (Kapitel 2.1.2; BANKOFF 2011; WISNER et al. 2011b). Mit dem Begriff der „historischen Einbettung" soll in dieser Arbeit keine Einschränkung auf kolonialzeitliche Entwicklungen erfolgen. Vielmehr soll auf die generelle Pfadabhängigkeit von Vulnerabilität verwiesen werden, die sich aus einer zeitlichen Komponente ergibt. Ein Beispiel aus Bangkok, das bereits in Kapitel 4 vorgestellt wurde, ist die Transformation von einer traditionellen, aquatischen Stadt zu einer terrestrischen Megacity. An Überflutungen angepasste Architektur (z. B. Stelzenhäuser und Hausboote aus Holz) wurde abgelöst durch moderne Betonbauweisen. Um Vulnerabilität verstehen und nachvollziehen zu können, müssen in der Vergangenheit liegende Prozesse wie z. B. historische Landnutzung, Besiedlung und Bebauung analysiert werden. Für KRÜGER (2003) sind akute Verwundbarkeitsstadien immer das Resultat eines länger andauernden Prozesses, der die Handlungsmöglichkeiten von Menschen soweit einschränkt, dass es schließlich zu einer Katastrophe kommt (zum Handeln im Kontext von Verwundbarkeit siehe Kapitel 2.2). Entsprechend dieser Überlegungen werden im Folgenden die Geschichte der beiden Untersuchungsgebiete und ihre Implikationen für die Verwundbarkeit der dort lebenden Menschen genauer beleuchtet. Dieses Vorgehen „[...] illuminate[s] the production and re-production of vulnerable spaces in relation to other spaces" (SIMON und DOOLING 2013, S. 1414).

Ratchapa

Die Besiedlung des Flussufers im Bereich Ratchapa erfolgte Anfang des 19. Jahrhunderts durch portugiesische Händler, die noch vor Unterzeichnung des *Bowring Treaty* (siehe Kapitel 4.1) mit Thailand Handel trieben. Sie errichteten eine kleine katholische Kirche und die Nachbarschaft wurde Ban Portugal genannt. Zur gleichen Zeit kamen etwa 500 kambodschanische Flüchtlinge katholischen Glaubens nach Bangkok, denen König Rama I anbot, in und um Ban Portugal zu siedeln (SOPHA 2009). Die Portugiesen wurden zur Minderheit, auch weil viele von ihnen in die größere portugiesische Gemeinde im Stadtteil Thonburi zogen. Um 1830 gab es bereits fast keine portugiesischen Einwohner mehr, woraufhin Ban Portugal in Ban Khmer umbenannt wurde (ebd.). 1836 wurde die alte Kirche vergrößert und erhielt den Namen Immaculate Conception Church. Ban Portugal bzw. Ban Khmer hatte sich aufgrund seiner günstigen Lage als wichtiger Handelsposten etabliert und wurde sowohl von thailändischen als auch von chinesischen Handelsschiffen angelaufen. Chinesische Händler beschlossen um 1820 in direkter Nachbarschaft (dort, wo heute die Krungton Brücke ist) einen eigenen Handelsposten zu eröffnen. Vier Jahre später errichteten sie einen chinesischen Schrein, in dem die chinesische Göttin Tubtim verehrt wird (Interview R19; Abb. 31). Im Jahr 1834 brachten thailändische Streitkräfte katholische Vietnamesen nach Bangkok, die in ihrem Heimatland verfolgt wurden[6]. Diesmal war es König Rama III, der ihnen Zuflucht bot. Er stellte ihnen ein Areal nördlich von Ban Khmer und südlich des chinesischen Handelspostens zur Verfügung, auf dem sie siedelten und die Saint Francis Xavier Kirche errichteten (Abb. 31). Eine 86-jährige Bewohnerin von Ratchapa mit vietnamesischer Abstammung stellt ein altes Buch mit fehlendem Einband und entsprechend ohne Titel und Autor zur Verfügung, in dem es heißt:

> „[…] Hundred fifty years ago, Vietnamese Catholics were painfully harassed in their own country and some 1350 of them were brought into exile by victorious Thai armies. These 'Displaced Persons' as they would say today, – hiding under an elegant formula less elegant realities, – have valiantly faced their ordeal; they have read the signs of the times and finally their victors have benefitted by the human, cultural and religious values that they had brought with them. One can only admire the realistic wisdom of King Rama III who understood that it was in the advantage of his own people to favor the establishment and the integration of these foreigners in Thailand".

Um die Saint Francis Xavier Kirche und neue Häuser zu errichten, rissen die vietnamesischen Flüchtlinge einen ungenutzten buddhistischen Tempel (Wat Somkliang) ab und verwendeten die Ziegel als Baumaterialien. Dieses Vorgehen resultierte in einem Konflikt zwischen Buddhisten und Katholiken, der aber durch den Bau eines neuen Tempels schnell gelöst werden konnte (SOPHA 2009; Abb. 31). Der neue Tempel trägt den Namen Wat Ratchapatikaram und auf einer Informationstafel im Eingangsbereich heißt es:

> „This is a third grade royal temple of Worawihan. The former name was Wat Somkliang, it was an ancient temple and there is no evidence telling about the history of the temple's construction. It is presumed that it was build during Ayutthaya Period. Later, in Rattanakosin Period, H. M. King Phra Nang Klao [King Rama III; Anmerkung des Verf.] graciously gave the land which was close to the temple to be the residence for the Catholic Vietnamese, who migrated and were loyally to the king.

---

6 Detaillierte Informationen zur vietnamesischen Minderheit in Thailand finden sich bei POOLE (1967) und WALSH (2011).

[…] The Vietnamese dismantled the bricks from Wat Somkliang to build their houses and a Roman Catholic Church [Saint Francis Xavier Kirche; Anmerkung des Verf.]. When King Rama III heard of this performance, he then ordered that Prince Itsaret Rangsan had to be fined as he did not dissuade his subordinates, Prince Itsaret Rangsan had to build the new temple in place of the old one for compensation. The temple he was ordered to construct was Wat Ratchapatikaram Worawihan which actually reflected the history of the temple from the word Phatikaram which means to exchange and make something better for the monks […]".

Das Untersuchungsgebiet Ratchapa wird also umgeben von zwei katholischen Kirchen, einem chinesischen Schrein und einem buddhistischen Tempel (Abb. 27). In direkter Nachbarschaft zueinander leben hier Menschen vietnamesischer, kambodschanischer, chinesischer und thailändischer Abstammung. Diese religiöse und ethnische Diversität

spiegelt sich zum Teil auch in der Slumsiedlung Ratchapa wider, die erst vor ca. 60 Jahren entstand, als der Bevölkerungsdruck in Bangkok durch zunehmende Land-Stadt-Migration und natürliches Wachstum stark zunahm. Am damals noch unbefestigten, weitgehend natürlichen Flussufer wurden erste Stelzenhäuser gebaut, die sich mit der Zeit immer weiter in das Flussbett hinein ausbreiteten. Migranten aus den nördlichen Provinzen, die mit Booten nach Bangkok kamen, machten in unmittelbarer Nachbarschaft zu den ersten Häusern halt und begannen ihre Boote permanent zu Wohnzwecken zu nutzen (Abb. 32). Noch heute findet man alte Boote inmitten der Slumsiedlung, die zum Teil noch bewohnt werden. Inzwischen gibt es kaum mehr Migration nach Ratchapa, sondern vor allem natürliches Wachstum. 60 % der Interviewpartner wurden in Ratchapa geboren (Interview R16), wie z.B. eine 86-jährige Slumbewohnerin vietnamesischer Abstammung, die erzählt, dass es in ihrer Kindheit höchstens 20 feste Häuser gab und der Rest der Menschen in Booten lebte. Das Flussufer war nur teilweise bebaut und wurde noch landwirtschaftlich genutzt. Es gab sehr viel Platz und das Leben hatte einen ländlichen Charakter. Sie erklärt, dass neben den vielen Migranten aus Nord- und Zentralthailand, Menschen

Abb. 31: Der chinesische Schrein (oben), die Saint Francis Xavier Kirche (Mitte) und Wat Ratchapatikaram (unten) Quelle: Eigene Aufnahmen 2012

aus der unmittelbaren Nachbarschaft nach Ratchapa zogen (Interview R14). Diese Aussage deckt sich mit den Informationen aus anderen Interviews und zeigt, dass das oben angesprochene Nebeneinander verschiedener Religionen und Ethnien auch für die Slumsiedlung gilt. In beiden Gruppendiskussionen in Ratchapa wurde auf die symbolische Bedeutung der religiösen Stätten für die verschiedenen Bewohner hingewiesen:

> „Im ersten [südlichen; Anmerkung des Verf.] Teil von Ratchapa leben viele Menschen mit vietnamesischen Wurzeln, die hauptsächlich katholisch sind. Der Rest der Nachbarschaft ist buddhistischen Glaubens und thailändischer bzw. chinesischer Abstammung. Dies kann man leicht an Wat Ratchapatikaram, dem chinesischen Schrein und der Saint Francis Xavier Kirche erkennen" (Teilnehmer GD_ R2).
> „Wir haben unterschiedliche Hintergründe. Wir beten an unterschiedlichen Orten. Wir alle sind Thais aber man kann nicht von einer einheitlichen Gemeinschaft sprechen" (Teilnehmer GD_R1).

Trotz einer zunehmenden Durchmischung und der Betonung vieler Interviewpartner, dass sie sich nicht als Vietnamesen oder Chinesen, sondern als Thais sehen (GD_R1; Interviews R17, R14), gibt es Differenzen in Ratchapa, die sich entlang der historisch bedingten religiösen und ethnischen Zusammensetzung entwickeln. Das direkte Nebeneinander von Katholiken vietnamesischer und kambodschanischer Abstammung und Buddhisten chinesischer und thailändischer Abstammung manifestiert sich in unsicht-

Abb. 32: Luftbildaufnahmen von Ratchapa 1973 (links) und 2013 (rechts)
Quelle: CODI 2003 (links); Google Earth 2014 (rechts)

baren Trennlinien innerhalb der Slumsiedlung, die durch die physischen Hindernisse, die die Nachbarschaft gliedern, verstärkt werden. Entsprechend des PAR-Models kann man von *root causes* sprechen, die auf indirektem Wege Verwundbarkeit konstituieren, indem sie z. B. Wahrnehmungen und Handlungen in Bezug auf das Hochwasser beeinflussen oder für soziale Spannungen und unausgewogene Machtverhältnisse sorgen (hierzu mehr in den folgenden Kapiteln).

Ban Lad Kret

Die Flussinsel Koh Kret, auf der das Untersuchungsgebiet Ban Lad Kret liegt, entstand zwischen 1709 und 1733, als ein Mäander des Chao Phraya aus Transport- und militärischen Gründen durch einen Kanal abgetrennt wurde (KING 2011). Verantwortlich hierfür war König Thaisa von Ayutthaya (1709-1732), während dessen Regentschaft sich die Provinz Nonthaburi stark veränderte. Mit einer steigenden Reisproduktion ging intensive Waldrodung einher. Der Reis und andere Handelsgüter wurden über den Chao Phraya abtransportiert, so dass vermehrt am Fluss gelegene Siedlungen entstanden (ASKEW 2002). Koh Kret, aber auch andere Teile Nonthaburis, wurden im 18. Jahrhundert zu einem wichtigen Siedlungsgebiet für die Mon. Das sich auf Koh Kret befindende Untersuchungsgebiet Ban Lad Kret und die beiden nördlich davon liegenden Dörfer Ban Soungthongtong und Ban Aung Aang sind typische Mon-Siedlungen (PHATTANAWASIN 2009). In Ban Lad Kret finden sich zwei Tempelanlagen, die während der späten Ayutthaya-Periode[7] gebaut wurden: Wat Chimplee und Wat Pa Lelai. In beiden Anlagen finden sich Einflüsse der Mon-Kultur in Form von Schriften und religiöser Kunst. Außerdem gibt es in Ban Lad Kret sieben antike Töpferöfen, die für die Herstellung von Mon-typischem Kunsthandwerk verwendet wurden und die zum Teil heute noch genutzt werden (Abb. 33). Die Bevölkerung des Untersuchungsgebietes ist ethnisch inzwischen stark gemischt, so dass die Bewohner sich selbst als Thai-Mon bezeichnen (GD_B2; Interviews B8, B10, B15). Nach Angaben des Pooyaibaan haben 90 % aller Einwohner von Ban Lad Kret Mon-Vorfahren (Interview B12). Statistiken der TAO Koh Kret sprechen dagegen von 70 % (Interview B14). Fest steht, dass ein Großteil der Bevölkerung des Untersuchungsgebietes Mon-Wurzeln hat und sich dies auch auf das alltägliche Leben auswirkt.

Die bereits angesprochene isolierte Lage der Flussinsel trägt ihren Teil zur Konservierung der kulturellen Identität bei. Äußere Einflüsse wie Straßen und Autos oder Supermärkte und Hotels haben es bisher nicht nach Koh Kret geschafft. Dies ist umso erstaunlicher, als dass in unmittelbarer Umgebung der Flussinsel die Urbanisierung rasant voranschreitet. Die von Norden nach Süden verlaufende Bebauung von Ban Lad Kret besteht größtenteils aus traditionellen Holzhäusern und unterscheidet sich somit ebenfalls stark von den auf der anderen Seite des Chao Phraya liegenden Wohnhochhäusern. In den Interviews wurde die isolierte Lage immer wieder thematisiert und meist als ein positives Charakte-

---

7 Das Königreich Ayutthaya existierte von 1351 bis 1767. Die späte Ayutthaya-Periode bezieht sich auf die Blütezeit des Königreichs, die unter König Thaisa und seinem Nachfolger eintrat.

Abb. 33: Mon-typische Keramik auf Koh Kret
Quelle: Eigene Aufnahme 2013

ristikum herausgestellt. Die Bewohner wissen den vergleichsweise ruhigen Alltag zu schätzen und betonen die Bedeutung einer kulturell einzigartigen Insel für den Tourismus, der inzwischen für viele das Einkommen sichert (Interviews B6, B10, B11).

Das ländliche und im Vergleich zu den benachbarten Distrikten rückständige Äußere des Untersuchungsgebietes und die noch immer sehr bedeutenden Traditionen, die vorwiegend aus der Mon-Kultur stammen, sind wichtige Faktoren, mit denen die historische Einbettung von Verwundbarkeit verdeutlicht werden kann. Eine starke Identität, die vor allem auch aus der Abgrenzung zur übrigen BMR resultiert, schafft ein Gefühl der Zusammengehörigkeit:

> „Unsere Stärke ist das traditionelle Leben. Wir leben isoliert. Hier gibt es keine Autos oder andere Einflüsse. Wir erhalten unsere Kultur und unsere Werte und wohnen wie auf dem Land – sehr friedlich und vor allem nicht so anonym wie in Bangkok. Hier kennt jeder jeden" (Interview B6).

Soziale Netzwerke sind, wie in Kapitel 5.4.1.1 herausgestellt wird, wichtige Determinanten von Vulnerabilität gegenüber Überflutungen. Außerdem werden die kulturellen Besonderheiten von den Bewohnern von Ban Lad Kret, aber auch von der Tourism Authority of Thailand (TAT) gezielt genutzt, um Einkommen im Tourismus zu generieren, was die ökonomische Dimension von Vulnerabilität beeinflusst (WECHTUNYAGUL 2008, siehe auch Kapitel 5.4.2). Auf der offiziellen Homepage der TAT wird Koh Kret wie folgt beworben:

> „Pay a visit to Koh Kret in the middle of the Chao Phraya River and get to know the Mon lifestyle and culture. Koh Kret is considered a unique cultural attraction near Bangkok. [...] It is the home for Thai-Mons whose ancestors immigrated into Thailand during the Thonburi and early Rattana Kosin eras. The Mon have conservatively followed the same lifestyle and culture until the present day. [...] Take a leisure walk around the island to experience unique Mon lifestyle and tradition. You can enjoy the art of pottery and Koh Kret's signature earthenware" (TAT 2014).

Beide Untersuchungsgebiete wurden im 18. Jahrhundert besiedelt. Im Vergleich zur Slumsiedlung Ratchapa ist Ban Lad Kret ethnisch und religiös homogen. Für die weitergehende Analyse der Verwundbarkeit wird die historische Dimension als zusätzlicher Erklärungsansatz kontinuierlich herangezogen und reflektiert.

5.3 Auswirkungen der Überflutungen

Die Auswirkungen von Überflutungen hängen von den Charakteristika der Naturgefahr und von der Verwundbarkeit des Bezugsobjektes ab. Körperliche Verletzungen, ökonomische Schäden oder Einkommensverluste sind also einerseits bedingt durch die Intensität und Dauer der Überschwemmungen und andererseits durch z. B. physische Aspekte wie die Höhe der Häuser und ihre Baumaterialien oder durch das Vorhandensein ausreichender finanzieller Ressourcen zur Bewältigung. Erst durch die Betrachtung der Auswirkungen werden vulnerabilitätsdeterminierende Faktoren deutlich und können hinsichtlich ihrer Relevanz analysiert werden. Um also die folgende Analyse der verschiedenen Dimensionen von Vulnerabilität nachvollziehen zu können, ist eine Beschreibung der Auswirkungen in den beiden Untersuchungsgebieten unbedingt notwendig. Allgemeine Informationen zu den Folgen des Hochwassers von 2011 wurden bereits in Kapitel 4.4 gegeben. An dieser Stelle werden die Auswirkungen in Ratchapa und Ban Lad Kret aus der Perspektive der Betroffenen geschildert. Methodisch können direkte und indirekte Schäden unterschieden werden[8], wobei sich direkte Schäden auf den physischen Kontakt mit Hochwasser beziehen (z. B. Beschädigung oder Zerstörung von Häusern und Haushaltsgegenständen). Indirekte Schäden werden zwar durch das Hochwasser ausgelöst, treten aber zeitlich oder räumlich außerhalb des Ereignisses auf (z. B. Einkommensverluste). Ein Großteil der empirischen Arbeiten wurde ca. ein Jahr nach dem schweren Hochwasser von 2011 durchgeführt. Die meisten Aussagen aus den Inter-

---

8 Für eine detaillierte Auseinandersetzung mit verschiedenen Schadensdefinitionen siehe THIEKEN (2008).

views und Gruppendiskussionen beziehen sich auf dieses Ereignis. Nichtsdestotrotz soll der Tatsache Rechnung getragen werden, dass Überflutungen ein regelmäßig wiederkehrendes Element im Leben der Bewohner der Untersuchungsgebiete darstellen. Entsprechend wird hier auf den sogenannten *ratched effect* verwiesen, der eine kontinuierliche Erhöhung von Vulnerabilität durch wiederkehrende Naturgefahren erklärt (PELLING 2003). Jede Überflutung beansprucht Ressourcen, die je nach Schwere des Ereignisses beim nächsten Mal unter Umständen nicht mehr bzw. noch nicht ausreichend wiederhergestellt zur Verfügung stehen. Ein sehr ähnliches Konzept entwickelten WATTS und BOHLE (1993) mit ihrer *baseline vulnerability* (Grundanfälligkeit), die mit jedem Krisenereignis aufgrund der direkten und indirekten negativen Auswirkungen (z. B. Krankheit, Tod, Entvölkerung, Verlust an wichtigen Ressourcen) zunimmt. Andererseits können wiederkehrende Naturgefahren auch für eine gewisse Anpassung sorgen, die auf den gesammelten Erfahrungen beruht und die langfristig die Verwundbarkeit reduziert (BERKES 2007).

Ratchapa

Die Slumsiedlung Ratchapa ist regelmäßig von Hochwasser betroffen, da sie außerhalb des Poldersystems von Dusit liegt. Wie in Kapitel 4.4 dargelegt, gab es in der Vergangenheit eine Zunahme schwerer Überflutungen, die sich in Zukunft fortsetzen wird. Die Interviewaussagen hinsichtlich dieser Entwicklung widersprechen sich teilweise diametral. Einige Bewohner von Ratchapa erkennen einen klaren Trend in Richtung einer Zunahme an schwerem Hochwasser und haben auch verschiedenste Erklärungen für diese Entwicklung, die vom Klimawandel über Landnutzungsänderungen bis hin zu politischen Verschwörungen reichen (Interviews R9, R10, R11, R13). Andere Interviewpartner nehmen die jüngeren Überflutungen weit weniger drastisch wahr als in der Vergangenheit weiter zurückliegende Ereignisse. Dies hängt wahrscheinlich mit traumatischen Erlebnissen bzw. mit einer gesunkenen Verwundbarkeit zusammen. Ein 45 Jahre alter Bewohner berichtet beispielsweise vom Hochwasser 1995, in dem eins seiner vier Kinder ertrunken ist und das er als das stärkste Ereignis in Erinnerung hat (Interview R3). Viele Slumbewohner haben sich auch immer besser an Überflutungen angepasst und ihre Häuser kontinuierlich erhöht, so dass ihnen frühere Überflutungen weitaus schwerwiegender vorkamen. Fast allen Interviewpartnern ist allerdings gemein, dass sie das Hochwasser von 2011 als das schwerste in der Geschichte von Ratchapa bezeichnen. Dabei werden vor allem zwei Charakteristika der Überflutung betont: zum einen die lange Verweildauer des Wassers von fünf Monaten und zum anderen die aufgrund der Uferbebauung spezifische Geometrie des Fließquerschnitts und die damit verbundene Stagnation des Wassers in bestimmten Bereichen des Slums (z. B. GD_R1; Interviews R3, R10).

Es kommt immer wieder zu Todesfällen durch Hochwasser in Thailand. Meistens ist die Ursache Ertrinken oder Tod durch Stromschlag (World Bank 2012). Auch in Ratchapa kamen, wie im vorigen Absatz berichtet, bereits Menschen durch die Überflutungen ums

Leben. Die Nachbarschaftsvertretung von Ratchapa weiß von insgesamt zwei Fällen zu berichten, die beide vor dem Hochwasser von 2011 auftraten (Interview R17). Viel öfter kommt es zu Verletzungen und Erkrankungen. Die Bewohner erzählen von diversen Infektionskrankheiten wie z. B. Salmonellen oder Pilzinfektionen, die durch Verschmutzungen des Wassers hervorgerufen werden (GD_R1; Interviews R12). Laut STOREY (2012) ist die Belastung des Chao Phraya und der Kanäle in Bangkok durch Abwasser und Hausmüll ohnehin schon sehr hoch. Während Überflutungen erhöht sich der Anteil an Schadstoffen im Wasser signifikant und kommt durch die steigenden Pegel mit den Menschen in Kontakt (World Bank 2012). Normalerweise findet ein konstanter Abfluss statt, so dass die Wahrscheinlichkeit von Erkrankungen verringert wird. Allerdings gibt es Bereiche stehenden Wassers innerhalb der Slumsiedlung, die besonders gefährlich sind. Diese Gebiete sind außerdem Brutstätte von Moskitos, die während des Hochwassers von 2011 in Ratchapa zu einer „Plage" wurden (Interview R12). Da die schmalen Holzstege und Häuser von Ratchapa während der Überflutungen zum Teil unter Wasser liegen, steigt die Gefahr von Verletzungen an den Füßen und Beinen (Abb. 34). Fast alle Interviewpartner berichten von Schnitt- und Schürfwunden, die zum Teil so stark waren bzw. sich entzündeten, dass ein Arzt aufgesucht werden musste. Häufig kam es auch zu Stromschlägen durch zu niedrig liegende Steckdosen oder Haushaltsgeräte. Weiterhin gibt es Probleme mit Tieren und Insekten, die von den Wassermassen mitgeführt werden wie z. B. Schlangen, Ratten, Krokodile, Tausendfüßler und Blutegel. Besonders stark unter gesundheitlichen Problemen während der Überflutungen leiden die älteren und sehr jungen Slumbewohner (Interview R16), was sich mit Erkenntnissen aus der Verwundbarkeitsforschung deckt (siehe CUTTER et al. 2003). Eine 53-jährige Bewohnerin erzählt von ihrer Enkelin, die während des Hochwassers von 2011 neun Monate alt war und vom erhöhten Bett in das ca. 50 cm unter Wasser stehende Haus fiel. Sie war für etwa 15 Minuten im Wasser bevor man sie fand und hat bleibende Schäden davongetragen. Sie muss künstlich ernährt werden und ist von der Hüfte abwärts gelähmt (Interview R12). Erlebnisse wie dieses oder auch besonders schlimme materielle Verluste führen laut World Bank (2009) zu Depressionen und sogar zu Suizidversuchen unter den Hochwasseropfern. In den für diese Arbeit geführten Interviews gab es allerdings keine diesbezüglichen Aussagen.

Abb. 34: Hausbewohner in Ratchapa vor seinem bis zur Hüfte unter Wasser stehenden Haus
Quelle: Eigene Aufnahme 2011

Weitere direkte Auswirkungen beziehen sich auf Häuser und Haushaltsgegenstände. Die Schäden reichen von komplett zerstörten Gebäuden über die Beschädigung der Stelzenfundamente sowie der Außenwände bis hin zu verzogenen Tür- und Fensterrahmen. Außerdem kam es zu aufgequollenen Holzmöbeln, weggespülten oder beschädigten elektronischen Geräten und anderen Gegenständen sowie Schimmelbildung (z. B. GD_R2; Interviews R11, R15). Das Ausmaß der Schäden ist dabei, wie oben bereits angedeutet, einerseits abhängig von den Charakteristika des Hochwassers und andererseits von der Vulnerabilität und Exposition der Häuser. Erhöhte und stabile Gebäude sind selbstverständlich weniger verwundbar als niedrig liegende und schlecht konstruierte, in denen das Wasser 2011 oftmals hüfthoch bzw. sogar bis zum Hals stand. Eine Sonderstellung nimmt der nördlich der Krungton Brücke gelegene Teil von Ratchapa ein, in dem die meisten Häuser zweigeschossig und nicht auf Stelzen gebaut sind und entsprechend schwieriger erhöht werden können. Hier sind die materiellen Schäden regelmäßig höher als in den anderen Bereichen der Slumsiedlung (Interviews R12, R18). Die Exposition gegenüber der Verweildauer des Wassers und den tidebedingten Schwankungen des Wasserstandes ist für alle Bewohner von Ratchapa gleich. Bezüglich der Fließgeschwindigkeit gibt es allerdings große Unterschiede. Häuser in Ufernähe haben weitaus weniger Probleme mit hohen Fließgeschwindigkeiten als weiter im Fluss liegende Häuser. Neben den Eigenschaften der Überflutungen bedingen die Wellen vorbeifahrender Boote maßgeblich die Schäden in der Slumsiedlung. Einige Slumbewohner sprechen diesbezüglich von dem größten Problem und beschuldigen vor allem die schnell fahrenden Expressboote:

> „Immer wenn Expressboote vorbeifahren muss ich aufpassen. Die Wellen drücken das Wasser durch den Holzboden und durchnässen mein Bett. Das ganze Haus wackelt dann. Schon öfter sind Häuser dadurch eingestürzt. Das ist sehr gefährlich" (Interview R3).

Um die Schäden zu verhindern bzw. möglichst klein zu halten, haben die Slumbewohner diverse Bewältigungs- und Anpassungsstrategien entwickelt. Beispielsweise werden die Häuser regelmäßig erhöht, Haushaltsgegenstände hoch gestellt und mit dem Marine Department über die Geschwindigkeit der vorbeifahrenden Boote verhandelt. Das Hochwasser von 2011 war in seinen Ausmaßen allerdings nicht vergleichbar mit früheren Ereignissen, so dass die Maßnahmen der Bewohner oft unzureichend waren (z. B. Interviews R6, R13, R17). Neben den Schäden an Privateigentum kommt es immer wieder zur Beschädigung der Holzstege, was das Betreten und Verlassen der Häuser und die allgemeine Bewegung in der Nachbarschaft stark erschwert. Die Elektrizitäts- und Wasserversorgung von Ratchapa wird durch das Hochwasser kaum beeinträchtigt.

Indirekte Schäden entstanden vor allem durch Einkommensverluste, da ein Großteil der Slumbewohner während der Überflutungen von 2011 nicht arbeiten konnte. Bei fünf Interviewpartnern und sieben Teilnehmern der Gruppendiskussionen handelt es sich um informelle Verkäufer von Getränken, Obst, Gebäck, Nudelsuppe und anderen Produkten, die je nach Tageszeit in der Slumsiedlung bzw. vor den nahe gelegenen Schulen ihre Ware anbieten. Da während des Hochwassers von 2011 in Bangkok kein Unterricht stattfand (World Bank 2012), brach der wichtigste Absatzmarkt zusammen (GD_R1, GD_R2; Interview R1). Zusätzlich bemerkten die Interviewpartner eine rückläufige Nachfrage auch innerhalb der Slumsiedlung, was sie sich damit erklären, dass während der Überflutungen zurückhaltend mit Geld umgegangen wird. Eine Verkäuferin von Süßwaren berichtet, dass sie erst gar keine Produkte zubereiten konnte, da ihre Küche aufgrund der Überflutungen nicht genutzt werden konnte. Eine weitere Einkommensquelle die 2011 nicht zur Verfügung stand, ist das Tauchen nach Gegenständen im Chao Phraya, da der Wasserstand zu hoch war, die Strömung zu stark und die Sicht zu schlecht (GD_R1). Vor allem junge und männliche Slumbewohner tauchen nach altem Holz, Altmetall, Keramik[9] und anderen Dingen, die sie dann verkaufen. Eine weitere Tätigkeit, die in seltenen Fällen professionell betrieben wird, sondern meist eher der Subsistenz dient, ist der Fischfang. Auch hier gab es Probleme, da während des Hochwassers kaum Fisch gefangen werden konnte (GD_R1). Diejenigen Slumbewohner, die außerhalb von Ratchapa einer Beschäftigung nachgehen wie z. B. Fabrikarbeiter oder Motorradtaxifahrer, waren weniger betroffen. Weitere indirekte Auswirkungen betreffen den Alltag der Slumbewohner:

> „Es ist einfach ein schwieriges Leben. Ich richte mich nach der Tide. Wenn das Wasser niedrig ist, koche ich, räume ich auf und putze ich. Wenn das Wasser hoch steht, kann ich eigentlich nur warten" (Interview R1).

Oftmals wird von zu niedrig liegenden Toiletten berichtet, die während des Hochwassers nicht benutzt werden können. Ein weiteres Problem bezieht sich auf die allgemeine Preissteigerung und Verknappung von Lebensmitteln und Trinkwasser während der Überflutungen von 2011, was vor allem für die finanziell niedrig gestellten Slumbewohner ein Problem darstellt. Insgesamt decken und ergänzen sich die Beobachtungen und Interviewaussagen dieser Arbeit mit der Schadensabschätzung der Weltbank, in der es heißt: „Urban poor groups [...] emerged as some of the most affected groups. [...] daily wage earners in urban areas have been severely affected with their income generation activities temporarily suspended" (World Bank 2012, S. 2). Als indirekte Schäden kann man weiterhin die durch die vielfältigen Bewältigungsbemühungen entstehenden Kosten und Unannehmlichkeiten bezeichnen.

---

9 Oft werden Keramikprodukte aus Koh Kret gefunden, die dort durch Überflutungen fortgespült und bis nach Ratchapa transportiert wurden. Gut erhaltene Produkte können zu guten Preisen verkauft werden (Interview R13).

Ban Lad Kret

Während des Hochwassers von 2011 war Koh Kret eines der am schwersten betroffenen Gebiete der Provinz Nonthaburi. Die gesamte, stark exponierte Flussinsel stand für etwa drei Monate unter Wasser, wobei die höchsten Wasserstände im November erreicht wurden (TAO Koh Kret 2012). Trotz der großen Entfernung von ca. 75 km bis zur Mündung des Chao Phraya (45 km Luftlinie) ist Koh Kret noch stark vom Tidehub des Golfs von Thailand beeinflusst, was die Charakteristika der Überflutungen mitbestimmt. Alle befragten Bewohner von Ban Lad Kret stimmen darin überein, dass 2011 das schlimmste Hochwasserjahr war, das sie jemals erlebt haben (z. B. GD_B2; Interviews B8, B10). Es finden in Abhängigkeit des Monsuns fast jährlich Überschwemmungen statt, die zum Teil, wie beispielsweise in 1995, sehr schwer sein können. In der Regel sind die „normalen" Überflutungen[10] Teil des Alltags der Inselbewohner und werden nicht als Extremereignisse wahrgenommen. Die Menschen haben eine angepasste Lebensweise entwickelt:

> „Normalerweise [bei „normalen" Überflutungen; Anmerkung des Verf.] machen die Leute hier einfach weiter. Sie leben mit dem Wasser und sind daran gewöhnt. Die Kinder spielen dann im Wasser und lernen schwimmen. Sie wachsen mit jährlichen Überflutungen auf" (Interview B12).

Dies ist auch der Grund dafür, dass es fast keine Verletzungen und keine Todesfälle durch das Hochwasser von 2011 zu beklagen gab. Die Menschen hier wissen, wie sie sich zu verhalten haben. Die meisten Bewohner von Ban Lad Kret erkennen einen Trend hinsichtlich einer Zunahme an schweren Überschwemmungen. Sie versuchen Erklärungen für das besondere Ausmaß des Hochwassers von 2011 zu liefern und beziehen sich dabei meist auf den Klimawandel und anthropogene Prozesse im Oberlauf des Chao Phraya wie z. B. Waldrodung oder Missmanagement der Staudämme (Interviews B2, B8). Einzelne Interviewpartner scheinen sich mit der Hochwasserproblematik ihrer Heimat eingehender beschäftigt zu haben und erklären die Zunahme an Überschwemmungen mit dem Absinken der Insel, welches durch Grundwasserentnahme und die Entnahme von tonigen Sedimenten für die Töpfereien hervorgerufen wird (Interview B4). Dieser Kausalzusammenhang wurde inzwischen detailliert erforscht und ist in der Tat eine wichtige Determinante für das Ausmaß der Überflutungen (hierzu z. B. PHIEN-WEJ et al. 2006).

Wie bereits angedeutet gab es kaum Verletzungen durch die Überflutungen. Einige wenige Interviewpartner berichten von leichten Schnittwunden an den Füßen. Weitaus schwerwiegender waren die verschiedenen mit dem Hochwasser in Verbindung zu bringenden Krankheiten wie z. B. Hautausschläge, Augenentzündungen, Pilzinfektionen oder Salmonellen, die sich in 2011 unter den Dorfbewohnern häuften (Interview B12, B15). Ähnlich wie in Ratchapa wird auch in Ban Lad Kret vom vermehrten Auftreten von Blutegeln und

---

10 Als „normale" Überflutungen bezeichnen die Inselbewohner Wasserstände von bis zu einem Meter, die für maximal einen Monat andauern (Interview B13).

Abb. 35: Traditionelles Stelzenhaus in Ban Lad Kret
Quelle: Eigene Aufnahme 2012

Giftschlangen berichtet. Einige der Interviewpartner erzählen, dass in 2011 gerade unter den älteren Dorfbewohnern Depressionen und andere psychische Erkrankungen auftraten, die durch das monatelange Ausharren im Haus und durch die extreme Abhängigkeit[11] hervorgerufen wurden.

Bei den meisten Gebäuden in Ban Lad Kret handelt es sich um traditionelle Holzhäuser, die auf Stelzen stehen und bei denen das Erdgeschoss entsprechend durchlässig ist. In den oberen Stockwerken befinden sich meist die Wohn- und Schlafzimmer, wohingegen im Erdgeschoss gekocht und gegessen wird (WECHTUNYAGUL 2008; Abb. 35). Während eines Hochwassers wird das Erdgeschoss überflutet, so dass bei rechtzeitiger Vorbereitung keine größeren Schäden auftreten. Inzwischen findet man immer öfter auch moderne Betonhäuser in Ban Lad Kret, die sich an europäischen Bauweisen orientieren. Bei Hochwasser sind diese Gebäude stärker betroffen und es kommt zu Schimmelbildung, zu Beschädigungen der Wände und zu verzogenen Tür- und Fensterrahmen (Interview B12). In 2011 waren die Überflutungen so stark, dass bei manchen modernen Häusern fast das komplette Erdgeschoss und bei traditionellen Stelzenhäusern sogar Teile des Obergeschosses überflutet wurden. Ein Bewohner eines modernen Hauses zeigt die zurückgebliebenen Verfärbungen an den Wänden, die fast bis zur Oberkante der Haustür reichen (Interview B6; Abb. 36). Im Gegensatz zur Slumsiedlung Ratchapa gab es allerdings keine zerstörten Häuser.

Während des Hochwassers von 2011 wurden in Ban Lad Kret trotz vorbereitender Maßnahmen (siehe Kapitel 5.5) diverse Möbel und andere Haushaltsgegenstände beschädigt. Die lange Verweildauer des Wassers führte dazu, dass sich Holzmöbel verzogen oder

---

11 Während der Überflutungen von 2011 war ein Großteil der Bewohner Koh Krets abhängig von Nahrungs- und Trinkwasserlieferungen der Regierung (dazu mehr in Kapitel 5.6).

zusammenbrachen und dass Kleidung verschimmelte. Außerdem wurden aufgrund der unerwartet hohen Pegel und Fließgeschwindigkeiten viele Gegenstände von den Fluten fortgespült (GD_B1; Interview B10). Ähnlich wie die Bewohner Ratchapas berichten die Interviewpartner in Ban Lad Kret von Einschränkungen in ihrem Alltagshandeln. „Selbst die einfachsten und selbstverständlichsten Dinge werden zu großen Herausforderungen.", erklärt eine 55-jährige Hausfrau (Interview B9). Das Hochwasser bindet die meisten Dorfbewohner an ihre Häuser, denn selbst kurze nachbarschaftliche Besuche, der Gang zum Tempel oder die Erledigung von Einkäufen sind logistische Herausforderungen, für die ein Boot benötigt wird (Interviews B6, B12). Das Wegenetz stand in 2011 für mehr als zwei Monate bis zu zwei Meter unter Wasser und war nur in wenigen Bereichen durch provisorische Holzstege substituiert (Interview B15; TAO Koh Kret 2012). Die Versorgung mit Lebensmitteln und Trink-

Abb. 36: Das Hochwasser von 2011 hat deutliche Spuren an den Wänden dieses modernen Hauses in Ban Lad Kret hinterlassen
Quelle: Eigene Aufnahme 2012

wasser war auf Koh Kret zwar gesichert, allerdings stark rationiert und durch die staatlichen Akteure kontrolliert (siehe Kapitel 5.6), so dass auch diesbezüglich Einschränkungen in Kauf genommen werden mussten. Die Strom- und Wasserinfrastruktur der Insel ist an Hochwasser angepasst und funktionierte auch in 2011, allerdings mit Einschränkungen. Die Interviewpartner berichten von ungenießbarem Leitungswasser während des Hochwassers und von zahlreichen Stromausfällen. Ein weiteres Problem stellten die Toiletten dar, die meist im Erdgeschoss untergebracht sind und somit für die Dauer der Überflutungen nicht zur Verfügung standen (Interviews B2, B4). Beide Schulen von Koh Kret und die drei Kindergärten waren, genauso wie die beiden Krankenstationen der Insel, vom Hochwasser 2011 betroffen und blieben entsprechend geschlossen (TAO Koh Kret 2012).

Weitere betroffene öffentliche Einrichtungen waren die Tempelanlagen der Insel. In Ban Lad Kret waren dies Wat Chimplee und Wat Pa Lelai. Lediglich der Tempel Wat Poramaiyikawat im Dorf Ban Aung Aang ist durch eine Flutschutzmauer umgeben und vom

Hochwasser 2011 entsprechend verschont geblieben. Schätzungen der Weltbank zufolge verursachten die Überflutungen von 2011 im Bereich Kultur und Religion Schäden in Höhe von 244 Millionen USD, wobei das UNESCO-Weltkulturerbe Ayutthaya am stärksten betroffen war (World Bank 2012). Die Tempel auf Koh Kret haben neben religiösen und identitätsstiftenden Funktionen auch eine wesentliche Bedeutung für den Tourismus. Es gibt von der TAT organisierte und in ganz Thailand beworbene sogenannte Tempeltouren in Nonthaburi, wobei der Besuch von Koh Kret einen Höhepunkt dieses Angebotes darstellt (Interview B15). Überhaupt ist der Tourismus, primär der Inlandstourismus, für Koh Kret enorm wichtig, vor allem für die nordöstlichen Dörfer Ban Soungthongtong, Ban Aung Aang und Ban Lad Kret. In diesen Dörfern bündelt sich das touristische Angebot der Insel, das vor allem auf Tagesgäste zugeschnitten ist. Es reicht vom Verkauf von Kunsthandwerk und Andenken über zahlreiche Restaurants bis hin zum Fahrradverleih. Während ‚normalen‘ Hochwasserperioden lässt der Tourismus für ca. ein bis zwei Monate deutlich nach, wobei viele Bereiche der Insel nachwievor besucht werden können. In 2011 kam der Tourismus gänzlich zum erliegen und erholte sich erst im Februar des Folgejahres (GD_B1; Interview B14). Für die Inselbewohner, die ihr Einkommen im Tourismussektor erzielen, bedeutete das Hochwasser von 2011 daher sehr hohe Einkommenseinbußen. Auch die dem Tourismus vor- und nachgelagerten Bereiche wie z. B. Transport oder die Produktion von Kunsthandwerk erleiden durch die Überflutungen indirekte finanzielle Schäden. Die Besitzerin einer Töpferei in Ban Lad Kret berichtet, dass die Arbeiten eingestellt werden, sobald die Produktionsbereiche unter Wasser stehen, was auch bei „normalen" Überflutungen passieren kann, allerdings meist nur für kurze Zeit. In 2011 konnte für drei Monate nicht produziert werden. Außerdem wurden die antiken, touristisch wertvollen Brennöfen durch das Wasser stark beschädigt (Interview B4). Auf Koh Kret gibt es als öffentliche Verkehrsmittel Motorradtaxis, die während des Hochwassers von 2011 auf den überfluteten Wegen nicht fahren und entsprechend auch keinen Gewinn erwirtschaften konnten. Die Motorräder mussten für die Dauer der Überschwemmung in Sicherheit gebracht werden (Interview B5). Nicht nur auf Koh Kret hatte das Hochwasser von 2011 negative Auswirkungen auf den Tourismus, sondern im ganzen Land. Der thailändische Tourismussektor scheint gegenüber externen Schocks allerdings relativ resilient zu sein, wie der Tsunami von 2004 oder die politischen Unruhen von 2010 gezeigt haben. Beobachtungen und Interviews in Ban Lad Kret ein Jahr nach den schweren Überflutungen ließen aufgrund hoher Besucherzahlen und ausgelasteter Restaurants und Verkaufsstände jedenfalls auf eine Erholung schließen (Beobachtungen und Interviews B7, B9, B10).

Weitere direkte und indirekte Auswirkungen konnten in der Landwirtschaft festgestellt werden. Wie in Kapitel 4.4 bereits dargelegt wurde, überflutete das Hochwasser von 2011 große Flächen Ackerland und sorgte entsprechend für hohe finanzielle Verluste. Auf den 16,5 ha landwirtschaftlich genutzter Fläche in Ban Lad Kret wurden vor dem Hochwasser

von vier Landwirten Durian[12] angebaut. Die landwirtschaftlichen Flächen sind durch Erddeiche vor Überflutungen geschützt, hielten aber dem Hochwasser von 2011 nicht stand.
Sämtliche Durianbäume wurden vernichtet. Die Obstbäume bringen ein sicheres Einkommen, erfordern allerdings hohe Investitionen, da erst nach sechs Jahren die ersten
Früchte geerntet werden können. Entsprechend war das Hochwasser von 2011 für die
Landwirte in Ban Lad Kret ein finanzielles Fiasko (Interview B15). Ein Landwirt schil-
dert wie er versuchte seine Durian Plantage vor den Überflutungen zu schützen, indem er
die Deiche erhöhte und Pumpen installierte, um eingesickertes Wasser zu entfernen. Als
der Pegel allerdings immer weiter stieg, gab er auf und überließ seine Fläche den Fluten.
Neben dem Ärger über die vergeblich aufgebrachten Kosten für Benzin und Pumpen sowie die Erhöhung der Deiche, musste er nun mit ansehen wie die Bäume innerhalb von
zwei Tagen begannen zu welken und schließlich starben (Interview B9). Zur Selbstversorgung baut ein Großteil der übrigen Dorfbewohner im eigenen Garten Gemüse und
Obst an, das in den meisten Fällen ebenfalls überflutet und zerstört wurde. Neben der
Zerstörung der landwirtschaftlichen Produkte kam es weiterhin zur Vernichtung von
Saatgut und Setzlingen und zur Beschädigung landwirtschaftlicher Gerätschaften (Interviews B9, B15).

5.4 Die externe Seite von Vulnerabilität

Die externe Seite von Verwundbarkeit setzt sich entsprechend den Dreiecksmodellen von
WATTS und BOHLE (1993) und BOHLE et al. (1994) aus verschiedenen sozialen, ökonomischen und politischen Faktoren zusammen, die mit verfügungsrechtlichen Ansätzen,
mit *Empowerment*-Ansätzen und mit politökonomischen Ansätzen erklärt werden können.
Weniger theoretisierend gehen TURNER et al. (2003) vor, die nicht von einer externen
Seite von Verwundbarkeit sondern von der Komponente Sensitivität sprechen und damit
den Zustand des Bezugssystems meinen, der sich durch soziale, ökonomische, politische
und darüber hinaus noch ökologische Eigenschaften definiert. Wichtig ist, dass die verschiedenen Dimensionen von Verwundbarkeit in gegenseitiger Wechselwirkung zueinander stehen. Beispielsweise werden Zugangs- und Verfügungsrechte zu gesellschaftlichen
Gütern wie Bildung oder Gesundheit mitunter politisch produziert; etwa durch Politiken
zur Förderung von Marginalvierteln. Bildung und Informationen über die Hochwasserproblematik können dagegen den Willen zur politischen Mitbestimmung hinsichtlich Fragen des lokalen Hochwassermanagements stärken. Ein weiterer Aspekt der Komplexität
von Verwundbarkeit im Allgemeinen und der externen Seite im Speziellen ist der Raum-
und Zeitbezug. Wie in Kapitel 5.2 bereits dargelegt, hat Vulnerabilität Prozesscharakter
und wird mitunter durch historische Prozesse konstituiert. Besonders deutlich wird die
Prozesshaftigkeit im PAR-Modell von BLAIKIE et al. (1994) bzw. in der überarbeiteten

---

12 Durianbäume sind Kulturpflanzen deren Früchte als Obst verwendet werden. Sie gelten trotz ihres gewöhnungsbedürf-
tigen Geruchs als Delikatesse. In Thailand werden Durians vor allem in den zentralen Provinzen angebaut. Durians aus
Nonthaburi (hier liegt das Untersuchungsgebiet Ban Lad Kret) haben den besten Ruf und sind am teuersten.

Tab. 4: Die externe Seite von Vulnerabilität: Dimensionen und Analysekategorien

Dimensionen von Vulnerabilität	Analysekategorien
Sozial	• Soziale Netzwerke • Bildung
Ökonomisch	• Physische Verwundbarkeit • Strategien zur Existenzsicherung • Förderprogramme
Politisch	• Lokale *Governance* • Klientelismus und Korruption • Unsichere Landbesitzverhältnisse

Quelle: Eigene Darstellung

Version von WISNER et al. (2011b), die die zeitliche Abfolge von *root causes, dynamic pressures* und *unsafe conditions* für die Entstehung von Vulnerabilität verantwortlich machen. Tabelle 4 gibt einen Überblick über die drei Dimensionen von Vulnerabilität, wie sie gemäß des Analyserahmens dieser Arbeit konzeptualisiert wurden. Jeder Dimension werden dabei verschiedene Analysekategorien zugeordnet, die sowohl induktiv aus dem Datenmaterial als auch deduktiv aus der Theorie heraus entwickelt wurden.

Auf Basis der metatheoretischen Überlegungen dieser Arbeit (vgl. GIDDENS 1995) repräsentieren die verschiedenen Dimensionen von Verwundbarkeit Handlungsspielräume und definieren so Bewältigungs- und Anpassungshandeln. Soziale, ökonomische und politische Faktoren und Faktorenbündel repräsentieren die Struktur, die das Handeln der Akteure einschränkt und gleichzeitig ermöglicht. Im konkreten Handlungsvollzug werden dann diese Strukturen (re)produziert. Diese Dualität von Handeln und Struktur kann besonders gut in der Doppelstruktur von Verwundbarkeit (BOHLE 2001b) abgebildet werden. Wichtig ist, dass sich die Akteure reflexiv sowie diskursiv mit den vorhandenen Strukturvorgaben auseinandersetzen und entsprechend handeln. Während eines Hochwassers werden wohlhabende Mittelschichthaushalte andere Handlungsstrategien wählen als arme Slumbewohner. Dieser handlungsbeeinflussende Charakter der Lebensumstände wird von STEINBRINK (2009) als die Rationalität der Zwecksetzung bezeichnet (siehe Kapitel 2.2.3). Im Sinne Giddens bezieht sich Struktur auf Regeln und Ressourcen, die soziale Systeme in Raum und Zeit stabilisieren (GIDDENS 1995). Regeln stehen dabei für Verfahrensweisen und Konventionen, innerhalb derer Akteure handeln. Beispielsweise repräsentieren verschiedene Ausprägungen des Klientelismus für die thailändische Gesellschaft spezifische Regeln, die unter anderem den Umgang mit Hochwasser betreffen. Eine gezielte Nutzung von Patronage-Beziehungen ermöglicht es bestimmten Bewohnern der Untersuchungsgebiete die Hilfsverteilung während einer Überflutung zu ihrem Vorteil zu nutzen. Das zweite konstituierende Element der Struktur sind Ressourcen. Giddens unterscheidet allokative und autoritative Ressourcen, wobei sich allokative Ressourcen auf die Fähigkeit zur Kontrolle über materielle Produkte beziehen und autoritative Ressourcen auf die Fähigkeit zur Koordination des Handelns. Die Verfügbarkeit und der Zugang zu unterschiedlichen Ressourcen spielt eine wesentliche Rolle für den Umgang mit Hochwasser. Die Analyse der externen Seite der Verwundbarkeit kann gemäß der Dualität von Handeln und Struktur nicht losgelöst von der internen Seite, nämlich bestimmten Bewältigungs- und Anpassungshandlungen, betrachtet werden. Entsprechend werden bei den Erläuterungen zur sozialen, ökonomischen und politischen Dimension von Vulnerabilität kontinuierlich konkrete Handlungen herangezogen, an denen der Einfluss bestimmter Strukturelemente exemplarisch aufgezeigt wird.

5.4.1 Die soziale Dimension

Die soziale Dimension der Verwundbarkeit von Individuen und Haushalten in den beiden Untersuchungsgebieten Ratchapa und Ban Lad Kret gegenüber Hochwasser wird vor allem durch soziale Netzwerke und Bildung determiniert. Eine erfolgreiche Bewältigung und Anpassung von bzw. an Hochwasser beruht unter anderem auf den Ressourcen, die ihnen zur Verfügung stehen. Nach Giddens (GIDDENS 1988) setzt jedes Handeln Macht voraus, d. h. jeder Akteur verfügt über eine gewisse Handlungsmacht; auch marginalisierte Slumbewohner. Nach FRIEDMANN (1992) können verschiedene Arten der Macht unterschieden werden. Hier geht es um soziale Macht. Unterschiede hinsichtlich der jeweiligen Ausstattung mit sozialer Macht ergeben sich aus dem Zugang zu Ressourcen der Macht. Vor allem gesellschaftliche Verfügungsrechte wie der Zugang zu sozialen Netzwerken, ein gewisser Bildungsstand und Erfahrungen mit Überflutungen sind dabei von Bedeutung. Diese autoritativen Ressourcen (siehe Kapitel 2.2.2) werden im Folgenden im Detail betrachtet.

5.4.1.1 Soziale Netzwerke

Soziale Netzwerke sind unbestritten ein Schlüsselelement innerhalb der Verwundbarkeitsforschung (vgl. BOHLE 2005; CANNON und MÜLLER-MAHN 2010). Im Kontext von Katastrophen ermöglichen soziale Netzwerke materielle und psychologische Unterstützung, die von der Frühwarnung bis hin zur Hilfe beim Wiederaufbau reicht (z. B. CLARK et al. 1998; YANG et al. 2010; SCHEUER et al. 2011; WILLROTH et al. 2012). Das Konzept der sozialen Netzwerke erlangte während der paradigmatischen Neuausrichtung der geographischen Hazardforschung in den 1990er Jahren an Bedeutung (vgl. Kapitel 2.1.1). In dieser Arbeit werden soziale Netzwerke als „die spezifischen Webmuster alltäglicher sozialer Beziehungen" (KEUPP und RÖHRLE 1987, S. 7) verstanden[13]. Soziale Netzwerke werden, vor allem im Verwundbarkeitskontext, zumeist sehr positiv gesehen. Negative Aspekte wie Klientelismus (vgl. Kapitel 4.5.1) und andere Abhängigkeitsverhältnisse werden dagegen vernachlässigt. Hier soll der Sichtweise von DASGUPTA und SERAGELD-

---

13 Es gibt verschiedene Klassifikationen von sozialem Kapital bzw. sozialen Netzwerken. Wichtige Beiträge hierzu liefern z. B. PUTNAM (2000) oder GRANT (2001). Einen Überblick gibt KIEN (2011).

IN (2000, S. 390) gefolgt werden, die sagen: „Social networks can be a help or a hindrance, it all depends on the uses to which networks are put".

Für Thailand gilt, dass soziale Netzwerke für alle Aspekte des Lebens eine wichtige Rolle spielen, diese Bedeutung aber abnimmt. Traditionelle Haushalts- und Nachbarschaftsstrukturen lösen sich auf und die Gesellschaft individualisiert sich (ONREPP 2010). Dieser Prozess ist in der Stadt stärker ausgeprägt als auf dem Land (World Bank 2012), wobei Slumsiedlungen in Bangkok in der Regel eine Ausnahme darstellen. Slums als soziale Räume werden konstituiert durch komplexe soziale Beziehungen, die sich z. B. in gemeinsamen Feierlichkeiten, der Hilfe beim Häuserbau, der Jobvermittlung oder dem gegenseitigen Kinderhüten manifestieren (ASKEW 2002). In Slumsiedlungen spielen also soziale Netzwerke für das alltägliche Leben eine Schlüsselrolle oder wie ARCHER (2010, S. 5) sagt: „Thai low income communities have a propensity to participate and co-operate, forming close-knit networks through their daily interactions". Bezüglich des Hochwassers von 2011 ist es so, dass die Kooperation mit der Regierung in Nachbarschaften mit starken sozialen Netzwerken entscheidend besser vonstattenging als in „schwächeren" Nachbarschaften:

> „In communities with strong social cohesion (and active community networks), sub-district and local government officials were better able to communicate with all informal and formal leaders/groups, the structure of aid distribution was clearer and the distribution timely. [...] Existing community networks and structures, therefore, have significant potential (primarily in rural areas) to support longer-term recovery efforts" (World Bank 2012, S. 224 f.).

Im Folgenden wird gezeigt, dass soziale Netzwerke auch für die privaten und nachbarschaftlichen Bewältigungs- und Anpassungsstrategien von Bedeutung sind. Für das ländlich geprägte Dorf Ban Lad Kret und die Slumsiedlung Ratchapa sind soziale Netzwerke eine wichtige Determinante hinsichtlich der Verwundbarkeit gegenüber Überflutungen. Dies ist umso mehr der Fall, als dass das Katastrophenmanagement der Regierung mit vielerlei Mängeln behaftet war (siehe Kapitel 4.5.3). Soziale Organisationsformen wie Nachbarschaftsvertretungen und Sparvereinigungen werden in den Folgekapiteln vorgestellt. Hier stehen informelle freundschaftliche und nachbarschaftliche Beziehungen im Vordergrund.

Ratchapa

Die Slumsiedlung wird von ihren Bewohnern als „Heimat" bzw. als „zu Hause" bezeichnet. Es erfolgt eine klare Abgrenzung gegenüber den benachbarten Stadtquartieren durch die Artikulation von der „eigenen" Siedlung im Gegenzug zu den „Anderen" (z. B. GD_R1, GD_R2; Interviews R13, R16). Ratchapa wird als ländlich und dörflich charakterisiert, als eine Siedlung, in der fast jeder jeden kennt und in der die sozialen Netzwerke stark ausgeprägt sind. Diese Homogenisierung wurde in Abhängigkeit des bzw. der Befragten im Verlauf der Interviews oftmals relativiert und zum Teil ins Gegenteil verkehrt. Etwa die Hälfte der Interviewpartner betonen die Eintracht des Zusammenlebens und die gute nachbarschaftliche Hilfe im Alltag und während Überflutungsphasen. Die andere Hälfte wiederspricht und erläutert, dass es zwar starke soziale Netzwerke innerhalb der Nachbarschaft gibt, diese aber eine räumliche Dimension haben. Sozialer Zusammenhalt besteht entsprechend vor allem innerhalb der einzelnen Teile von Ratchapa und nicht unbedingt darüber hinaus[14]. Warum dies so ist und zu welchen Problemen diese Tatsache führen kann, soll später in diesem Kapitel erläutert werden. Im Kontext von Überflutungen spielen soziale Netzwerke in Ratchapa jedenfalls eine wichtige Rolle. Im Falle eines Hochwassers ist es so, dass zuerst die eigenen Probleme bewältigt werden, dann aber „jeder jedem hilft" (Interviews R2, R12, R13). Besonders wichtig sind in diesem Zusammenhang Personen, die über möglichst viele verschiedene Kapitalarten verfügen. Ein Beispiel bezieht sich auf einen 56-jährigen Slumbewohner, der innerhalb der Slumsiedlung besonders gut vernetzt ist. Er kann die richtigen Werkzeuge und Materialien zur Reparatur von Häusern und Gehwegen schnell organisieren, wenn er sie nicht sogar selbst besitzt. Er ist ein geschickter Handwerker und während Überflutungen für Freunde und Nachbarn im Dauereinsatz. Darüber hinaus besitzt er ein kleines Boot und eine Pumpe, die er während eines Hochwassers verleiht. Er hat laut eigenen Angaben außerdem Erfahrungen mit regelmäßigen Überflutungen, da er seit seiner Geburt in Ratchapa lebt und kann entsprechend Ratschläge zum richtigen Verhalten geben (Interview R13).

Den besonders verwundbaren Mitgliedern der Nachbarschaft wird während einer Überflutung vermehrt geholfen. So wird z. B. berichtet, dass alte und kranke Slumbewohner zu Beginn des Hochwassers von Nachbarn, Freunden oder Familienangehörigen aus ihren Häusern evakuiert und in Sicherheit gebracht wurden. Auch die ärmsten Bewohner von Ratchapa erfahren eine gewisse Solidarität, indem Nachbarn helfen ihre Häuser zu reparieren und zu erhöhen (Interview R13). Weiterhin spielen soziale Netzwerke eine wichtige Rolle bei der psychologischen Bewältigung der Überflutungsauswirkungen. Man spricht über die Erlebnisse, teilt Erfahrungen, versucht Ereignisse zu rekonstruieren und sucht Halt, was dieser Ausschnitt einer Gruppendiskussion exemplarisch zeigt (GD_R1):

> Teilnehmerin a: „[I]ch konnte nicht mehr arbeiten und hatte keine Geld mehr. Natürlich war ich besorgt. Das ging nicht nur mir so."
> Teilnehmer b: „Ja, wir hatten alle Probleme. Wir haben ja darüber gesprochen und …"
> Teilnehmerin a: „Das stimmt. Das hat mir sehr geholfen. Zu sehen, dass man nicht alleine ist, war sehr wichtig."
> Teilnehmerin c: „Wir haben uns fast jeden Abend bei mir getroffen und uns gegenseitig Mut gemacht und überlegt, was wir jetzt machen können."

---

14 Wie eingangs beschrieben, besteht Ratchapa aus drei voneinander getrennten Bereichen (siehe Kapitel 5.1.1).

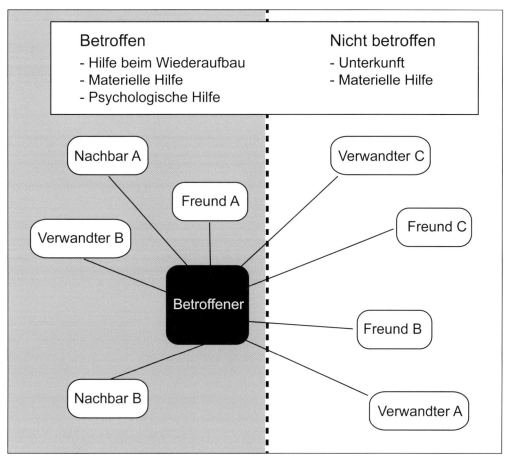

Abb. 37: Schematische Darstellung eines persönlichen sozialen Netzwerkes einer von Hoch-
wasser betroffenen Person inklusive der wichtigsten Art von Hilfe
Quelle: Eigene Darstellung

Für psychologische Bewältigung sind vor allem diejenigen Glieder des sozialen Netzwerkes wichtig, die selbst betroffen waren und die Familie. Dies zeigt, dass innerhalb des
sozialen Netzwerkes einer Person differenziert werden muss. Neben den Personen, die
selbst von Hochwasser betroffen sind, gibt es natürlich noch andere wichtige soziale
Verbindungen zu Personen, die wenig bzw. gar nicht unter Überflutungen leiden (Abb. 37).
Diesbezüglich sind vor allem Familienmitglieder erwähnenswert, die außerhalb von Ratchapa wohnen, und bei denen während des Hochwassers von 2011 Schutz gesucht wurde.
Auch außerhalb lebende Freunde und Bekannte unterstützen die Betroffenen soweit sie
können; z. B. mit Ersatz für zerstörte Haushaltsgegenstände oder mit Kleidung (Interview
R17). Finanzielle Hilfen über das soziale Netzwerk gibt es nicht, was mit der sozio-ökonomischen Position der Slumbewohner begründet werden kann. Auch die Bereitstellung
von Nahrungsmitteln und Trinkwasser wurde nicht von den sozialen Netzwerken übernommen, sondern geschah durch externe Akteure (vgl. Kapitel 5.6). Auch hinsichtlich

anderer Belange als dem Hochwasser haben soziale Netzwerke eine positive Funktion. Gerade innerhalb des informellen Sektors, in dem viele Bewohner Ratchapas beschäftigt sind, spielen Kontakte eine wichtige Rolle. Jobs werden bevorzugt an Freunde und Bekannte vergeben (GD_R2; Interview R13; mehr dazu in Kapitel 5.4.2.2).

Trotz der oben erwähnten positiven Aspekte der sozialen Netzwerke betonen viele Interviewpartner bestehende Konflikte und einen Mangel an sozialem Zusammenhalt innerhalb der Nachbarschaft. Die Konflikte beziehen sich größtenteils auf ungleiche Hilfsverteilungen während der Überflutungen, auf Korruption in Verbindung mit der Nachbarschaftsvertretung und auf unterschiedliche politische Einstellungen (vgl. Kapitel 5.4.3). Die positive Bedeutung sozialer Netzwerke für die Nachbarschaft im Allgemeinen und für die Hochwasserbewältigung im Speziellen wurde von den Slumbewohnern und der Nachbarschaftsvertretung erkannt. In regelmäßigen Abständen finden Nachbarschaftstreffen und gemeinsame Feierlichkeiten statt, die unter anderem der Stärkung des sozialen Zusammenhaltes dienen sollen. Sie werden von der Nachbarschaftsvertretung organisiert und meist vor dem chinesischen Schrein, der als eine Art Dorfplatz fungiert, abgehalten. Da aber einige der Bewohner mit der Nachbarschaftsvertretung nicht zufrieden sind, nehmen sie an diesen Veranstaltungen nicht teil bzw. organisieren sogar ihre eigenen Versammlungen. 2012 fand beispielsweise der Kindertag parallel in zwei unterschiedlichen Teilen von Ratchapa statt. Der politischen Polarisierung zugrunde liegend, aber auch andere Spannungen in der Nachbarschaft auslösend, sind die historisch bedingten ethnischen und religiösen Diversitäten (siehe Kapitel 5.2). Einzelne Bewohner beschuldigen die Nachbarschaftsvertretung nur den vietnamesisch-stämmigen Mitgliedern der Nachbarschaft zu helfen. Andere sprechen von einer Konkurrenz zwischen dem chinesischen Schrein und Wat Ratchapatikaram (Interviews R12, R16). Solche Einzelaussagen müssen mit Vorsicht betrachtet werden. Sie lassen aber Rückschlüsse auf Konflikte und Trennlinien innerhalb der Slumsiedlung zu. Verstärkt werden diese Konflikte noch durch die physischen Hindernisse, die Ratchapa in mehrere Bereiche teilen. Um miteinander zu interagieren und zu kommunizieren, müssen die Slumbewohner zum Teil große Wege zurücklegen, was dazu führt, dass diejenigen, die nördlich der Krungton Brücke leben, zum Teil wenig von ihren Nachbarn südlich der Brücke wissen und es abgesehen von den regelmäßigen Treffen, an denen nicht einmal alle Bewohner teilnehmen, wenig Verbindungen gibt (GD_R1; Interview R18).

Neben den Interviewdaten lassen eigene Beobachtungen innerhalb der Nachbarschaft Vermutungen hinsichtlich des sozialen Zusammenhaltes zu. Während der meisten Besuche offenbarte sich ein recht harmonisches Bild, das allerdings immer wieder von kleinen Zwischenfällen getrübt wurde. Es gibt in der Nachbarschaft offensichtliche Alkohol- und Drogenprobleme, auch unter Jugendlichen, wobei das Thema ein Tabu zu sein scheint, da es trotz entsprechenden Fragen in den Interviews nicht besprochen wurde. Außerdem konnten einige Streitereien beobachtet werden, bei denen es um die Arbeit der

Nachbarschaftsvertretung ging. Die benachbarte katholische Gemeinde, die sich Sapa Phiban nennt und deren Bewohner der Mittelschicht zuzuordnen sind, ist mit der Existenz eines Slums in unmittelbarer Nachbarschaft alles andere als zufrieden. Die Gemeindevorsitzende berichtet von unflätigem Verhalten und Drogenkonsum der Slumbewohner. Trotz der Tatsache, dass viele Slumbewohner regelmäßig in die Kirche gehen, würde sie am liebsten eine Mauer bauen, damit die Bewohner von Ratchapa vom Gemeindeleben ausgeschlossen werden:

> „Ein Tagesordnungspunkt auf unserer Agenda ist der Bau einer Mauer als Grenze zur Slumsiedlung [...]. Dann könnten die Slumbewohner nicht mehr durch Sapa Phiban gehen und schlechten Einfluss auf unsere Kinder ausüben. Ich möchte nicht, dass die Kinder sehen, wie die Bewohner von Ratchapa sich in aller Öffentlichkeit küssen, wie sie Alkohol trinken und Drogen nehmen" (Interview R20).

Auf die sozialen Probleme angesprochen, erklärt die Nachbarschaftsvertretung von Ratchapa, sie wüsste von nichts. Die Situation sei entspannt und der soziale Zusammenhalt über die gesamte Nachbarschaft hinweg sehr gut (Interview R16).

Ban Lad Kret

> „Koh Kret [is] a semi rural-urban community. Its members have a simple way of life, in which community members know one another well and help each other in times of need. The simple way of life persists despite the growth of local industry" (SU-WATTANA 2002, S. 82 f.).

Dieses Zitat, wenngleich von 2002, beschreibt die aktuelle Situation hinsichtlich des sozialen Zusammenhalts auf Koh Kret und speziell im Untersuchungsgebiet Ban Lad Kret noch immer treffend. Die Dorfbewohner kennen einander in der Regel gut, verstehen sich und helfen einander; und zwar nicht nur während Extremsituationen wie Überflutungen, sondern auch im Alltag (GD_B1; Interview B6). Sämtliche Interviewpartner identifizieren sich mit ihrem Dorf und finden positive Worte für den sozialen Zusammenhalt. Für diese starken nachbarschaftlichen Beziehungen geben die Bewohner von Ban Lad Kret unterschiedliche Erklärungen ab. An erster Stelle sind die gemeinsame Lebensweise und die geteilte Kultur zu nennen (siehe Kapitel 5.2). Das ruhige dörfliche Leben abseits der städtischen Hektik lässt viel Raum für Zwischenmenschliches wie Gespräche oder gemeinsame Treffen. Die meisten Dorfbewohner sind in Ban Lad Kret geboren und aufgewachsen (vgl. WECHTUNYAGUL 2008) und kennen sich entsprechend seit langer Zeit. Zuzüge von außerhalb gibt es kaum. Veränderungen im Dorf betreffen hauptsächlich die touristische Entwicklung (siehe Kapitel 5.4.2). Die Mon-Traditionen und auch die Mon-Auslegungen des Buddhismus sind weitere Faktoren, die die sozialen Netzwerke innerhalb des Dorfes beeinflussen. Gemeinsam gefeierte religiöse Feste wie Songkran bringen die Menschen zusammen und stärken das Zusammengehörigkeitsgefühl. Eine 56-jährige Dorfbewohnerin berichtet, dass sie während der verschiedenen religiösen Feste (z. B. Loy Krathong oder Songkran) jedes Mal spezielle Mon-Gerichte zubereitet und an die Dorfbewohner verteilt, die sich dann mit anderen Kleinigkeiten revanchieren (Interview B10). Auch über die Dorfgrenzen hinaus zeigt sich Koh Kret als soziale Einheit. Der Kamnan von Koh Kret[15] erzählt von gemeinsamen Veranstaltungen auf der Insel wie z. B. dem alljährlichen Fußballturnier oder dem Inselfest, das die Bewohner zusammenbringt. Außerdem gibt es regelmäßige Treffen auf dem Tempelvorplatz in Ban Aung Aang, zu denen alle Inselbewohner eingeladen werden und auf denen aktuelle Themen wie z. B. anstehende Infrastrukturprojekte oder der Umgang mit Hochwasser diskutiert werden (Interview B13). Auf Koh Kret gibt es eine Grundschule und eine weiterführende Schule sowie zwei Krankenstationen, die für alle Inselbewohner zuständig sind und die entsprechend ebenfalls als Treffpunkte und zum Informationsaustausch dienen.

Dieser sehr starke Zusammenhalt auf der Insel und speziell in Ban Lad Kret vereinfacht die Bewältigung von Überflutungen. Trotz der Tatsache, dass die Bewohner des Untersuchungsgebietes an Überflutungen gewöhnt sind und sich in der Regel selber helfen können, kommt es regelmäßig zu Situationen, in denen nachbarschaftliche Unterstützung sinnvoll sein kann. Hochwasserwarnungen und -informationen werden zusätzlich zu den offiziellen Verbreitungsmechanismen immer auch entlang der sozialen Netzwerke über Mundpropaganda weitergegeben, um Redundanz zu erzeugen (Interviews B4, B8, B15). Erleiden Dorfbewohner Einkommensverluste oder Schäden an ihrem Eigentum durch die Überflutungen, so leihen sie sich in Abhängigkeit ihrer finanziellen Situation Geld von Freunden oder Verwandten. Die Bewältigungsstrategien der Landwirte im Dorf hinsichtlich des Hochwassers 2011 bauten ganz extrem auf sozialen Netzwerken auf, indem Nachbarn dabei halfen, die Erddeiche um die Anbauflächen zu erhöhen bzw. zu verstärken. Nach einem Hochwasserereignis finden die Aufräumarbeiten meist gemeinsam statt und es wird denjenigen vermehrt geholfen, die die größten Schäden zu beklagen haben (GD_B1). Neben den sozialen Netzwerken, die die Bewohner von Ban Lad Kret miteinander verbinden, berichten einzelne Interviewpartner von ihren Beziehungen auf das Festland, die im Falle von Überflutungen genutzt werden. Meist bleiben nicht alle Haushaltsmitglieder während eines Hochwassers auf Koh Kret, sondern verlassen die Insel und bringen sich bei Freunden oder bei Familienmitgliedern in Sicherheit, die auf dem Festland leben. Außerdem wird von materieller Hilfe berichtet, die über Kontakte zu Akteuren auf dem Festland organisiert wird. Dabei handelt es sich meist um Material zur Reparatur und Verstärkung der Häuser und um das entsprechende Werkzeug (GD_B1). Im Gegensatz zur Slumsiedlung Ratchapa, in der es eine Reihe von Problemen gibt, die

---

15 Der Kamnan ist Teil der Provinzregierung. Er repräsentiert die Tambonebene. Er wird von den Dorfvorständen (Poo-yaibaan) der einzelnen Dörfer auf Koh Kret gewählt (mehr zur Regierungs- und Verwaltungsstruktur Thailands in Kapitel 4.5.2).

den sozialen Zusammenhalt unterminieren, können die Bewohner von Ban Lad Kret von wenig Negativem berichten. Sie betonen immer wieder ihre Traditionen und ihre Lebensweise, die sie stark macht und die sie zusammenhalten lässt. Gerade die älteren Interviewpartner artikulieren allerdings auch Ängste hinsichtlich des Verlustes dieser Traditionen. Im Wesentlichen sind hier drei Faktoren zu nennen, die diese Angst begründen. Zum einen ist innerhalb der jüngeren Generation eine nachlassende Partizipation an gemeinsamen Veranstaltungen und eine generelle Abkehr von traditionellen Lebensweisen zu beobachten. Dies äußert sich unter anderem darin, dass viele junge Leute Koh Kret auf der Suche nach besseren Bildungsmöglichkeiten und besseren Jobs verlassen (vgl. WECHTUNYAGUL 2008). Weiterhin führt die stetig wachsende Tourismusbranche zur Ansiedlung auswärtiger Unternehmen und Personen, was bisher vor allem in Ban Aung Aang, dem touristisch wichtigsten Dorf von Koh Kret, zu erkennen ist. Zum anderen gibt es Gerüchte, das eine Brücke zum Festland gebaut werden soll, was aus Sicht der Dorfbewohner zu tiefgreifenden und negativen Veränderungen führen würde[16]. Auch eine SWOT-Analyse[17], die vom TAO Koh Kret durchgeführt wurde, bezeichnet die Veränderungen durch Urbanisierungsprozesse und durch den Verlust traditioneller Lebensweisen als eine Gefahr für die Insel (TAO Koh Kret 2012). Bisher sind allerdings kaum Veränderungen in Ban Lad Kret zu erkennen und die Dorfgemeinschaft wirkt sehr intakt und stark.

Für beide Untersuchungsgebiete gilt festzuhalten, dass soziale Netzwerke eine wichtige Determinante hinsichtlich der Bewältigung von Überflutungsereignissen darstellen und entsprechend Verwundbarkeit reduzieren können. Mit Giddens' Worten sind gesellschaftliche Allianzen wie soziale Netzwerke eine wichtige autoritative Ressource, die Handeln konstituiert (GIDDENS 1995). Es wird außerdem deutlich, dass sozialer Zusammenhalt bzw. soziale Konflikte sowohl auf historisch bedingten Entwicklungen beruhen als auch von aktuellen Prozessen beeinflusst werden. Die sozialen Netzwerke in Ratchapa werden durch diverse Probleme stark eingeschränkt und sind entsprechend schwächer ausgeprägt als in Ban Lad Kret. Diese Aussage muss allerdings in Relation betrachtet werden, da auf Familienebene die Netzwerke in der Slumsiedlung sehr stark sind. Die durchschnittliche Haushaltsgröße in Ratchapa beträgt 9,2 und ist damit im Vergleich zu vier Haushaltsmitgliedern in Ban Lad Kret wesentlich größer. Laut einer Studie von WECHTUNYAKUL (2008) nimmt zudem die Bedeutung der Familie auf Koh Kret ab. Außerdem werden soziale Netzwerke in Slums aufgrund der hier weniger bis gar nicht präsenten externen Hilfe und auch aufgrund mangelnder finanzieller Ressourcen stärker genutzt, um Über-

---

16 1993 wurde auf Initiative des Department of Public Works des Distrikts Pak Kret mit der Planung einer festen Verbindung von Koh Kret nach Tessaban Pak Kret begonnen, die allerdings aufgrund verschiedener Unstimmigkeiten wieder abgebrochen wurde (vgl. PHATTANAWASIN 2009). Auf Nachfrage berichtet der stellvertretende Leiter des Distrikts Pak Kret, dass die Planung einer Brücke nach wie vor diskutiert wird, es aber momentan keine nennenswerten Entwicklung dazu gibt (Interview B16).

17 Eine SWOT-Analyse ist ein Instrument der strategischen Planung, die der Strategieentwicklung von Unternehmen, Regionen, Regierungen usw. dient. SWOT steht für „Strengths, Weaknesses, Opportunities and Threats".

flutungen zu bewältigen, als dies in Mittelschichtvierteln der Fall ist (World Bank 2012). Zu Beginn dieses Kapitels wurden die negativen Aspekte von sozialen Netzwerken angesprochen und auf Klientelismus verwiesen. Dieses Thema wird in Kapitel 5.4.3.2 genauer beleuchtet.

5.4.1.2 Bildung

Der Zugang zu Bildung[18] und zu spezifischen Informationen bezüglich Hochwasser ist für den Handlungsspielraum lokaler Akteure konstituierend (CUTTER et al. 2003). Adger et al. (2003) betonen, dass Anpassung an den Klimawandel und an assoziierte Extremereignisse nur denjenigen gelingen kann, die neben ökonomischen Ressourcen über entsprechendes Wissen und Informationen verfügen. Bildung kann direkt sowie indirekt die Verwundbarkeit von Individuen reduzieren: „Education can directly influence risk perception, skills and knowledge and indirectly reduce poverty, improve health and promote access to information and resources" (MUTTARAK und LUTZ 2014). Beispielsweise können Lese- und Schreibfähigkeiten, mathematische Kenntnisse sowie abstraktes Denken entscheidend die Aufnahme von Risikoinformationen wie z. B. Wettervorhersagen und Katastrophenwarnungen beeinflussen (MILETI und SORENSON 1990). In der Regel verbessert Bildung den sozio-ökonomischen Status einer Person und führt somit potentiell zu Investitionen in Versicherungen und in ein sicheres Zuhause (PSACHAROPOULOS und PATRINOS 2002). Das offizielle thailändische Bildungssystem[19] verbessert sich kontinuierlich hinsichtlich der Einschulungs- und Immatrikulationsraten und der getätigten Investitionen. Allerdings wird auch betont, dass mit diesen Prozessen nicht unbedingt eine Qualitätssteigerung einhergeht (dazu MOUNIER und TANGCHUANG 2010). Nach Angaben des Ministry of Natural Resources and Environment ist in den Lehrplänen aller Schulen des Landes inzwischen der Klimawandel enthalten und somit auch das Thema Hochwasser (ONREPP 2010). Eine weitere wichtige Informationsquelle, vor allem während eines Hochwasserereignisses, sind die Medien, die nicht nur vor Überflutungen warnen, sondern auch Erklärungen zur Entstehung und zu den Implikationen geben (World Bank 2012). Wie oben bereits angedeutet, bedarf es eines gewissen Grundverständnisses, um Medienberichte richtig interpretieren zu können. Auch die Erfahrungen mit wiederkehrenden Hochwasserereignissen spielen eine entscheidende Rolle, denn sie determinieren welche Bewältigungs- und Anpassungshandlungen die Akteure als sinnvoll erachten. Außerdem kann die Erfahrung bestimmter Ereignisse dazu führen, dass sich Personen verwundbar fühlen. Hier zeigt sich, dass Vulnerabilität auch ein sozial konstruiertes Phänomen ist (CHRISTMANN et al. 2011). Regelmäßig auftretende Überflutungen resultieren z. B. in der gemeinsam geteilten Annahme von weiteren Überflutungsereignissen und entsprechend in bestimmten Handlungsweisen. Bezüglich des Hochwassers von 2011

---

18 Der hier verwendete Bildungsbegriff schließt Wissen mit ein. Eine detaillierte Auseinandersetzung mit den Begriffen Bildung und Wissen liefern PONGRATZ et al. (2007).
19 Informationen zum thailändischen Bildungssystem finden sich bei MOE (2008).

spielten Erfahrungen allerdings eine untergeordnete Rolle, denn wie COHEN (2012, S. 327) in seiner auto-ethnographischen Studie berichtet:

> „[…] like the 2004 tsunami, the 2011 floods were unique in their enormity, and none of my neighbours had ever experienced anything similar. Hence, there was little reliable 'native knowledge' (of the kind the Moken sea-nomads allegedly possessed in the tsunami […]) which could be of help to deal with the threat".

Da der Themenkomplex Hochwasser inzwischen in der Schule unterrichtet wird, lernen die Schüler in beiden Untersuchungsgebieten wie Überflutungen entstehen und wie man sich während eines Hochwasserereignisses verhalten muss (Interviews R2, R11, B2, B5). Auf Koh Kret werden zusätzlich beide Schulen außerkurrikular jedes Jahr vor der regulären Überflutungsperiode von Distriktmitarbeitern aufgesucht, die bestimmte Informationen zum Thema Hochwasser vermitteln (Interview B15). Auch die Distriktverwaltung von Dusit ist bemüht, die Bewohner hochwassergefährdeter Nachbarschaften zu informieren. In Ratchapa finden hierfür jährliche Treffen statt, auf denen die Bewohner lernen, wie man Hochwasserwarnungen und Wettervorhersagen richtig interpretiert und wie man sich während einer Überflutung zu verhalten hat. Seit dem Hochwasser von 2011 wird zusätzlich Informationsmaterial auf diesen Treffen verteilt, das im Stil eines Comics Verhaltenshinweise enthält (Abb. 38). Auch die indirekten Effekte von Bildung werden angesprochen, denn, wie ein Mitglied der Nachbarschaftsvertretung berichtet, haben viele Slumbewohner keinen Schulabschluss und deswegen ein geringes Einkommen. Viele Anpassungsmaßnahmen wie das Erhöhen der Häuser sind allerdings sehr teuer und können entsprechend nur mit ausreichend finanziellen Ressourcen bewerkstelligt werden (Interview R8).

Sowohl in der Slumsiedlung als auch auf der Flussinsel spielen die Massenmedien als Quelle von Informationen für Hochwasserereignisse eine entscheidende Rolle. Dabei werden vor allem Radios, Fernsehgeräte und Tageszeitungen konsultiert. Das Internet und soziale Medien werden nicht genutzt (z. B. Interviews R5, R6, B2, B6). In anderen vom Hochwasser betroffenen Bereichen Bangkoks wurden soziale Medien dagegen bereits erfolgreich zur Bewältigung eingesetzt (vgl. KAEWKITIPONG et al. 2012; KONGTHON et al. 2012). Die Bewohner von Ratchapa und Ban Lad Kret verfolgen zu Beginn der Monsunsaison regelmäßig die Wettervorhersagen und die Hochwassersituation in den nördlichen Provinzen. Vor allem aufgrund von Erfahrungen mit früheren Ereignissen und weil sie es auf Schulungen vom Distrikt gelernt haben, können sie bestimmte Schlussfolgerungen anstellen. Hohe Niederschläge im Norden und durchziehende tropische Stürme sind beispielsweise für fast alle Interviewpartner Indikatoren für bevorstehendes Hochwasser (Interviews R6, R17, B2, B6). Auch im weiteren Zeitverlauf werden regelmäßig die Nachrichten und Wettervorhersagen verfolgt, denn dort werden die offiziellen Hochwasserwarnungen der Regierung bekanntgegeben. Spätestens wenn vor Überflutungen in

Abb. 38: Hochwasser-Informations-
material mit Grundlagen-
wissen zu Überflutungen
und Verhaltenshinweisen
Quelle: BMA, 2012

Bangkok gewarnt wird, antizipieren die Interview-partner und führen vorbereitende Maßnahmen durch; viele schon früher. Unterschiede hinsichtlich der Mediennutzung und der Interpretation der Informationen zwischen den beiden Untersuchungsgebieten sind anhand der Interviewaussagen nicht erkennbar. Wie in Kapitel 4.4 bereits angedeutet, waren die Warnungen vor dem Hochwasser 2011 sehr widersprüchlich und änderten sich in kurzen Zeitabständen, was zu einer Verunsicherung der Bewohner in den Untersuchungsgebieten führte und entschiedenes Handeln hinauszögerte. Neben den Informationen aus Fernsehen, Radio und Printmedien spielen noch andere Informationsquellen eine Rolle. Sowohl in Ratchapa als auch in Ban Lad Kret gibt es Bewohner, die sich die aktuellen Tidekalender besorgen, um ihren Alltag entsprechend der Wasserstandsschwankungen auszurichten (GD_B1; Interviews R1, R6).

Außerdem werden viele relevante Informationen auch entlang der sozialen Netzwerke über Mundpropaganda weitergegeben. Die Nachbarn in Ban Lad Kret informieren sich beispielsweise darüber, wie die Formalien bezüglich der Entschädigungszahlungen auszufüllen sind oder welche anderen Unterstützungen der Regierung es gibt (GD_B1, GD_B2). Desweiteren wird hochwasserrelevantes Wissen durch lokale Organisationsformen (in Ban Lad Kret der Pooyaibaan und die TAO Koh Kret und in Ratchapa die Nachbarschaftsvertretung) weitergegeben. Mitglieder der Nachbarschaftsvertretung gehen in der Slumsiedlung von Haus zu Haus und informieren die Bewohner über bevorstehende Überflutungen, wo die Hilfspakete verteilt werden und wo die nächste Notunterkunft ist. Entsprechend der bereits angesprochenen Konflikte in Ratchapa, die sich auch in der Arbeit der Nachbarschaftsvertretung widerspiegeln, gibt es Bevorteilungen und Marginalisierung von bestimmten Bewohnern hinsichtlich der Verteilung von Informationen und anderen Leistungen (siehe Kapitel 5.4.3.2). Auf der Flussinsel Koh Kret ist dies nicht der Fall. Hier gibt es ein von der lokalen Regierung installiertes Lautsprechersystem bestehend aus 50 Türmen, das 80 % aller Inselbewohner und 100 % aller Bewohner von Ban Lad Kret erreicht. Über dieses System werden die Menschen vor Hochwasser gewarnt, über die Charakteristika bevorstehender Überflutungen informiert und mit Handlungsempfehlungen versorgt. Das Lautsprechersystem dient außerdem der Information der Inselbevölkerung hinsichtlich aktueller Ereignisse wie Wahlen oder Veranstaltungen und der Unterhaltung (Interview B15). Es wird von den Bewohnern von Ban Lad Kret sehr geschätzt und entsprechend viel genutzt:

> „Die Lautsprecher senden jeden Tag zu bestimmten Zeiten Musik und Informationen. Während eines Hochwassers werden viele nützliche Informationen bekanntgegeben. Für mich ist es wichtig zu wissen, zu welcher genauen Uhrzeit der höchste Wasserstand erwartet wird, wann ich Nahrungsmittel und Trinkwasser abholen kann. Das Lautsprechersystem hat sich für die Insel und ihre Bewohner bereits mehrfach bewährt" (Interview B6).

Aufgrund der Exposition gegenüber Hochwasser sind beide Untersuchungsgebiete regelmäßig von Überflutungen betroffen. Die Bewohner haben entsprechend viel lokales Wissen angehäuft, das nicht nur auf individuellen Erfahrungen beruht, sondern auch über Generationen weitergegeben wird. Vor allem in Ban Lad Kret spielt dieses gemeinsame Wissen aufgrund der längeren Besiedlung eine wichtige Rolle. Eine 67-jährige Dorfbewohnerin berichtet, dass die traditionelle Lebensweise der Mon seit jeher an Überflutungen angepasst ist (z. B. traditionelle Häuser) und dass die Menschen so etwas wie ein traditionelles Wissen besitzen, das es ihnen ermöglicht, anhand von Veränderungen in der Natur, zu erkennen, wann das Hochwasser beginnt und wann es endet (Interview B4). Ähnliches wurde 2004 während des Tsunamis beobachtet, als die indigenen Seenomaden, die Moken, basierend auf kulturellen Überlieferungen, Schwankungen des Meeresspiegels und andere natürliche Zeichen richtig interpretierten und sich in Sicherheit brachten (ARUNOTAI 2008). Auch die landwirtschaftlichen Praktiken auf Koh Kret basieren auf traditionellem Wissen und sind an regelmäßige Überflutungen angepasst. Die Landwirtschaft im Distrikt Pak Kret richtet sich generell stärker nach den natürlichen Bedingungen als in anderen, stärker industrialisierten Anbaugebieten. Kleine Anbauflächen und kleinteilige Besitzstrukturen in Kombination mit lokalem Erfahrungswissen führen zu einer gewissen Resilienz gegenüber Veränderungen:

> „Moreover, as most farmers in Western-nonthaburi [hier liegt der Distrikt Pak Kret und die Flussinsel Koh Kret; Anmerkung des Verf.] were the owners of the land, having grown up and lived there most of their lives, they were likely to have more knowledge about the nature of the land and how to interact with it than the tenant farmers or the new coming households who migrated to live in a housing estate […].

[T]he hybrid rural-urban development patterns in Western-nonthaburi based on smallholdings with finer degree of mixed-use are likely to create a higher degree of diversity to the urban system. These qualities enhance resilience of the urban system by promoting absorbability and retaining capability of the systems to deal with disturbances and imminent shifts" (RONGWIRIYAPHANICH 2012, S. 7 f.).

Die in der Landwirtschaft tätigen Haushalte von Ban Lad Kret berichten von der Eindeichung bestimmter Anbauflächen und von der Verschiebung des Anpflanzungs- und Erntezeitpunktes entsprechend den Überflutungsperioden (Interviews B9, B11). Wie oben bereits angedeutet, waren die Auswirkungen des Hochwassers von 2011 allerdings so enorm, dass die auf Erfahrung basierenden Anpassungsmechanismen versagten und selbst eingedeichte Flächen vollständig überflutet wurden. Auch die Bewohner von Ratchapa verfügen über Erfahrungen mit Hochwassersituationen, die sich in spezifischen Bewältigungs- und Anpassungshandlungen äußern, wie z. B. dem regelmäßigen Aufbau von temporären Holzstegen oder der Vorbereitung der Häuser (z. B. Interviews B2, B8, B12). Dennoch sind diese Handlungsweisen keine Alltagshandlungen. Sie finden trotz ihrer Regelmäßigkeit intentional statt und werden in den Interviews diskursiv besprochen.

Da sowohl Schulbildung, die Massenmedien, Informationen der Lokalregierung und Erfahrungen das Wissen hinsichtlich Überflutungen konstituieren, ist eine trennscharfe Unterscheidung, welche Faktoren verantwortlich für welche Handlungsweise ist, schwierig. Es sind vielmehr Wechselwirkungen zwischen den einzelnen konstituierenden Elementen erkennbar, denn beispielsweise beruhen bestimmte Erfahrungen auf Handlungsempfehlungen der Regierung, die dann unter Umständen die Informationsaufnahme während der nächsten Überflutung beeinflussen. Es ist festzustellen, dass Bildung in beiden Untersuchungsgebieten eine wichtige Grundlage für die Bewältigung von Hochwasserereignissen darstellt, wobei in Ban Lad Kret mehr traditionelles Wissen vorhanden ist als in Ratchapa und innerhalb der Slumsiedlung aufgrund der historisch bedingten religiösen und ethnischen Trennlinien die Informationsverteilung mit verschiedenen Problemen konfrontiert ist.

5.4.2 Die ökonomische Dimension

Drei wichtige Faktorenbündel können identifiziert werden, die die ökonomische Dimension der Vulnerabilität von Individuen und Haushalten determinieren. Dazu zählen: (1) Physische Aspekte, d. h. der Ort, an dem eine Person lebt und die Qualität der baulichen Umwelt (Baumaterialien und Art des Hauses, Strom- und Wasserversorgung usw.); (2) Strategien zur Existenzsicherung, d. h. die Art und Weise wie eine Person ihren Lebensunterhalt verdient und (3) Förderprogramme, von denen eine Nachbarschaft, eine Berufsgruppe oder Individuen finanziell profitieren. Wichtig ist auch hier die Anmerkung, dass die Zuordnung zur ökonomischen Dimension nicht trennscharf ist und dass z. B. phy-

sische Vulnerabilität auch mit anderen als ökonomischen Faktoren zusammenhängt. Die
Zunahme an teuren, modernen Häusern in Ban Lad Kret, die allerdings nicht an Hochwasser angepasst sind, lässt darauf schließen, dass die Besitzer zwar über genügend finanzielles Kapital, nicht aber über das nötige Wissen hinsichtlich Überflutungen verfügen.
Geld kann man nach GIDDENS (1995) den allokativen Ressourcen zuordnen. Er sagt aber
auch, und das macht das obige Beispiel deutlich, dass „allokative Ressourcen [...] sich
ohne die Umwandlung autoritativer Ressourcen nicht fortentwickeln" lassen (ebd.,
S. 317). Die Verfügbarkeit von finanziellen Ressourcen kann also erst durch Wissen über
den Einsatzzweck nutzbar gemacht werden. An dieser Stelle kann man sich erneut die
Feststellung von CHAMBERS (1989) in Erinnerung rufen, dass Verwundbarkeit eben nicht
das gleiche ist wie Armut, sondern eine Vielzahl anderer Faktoren eine Rolle spielt.

5.4.2.1 Physische Vulnerabilität

Die Multidimensionalität von Vulnerabilität wird in dieser Arbeit komplexitätsreduzie-
rend durch drei Dimensionen abgebildet. Physische Aspekte, die Verwundbarkeit determinieren, werden hier der Ökonomischen Dimension zugeordnet, da ein wesentlicher
Einflussfaktor auf die Wahl des Wohnortes und die Art des Hauses die Einkommenshöhe
ist (CUTTER et al. 2003). Physische Vulnerabilität wird nach EBERT et al. (2009, S. 277)
definiert als „the properties of physical structures that determine their potential damage
in case of a disaster (e.g. material type and construction quality)". Diese Definition soll
nun noch um eine räumliche Komponente erweitert werden, nämlich um die Lage dieser
physical structures in Bezug zu einem Hochwasser. Beide Untersuchungsgebiete liegen
unmittelbar am Chao Phraya und sind nicht durch strukturelle Maßnahmen, d.h. durch
Deiche oder Flutschutzmauern geschützt. Sämtliche Gebäude werden also von Hochwasserereignissen beeinflusst, wobei Schäden lediglich in Abhängigkeit der physischen Vulnerabilität eintreten. Fast alle Häuser in Ratchapa sind an schwankende Wasserstände
angepasste Stelzenhäuser, die auf dem Fluss errichtet wurden. Lediglich im Bereich nördlich der Krungton Brücke stehen die Häuser auf dem Festland und sind nicht auf Stelzen
gebaut (Abb. 39). Dieser Bereich ist auch derjenige, der regelmäßig am stärksten von
Hochwasser betroffen ist, da die Häuser im Vergleich zu den Stelzenhäusern sehr niedrig
liegen. Eine Erhöhung der Gebäude in diesem Bereich ist schwierig, da sie größtenteils
zweigeschossig sind. In den anderen Bereichen der Slumsiedlung werden einige Häuser
immer wieder erhöht. Die Bewohner passen sich somit an die immer stärker werdenden
Überflutungen an (z.B. Interviews R11, R13, R18). Die Erhöhung der Gebäude ist ver-
hältnismäßig teuer und kostet in Abhängigkeit der Größe zwischen 3.000 und 10.000
USD, was meist nur durch die Aufnahme eines Kredites finanziert werden kann. Ein
weiterer einschränkender Faktor ist Landbesitz (vgl. Kapitel 5.4.3.3). Diejenigen Bewohner, die keine sicheren Landbesitzverhältnisse haben, zögern mit der Investition in höhere
Häuser (Interview R15). Sämtliche Gebäude repräsentieren den ökonomischen Status
ihrer Bewohner. Sie bestehen meist aus nur einem Raum, der gleichzeitig Wohn-, Schlaf-,

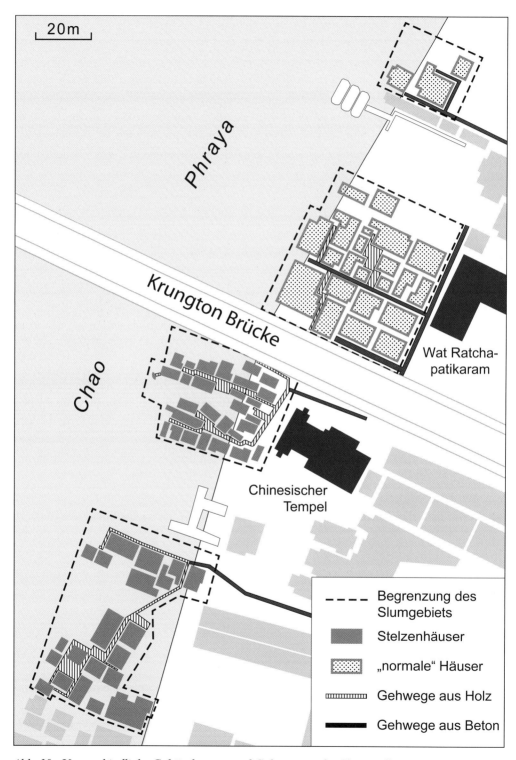

Abb. 39: Unterschiedliche Gebäudetypen und Gehwege in der Slumsiedlung Ratchapa
Quelle: Eigene Darstellung auf Grundlage eigener Erhebungen und CODI 2003

Abb. 40: Holzstege verbinden die einzelnen Häuser innerhalb der Slumsiedlung
Quelle: Eigene Aufnahme 2011

Esszimmer und Küche beherbergt und sie wurden aus einfachsten Materialien wie Holz, Plastik und Wellblech auf provisorische Art und Weise gebaut (Abb. 40). Einige vergleichsweise wohlhabende Interviewpartner haben die Holzstelzen, die das Fundament der Häuser darstellen, durch stabilere Betonpfeiler ersetzt und ihre Häuser mit besseren Baumaterialien verstärkt (Interviews R9, R16).

Die Mittelschichthaushalte in Ban Lad Kret leben überwiegend in traditionellen zweistöckigen Holzhäusern mit mehreren Zimmern, die durch ihr offenes Erdgeschoss an Überflutungsereignisse angepasst sind; auch an starke Überflutungen. Die größten Schäden treten bei den wenigen Gebäuden auf, die auf Grundlage moderner Architektur errichtet wurden und wie der Pooyaibaan erklärt, meist Zugezogenen gehören (Interview B12). Da das Erhöhen dieser Häuser als Ganzes sehr kostspielig ist, wird oft lediglich der Fußboden erhöht. Dies ist allerdings nur möglich, wenn die Zimmer entsprechend hoch sind. In beiden Untersuchungsgebieten wurde beim Häuserbau darauf geachtet, die Stromversorgung ausreichend hoch zu installieren. In zweigeschossigen Häusern gibt es zwei vonei-

nander getrennte Stromkreisläufe; einen für das Erdgeschoss und einen für das Obergeschoss. Probleme gibt es mit den Toiletten in einstöckigen Häusern, da diese während
einer Überflutung meist nicht genutzt werden können. In zweistöckigen Häusern ist die
Toilette immer im Obergeschoss untergebracht (Interviews B4, B6).

Ein weiterer Faktor, der die physische Verwundbarkeit der Bewohner der Untersuchungsgebiete konstituiert, ist die mangelhafte Verkehrsinfrastruktur. In der Slumsiedlung hat
dieses Problem eine andere Qualität als auf der Flussinsel. Die einzelnen Häuser in Ratchapa sind lediglich mit provisorischen Holzstegen miteinander verbunden, die von den
Slumbewohnern selbst gebaut werden (Abb. 39). Sie weisen durch regelmäßige Benut-
zung schnell Verschleißerscheinungen auf und werden selbst von vielen Interviewpartnern als gefährlich bezeichnet (Abb. 40). Der Zugang zu einer sicheren Verkehrsinfrastruktur im öffentlichen Raum, sollte normalerweise von der Regierung zur Verfügung
gestellt werden, ist aber aufgrund der Landsituation eingeschränkt (siehe Kapitel 5.4.3.3).
In Ban Lad Kret muss die Situation hinsichtlich der Verkehrswege ambivalent betrachtet
werden. Die einzelnen Häuser werden durch schmale etwa zwei Meter breite Betonwege,
die stark erhöht und somit an schwankende Wasserstände angepasst sind, verbunden.
Viele der Bewohner betrachten diese Wege als ein indirekt verwundbarkeitskonstituie-
rendes Element, da sie die wirtschaftliche Entwicklung der Insel hemmen. Sie sind nicht
breit genug für Autos und außerdem erschließen sie die Insel nur sehr rudimentär (Abb. 41;

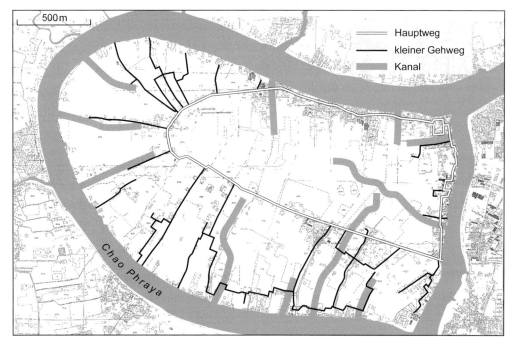

Abb. 41: Das wenig ausgebaute Wegenetz und die nicht schiffbaren Kanäle von Koh Kret
Quelle: Eigene Darstellung nach PHATTANAWASIN 2009, S. 22, Wege ergänzt

Abb. 42: Abfälle und Abwasser werden in Ratchapa direkt in den Chao Phraya entsorgt. Im Hintergrund ist die Flutschutzmauer zu erkennen
Quelle: Eigene Aufnahme 2013

Interview B15). Auf der anderen Seite birgt die Tatsache, dass Koh Kret nicht mit dem Auto erreicht werden kann und die einzelnen Orte nur über schmale Betonpfade verbunden sind, touristisches Potenzial. Zusätzlich wirkt dieses „Entwicklungshemmnis", wie es vom TAO-Vorsitzenden genannt wird, positiv auf den Erhalt der kulturellen Identität (siehe Kapitel 5.2). Die Kanäle auf Koh Kret sind zu flach, um sie mit Booten zu befahren.

Die Strom- und Wasserversorgung ist für 100 % der Haushalte in beiden Untersuchungsgebieten gewährleistet. Die meisten Bewohner Ratchapas leben, wie bereits mehrfach angedeutet, unter unsicheren Landbesitzverhältnissen. Die Slumsiedlung ist entsprechend nicht offiziell anerkannt. Seit 1995 gibt es für solche Fälle die Möglichkeit sich bei der Stadt als temporäre Bewohner zu registrieren. Hierdurch wird die Strom- und Wasserversorgung garantiert; allerdings zu höheren Preisen (AIT 2008; Interview R16). Da in Slumsiedlungen in der Regel ein vergleichsweise niedriges Einkommensniveau besteht, bewirken solche Politiken, dass Geld in anderen wichtigen Bereichen des Lebens fehlt (z. B. für die Bewältigung und Anpassung an Hochwasser). Ebenfalls mit den Landbesitzverhältnissen in Zusammenhang steht die Abwasser- und Müllentsorgung, die in Ratchapa nur zum Teil verfügbar ist. Es gibt außerhalb der Nachbarschaft eine zentrale Sammelstelle für Hausmüll, die allerdings aufgrund der großen Entfernung oft nicht genutzt wird, so dass die Abfälle meist einfach im Fluss unter den Häusern entsorgt werden (Abb. 42). Die Abwasserentsorgung erfolgt ebenfalls im Fluss. Wie in Kapitel 5.1.1 beschrieben, werden verschiedene einkommensgenerierende Tätigkeiten mit Wasserbezug ausgeübt wie z. B. das Tauchen nach Gegenständen oder Fischerei, so dass eine potentielle Gesundheitsgefährdung besteht. Eine vergleichbare Situation findet man in vielen Slumsiedlungen in Bangkok (DANIERE und TAKAHASHI 1999a). In Ratchapa gibt es außerdem keine öffentlichen Einrichtungen wie einen Kindergarten oder Spielplätze. In Ban Lad Kret sind die Landbesitzverhältnisse klar und es gibt keine derartigen Probleme. Hier stehen den Bewohnern sämtliche staatlich garantierte Leistungen zur Verfügung.

Es zeigt sich, dass der Zugang zu sicheren Häusern, einer adäquaten Verkehrsinfrastruktur, Strom- und Wasserversorgung und anderen Elementen, die die physische Verwundbarkeit konstituieren, neben ökonomischen Ressourcen maßgeblich durch sichere Landbesitzverhältnisse bestimmt wird. Die physische Vulnerabilität in Ratchapa ist entsprechend höher als in Ban Lad Kret. Allerdings finden wir auch hier verwundbare Elemente wie z. B. die modernen Häuser der Zugezogenen, die ein Resultat aus der Verfügbarkeit der allokativen Ressource Geld und einem Mangel der autoritativen Ressource Wissen sind. In Ratchapa ist es umgekehrt. Hier sind das Wissen und die Erfahrung hinsichtlich Hochwasser vorhanden. Was fehlt, sind die finanziellen Ressourcen zur Erhöhung und Verstärkung von Häusern und Gehwegen sowie sichere Landverhältnisse.

5.4.2.2 Strategien zur Existenzsicherung

Die ökonomische Dimension der Vulnerabilität der Bewohner der beiden Untersuchungsgebiete hängt weiterhin eng mit deren beruflicher Situation zusammen. Determinanten sind beispielsweise der Zugang zum formalen Arbeitsmarkt, der wirtschaftliche Sektor, in dem Einkommen generiert wird und Einkommensdiversifizierungen. Innerhalb informeller Beschäftigungsverhältnisse gibt es keine sozialen Sicherungsnetze, der Zugang zu Versicherungen und formalen Kreditsystemen ist eingeschränkt und auch die staatliche Unterstützung bei Krisen (z. B. Hochwasser) ist nicht gegeben (vgl. World Bank 2012). Die Vulnerabilität verschiedener Wirtschaftssektoren gegenüber Naturgefahren muss differenziert betrachtet werden. Für Südostasien kann verallgemeinernd jedoch festgehalten werden, dass vor allem der Tourismus und die Landwirtschaft verwundbar sind (HAY und MIMURA 2006). Beispielsweise gehörten Landwirte und Fischer sowie im Tourismus Beschäftigte im Kontext des Tsunamis von 2004 zu den am stärksten betroffenen Berufsgruppen. Allerdings schafften sie es, sich in relativ kurzer Zeit von den Folgen zu erholen und ihre Verwundbarkeit durch bestimmte Anpassungsstrategien zu reduzieren (vgl. WILLROTH et al. 2012). Einkommensdiversifizierung, d. h. die Ausübung von mehreren Berufen oder das Anwenden verschiedener Strategien innerhalb eines Berufes, gilt als eine Schlüsseldeterminante für die Reduzierung von Vulnerabilität (BLAIKIE et al. 1994; TURNER et al. 2003), vor allem auch im Kontext von Überflutungen (FEW 2003; BROUWER et al. 2007).

Ratchapa

Wie in Kapitel 5.1.1 bereits geschildert, arbeiten viele Slumbewohner im informellen Sektor und als Lohnarbeiter in der Industrie. In beiden Bereichen herrscht eine gewisse Unsicherheit. Die informelle Wirtschaft ist zwar eine flexible und innovative Antwort auf den Mangel an formalen Beschäftigungsverhältnissen. Sie bietet trotzdem nicht die Sicherheit, die der offizielle Arbeitsmarkt in der Regel bereitstellt. Hierzu gehören verschiedene Sozialleistungen oder der Zugang zu Krediten (vgl. ASKEW 2002). Während des Hochwassers von 2011 haben sich die Einkommensmöglichkeiten im informellen Sektor drastisch reduziert (siehe Kapitel 5.3; World Bank 2012). Vor allem die temporären Schließungen der benachbarten Schulen und die generelle finanzielle Zurückhaltung während der Überflutungen haben den Absatz informeller Händler stark verringert (GD_R1). Die in den Interviews oft genannten Taucher, die den Chao Phraya nach verwertbaren Gegenständen absuchen, mussten ihre Aktivitäten während der Überflutungen aufgrund mangelnder Sicht und gefährlicher Strömung einstellen. Industrielle Lohnarbeiter waren durch das Hochwasser weniger betroffen. Dennoch ist es so, dass aufgrund des geringen Lohnniveaus, sowohl im informellen Sektor als auch in der industriellen Lohnarbeit, Überflutungsschäden und Einkommensverluste nur schwierig bewältigt werden können. Die wenigsten Slumbewohner können auf Ersparnisse zurückgreifen. Der Zugang zu formalen Krediten ist, wie oben bereits angedeutet, stark eingeschränkt, so dass oftmals informelle Geldverleiher aufgesucht wurden, die bis zu 20% Zinsen am Tag verlangen. Viele der Interviewpartner sind entsprechend hoch verschuldet und sehen sich durch die wiederkehrenden Überflutungen nicht in der Lage, ihre Schulden jemals zurückzuzahlen (Interviews R1, R3). Die Kompensationszahlungen der Regierung, die eigentlich für die Reparatur der Häuser und Neuanschaffungen von zerstörten Gegenständen gedacht sind (siehe Kapitel 5.6.2), werden deshalb oft zur Schuldentilgung verwendet. Eine Spargemeinschaft gibt es in Ratchapa nicht.

Das regelmäßige Auftreten von Hochwasserereignissen wird von den Slumbewohnern antizipiert und äußert sich in Einkommensdiversifizierungen. Die Besitzerin einer Garküche für Nudelsuppe, die innerhalb der Slumsiedlung verkauft, berichtet, dass sie jedes Jahr ihren Stand sowie die Tische und Stühle für ihre Kunden mittels einer Holzkonstruktion erhöht sowie zusätzlich Artikel verkauft, die während eines Hochwassers benötigt werden wie z. B. Medikamente für Hautkrankheiten, wasserdichte Plastiktüten und Gummistiefel (Interview R11). Zwei Teilnehmer einer Gruppendiskussion, die normalerweise an der nahe gelegenen Schule Handel treiben, bieten während den Überflutungen einen Taxiservice per Boot an, der innerhalb Ratchapas und zwischen den angrenzenden Nachbarschaften verkehrt. Eine weitere Möglichkeit von Hochwasser zu profitieren, nutzt ein 56 Jahre alter Tischler, der zum einen Häuser erhöht und zum anderen die Flutschäden repariert. Er hat sein eigenes kleines, informelles Unternehmen und beschäftigt je nach Auftragslage zwei bis fünf junge Slumbewohner. Normalerweise erhöht er ein bis zwei Häuser pro Jahr. In 2012, dem Jahr nach den schweren Überflutungen, waren es zehn. Für seine finanzielle Situation ist Hochwasser entsprechend etwas Positives, wobei er allerdings auch anmerkt, dass das Ereignis 2011 schrecklich war. Nach ARCHER (2010) sind solche handwerklichen Kleinunternehmer, die ihre Leistungen innerhalb des Slums anbieten wichtig, um Abhängigkeiten von externen Akteuren zu reduzieren:

> „There are also teams of builders, composed of community residents with masonry, carpentry, plumbing skills, who can be hired to build houses in other communities, at lower rates than those offered by contractors, thereby generating jobs and collective business skills. [...] These community builders are important because they free residents from contractors, with whom they have often had bad experiences, and who many [sic] not be understanding of the financial constraints faced by residents" (ebd., S. 6).

Weiterhin gibt es Slumbewohner, die mehreren Beschäftigungen nachgehen, allerdings nicht zur bewussten Bewältigung von Überflutungen, sondern als alltägliche Überlebensstrategie. Ein Interviewpartner berichtet von seinen beiden Jobs als Motorradtaxifahrer und als Reinigungskraft im benachbarten Tempel. Viele Bewohner Ratchapas angeln im Chao Phraya nach Fisch, entweder aus Gründen der Subsistenz oder zum Zuverdienst. Der Fischfang ist während eines Hochwassers allerdings stark eingeschränkt. Die Einkommensalternativen sind in Ratchapa insgesamt relativ rar und auch die Möglichkeiten sich innerhalb seines Berufes zu diversifizieren sind nur bedingt vorhanden. Nach Angaben der Nachbarschaftsvertretung sorgt außerdem der mangelhafte Bildungsstand vieler Nachbarschaftsmitglieder dafür, dass die Qualität der Jobs eher gering ist und wenig Einkommen erzielt wird (Interview R17). Die berufliche Situation der meisten Slumbewohner trägt also entscheidend zu ihrer Verwundbarkeit bei.

Ban Lad Kret

Auch die Bewohner von Ban Lad Kret erleiden durch regelmäßig wiederkehrende Überflutungen Einkommensverluste. Diese sind zum Teil erheblich, wie beim Hochwasser von 2011 (siehe Kapitel 5.3). Allerdings ist die ökonomische Situation in Ban Lad Kret nicht vergleichbar mit den Zuständen in der Slumsiedlung Ratchapa, so dass die Bewältigung von materiellen und Einkommensverlusten weitaus schneller und unproblematischer abläuft. Die meisten Interviewpartner verfügen über Ersparnisse und müssen entsprechend nicht auf Kredite zurückgreifen, auch wenn für einen längeren Zeitraum die beruflichen Einnahmen wegfallen (GD_B1; Interview B2). Außerdem gibt es in Ban Lad Kret eine Spargemeinschaft mit insgesamt 80 Mitgliedern, die jeden Monat einen Mindestbetrag einzahlen. Mit dem vorhandenen Kapital werden Kleinkredite für verschiedene Zwecke an die Mitglieder vergeben. Nach dem Hochwasser von 2011 wurden hierdurch Reparaturarbeiten und Neuanschaffungen von z. B. kaputten Möbeln finanziert. Die Spargemeinschaft nennt sich Saj-ja Group und ist von den Dorfbewohnern selbstständig organisiert (Interview B12). 70 % der Dorfbewohner sind Angestellte bei der Regierung, im Dienstleistungssektor oder in der Industrie und arbeiten auf dem Festland. Der Großteil dieser Gruppe ist beruflich nur insofern von Überflutungen betroffen, als dass längere Pendelzeiten eingeplant werden müssen bzw. der Wohnort für die Dauer des Hochwassers in die Nähe des Arbeitsortes verlegt wird (GD_B1; Interviews B6, B12).

Etwa 25 % der Dorfbewohner generieren ihr Einkommen im Tourismus, der seit Ende der 1990er Jahre auf Koh Kret floriert. Die Ankünfte haben sich von 32.455 in 1997 auf 55.200 in 2008 erhöht (WECHTUNYAGUL 2008), was vor allem mit der Marketingkampagne „Amazing Thailand" der TAT zusammenhängt. Koh Kret wird im Rahmen dieser Initiative seit 1998 als eine Öko- und Kulturtourismusdestination beworben (PHATTANA-WASIN 2009). Der Tourismus hat vielen Haushalten der Dörfer Ban Lad Kret, Ban Aung Aang und Ban Soungthongtong Wohlstand gebracht. Die Attraktivität Koh Krets wird vorwiegend durch die kulturellen Besonderheiten und die Mon-Vergangenheit sowie durch die ländliche Abgeschiedenheit bei gleichzeitiger Nähe zum Stadtzentrum Bangkoks konstituiert (siehe Kapitel 5.2). Die Hauptsaison ist von März bis April. Bei den Besuchern handelt es sich vorwiegend um Tagestouristen, die sich auf die Wochenenden konzentrieren (ebd.). Zur Hochwassersaison im Herbst setzt der Tourismus komplett aus und mit ihm die Einkommen. Da diese Situation allerdings der Normalfall ist, haben sich die Inselbewohner darauf eingestellt und üben kurzfristig entweder andere Tätigkeiten aus oder leben von ihren Ersparnissen (Interview B15). Eine 25-jährige Verkäuferin von Holzspielzeug berichtet, dass sie für die Dauer der Überflutungen Urlaub macht und während dieser Zeit ihre finanziellen Rücklagen aufbraucht, die sie im Laufe des Jahres für diesen Zweck gespart hat (Interview B3). Ein Süßwarenverkäufer erzählt, dass er regelmäßig während des Hochwassers seinen festen Verkaufsstand aufgibt und seine Waren von einem Boot aus verkauft. Dabei konzentriert er sich auf belebte Orte wie die Fähranleger von Tessaban Pak Kret oder Tessaban Nonthaburi (Interview B1). Es gibt außerdem viele Dorfbewohner, die sowohl im Tourismus als auch in anderen Bereichen arbeiten, ihr Einkommen also diversifiziert haben. Sie arbeiten beispielsweise unter der Woche als Angestellte auf dem Festland und betreiben am Wochenende ein Restaurant oder einen Souvenirstand (GD_B2). Diese berufliche Diversifizierung begründet sich allerdings weniger in strategischen Überlegungen als vielmehr in einer situationsbedingten Maßnahme zur Einkommensmaximierung. Dies führt (unbeabsichtigt) zur Vermeidung einer Abhängigkeit von nur einer Einkommensquelle und somit zu einer Reduzierung der Vulnerabilität gegenüber Hochwasser.

Koh Kret ist bekannt für seine Mon-Keramiken und Süßwaren. Beide Produktgruppen werden von mehreren Produzenten an verschiedenen Orten der Insel hergestellt, wobei Ban Lad Kret das Zentrum der Produktion bildet. Das Dorf wird entsprechend auch als Pottery Village bzw. Hantra[20] Village bezeichnet. Laut Pooyaibaan generieren mindestens

---

20 Hantra ist der Name einer der typischen Süßwaren, für die Koh Kret bekannt ist.

zehn Haushalte durch die Produktion und den Verkauf dieser inseltypischen Produkte Einkommen und beschäftigen darüber hinaus noch Personal. Viel wichtiger als der finanzielle Aspekt für Einzelne, ist der werbewirksame und identitätsstiftende Charakter, der die Insel Koh Kret mit seinen regionalen Produkten weit über die nationalen Grenzen hinaus bekannt macht und so Besucher anlockt (Interview B12). An dieser Stelle kann ZARGHAM (2007) zitiert werden, der sagt, dass indigene Handarbeiten kulturelle Werte repräsentieren, die die Anziehungskraft und damit den Tourismus stärken. Auf Koh Kret findet die Produktion der Keramik zum Teil öffentlich statt, was diesen Effekt noch verstärkt. Bei „normalen" Überflutungen läuft die Produktion der Keramiken und der Süßwaren weiter. Steigt der Pegel allerdings über ein gewisses Niveau, wie es 2011 der Fall war, muss die Produktion eingestellt werden, was Einkommensverluste mit sich bringt. Die Besitzerin einer Töpferei erzählt, dass sie alle ihre Arbeiter, die auf Tagelohnbasis beschäftigt sind, für vier Monate entlassen musste, was ihr sehr leid tat aber nicht zu vermeiden war (Interview B4). Da zwar ein Großteil der Produkte auf der Insel direkt verkauft wird, aber ein anderer Teil thailandweit bzw. sogar international vermarktet wird, kann während eines Hochwassers trotzdem Einkommen generiert werden. Die Tongewinnung zur Keramikproduktion fand in der Vergangenheit auf der Insel statt. Als die Bewohner allerdings feststellten, dass dies Sackungserscheinungen und verstärkte Erosion zur Folge hat und somit das Ausmaß der Überflutungen verstärkte, begann man den Ton aus anderen Provinzen zu importieren (Interview B15).

Mit dem wachsenden Tourismus in Ban Lad Kret geht eine steigende Abhängigkeit einher. Einkommen wird vermehrt im Tourismus erzielt, so dass durch eine Störung des Tourismus durch z. B. Überflutungen oder politische Unruhen wie in 2010 und 2014 (siehe Kapitel 4.5) die Schäden umso größer sind. Allerdings ist es so, dass die meisten Dorfbewohner sich nicht in eine totale Abhängigkeit begeben, sondern verschiedene Strategien wie die Diversifizierung ihrer Einkommen oder das Anhäufen von Ersparnissen durchführen und so ihre Verwundbarkeit reduzieren. Die zunehmende touristische Bedeutung der Insel zieht außerdem externe Akteure an, die an den steigenden Umsätzen teilhaben wollen. Bisher äußert sich dieser Prozess vor allem in Ban Aung Aang, dem Dorf, welches direkt am Fähranleger und am bedeutendsten Tempel der Insel liegt. Hier haben Investoren inzwischen viele Gebäude gekauft, die zu Restaurants, Cafés, Verkaufsständen und Supermärkten umfunktioniert wurden. Vor einer solchen Entwicklung haben die Bewohner von Ban Lad Kret Angst, da sie die kulturelle Identität und den sozialen Zusammenhalt des Dorfes in Gefahr sehen und somit langfristig auch das touristische Potenzial (Interview B12). Vor einer allzu rasanten touristischen Entwicklung schützen allerdings die baulichen Regularien auf Koh Kret, die eine Gebäudehöhe von über neun Metern innerhalb der 100 Meter breiten Uferzone und in einem Umkreis von 100 Metern um einen Tempel untersagen und neue Bauvorhaben nur unter bestimmten Voraussetzungen zulassen (PHATTANAWASIN 2009). Hotels und Resorts, wie sie bereits in Ban Lad Kret geplant waren, konnten entsprechend verhindert werden (Interview B12).

Etwa fünf Prozent der Einwohner von Ban Lad Kret sind in der Landwirtschaft tätig. Die landwirtschaftliche Fläche beträgt ca. 16 ha und wird unter vier Haushalten aufgeteilt (TAO Koh Kret 2012). Auf fast der gesamten Fläche wurden vor der Überflutung Durian angebaut, da mit ihnen am meisten Gewinn erwirtschaftet werden konnte. Es müssen allerdings auch sehr hohe Investitionen getätigt werden, um erfolgreich Durians anzubauen. Zu den Kosten für Setzlinge und Dünger kommt als entscheidender Faktor die lange Dauer bis zur ersten Ernte hinzu, die fünf bis sechs Jahre beträgt (World Bank 2012). Durianbäume sind besonders verwundbar gegenüber Überflutungen, so dass die Landwirte ihre Flächen durch hohe Erddeiche schützen. Das Hochwasser von 2011 überwand allerdings sämtliche Deiche auf der Insel und überschwemmte die Durianplantagen für mehrere Monate, so dass alle Bäume zerstört wurden. Die Abhängigkeit von der Landwirtschaft in Ban Lad Kret ist eher gering. Die vier betroffenen Haushalte sind relativ wohlhabend und erzielen Einkommen auch in anderen Bereichen wie z. B. im Tourismus. Ein 48 Jahre alter Interviewpartner sagt sogar, dass Landwirtschaft inzwischen nur noch ein Hobby für ihn ist, das den Körper gesund hält. Nichtsdestotrotz hat das Hochwasser 2011 zu Veränderungen in der Landnutzung geführt. Zwei der vier Haushalte haben bisher nicht wieder begonnen ihre Flächen zu bewirtschaften und es ist fraglich, ob sie es in Zukunft wieder tun werden. Die beiden anderen Haushalte sind auf andere Anbaufrüchte umgestiegen, die einen kürzeren Produktionszyklus haben als Durians (Interview B2). Nach Angaben der Weltbank (2012) fehlt häufig das Wissen, um solch kurzfristige Änderungen vorzunehmen. Ein 55-jähriger Landwirt hat in 2012 damit begonnen auf seinen 3,5 ha Land Melonen anzubauen (Abb. 43). Er war vor einigen Jahren in Europa und hat

Abb. 43: Seit 2012 existierender Melonenanbau auf einer ehemaligen Durianplantage
Quelle: Eigene Aufnahme 2013

dort gelernt, dass Melonen nur eine sehr kurze Zeit brauchen, bis sie geerntet werden können. Er hat den Anbauzyklus an die Überflutungen angepasst und ist sehr froh über seine Entscheidung, da die Hochwasserschäden von nun an ausbleiben werden. Um die Tradition des Duriananbaus wenigsten ansatzweise aufrechtzuerhalten, hat er auf einer kleinen Fläche ein paar Durianbäume neu gepflanzt (Interview B9).

Im Gegensatz zum Tourismus geht die Beschäftigung in der Landwirtschaft scheinbar zurück, wobei nach Angaben mehrerer Interviewpartner ein Trend zum eigenständigen Gärtnern vorhanden ist. Viele Haushalte in Ban Lad Kret haben innerhalb der letzten Jahre damit begonnen – vorausgesetzt sie haben es nicht schon vorher getan – Gemüse und Obst für den Eigenbedarf anzubauen (oft auf ökologischer Basis). Angesprochen auf ihre Gärtnertätigkeit, aber auch auf andere Einkommensdiversifizierungen, verweisen viele Interviewpartner auf die von König Bhumibol Adulyadej propagierte Philosophie der *Sufficiency Economy* (GD_B2; Interviews B3, B5). Diese besagt, dass das thailändische Volk ein moderates und selbstständiges Leben ohne Gier und ohne Ausbeutung der natürlichen Ressourcen führen soll (CHALAPATI 2008).

Verfügungsrechte, die sich im Zugang zum formalen Arbeitsmarkt manifestieren, so wie es für die meisten Bewohner von Ban Lad Kret der Fall ist, wirken reduzierend auf die Verwundbarkeit. Der Zugang zu Krediten wird erleichtert und formale Arbeitsverhältnisse sind, wie obige Ausführungen zeigen, weniger von den indirekten Auswirkungen von Überflutungen betroffen. Es zeigt sich weiterhin, dass finanzielle Ressourcen sehr wichtig für erfolgreiches Bewältigungshandeln sind. Mit genügend Ersparnissen lassen sich Schäden beheben und zukünftige Anpassungsmaßnahmen durchführen. Diesbezüglich gibt es starke Unterschiede zwischen den beiden Untersuchungsgebieten. Als wirksame Strategie zur Existenzsicherung kann die Einkommensdiversifizierung identifiziert werden. In Ban Lad Kret zeigt sich, dass eine fortschreitende Anpassung an Hochwasser zu Landnutzungsänderungen führen kann. Während Landwirte in der Vergangenheit Gewinnmaximierung als Handlungszweck setzten hat sich die Rationalität der Zwecksetzung (vgl. STEINBRINK 2009; Kapitel 2.2.3) aufgrund einer Zunahme der Überflutungen geändert. Die gravierenden Auswirkungen des Hochwassers von 2011 haben dazu geführt, dass Risikominimierung angestrebt wird und entsprechend wasserresistente Anbaufrüchte bzw. Anbaufrüchte mit kurzem Produktionszyklus angebaut werden oder ganz auf die Landwirtschaft verzichtet wird.

5.4.2.3 Förderprogramme

Zur Verbesserung der ökonomischen Situation gibt es in beiden Untersuchungsgebieten Förderprogramme der Regierung. Diese haben zum Ziel, die Nachbarschaft als Ganzes bzw. einzelne Haushalte wirtschaftlich zu stärken. Sie können also zu einer indirekten Verringerung der Verwundbarkeit gegenüber externen Schocks beitragen. Durch die Förderprogramme wird z.B. der Zugang zu Finanzen (Kredite) und Wissen (berufliches Knowhow) verbessert. Im Sinne Giddens werden also autoritative und allokative Ressourcen bereitgestellt, mit denen die Akteure dann ihre Lebenssituation beeinflussen können, was auch bedeutet, Hochwasser effektiv zu bewältigen. Bei den im Folgenden vorgestellten Regierungsprogrammen handelt es sich ausnahmslos um Politiken, die von Premierminister Thaksin in der Zeit von 2001 bis 2006 verabschiedet und von den Folgeregierungen weitergeführt wurden. Obwohl die Opposition anfänglich noch von Populismus und Stimmenkauf sprach, haben sich die Förderprogramme durchgesetzt und waren größtenteils von Erfolg gekrönt (vgl. WATTANAKULJARUS 2008; TANGPIANPANT 2010).

Ein für Ban Lad Kret besonders wichtiges Förderinstrument ist OTOP (One Tambon One Product). Es wurde 2001 eingeführt und fördert seitdem privates Unternehmertum. Jedes Dorf hat die Möglichkeit ein oder mehrere lokale Produkte auszuwählen und für die Produktion und Vermarktung Unterstützung zu erhalten.

> „OTOP development is seen as a way of enhancing local communities' entrepreneurial skills by utilizing local resources and knowledge; creating value adding activities through branding of local products; and building human resources in the local economy" (NATSUDA et al. 2011, S. 1 f.).

Mit OTOP sollten Disparitäten ausgeglichen und ländliche Entwicklung angestoßen werden. Inzwischen gibt es etwa 40.000 durch OTOP geförderte Produkte in Thailand und die Einkommen derjenigen, die am Programm teilnehmen, sind um 10 bis 50 % gestiegen (TANGPIANPANT 2010). Die Unterstützung bezieht sich im Wesentlichen auf den Zugang zu günstigen Krediten, auf Fortbildungen in den Bereichen Marketing und Produktion und auf den Zugang zu Absatzmärkten. Nicht überall ist OTOP eine Erfolgsgeschichte. Aufgrund mangelnder unternehmerischer Fähigkeiten sind viele gestartete Initiativen inzwischen wieder aufgegeben worden (ebd.). In Ban Lad Kret gibt es zwei Produkte, die durch OTOP gefördert werden. Dies sind zum einen die Keramiken und zum anderen die Süßwaren (siehe Kapitel 5.4.2.2). Die Töpfereien im Dorf haben sich 2003 zu einer Gruppe zusammengeschlossen und die Aufnahme in das OTOP-Programm beantragt. Kredite wurden bisher nicht benötigt. Allerdings half die staatlich geförderte Marketingkampagne enorm, die Produkte landesweit bekannt zu machen und somit den Absatz zu steigern (z.B. Werbung in diversen Magazinen, regelmäßige nationale OTOP-Messen). Inzwischen gibt es sogar Händler, die für das benachbarte Ausland einkaufen (Interview B8). Die Produzenten von Süßwaren sind seit 2002 eine OTOP-Gruppe. Sie haben vor allem von günstigen Krediten (1 % Zinsen pro Jahr) profitiert, die ihnen die Anschaffung von professionellem Equipment ermöglichten. Ähnlich wie bei den Produzenten von Keramiken spielt außerdem das staatliche Marketing eine wichtige Rolle für den Absatz der Süßwaren. Inzwischen gehört sogar das thailändische Königshaus zu den Abnehmern (Interview B10). Die Dorfbewohner weisen darauf hin, dass OTOP nicht nur für die Produzenten von Keramik und Süßwaren Vorteile bringt, sondern für das gesamte Dorf bzw. die gesamte Insel, da mit dem Marketing für die Produkte gleichzeitig der Tourismus angekurbelt wird. Außerdem leisten die OTOP-Mitglieder durch die Produktion traditioneller Produkte einen wichtigen Beitrag zur Stärkung der kulturellen Identität des Dorfes (Interview B12). Negative Aspekte wurden nicht genannt.

Wie oben bereits angedeutet, ist der Zugang zu staatlichen Leistungen in der Slumsiedlung Ratchapa aufgrund der unsicheren Landbesitzverhältnisse eingeschränkt. Die Gehwege in der Nachbarschaft werden von den Slumbewohnern selbst gebaut und gewartet, es gibt keine adäquate Abwasser- und Müllentsorgung und keine öffentlichen Einrichtungen wie Spielplätze oder einen Kindergarten (Interview R23). Unterstützung erhielt Ratchapa von der halbstaatlichen Organisation CODI, die Hilfe zur Selbstorganisation leistete. In 1999 initiierte CODI in Ratchapa Wahlen für eine Nachbarschaftsvertretung und beriet anfänglich zu Themen wie Projektmanagement, Vernetzung usw. (Interview R25). In 2003 versuchte CODI Ratchapa in das Baan Mankong Programm (siehe Kapitel 4.3) zu integrieren, was allerdings daran scheiterte, dass es für die unklaren Landbesitzverhältnisse keine Lösungsperspektive gab und dass die Slumbewohner nicht in der Lage waren eine Spargemeinschaft zu gründen. Die für die Slumsiedlung Ratchapa zuständige Mitarbeiterin von CODI bemängelt außerdem die fehlende Kooperationsbereitschaft der Slumbewohner (Interview R25). Diese Feststellung deckt sich mit ASKEW (2002, S. 145 ff.), der bestimmte Indikatoren in thailändischen Slums identifiziert, die Hindernisse für externe Unterstützung darstellen:

• Oft fügen sich Slumbewohner passiv ihrem Schicksal,
• Es herrscht großer Respekt vor Regierungsmitarbeitern und Offiziellen,
• Hierarchien werden nicht hinterfragt, sondern respektiert,
• Menschen mit einem sozioökonomisch niedrigen Status werden nicht gehört,
• Mangel an Disziplin.

Nichtsdestotrotz bemühte sich CODI auch in den Folgejahren um Ratchapa, z. B. indem 2012 Gelder für von Überflutungen betroffene Häuser und Gehwege zur Verfügung gestellt wurden. Eine langfristige Strategie wie bei Baan Mankong gibt es allerdings für Ratchapa nicht.

Ein weiteres Förderprogramm, das in der Slumsiedlung Ratchapa zur Anwendung kommt, ist der Village and Urban Community Fund (im Folgenden abgekürzt als Village Fund). Dabei handelt es sich um ein Kleinkredit-Programm, das weltweit inzwischen das größte seiner Art ist. Es hat ein Volumen von 6,4 Mrd. USD und 17,8 Millionen Teilnehmer (BOONPERM et al. 2013). Der Village Fund wurde 2001 durch den ehemaligen Premierminister Thaksin eingeführt. Jedes Dorf bzw. jede urbane Nachbarschaft hat durch den Village Fund die Möglichkeit unabhängig von der Einwohnerzahl umgerechnet etwa

30.000 USD zu erhalten, die dann in Form von Kleinkrediten an die Bewohner verteilt werden können. Die Höhe der durchschnittlichen Kreditvergabe liegt bei 466 USD pro Haushalt und die Zinsen bei 6 % pro Jahr. In der Regel wird ein Teil der 30.000 USD für Nachbarschaftsprojekte wie z. B. Infrastrukturverbesserungen, Schülerstipendien oder die Gesundheitsversorgung ausgegeben (TANGPIANPANT 2010). Das Ziel des Programmes ist die wirtschaftliche Förderung der lokalen Ebene und vor allem des ländlichen Raumes (BOONPERM et al. 2012). Der Village Fund wird als ein grundsätzlich erfolgreiches Projekt bezeichnet, das vor allem für Haushalte mit geringem Einkommen Nutzen bringt:

> „[The village fund reaches; Anmerkung des Verf.] the target group of lower income households better than formal financial institutions. Second, village funds provide loans to those kinds of borrowers who tend to be customers of informal financial institutions. Third, village funds help to reduce credit constraints. Thus, village funds provide services in the intended direction, albeit to a seemingly limited degree" (MENKHOFF und RUNGRUXSIRIVORN 2011, S. 110).

Die Limitierungen des Village Fund beziehen sich auf die zum Teil große Anzahl an Haushalten, die ihre Schulden nicht zurückzahlen können. Weiterhin ist es so, dass der Village Fund von einem lokal gewählten Ausschuss, bestehend aus Dorf- bzw. Nachbarschaftsbewohnern, verwaltet wird, die ihren Aufgaben zum Teil nur ungenügend nachkommen. Die Überwachung der Rückzahlungen (Zinsen, Fristen usw.) funktioniert häufig nicht den offiziellen Vorgaben entsprechend. Es gibt Berichte über die selektive Bevorzugung von Haushalten mit Beziehungen zu den Ausschussmitgliedern, die vor allem den ärmsten Nachbarschaftsmitgliedern fehlen. Häufig werden außerdem die Kredite nicht produktiv eingesetzt, sondern lediglich zur Schuldentilgung oder für Konsumgüter verwendet (vgl. WATTANAKULJARUS 2008). In Ratchapa wurde der Village Fund in 2001 durch die erste Nachbarschaftsvertretung eingeführt. Die ungeklärte Landsituation spielte bei der Beantragung des Geldes keine Rolle (Interview R18). Der ehemalige Nachbarschaftsvorstand bestätigt die oben aufgeführten Probleme des Programms und bezieht sich auf die schon vorher bestehende Verschuldung vieler Slumbewohner und den Versuch die Schulden bei informellen Geldverleihern durch Gelder aus dem Village Fund zu reduzieren (ebd.). Durch Gespräche mit einzelnen Slumbewohnern wurde allerdings auch deutlich, dass sie mit dem Management des Village Fund durch die ehemalige Nachbarschaftsvertretung alles andere als zufrieden waren. Es stehen Vorwürfe im Raum, dass bestimmten Haushalten aufgrund von abweichenden politischen Ansichten oder einfach persönlichen Gründen, der Zugang zum Village Fund verwehrt wurde (Interview R12). Der Village Fund wurde in Ratchapa auch für kleinere Nachbarschaftsprojekte genutzt. Beispielsweise wurden an mehreren Orten in der Slumsiedlung Feuerlöscher aufgestellt, da Feuer in der überwiegend aus Holzhäusern bestehenden Siedlung eine große Gefahr darstellt.

Förderprogramme spielen in beiden Untersuchungsgebieten eine wichtige Rolle. Stärker auf externe Unterstützung angewiesen sind die Bewohner der Slumsiedlung Ratchapa, die durch selektive Unterstützung durch CODI und Kleinkredite aus dem Village Fund ihre Lebenssituation wenigstens zum Teil verbessern konnten. Allerdings können bestimmte Aspekte wie die Bevorzugung einzelner Haushalte oder die Nutzung der Kredite zur Schuldentilgung bzw. zu Konsumzwecken kritisiert werden. In Ban Lad Kret hat OTOP maßgeblich zu einer Verbesserung der Einkommenssituation geführt und gleichzeitig den Tourismus gestärkt. Sowohl der Village Fund als auch OTOP dienen der allgemeinen Verbesserung der Lebensbedingungen durch wirtschaftliche Stärkung. Sie haben das Potenzial die Verwundbarkeit gegenüber Überflutungen indirekt zu verringern, was vor allem in Ban Lad Kret beobachtet werden konnte. Nach dem Hochwasser von 2011 hat die thailändische Regierung den Wert solcher Förderprogramme erkannt und in verschiedenen Strategiepapieren hinsichtlich der Anpassung an Überflutungen aufgeführt (World Bank 2012).

5.4.3 Die politische Dimension

Bei der politischen Dimension von Verwundbarkeit geht es in erster Linie um die Durchsetzung verschiedener Interessen innerhalb politischer Entscheidungsprozesse. In Anlehnung an FRIEDMANN (1992) spielt hierbei politische Macht eine entscheidende Rolle, die in einer Gesellschaft ungleich verteilt ist. Bestimmte Rahmenbedingungen beeinflussen diese Ungleichverteilung wie z. B. die Demokratisierung einer Nation oder Dezentralisierungsanstrengungen. Politische Macht ermöglicht *empowerment*, d. h. Ermächtigung durch Integration in sozial bzw. politisch bedeutsame Prozesse. Während die Strukturen der thailändischen Regierung und deren Hochwassermanagement bereits in Kapitel 4.5 vorgestellt wurden, soll hier die lokale Ebene mit ihren konkreten Realitäten in den Vordergrund rücken. Lokale Handlungsspielräume und Determinanten von Verwundbarkeit lassen sich nämlich nicht ausschließlich mit übergeordneten Bedingungen erklären. Nach Dietz (2011) müssen sie vielmehr analytisch mit dem politischen Handeln der einzelnen Akteure verknüpft werden. CANNON und MÜLLER-MAHN (2010) sehen dies ähnlich und betonen, dass Entscheidungen von Akteuren über den Umgang mit dem Klimawandel und Extremereignissen maßgeblich von ihrer Position in sozialen und politischen Hierarchien abhängen. Es stellt sich also die Frage, welche Möglichkeiten unterschiedliche Gruppen haben, ihre Interessen zu formulieren und durchzusetzen.

> „In many situations and examples it appears that the incidence of vulnerability within the social and natural systems is not central to decision-making and adaptive action. As a result, adaptive actions often reduce the vulnerability of those best placed to take advantage of governance institutions, rather than reduce the vulnerability of the marginalized" (ADGER 2006, S. 277).

Inhalt dieses Unterkapitels sind die lokalen politischen Strukturen innerhalb der beiden Untersuchungsgebiete und Partizipationsmöglichkeiten der Bewohner. Funktionieren die lokalen Regierungsinstitutionen angemessen und demokratisch (vor allem in Bezug auf Hochwasser), so sind lokale Organisationsformen, die aus der Gesellschaft heraus entstehen weniger notwendig. Folgende Ausführungen werden zeigen, dass die lokale Regierung in Ban Lad Kret aufgrund der komplexen Verwaltungsstrukturen Thailands besser funktioniert und die lokale Ebene angemessener repräsentiert, als dies in der Slumsiedlung der Fall ist. Nachbarschaftliche Gruppierungen sind also in Ratchapa für die Reduzierung der eigenen Verwundbarkeit weitaus wichtiger als in Ban Lad Kret. Neben der lokalen *Governance* werden außerdem Probleme wie Klientelismus und Korruption identifiziert und thematisiert. Schließlich wird der übergreifende Aspekt unsicherer Landbesitzverhältnisse aufgegriffen und in Relation zu den anderen Dimensionen von Verwundbarkeit gesetzt. Politische Macht wird als zentrales Bestimmungskriterium von Vulnerabilität gesehen (HEWITT 1998; Kapitel 2.3), da durch sie Veränderungen hervorgerufen werden können. Auch Giddens sagt, dass jedem Handeln Macht zugrunde liegt, was bedeutet, dass es immer Handlungsalternativen gibt (siehe Kapitel 2.2.3) und selbst in Situationen, in denen die Rahmenbedingungen stark einschränken, Ohnmachtssituationen kaum denkbar sind[21] (GIDDENS 1995). Der Zugang zu politischer Macht in Form von Partizipationsmöglichkeiten oder der Beeinflussung von anderen Akteuren ist demnach zentral für die politische Dimension von Vulnerabilität.

5.4.3.1 Lokale Governance

Spätestens mit der Verfassung von 1997 wurde die lokale politische Ebene in Thailand in vielerlei Hinsicht gestärkt. Aufgrund der historisch bedingten zentralistischen Regierungsführung ist ihre Autonomie allerdings nach wie vor eingeschränkt, ebenso wie zivilgesellschaftliches Engagement und politische Partizipation (siehe Kapitel 4.5). PELLING (2003, S. 81) bezeichnet die lokale Regierungsebene als „optimum institutional position to oversee privatization of local public services, facilitate grassroots and NGO participation, liaise between grassroots actors and the state or other sectoral actors […] and to strengthen the engagement of urban citizens in the democratization process". Lokale Regierungen sind flexibler und effizienter als zentralistische Modelle wenn es um lokale Belange geht und sie stellen durch die Nähe zum Bürger politische Legitimation her (DIETZ 2011). In Thailand unterscheiden sich die lokalen Regierungen vor dem Hintergrund der unterschiedlich weit vorangeschrittenen Dezentralisierungsbemühungen und der komplexen Verwaltungsstruktur. Für die Slumsiedlung Ratchapa ist die Distriktregierung von Dusit zuständig, die räumlich und besonders hinsichtlich der Bevölkerungszahl, eine sehr große Einheit darstellt. Dies liegt vor allem am Sonderstatus, den die Stadt Bangkok innerhalb des thailändischen Verwaltungssystems genießt (PORNCHOKCHAI 2003). Das Dorf Ban Lad Kret gehört zum Tambon Koh Kret und fällt in den Zuständig-

---

21 Zur Relativierung dieser These siehe Kapitel 2.2.3.

keitsbereich der entsprechenden TAO. Während die TAO Koh Kret für knapp 6.000 Menschen zuständig ist, sind es in Dusit etwa 120.000. Diese große Differenz lässt auf Unterschiede in der Qualität der lokalen Regierungsführung und vor allem der Partizipationsmöglichkeiten der Bewohner schließen. Gerade dort, wo die lokale Regierung Schwächen offenbart, sind Basisorganisationen von großer Wichtigkeit. Dies ist in Ratchapa der Fall, wo eine Nachbarschaftsvertretung bestimmte öffentliche Aufgaben, auch mit Bezug zum Hochwassermanagement, übernimmt. Laut PELLING (2003) ist die Stärke der Zivilgesellschaft ein wichtiger Einflussfaktor auf die Verwundbarkeit einer Gesellschaft.

Das Management von Katastrophen im Allgemeinen und von Hochwasser im Speziellen ist eine wichtige Aufgabe innerhalb der lokalen *Governance*. Seit der Tsunami-Katastrophe von 2004 und dem Hochwasser von 2011 gehört Katastrophenmanagement zu den primären Aufgaben der thailändischen Regierung. Mit dem DDPM wurde eine Koordinationsstelle geschaffen, die für die einzelnen Provinzen Pläne formuliert und Verantwortlichkeiten festlegt. Die Provinzregierungen delegieren dann eigenständig Aufgaben an niedrigere Ebenen. Trotz dieser Standardisierung im Katastrophenmanagement gibt es noch immer eine Vielzahl an Defiziten wie z. B. unklare Verantwortlichkeiten und sich überschneidende Kompetenzen aufgrund der vielen verschiedenen Akteure (siehe Kapitel 4.5.3). Oft erreicht das staatliche Katastrophenmanagement die lokale Ebene nicht ausreichend, so dass hier nachbarschaftliche Organisationsformen eine wichtige Rolle spielen. HIDAJAT (2008, S. 370) betont die Bedeutung von Bürgerbeteiligung im Umgang mit Katastrophen und hebt folgende Vorteile hervor:

- Die Betroffenen kennen ihre Nachbarschaft und ihre Umwelt,
- Lokale Bewältigungskapazitäten sind am besten an die lokalen Gegebenheiten angepasst,
- Partizipation wirkt sich positiv auf das soziale Gefüge der Nachbarschaft aus,
- Unabhängigkeit von externen Hilfsmaßnahmen schützt vor Konflikten.

Selbst wenn ein effektives staatliches Katastrophenmanagement besteht, ist individuelles bzw. nachbarschaftliches Engagement sinnvoll, so BOLLIN (2008). Ohne ehrenamtliche Helfer bzw. lokale Organisationsformen wie freiwillige Feuerwehren hätten diverse europäische Hochwasserkatastrophen sehr viel schlechter bewältigt werden können. Im Kontext von Entwicklungs- und Schwellenländern, wo häufig Defizite im Katastrophenmanagement bestehen, hat die Bevölkerung zusätzlich meist weniger Handlungsspielraum, um sich auf Katastrophen vorzubereiten und sich in Gruppen zu organisieren. In der Slumsiedlung Ratchapa sind Überflutungen nur ein Problem unter vielen anderen. Bürgerbeteiligung bei diesem Thema ist aber gerade hier besonders wichtig, da eine politisch starke Nachbarschaft auch andere Lebensbereiche der Bewohner verbessern kann (ebd.).

Ratchapa

Wie oben bereits angedeutet, befindet sich die Slumsiedlung Ratchapa im Regierungsdistrikt Dusit. Dem Distrikt steht ein Direktor vor, der vom Bürgermeister von Bangkok benannt wird. Neben dem Direktor gibt es einen Distriktrat, der sich aus öffentlich gewählten Ratsmitgliedern zusammensetzt. Organisatorisch gliedert sich Dusit in zehn Abteilungen mit verschiedenen Zuständigkeitsbereichen. Der Zugang der Bewohner von Ratchapa zu öffentlichen Dienstleistungen, die von diesen Abteilungen normalerweise bereitgestellt werden wie z. B. die Pflege des öffentlichen Raumes oder die Gewährleistung einer sicheren und funktionierenden Verkehrsinfrastruktur, ist eingeschränkt. Ratchapa ist zwar seit 1999 eine offizielle Nachbarschaft, deren Haushalte registriert sind. Allerdings befindet sich ein Großteil der Gebäude auf dem Fluss und somit auf dem Land der Hafenbehörde, wofür es keine Genehmigung gibt (siehe hierzu Kapitel 5.4.3.3). Aufgrund dieser illegalen Situation unternimmt die lokale Regierung aus Eigeninitiative nur sehr wenige Anstrengungen die Lebenssituation der Slumbewohner zu verbessern. Ein Mitarbeiter des Distrikts erklärt diese passive Haltung damit, dass Konflikte mit der Hafenbehörde per Dekret unbedingt vermieden werden müssen (Interview R24). Unterstützung erhält Ratchapa durch das Department of Community Development, das die Selbstorganisation fördert, indem es finanzielle Mittel für die Wahlen und die Arbeit der Nachbarschaftsvertretung bereitstellt und außerdem die gewählten Vertreter schult.

In Dusit haben vier Abteilungen mit dem Thema Hochwasser zu tun. Das Department of Public Works ist z. B. für den technischen Hochwasserschutz zuständig, während das Department of Administration die Kompensationszahlungen nach einer Überflutung überwacht. Entsprechend den Katastrophenplänen des DDPM für Bangkok wird bei schweren Überflutungen ein Flood Prevention Center in jedem Distrikt eingerichtet, das vom Direktor des Distrikts und den Leitern der einzelnen Abteilungen geführt wird. Ziel des Flood Prevention Centers ist es, die Vorgaben des DDPM durchzusetzen und das Hochwassermanagement zu koordinieren. Außerdem werden weitere Akteure wie NROs oder die thailändische Armee in die Planungen mit einbezogen (Interviews R26, R27). Die einzelnen Maßnahmen des Distrikts, die für die Slumsiedlung Ratchapa eine Rolle spielen, werden in Kapitel 5.6.1 vorgestellt. Wichtig ist allerdings hier die Feststellung, dass permanente bauliche Veränderungen durch z. B. eine Flutschutzmauer oder durch die Erhöhung von Gehwegen und Häusern, aufgrund der Landsituation nicht in Frage kommen. Entscheidungen und Maßnahmen des Distrikts sind stark personengebunden. Eine Mitarbeiterin von CODI berichtet, dass der ehemalige Direktor sich sehr für die Belange der Slumsiedlungen in Dusit eingesetzt hat, indem er z. B. zusätzliche finanzielle Mittel bereitstellte. Mit dem Regierungswechsel ging dieses Engagement verloren (Interview R25). Ein weiterer Regierungsakteur, der in Ratchapa aktiv ist, ist die dem Wahlkreis Dusit entstammende Abgeordnete Leelawadee Watcharobol von der Pheu-Thai-Partei. Die ehemalige Schauspielerin genießt in Ratchapa eine große Beliebtheit, was

daran liegt, dass sie der Slumsiedlung regelmäßige Besuche abstattet und konkrete Hilfs-
leistungen erbringt wie z. B. die Finanzierung neuer Gehwege. Einige Slumbewohner
kritisieren allerdings, dass sie bestimmte Teile der Nachbarschaft bevorteilt, in denen sie
sich der Unterstützung bei Wahlen sicher sein kann. Die entsprechenden Interviewpartner
sprechen von Stimmenkauf bzw. Wahlmanipulation (Interviews R13, R20).

Bemühungen von CODI und der Distriktregierung von Dusit führten 1999 dazu, dass die
Bewohner von Ratchapa eine offizielle Nachbarschaftsvertretung wählten, die, in unterschiedlicher Zusammensetzung, bis heute die Slumbewohner repräsentiert und ihre Interessen vertritt. Die Nachbarschaftsvertretung ist keine staatliche Organisation. Seit 1988
und spätestens seit der Verfassung von 1997 gibt es die politische Vorgabe vom MoI lokale Organisationsformen in ihrer Entstehung zu unterstützen und ihre Arbeit zu fördern.
Dazu bemerken WONGPREEDEE und MAHAKANJANA (2008, S. 74):

> „In 1988, the MoI issued an order to all local governments to encourage, organize,
> recognize, and support Cooperative Community Groups (CCGs) in local areas.
> CCGs are local groups of residents formally recognized by the local government as
> representatives of their communities. CCGs can be organized at local governments'
> behest or at the request of the groups themselves […]. The main objective of the
> CCG is to encourage community groups to be strong and depend on themselves as
> much as they possibly can in solving their own problems. CCGs will, it is hopes, try
> to take care of their own needs and problems before going to local governments to
> seek help. Many local governments have responded to the ministry's recommenda-
> tions in part in the hope that CCGs may relieve local governments' workloads wit-
> hout increasing their financial burdens. […] CCG leaders are often the first to learn
> of problems such as flooding […] and bring these to the attention of municipal of-
> fices. CCGs apparently make municipal residents feel closer to the municipal go-
> vernment".

Es gibt Vorschläge von Seiten des Distrikts bezüglich der organisatorischen Struktur einer
Nachbarschaftsvertretung. Die Anzahl an Vertretern variiert zwischen sieben und 25 in
Abhängigkeit der Größe der Nachbarschaft (Interview R23). Da Ratchapa vergleichsweise klein ist, hat die Nachbarschaftsvertretung acht Mitglieder. Es gibt einen Nachbarschaftsvorstand, einen Stellvertreter, einen Schriftführer, einen Kassenwart, einen Buch-
halter und drei weitere Repräsentanten aus der Nachbarschaft ohne festgelegte Aufgabe
(Interview R16). Die Legislaturperiode beträgt zwei Jahre und die Arbeit in der Nachbarschaftsvertretung ist freiwillig, d. h. die einzelnen Mitglieder werden für ihr Engagement
nicht entlohnt. Der Distrikt hilft bei der Organisation der Wahlen und führt in Zusammenarbeit mit CODI regelmäßige Schulungen für die Nachbarschaftsvertretung zu Themen
wie Nachbarschaftsentwicklung, Kommunikation oder Fundraising durch. Außerdem
wird die Vernetzung mit anderen Nachbarschaften, die ähnliche Probleme haben, unter-

stützt. Die Nachbarschaftsvertretung von Ratchapa wird monatlich mit umgerechnet 150 USD durch den Distrikt bezuschusst. Dieses Geld wird für die Organisation gemeinsamer Treffen, für die Ausrichtung von Feierlichkeiten oder für die Säuberung der Slumsiedlung genutzt und ist laut dem aktuellen Nachbarschaftsvorstand viel zu wenig, so dass regelmäßig Anträge geschrieben werden müssen, um weitere Unterstützung zu erhalten (Interview R16). Die erste Nachbarschaftsvertretung wurde von 1999 bis 2011 alle zwei Jahre wiedergewählt, was daran lag, dass es keine Opposition gab. In 2011 kam es im Zusammenhang mit der nationalen Regierungswahl und den Anstrengungen von Leelawadee Watcharobol dazu, dass eine Alternative zur bestehenden Nachbarschaftsvertretung mit größerer Nähe zur Pheu-Thai-Partei gegründet wurde, die dann direkt mit großer Mehrheit die Wahlen gewann. Durch die Unterstützung von lokalen Nachbarschaften erhoffen sich Politiker Wählerstimmen. In Thailand hat die Beeinflussung lokaler Organisation im Wahlkampf Tradition (SOITHONG 2011). Seit 2011 manifestiert sich die politische Spaltung der Slumsiedlung in der Arbeitsweise der neuen Nachbarschaftsvertretung und dem Widerstand bzw. den Klagen der abgewählten Vorgänger und ihrer Unterstützer (Interviews R12, R18; siehe Kapitel 5.4.3.2).

Die Nachbarschaftsvertretung von Ratchapa kümmert sich um lokale Belange, was laut PELLING (2003) durchaus sinnvoll ist, da sie lokales Wissen und lokale Erfahrungen besitzt, was bei anderen Akteuren wie z. B. der Distriktregierung nicht der Fall ist. Sie organisiert regelmäßige Treffen, auf denen die Slumbewohner akute Probleme diskutieren, um darauf aufbauend Lösungsvorschläge zu entwickeln. Handelt es sich um Angelegenheiten, die ohne größere finanzielle Mittel und ohne staatliche Interventionen (z. B. Erteilung von Genehmigungen) bearbeitet werden können wie z. B. Aufräumarbeiten im Slum oder Reparaturarbeiten an den Gehwegen, arrangiert sie die nötigen Voraussetzungen und führt die erforderlichen Arbeiten in Kooperation mit den Bewohnern durch. Bei Themen wie der permanenten Verbesserung und Erhöhung der Gehwege oder der Installation von öffentlicher Beleuchtung muss der Distrikt konsultiert werden. Dies ist nicht nur aufgrund finanzieller Unterstützung notwendig, sondern besonders wegen der unsicheren Landsituation. Bisher wurden die wenigsten Anträge der Nachbarschaftsvertretung bewilligt. Die Kommunikation zwischen der Nachbarschaftsvertretung und dem Distrikt funktioniert laut dem Nachbarschaftsvorstand nur schleppend. Er macht vor allem die bürokratischen Hindernisse verantwortlich, da für sämtliche Probleme Formulare und Anträge auszufüllen sind, deren Bearbeitung eine lange Zeit in Anspruch nimmt (Interviews R16, R17). Es ist also nicht verwunderlich, dass unbürokratische Hilfen durch Politiker wie Leelawadee Watcharobol so sehr begrüßt werden, die dann in Unterstützung für die Pheu-Thai-Partei resultieren. Ebenfalls in den Verantwortungsbereich lokaler *Governance* fällt die Organisation und Überwachung des Village Fund. Allerdings ist nicht die aktuelle sondern die ehemalige Nachbarschaftsvertretung hierfür zuständig, was einen Konflikt darstellt (Interview R18).

Auch bezüglich des lokalen Hochwassermanagements gleicht die Nachbarschaftsvertretung Defizite des Distrikts aus. Staatliche Maßnahmen erreichen die Slumbewohner zum Teil gar nicht erst und wenn doch, sind diese häufig unfair verteilt. Außerdem kam die Distriktregierung ihrer Aufgabe, die lokale Bevölkerung vor den Überflutungen zu warnen und angemessen zu informieren, nur eingeschränkt nach. Viele Interviewpartner berichten von verwirrender Informationspolitik und falschen Hochwasserwarnungen:

> „Ständig haben wir vom Distrikt neue Wasserstandsprognosen bekommen. Mal hieß es, wir seien sicher, dann sollten wir wieder evakuiert werden. Ich habe am Ende nur noch auf mein Gefühl gehört" (Interview R9).

Nachbarschaftsvertretungen als zivilgesellschaftliche *Governance*-Formen können diese Defizite kompensieren, indem sie den lokalen Kommunikationsfluss fördern und eine Alternative zu staatlicher Nothilfe bieten, was vor allem für marginalisierte Bevölkerungsgruppen überlebenswichtig ist (PELLING 2003). Die Nachbarschaftsvertretung in Ratchapa hat ein Repertoire an Bewältigungs- und Anpassungsmaßnahmen entwickelt, die während eines Hochwassers durchgeführt werden und die in Kapitel 5.6.3 vorgestellt werden. Weiterhin ist sie für die Koordination externer Hilfe zuständig, die von verschiedenen Akteuren, allen voran der Distriktregierung, angeboten wird. Die Kooperation im Katastrophenfall funktioniert nach Angaben des Nachbarschaftsvorstands in der Regel sehr gut (Interview R16). Unzufriedenheit entsteht lediglich in Einzelfällen wie z. B. während des Hochwassers 2011 als die Nachbarschaftsvertretung beim Distrikt die Umwidmung der benachbarten Schule neben Wat Ratchapatikaram als Notunterkunft beantragt hat. Der Distrikt brauchte fast einen Monat für die Bearbeitung des Antrages und die Öffnung der Schule, was für die betroffenen Slumbewohner natürlich ein großes Problem darstellte (Interview R17). Laut PELLING (2003) ist die Zusammenarbeit unterschiedlicher Akteure beim Katastrophenmanagement ein Schlüsselfaktor für die Reduzierung von Verwundbarkeit. Er warnt allerdings auch vor asymmetrischen Machtverhältnissen, die die Anstrengungen ad absurdum führen können, was bei der Akteurskonstellation in Ratchapa oft der Fall ist. Wie oben bereits angedeutet ist die Nachbarschaftsvertretung horizontal mit anderen Nachbarschaften in Dusit vernetzt. Während eines Hochwassers helfen sich die Bewohner dieser Nachbarschaften gegenseitig (Interview R17). Die Bewohner von Ratchapa haben unterschiedliche Meinungen von der aktuellen Nachbarschaftsvertretung, was nicht zuletzt mit selektiver Bevor- bzw. Benachteilung bestimmter Haushalte zusammenhängt. Klientelismus, Korruption und ungleiche Machtverhältnisse innerhalb der Slumsiedlung werden in Kapitel 5.4.3.2 detailliert besprochen.

Die Distriktregierung in Dusit ist die Regierungsinstitution mit der größten Nähe zu den Bewohnern von Ratchapa. Trotzdem schafft sie es nicht, die Slumsiedlung mit öffentlichen Dienstleistungen zu versorgen und Partizipation zu fördern, geschweige denn zuzulassen. Auch im Bereich des Hochwassermanagements weist der Distrikt Defizite auf. Die Bewohner von Ratchapa versuchen sich entsprechend selbst zu helfen, indem sie sich auf Nachbarschaftsebene organisieren. Die Nachbarschaftsvertretung von Ratchapa führt verschiedene Aufgaben aus, die die allgemeine Entwicklung der Slumsiedlung aber vor allem auch das Hochwassermanagement betreffen. Die Slumbewohner sind gespalten, was die Meinung über die Arbeit der Nachbarschaftsvertretung angeht. Während einige sehr zufrieden sind, können andere ihren Unmut kaum verbergen. Diese Zweiteilung der Nachbarschaft hat mit den in Kapitel 5.2 erläuterten historisch bedingten religiösen und ethnischen Trennlinien zu tun, die durch die Slumsiedlung verlaufen.

Ban Lad Kret

Ban Lad Kret ist ein Dorf und somit die kleinste administrative Einheit innerhalb der Provinzverwaltung von Nonthaburi. Die zuständige lokale Regierung ist die TAO Koh Kret, die im Rahmen der staatlichen Dezentralisierungsbemühungen 1996 gegründet wurde. Die TAO ist zuständig für die sieben Dörfer der Flussinsel. Es handelt sich um eine relativ autonome Regierungseinheit, der ein direkt gewählter Leiter vorsitzt. Die Legislative setzt sich aus 14 Ratsmitgliedern zusammen. Aus jedem der sieben Dörfer werden zwei Ratsmitglieder gewählt, die dann das jeweilige Dorf repräsentieren. Organisatorisch gliedert sich die TAO in fünf Abteilungen: Verwaltung, Finanzen, Bauangelegenheiten, Gesundheit und Umwelt sowie Bildung, Religion und Kultur (Abb. 44).

Die TAO finanziert sich einerseits aus lokalen Steuereinnahmen und andererseits aus Zuwendungen der Zentralregierung, deren Höhe sich an der Bevölkerungsanzahl orientiert. Jedes Jahr wird ausgehend von den prognostizierten Einnahmen eine Etatplanung

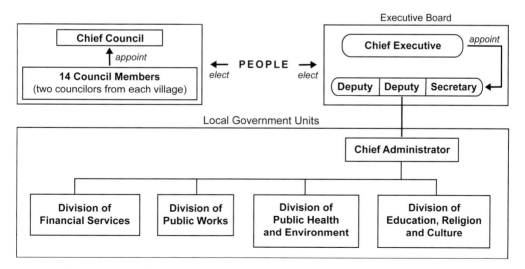

Abb. 44: Organisatorische Struktur der TAO Koh Kret
Quelle: TAO Koh Kret 2012, verändert

für das Folgejahr verabschiedet, mit denen konkrete Projekte verwirklicht und bestehende Posten gedeckt werden sollen. Der Leiter der TAO bemängelt die Zunahme an Verantwortlichkeiten, die im Rahmen der staatlichen Dezentralisierungsanstrengungen nach unten delegiert werden und das gleichzeitige Ausbleiben finanzieller Unterstützung. Viele dringende Aufgaben wie z. B. die Verbesserung des rudimentären Wegenetzes auf der Insel können aus Mangel an Geld nicht angegangen werden (Interview B15). Im Gegensatz zur Situation in Ratchapa, wo der Distrikt wenig aktiv ist und auch die politischen Mitgestaltungsmöglichkeiten der Slumbewohner stark eingeschränkt sind, macht die TAO Politik für die lokale Ebene. Sie ist nicht zuletzt durch die beiden Ratsmitglieder aus Ban Lad Kret informiert über die Probleme und Interessen der Dorfbewohner und kann entsprechend handeln. Der Leiter der TAO spricht im Interview voller Stolz von der musterhaften Partizipation der Inselbevölkerung und führt hier sowohl seriöse Diskussionstreffen zu relevanten Themen wie z. B. zur touristischen Entwicklung der Insel als auch das gut besuchte jährliche Fußballturnier und gemeinsame Feste wie Loy Krathong an (ebd.).

Die Grundlage des Hochwassermanagements für Koh Kret bildet das DDPM von Nonthaburi, das die nationalen Vorgaben im Bereich Katastrophenmanagement auf Provinzebene umsetzt. Die Pläne bezüglich Hochwasser differenzieren zwischen strukturellen und nicht-strukturellen Maßnahmen (siehe Kapitel 2.2.4). Der aktuelle Leiter des DDPM von Nonthaburi kritisiert den bisherigen Fokus auf strukturelle Maßnahmen (z. B. Deiche, Kanäle und Pumpstationen). Er selbst ist seit 2012 im Amt und versucht den Schwerpunkt auf nicht-strukturelle Maßnahmen zu verschieben. Er beklagt, dass die thailändische Bevölkerung vergessen hat, wie man mit dem Wasser und saisonalen Überflutungen lebt. In der Zukunft soll also verstärkt Wert auf *capacity building* gelegt werden, d. h. auf Schulungen der Bevölkerung, Ausbildung von freiwilligen Hochwasser-Helfern usw. (Interview B17). Die Standards der einzelnen Hochwasserpläne unterscheiden sich von Provinz zu Provinz. In Bangkok gibt es andere Vorgaben als in Nonthaburi, was in erster Linie mit den dortigen Gegebenheiten zusammenhängt. Beispielsweise können in Bangkok keine großflächigen Retentionsräume ausgewiesen werden und strukturelle Schutzmaßnahmen haben aufgrund der kritischen Infrastruktur, der hohen Bevölkerungsdichte und den ökonomischen Assets oberste Priorität (ebd.). Das DDPM von Nonthaburi legt das Hochwassermanagement für die Distrikt- und Tambon-Ebene fest, was ebenfalls Element der staatlichen Dezentralisierungsstrategie ist. Die Übertragung von Verantwortung auf die TAO wird vor dem Hintergrund des Mangels an finanziellen Ressourcen und des für den Katastrophenfall nicht ausgebildeten Personals scharf kritisiert (Interview B15).

Das Hochwassermanagement der TAO orientiert sich an den Vorgaben des DDPM von Nonthaburi. Der Distrikt Pak Kret ist zuständig für die Koordination zwischen den einzelnen Tambons. Die Verantwortlichkeiten sind nicht immer klar geregelt, so dass es oft zu Überschneidungen kommt (Interview B16). Eine besonders wichtige Rolle für die einzelnen Dörfer der Insel spielen die Ratsmitglieder. Die beiden Repräsentanten aus Ban Lad Kret beobachten die Situation vor Ort und geben darauf aufbauend Empfehlungen an die TAO weiter. Sie sind außerdem mitverantwortlich für die Verteilung von Nothilfe und für die Entschädigungszahlungen. Die Arbeit der beiden Ratsmitglieder aus Ban Lad Kret wird von verschiedenen Dorfbewohnern gelobt, da sie während eines Hochwassers sehr schnell aber trotzdem besonnen reagieren und bei den Hilfspaketen und der Entschädigung auf eine faire Verteilung achten (Interviews B7, B10). Insgesamt scheint die Arbeit der TAO sowohl allgemein als auch bezüglich Überflutungen von den Dorfbewohnern positiv gesehen zu werden. Es gibt wenig bis keine Kritik:

> „Die Arbeit der Regierung [der TAO; Anmerkung des Verf.] funktioniert. Es gibt keine Probleme. Bei Hochwasser reagieren die Verantwortlichen schnell und effizient. Wir haben keine Beanstandungen" (Teilnehmer GD_B2).

Ein weiterer wichtiger politischer Akteur auf Dorfebene ist der Dorfvorstand (Pooyaibaan) und das dazugehörige Dorfkomitee. Man kann diese Struktur mit der Nachbarschaftsvertretung in Ban Lad Kret vergleichen, wobei jene allerdings nicht Teil der offiziellen thailändischen Verwaltung ist, sondern eine Form lokaler Selbstorganisation; wenn auch politisch gefördert. Der Pooyaibaan wird von den Dorfbewohnern direkt gewählt und bildet das kleinste Element der Provinzverwaltung - noch unter dem Distrikt (siehe Kapitel 4.5.2). In Ban Lad Kret besteht das Dorfkomitee aus neun Mitgliedern. Den Vorsitz bildet der Pooyaibaan, der zwei Stellvertreter und vier Repräsentanten aus dem Dorf ernennt. Weiterhin gehören die beiden Ratsmitglieder der TAO automatisch zum Komitee. Zu den Aufgaben des Pooyaibaan und des Dorfkomitees gehört an erster Stelle die Vermittlung zwischen den Dorfbewohnern und der TAO bzw. dem Distrikt. Dringende lokale Anliegen werden durch den Pooyaibaan kommuniziert. Weiterhin ist der Pooyaibaan zuständig für administrative Angelegenheiten innerhalb des Dorfes. Beispielsweise registriert er Geburten und Todesfälle bzw. Fort- und Zuzüge. Ebenfalls zu seinen Aufgaben gehört sie Schlichtung von Konflikten zwischen Dorfbewohnern (Interview B12). Auch wenn die Verantwortlichkeiten des Pooyaibaan nur wenig politische Macht repräsentieren, spielt er eine wichtige Rolle bei Wahlen. Die Nähe zur lokalen Bevölkerung und das hohe Ansehen des Amtes machen aus einer Empfehlung für eine bestimmte Partei ein wichtiges wahlbeeinflussendes Instrument (SOITHONG 2011). Auf Koh Kret gibt es sieben Dörfer und entsprechen sieben Pooyaibaans, die gemeinsam einen Vertreter wählen, den sogenannten Kamnan. Der Kamnan ist ebenfalls Teil der Provinzverwaltung und hat ähnliche Aufgaben wie der Pooyaibaan, nur eben bezogen auf die Bevölkerung aller Dörfer (Interview Kamnan 2013). Während eines Hochwassers in Ban Lad Kret sind neben dem Distrikt und der TAO auch der Pooyaibaan und der Kamnan aktiv. Ihre Hauptaufgabe bezieht sich auf die Koordination der Hilfsmaßnahmen und auf die Überwachung der Situation.

In Ban Lad Kret sind eine Vielzahl von Regierungsakteuren aktiv, deren Aufgabenbe-
reiche sich zum Teil überschneiden. Nach eigenen Angaben funktioniert die Kommunikation zwischen den einzelnen Akteuren allerdings gut, so dass die meisten Probleme, die
aus der Vielzahl an Akteuren mit zum Teil unklaren Verantwortlichkeiten entstehen, vermieden werden können. Sie handeln im weitesten Sinne gemäß den Vorgaben des DDPM.
Aufgrund der Nähe zur Dorfbevölkerung, den guten Partizipationsmöglichkeiten und der
allgemeinen Zufriedenheit der Dorfbewohner mit der Arbeit der lokalen Regierung, gibt
es in Ban Lad Kret keine selbst organisierte Gruppe wie in Ratchapa. Aufbauend auf den
bisherigen Analysen kann geschlussfolgert werden, dass starke lokale Regierungsinstitutionen im Rahmen der Dezentralisierungsbemühungen zivilgesellschaftliches Engagement fördern und bei ihren Entscheidungen die lokalen Befindlichkeiten berücksichtigen.
Dort, wo also die lokale Regierung Funktionen effizient übernimmt wie in Ban Lad Kret,
besteht keine Notwendigkeit, dass nachbarschaftliche Organisationsformen sich um diese Aufgaben kümmern. In Ratchapa hingegen konnten Defizite bezüglich der lokalen
Regierung identifiziert werden, die zum einen mit der Landsituation in der Slumsiedlung
und zum anderen mit der Thailand-spezifischen Verwaltungsstruktur zusammenhängen.
Hier ist die Übernahme bestimmter Funktionen durch die Bewohner selbst (in Form einer
Nachbarschaftsvertretung) wichtig, sowohl für allgemeine Aufgaben als auch für Aufgaben des Hochwassermanagements. Nichtsdestotrotz konnte auch hinsichtlich der Arbeit
der Nachbarschaftsvertretung eine Reihe von Problemen identifiziert werden. Auch hier
zeigt sich also, dass Verfügungsrechte (hier: Zugang zu funktionierenden Regierungsinstitutionen im Sinne von Good *Governance*, Partizipation usw.) wesentlich die Vulnerabilität gegenüber Hochwasser beeinflussen können.

5.4.3.2 Klientelismus, Korruption und Machtverhältnisse

Die Phänomene Klientelismus und Korruption müssen zusammengedacht werden. In der
thailändischen Realität sind sie untrennbar miteinander verwoben, was bereits in Kapitel
4.5.1 detailliert dargelegt wurde. Als Teil der politischen Dimension von Verwundbarkeit
soll hier ihr Einfluss auf die politische Macht von Individuen und Haushalten in den beiden Untersuchungsgebieten aber auch auf die Zugangsbedingungen zu z. B. Hilfsmaßnahmen und Kompensationszahlungen analysiert werden. Eine pauschal negative Bewertung von Klientelismus und Korruption ist vor dem Hintergrund der teilweise positiven
Effekte nicht angebracht (siehe Kapitel 4.5.2). Für die folgende Analyse ist weiterhin die
Anerkennung der historischen Einbettung von Vulnerabilität sehr wichtig. Oft beruhen
Konflikte mit Bezug zu Klientelismus und Korruption auf historisch bedingten Macht-
konstellationen, ethnischen und religiösen Differenzen oder einer kulturellen Pfadabhän-
gigkeit (vgl. Kapitel 5.2). Die Phänomene Klientelismus, Korruption und ungleiche
Machtverhältnisse spielen besonders in der Slumsiedlung Ratchapa eine determinierende
Rolle, was sich ganz konkret in entsprechenden Interviewaussagen und Beobachtungen

zeigt. Wichtig ist hier der Verweis auf die problembehaftete Thematisierung sensibler Aspekte in Interviewsituationen. Eine direkte Konfrontation mit beispielsweise Korruptionsvorwürfen wurde aufgrund des kulturellen Kontextes unbedingt vermieden. Stattdessen wurden in enger Absprache mit dem Übersetzer andere Strategien verfolgt, um sensible Themen zufriedenstellend zu bearbeiten (detaillierte Informationen zum methodischen Vorgehen finden sich in Kapitel 3).

Im Untersuchungsgebiet Ban Lad Kret liefern die Interviewdaten Indizien, die für Klientelismus sprechen. Beispielsweise beklagen einige wenige Dorfbewohner ungleiche Hilfsverteilung und Kompensationszahlungen im Kontext des Hochwassers von 2011 und erklären dies mit gezielter Bevorteilung und Bestechung (Interview B6). Bei genauerer Prüfung dieser Vorwürfe kann allerdings festgestellt werden, dass weniger Klientelismus bzw. Korruption die Ursache darstellen als vielmehr völlig andere Umstände. Die Hilfsverteilung läuft nach einem standardisierten Verfahren ab (dazu mehr in Kapitel 5.6.1) und bevorzugt die registrierten Einwohner der Insel. Erst wenn diese Hilfspakete o.ä. erhalten haben, sind die nicht registrierten Haushalte an der Reihe, so dass sich diese unter Umständen benachteiligt fühlen (Interview B15). Bei den Kompensationszahlungen nach dem Hochwasser gab es ebenfalls Missverständnisse. Viele Betroffene dachten, dass für jedes beschädigte Haus umgerechnet 650 USD gezahlt werden, unabhängig von der Höhe der Schäden. In der Realität richtet sich die Höhe der Kompensationszahlung aber nach dem konkreten Schadensausmaß (Interview B11). Klientelismus und Korruption sowie ungleiche Machtverhältnisse existieren sehr wahrscheinlich auf der Flussinsel. Einen Einfluss auf die Verwundbarkeit gegenüber Hochwasser konnte allerdings nicht festgestellt werden.

Ganz anders sieht es in der Slumsiedlung Ratchapa aus. Hier finden sich ausgeprägte Machtunterschiede sowie Vorteilsbeschaffung durch persönliche Beziehungen und Bestechung. Als Interpretationsgrundlage dieser Strukturen und Prozesse dient die in Kapitel 5.2 vorgestellte historische Einbettung von Vulnerabilität. Ratchapa kann auf Basis der historisch bedingten religiösen und ethnischen Unterschiede in zwei Lager geteilt werden, die auch eine räumliche Dimension besitzen. Diese räumliche Gliederung wird wiederum durch physische Strukturen wie die Krungton Brücke verstärkt. In den beiden Teilen der Nachbarschaft, die sich direkt an die Brücke anschließen, leben viele Haushalte mit chinesischen und thailändischen Wurzeln, die ihre Religion im Tempel Wat Ratchapatikaram bzw. im chinesischen Tempel ausüben. Der südlich gelegene Teil der Slumsiedlung ist stärker christlich beeinflusst und beheimatet viele vietnamesisch-stämmige Menschen. Die Grenzziehung ist natürlich eine virtuelle und nicht alle Bewohner des südlichen Siedlungsbereiches sind Christen bzw. haben vietnamesische Wurzeln. Dennoch finden sich unsichtbare Trennlinien innerhalb der Nachbarschaft, die bereits für die Analyse der sozialen Netzwerke hilfreich waren (vgl. Kapitel 5.4.1.1). Politisch steht die Mehrheit der Slumbewohner auf Seiten der Pheu-Thai-Partei. Der südliche Teil der Nachbarschaft ist diesbezüglich allerdings homogener als der nördliche Teil, in dem einige Bewohner auch mit der Demokratischen Partei sympathisieren. Außerdem zählt sich der südliche Teil der Nachbarschaft selbst zu den aktiven Rothemden, die ihre politische Einstellung öffentlich zur Schau tragen (GD_R1; Interview R13). Die ethnischen und religiösen Trennlinien werden also zusätzlich von einer politischen Dimension verstärkt, die Auswirkungen auf die Phänomene Klientelismus, Korruption und ungleiche Machtverhältnisse hat.

Wie im vorigen Kapitel bereits erwähnt, wurde in 2011 mit Unterstützung der Pheu-Thai-Partei eine neue Nachbarschaftsvertretung für Ratchapa gewählt. Sie erhielt ihre Stimmen vor allem aus dem südlichen Teil der Slumsiedlung, während der nördliche Teil die ehemalige Vertretung unterstützte. Viele der Interviewpartner, die im südlichen Teil Ratchapas leben, betonen ihre Zufriedenheit mit der Arbeit der aktuellen Nachbarschaftsvertretung und vergleichen diese mit der, aus ihrer Perspektive, schlechten Leistung der ehemaligen Vertreter, die sie als korrupt bezeichnen. Es wird in erster Linie von einem Ereignis berichtet, bei dem der damalige Nachbarschaftsvorstand Gelder für die Reparatur von Häusern bei CODI beantragt hat, die 2010 während einer Überflutung beschädigt wurden. Das Geld kam allerdings nie bei den Hausbesitzern an, so dass Korruptionsvorwürfe entstanden (Interview R16). Der ehemalige Nachbarschaftsvorstand versucht sich im Interview zu rechtfertigen und erklärt, er habe die Gelder für die Reparaturen der Gehwege ausgegeben anstatt für einzelne Häuser (Interview R18).

Im nördlichen Teil der Slumsiedlung wird die aktuelle Nachbarschaftsvertretung kritisiert. Dem seit 2011 im Amt befindlichen Nachbarschaftsvorstand werden hier verschiedene Vorwürfe gemacht. Es gibt direkte, ja fast beleidigende Interviewaussagen, die ihm Faulheit, Korruption und Vetternwirtschaft unterstellen. Es wird kritisiert, dass es weniger gemeinsame Treffen gibt, auf denen über die Probleme der Slumsiedlung diskutiert wird. Auch gemeinschaftliche Feierlichkeiten finden heutzutage seltener statt, als es noch vor einigen Jahren der Fall war. Der soziale Zusammenhalt in Ratchapa wurde durch solche und ähnliche Nachlässigkeiten stark geschwächt (Interview R12). Die Nachbarschaftsvertretung besteht eigentlich aus acht Mitgliedern. Allerdings sind laut der Aussage von mehreren Slumbewohnern, nur drei von ihnen aktiv. Auch externe Akteure wie z. B. die Distriktregierung von Dusit und CODI kritisieren die aktuelle Nachbarschaftsvertretung als untätig und kommunikationsschwach und wünschen sich den ehemaligen Nachbarschaftsvorstand zurück (Interviews R22, R25). Es kann also angenommen werden, dass die aktuelle Nachbarschaftsvertretung eine relativ schwache lokale *Governance*-Struktur repräsentiert. Bezüglich des lokalen Hochwassermanagements sind die Vorwürfe am schwersten. Die nördlichen Haushalte bemängeln, dass sie weniger und später mit Hilfspaketen versorgt wurden, als die südlich gelegenen und dass sie dadurch während des Hochwassers von 2011 enorme Probleme hatten:

„Die [die Nachbarschaftsvertretung; Anmerkung des Verf.] kümmern sich nur um ihre Leute. Von alleine bekommen wir keine Hilfspakete oder Entschädigungszahlungen. Dafür müssen wir kämpfen" (Interview R12).

Sie mussten teilweise auf anderem Wege Trinkwasser, Nahrungsmittel, Medikamente, Sandsäcke usw. beschaffen, was erosiv auf ihre Ressourcenbasis wirkte. Ähnlich ist die Situation bei den Kompensationszahlungen, die zwar von der Regierung kommen, aber von der Nachbarschaftsvertretung verteilt werden. Slumbewohner mit persönlichen Beziehungen zum Nachbarschaftsvorstand werden am stärksten bevorteilt. Zum Teil wurden sogar hohe Kompensationszahlungen an Haushalte vergeben, die nicht bzw. kaum von Überflutungen betroffen waren. Das Vorgehen der Nachbarschaftsvertretung reproduziert auf diese Art und Weise ungleiche Machtverhältnisse, was im Kontext des Hochwassers von 2011 kein Einzelfall in Thailand war, sondern oft vorkam:

„Leaders and politically affiliated groups in these areas [Slums; Anmerkung des Verf.] strive to find resources to ensure primarily the well being of their supporters. In these cases, local government leaders are found to rely on personal relationships and political networks to help mobilize resources and distribute support. In this context, aid distribution could potentially sharpen the already intense tensions observed at the local level" (World Bank 2012, S. 229).

Klientelismus äußerte sich auch bei anderen Akteuren als der Nachbarschaftsvertretung. Beispielsweise versprach die Politikerin Leelawadee Watcharobol der Slumsiedlung den Bau neuer, verbesserter Holzstege. Diese Stege wurden dann auch gebaut, allerdings nur im südlichen Bereich Ratchapas – also dem Bereich, in dem die Menschen offen mit der Pheu-Thai-Partei sympathisieren (Interviews R12, R18). Die nördlich gelegenen Haushalte müssen weiterhin die alten, instabilen und tiefer liegenden Gehwege benutzen. Neben dieser Zweiteilung der Slumsiedlung und den damit zusammenhängenden Effekten wie Klientelismus und ungleichen Machtverhältnissen, gibt es auf der Mikroebene noch das Phänomen, dass einzelne Haushalte marginalisiert werden. Vor allem sozioökonomisch schwache Personen werden systematisch benachteiligt. Es wird berichtet, dass diese von den Nachbarschaftswahlen ausgeschlossen wurden, dass sie nach dem Hochwasser keine Kompensationszahlungen erhielten und dass sie auf dem lokalen, informellen Arbeitsmarkt diskriminiert werden (Interview R10, R13). Inwieweit hier ethnische und religiöse Gründe eine Rolle spielen, konnte auf Grundlage der Interviewdaten nicht herausgefunden werden. Weiterhin ist es so, dass sich eine Nachbarschaftsvertretung in der Regel aus Personen zusammensetzt, die über gewisse ökonomische und kulturelle Ressourcen verfügen, die ihnen bei den Wahlen zugutekommen. In Ratchapa werden auf diese Weise die armen und wenig gebildeten Slumbewohner von der Meinungsführerschaft ausgeschlossen (GD_R2). Laut DIETZ (2011) übersetzen sich ökonomische und kulturelle Ressourcen in politische Macht. So werden auf der lokalen Ebene politische

Entscheidungen in exklusiven Arenen gefällt, zu denen nur bestimmte Mitglieder Zugang haben. Vulnerabilität in urbanen Räumen ist nach PELLING (2003) immer eng verknüpft mit lokaler *Governance*. In seiner Analyse von Basisorganisationen kommt er zu dem Ergebnis, dass diese meist nur einen Teil einer Nachbarschaft repräsentieren, so dass es zur Benachteiligung kommen kann. Er zeigt außerdem wie Nachbarschaftsvertretungen anfällig für die Beeinflussung durch externe Akteure wie z. B. politische Parteien sind und ihre Arbeit dadurch beeinträchtigt wird. Die Analyse von Klientelismus, Korruption und ungleichen Machtverhältnissen in Ratchapa untermauert diese Ergebnisse.

5.4.3.3 Unsichere Landbesitzverhältnisse

Eine oftmals übersehene Determinante von Vulnerabilität gegenüber dem Klimawandel und assoziierten Extremereignissen ist Landbesitz, denn „[v]ulnerability can occur either where land tenure is perceived to be insecure, or where insecure tenure results in the loss of land, especially when alternative livelihood and housing options are limited" (REALE und HANDMER 2011, S. 160). Unsichere Landbesitzverhältnisse entstehen oft aus der Entscheidung an einem bestimmten Ort zu siedeln. Zum Teil wird aus einer sicheren Landsituation auch erst im Laufe der Zeit eine unsichere. Wichtige Einflussfaktoren sind hier die existierenden Gesetze, die Autorität der Regierung und wirtschaftliche Kräfte (ebd.). Die Bewohner des Untersuchungsgebietes Ban Lad Kret leben größtenteils auf ihrem eigenen Land in ihrem eigenen Haus bzw. zur Miete. Unsichere Landbesitzverhältnisse spielen hier keine Rolle. In der Slumsiedlung Ratchapa befindet sich ein Großteil der Gebäude auf dem Land der Hafenbehörde, wofür es keine Pachtverträge oder ähnliches gibt. Die Tatsache, dass es sich bei der Hafenbehörde um eine staatliche Institution handelt, ist der Grund dafür, dass die Determinante „Unsichere Landbesitzverhältnisse" der politischen Dimension und nicht der ökonomischen Dimension zugeordnet wurde. Sichere Landbesitzverhältnisse sind ein wichtiges Verfügungsrecht, das unter anderem den Zugang zu öffentlichen Investitionen und zum formalen Kreditsystem ermöglicht, wie in vorigen Kapiteln bereits erläutert.

> „One of the key reasons for the poor physical conditions in urban poor settlements is insecure land tenure, which discourages inhabitants from improving their living conditions and official government bodies from providing infrastructure and services" (USAVAGOVITWONG und POSRIPRASERT 2006, S. 526).

Wie in Abbildung 45 zu erkennen ist, befinden sich etwas mehr als die Hälfte der Häuser von Ratchapa auf dem Land der Hafenbehörde. Eine Erlaubnis oder einen Pachtvertrag gibt es nicht. Betroffen von unsicheren Landbesitzverhältnissen sind dabei vorwiegend die Bewohner des südlichen Teils der Slumsiedlung und einige Haushalte direkt neben der Krungton Brücke. Die Häuser auf dem Festland stehen entweder auf dem Land des Tempels Wat Ratchapatikaram oder auf dem Land des chinesischen Tempels. Die Besit-

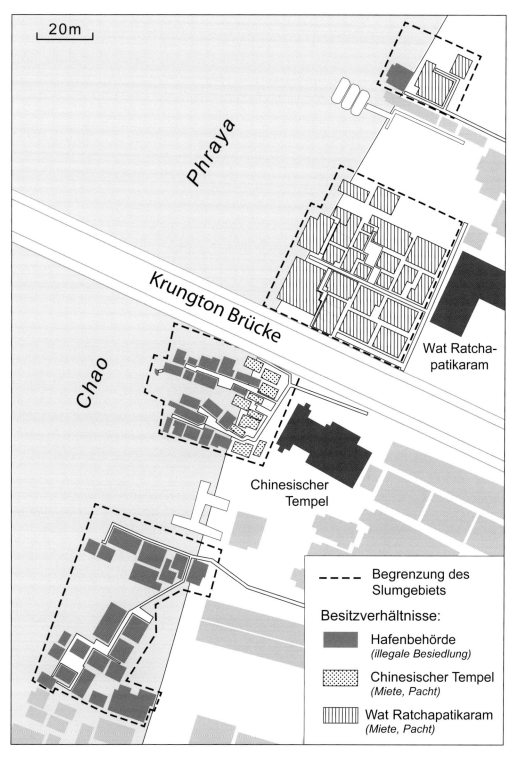

Abb. 45: Landbesitzverhältnisse in der Slumsiedlung Ratchapa
Quelle: Eigene Darstellung auf Grundlage eigener Erhebungen und CODI 2003

zer dieser Gebäude bezahlen Pacht an das Department of Religion, das zum Ministry of Culture gehört und das die Zahlungen verwaltet. Die Höhe der Pacht beträgt für ein Haus umgerechnet lediglich 25 Euro pro Jahr, wobei die Größe des Hauses keine Rolle spielt (Interview R21). Die Gebäude auf dem Land der Hafenbehörde sind akut von Vertreibung bedroht, da sie aus offizieller Sicht den Schiffsverkehr behindern, die Umwelt verschmutzen und die Ästhetik des Flussufers zerstören[22] (Interview R25). Es gibt immer wieder Gerüchte, dass eine Räumung kurz bevor steht. Die Interviewpartner berichten von einem Regierungsprojekt zur Verschönerung der Uferpromenade von Dusit, vom Bau großer Wohnkomplexe in direkter Uferlage und von einer Vergrößerung der Krungton Brücke (Interviews R2, R4, R8). Die Nachbarschaftsvertretung versucht bewusst das Entstehen solcher Gerüchte zu verhindern, um Panik zu vermeiden. Sie weiß aber auch, dass immer mehr Slumsiedlungen am Ufer des Chao Phraya oder an Kanälen aus genau diesen Gründen verschwinden (Interview R16). Nach Angaben von CODI und der Distriktregierung ist es sehr wahrscheinlich, dass Ratchapa innerhalb der nächsten 15 Jahre verschwunden sein wird. Es gibt bereits eine neue Gesetzesgrundlage für die Umsiedlung von illegalen Slumsiedlungen an Fluss- und Kanalufern, die dann zum Einsatz kommen und eine Räumung erleichtern wird.

Die meisten Slumbewohner haben Angst vor einer Räumung. Sie betonen aber auch ihren unbedingten Willen sich einer Räumung zu wiedersetzen. Die meisten von ihnen sind in Ratchapa geboren und möchten auch hier sterben. Ihre Lebensweise ist an diesen Ort angepasst (Informationen zur beruflichen Situation der Slumbewohner finden sich in Kapitel 5.1.1 und 5.4.2.2) und sie könnten niemals in einem Apartment am Stadtrand leben. Sie wissen, dass König Rama V ihren Vorfahren die Besiedlung des Uferbereiches erlaubte und fühlen sich durch die Sympathiebekundungen des aktuellen Königs bekräftigt, der für sein starkes soziales Engagement bekannt ist. Sie wissen allerdings nicht, was passieren wird, wenn der 86-jährige König stirbt (Interviews R17). Das Vertrauen in die Monarchie ist in Thailand stark ausgeprägt (OCKEY 2005). Trotzdem wundert sich eine Mitarbeiterin von CODI über die Passivität der Bewohner Ratchapas hinsichtlich ihrer Bemühungen sichere Landbesitzverhältnisse zu erlangen. Sie sagt, dass andere Nachbarschaften in ähnlichen Situationen viel aktiver sind (Interview R25). Konfrontiert mit dieser Aussage, erklärt der Nachbarschaftsvorstand von Ratchapa, dass Verhandlungen mit der Hafenbehörde vermieden werden, aus Angst, dass diese eine Räumung der Siedlung auslösen könnten (Interview R16). Die meisten Slumbewohner scheinen sich mit einer möglichen Vertreibung bereits auseinander gesetzt zu haben, denn sie fordern von der Regierung eine angemessene Kompensation bzw. ein adäquates Umsiedlungsgebiet falls es zur Räumung kommen sollte (GD_R1; Interview R12). ASKEW (2002) kritisiert von Räumungen betroffene Slumbewohner in Thailand als opportunistisch, da sie oftmals einen Diskurs der hilfsbedürftigen Opfer produzieren, um dann ihre von der Regierung zur

---

22 Die Hafenbehörde war nicht bereit für ein Interview, so dass die Interpretationen auf der Perspektive der Slumbewohner bzw. der lokalen Regierung und CODI aufbauen.

Verfügung gestellten neuen Grundstücke und Häuser direkt wieder zu verkaufen, um andere vakante Flächen illegal zu besiedeln. Ob diese Mutmaßung auf die Bewohner von Ratchapa zutrifft, soll in Frage gestellt werden, da sie mehrmals die zentrale Lage und auch die hohe Lebensqualität, die ihnen das Wohnen am Wasser beschert, hervorheben:

> Teilnehmer g: „Wenn wir umgesiedelt werden, dann wollen wir in Bangkok bleiben. Wir arbeiten hier. Außerdem wollen wir Strom und Wasser. Wir…"
>
> Teilnehmer b: „Wir bleiben hier. Das ist unsere Heimat. Wir wollen hier nicht weg. Ich bin hier aufgewachsen. Ich weiß, dass unsere Häuser sehr viel wert sind. Wir sind direkt am Fluss, wo es angenehm ist und zentral."
>
> Teilnehmerin a: „Stimmt"
>
> Teilnehmer b: „Es gibt keinen besseren Ort als hier."
>
> (GD_R1)

Die Konsequenzen der unsicheren Landbesitzverhältnisse wurden zum Teil in vorigen Kapiteln bereits angesprochen. Sie können aufgrund ihrer einschränkenden Wirkung auf die Verfügungsrechte der Slumbewohner Verwundbarkeiten erzeugen. Die Interviewpartner leben in permanenter Unsicherheit vor Vertreibung, die durch bestimmte Gerüchte am Leben gehalten wird. Sie überlegen sich sehr genau, ob sie große Summen in Anpassungsmaßnahmen wie die Erhöhung ihrer Häuser oder den Kauf kleiner Boote investieren (z. B. Interviews R15, R16). In seltenen Fällen kommt es während Überflutungen vor, dass Hilfspakete nur für diejenigen Haushalte der Nachbarschaft zur Verfügung gestellt werden, deren Häuser sich auf dem Festland befinden. Die Distriktregierung von Dusit führt keine öffentlichen Aufgaben in Ratchapa aus. Es gibt weder eine adäquate Verkehrsinfrastruktur, noch eine Müll- oder Abwasserbeseitigung. Die Nachbarschaftsvertretung von Ratchapa kritisiert dieses Verhalten scharf und betont, wie wichtig es für die Slumbewohner sei, hoch gelegene und feste Gehwege zu haben, möglichst aus Beton. Diese könnten eine permanente Mobilität während eines Hochwassers gewährleisten. Der Nachbarschaftsvorstand erklärt mit Nachdruck, dass Ratchapa nicht jedes Jahr neue Hilfspakete benötige, sondern eine Lösung des Landkonfliktes und darauf aufbauend Unterstützung durch die Regierung. Er nennt Projekte wie den Bau neuer Gehwege, Deiche, Straßenbeleuchtung usw.

> „Nicht Hochwasser ist unser größtes Problem, sondern die Landsituation. Nach jeder Überflutung kommen Hilfspakete von der Regierung. Wir brauchen aber langfristige Lösungen wie hohe Gehwege aus Beton, die nur erreicht werden können, wenn das Land gepachtet werden könnte oder es uns gehören würde" (Interview R16).

Die unsicheren Landbesitzverhältnisse halten auch andere Akteure wie NGOs davon ab, in Ratchapa aktiv zu werden. Es gab in der Vergangenheit eine Initiative der nahe gele-

genen Rajabhat Universität, den öffentlichen Raum innerhalb der Slumsiedlung aufzu-
werten. Die Distriktregierung intervenierte aufgrund der Landsituation. Auch CODI ist
mit seinen Anstrengungen gescheitert (siehe Kapitel 5.4.2.3).

Neben Hochwasser ist eine weitere Gefahr für die Slumsiedlung Feuer. Die eng beieinan-
der liegenden Holzhäuser fördern geradezu die Ausbreitung von Flammen. In Ratchapa
kommt es in unregelmäßigen Abständen immer wieder zu Bränden, so dass die Slumbewohner an strategisch günstigen Orten Feuerlöscher aufgestellt haben. Bezüglich der unsicheren Landbesitzverhältnisse ist Feuer ein großes Problem. Abgebrannte Häuser werden von den Slumbewohnern sofort wieder aufgebaut, da nach einem Feuer die
Hafenbehörde kommt, um zu kontrollieren, ob Parzellen frei geworden sind. Es ist nämlich strengstens verboten neue Häuser auf dem Land der Hafenbehörde zu bauen. Diese
Regel gilt auch für den Wiederaufbau von abgebrannten Gebäuden (Interview R16). Fol-
gendes Zitat verdeutlicht die hier beschriebene Praxis am Beispiel der Slumsiedlung
Klong Toey:

> „In 1994, a devastating fire leveled the community at Rom Klao, part of the sprawl-
> ing Klong Toey settlement, on Port Authority land. Thai law stipulates that land
> leases cease to be valid after a fire, so it's no surprise arson is often used to remove
> unwanted tenants. But after decades of eviction and arson, Klong Toey residents
> have found ways around this rule: build a new house, FAST [Hervorhebung im
> Original], right over the ashes of your old house, so the next morning, when the
> authorities show up, you can say '*What fire?*' [Hervorhebung im Original]" (ACHR
> 2003, S. 29).

5.5 Die interne Seite von Vulnerabilität

Auf Basis des Analyserahmens, der für diese Arbeit auf Grundlage theoretischer Überlegungen erarbeitet wurde (siehe Kapitel 2.3), repräsentiert die interne Seite von Vulnerabilität Bewältigungs- und Anpassungshandlungen. Mit Hilfe der Strukturationstheorie
von GIDDENS (1995) wurde das Konzept der Vulnerabilität stärker gesellschaftlich eingebettet, womit dem Desiderat einer mangelnden Theoretisierung der „Handlungsseite"
begegnet wurde. Im vorigen Kapitel wurde die externe Seite der Vulnerabilität von Haushalten und Individuen in den beiden Untersuchungsgebieten analysiert, d. h. die strukturellen Bedingungen, die Handeln einschränken bzw. ermöglichen, aber auch im Handeln produziert und reproduziert werden. Bewältigungs- und Anpassungshandeln kann
also erst vor dem Hintergrund der sozialen, der ökonomischen und der politischen Dimension von Verwundbarkeit und ihrer Wechselwirkungen verstanden werden. Umgekehrt können, wenn man es genau nimmt, die strukturellen Handlungsbedingungen auch
erst im Handeln ersichtlich werden. Aus diesem Grund wurden die im vorigen Kapitel
analysierten Strukturelemente bereits kontinuierlich mit exemplarischen Handlungswei-

sen in Beziehung gesetzt. Erst hierdurch wurde ihr ermöglichender bzw. einschränkender Charakter deutlich. Beispielsweise kann die Beschäftigung im informellen Sektor in Kombination mit eingeschränktem Zugang zu Krediten und niedrigem Einkommen im Kontext von Hochwasser zu bewusster Einkommensdiversifizierung führen. Auch innovative Strategien wie die Nutzung von Booten als Verkaufsstand von z. B. Süßwaren und Getränken anstatt von festen Ständen sind hier zu nennen. Ein weiteres Beispiel bezieht sich auf das Ausbleiben von Anpassungsstrategien aufgrund unsicherer Landbesitzverhältnisse. Viele Slumbewohner verzichten auf das kostspielige Erhöhen ihrer Häuser, da sie in akuter Angst vor Vertreibung leben.

In diesem Kapitel erfolgt nun eine Kategorisierung von Handeln im Kontext von Verwundbarkeit und es werden Strategien identifiziert und analysiert, die bisher noch nicht genannt wurden. Bei den Handlungen handelt es sich um intentionale Akte, die in den Interviews als Reaktion auf Hochwasser genannt und erläutert wurden. Dieser Arbeit liegt die Annahme zugrunde, dass Handlungszwecke für jede Handlung immer erst gesetzt werden und diese Zwecksetzung abhängig von strukturellen Elementen ist (zur Rationalität der Zwecksetzung siehe STEINBRINK 2009; Kapitel 2.2.3). Im Folgenden wird das Handeln im Kontext von Verwundbarkeit in Bewältigung und Anpassung aufgeteilt (siehe dazu Kapitel 2.2.4). Wichtig für die Analyse dieses Handelns ist die Vergegenwärtigung der Tatsache, dass es in Bangkok regelmäßig zu Überflutungen kommt, die in Abhängigkeit verschiedener Faktoren in ihrer Intensität variieren. Überflutungen sind außerdem relativ langsam voranschreitende Naturgefahren:

> „The 2011 floods have been likened to an 'interior tsunami', but it was a slow-motion tsunami, at least in its final stages, which left considerable scope for individual agency. But its slowness also played an important role in my misapprehension of the situation and persistent denial of the threat to our neighbourhood" (COHEN 2012, S. 325 f.).

Bewältigungs- und Anpassungsstrategien werden sowohl von Frauen als auch von Männern ausgeführt. Beide Geschlechter sind während der Überflutungen und bei der Schadensbeseitigung sehr aktiv. Auch bei organisatorischen Tätigkeiten wie z. B. bei der Arbeit innerhalb einer Nachbarschaftsvertretung sind Frauen und Männer beteiligt. Diese Beobachtung deckt sich mit den Feststellungen der Weltbank in ihrer Beurteilung des Hochwassers 2011 (World Bank 2012).

5.5.1 Bewältigung

Die Bewältigung von Überflutungen gestaltet sich in beiden Untersuchungsgebieten unterschiedlich. Anhand der Interviewdaten und eigener Beobachtungen sollen hier typische Bewältigungshandlungen in ihrer chronologischen Abfolge dargestellt werden.

Hochwasser ist an die Monsunniederschläge gebunden und tritt in der Regel im Herbst auf. Die Bewohner der Untersuchungsgebiete sind sich dieser Regelmäßigkeit bewusst und antizipieren entsprechend. Nach Ban Lad Kret sind in der Vergangenheit einige neue Bewohner hinzugezogen, die nicht mit den wiederkehrenden Überflutungen aufgewachsen sind bzw. sich noch nicht an diese gewöhnt haben. Bei ihnen erkennt man klare Defizite hinsichtlich effektiver Bewältigung (Interview B12). Die Bewohner beider Untersuchungsgebiete informieren sich in verschiedenen Medien über Wettervorhersagen und Flutwarnungen. Außerdem erhalten sie Informationen von verschiedenen Akteuren wie z.B. der lokalen Regierung. In Ratchapa berichten die Interviewpartner von missverständlichen und sich wiedersprechenden Warnungen der Regierung bezüglich der Überflutung in 2011, die zu Unsicherheiten und einem Hinauszögern vorbereitender Maßnahmen geführt haben (siehe Kapitel 5.4.1.2). Sobald Gewissheit über ein bevorstehendes Hochwasser besteht, beginnen die Bewohner ihren Haushalt vorzubereiten, indem sie bestimmte Gegenstände wasserdicht verpacken, ihre Möbel und elektrischen Geräte ins Obergeschoss räumen, bzw. wenn kein Obergeschoss vorhanden ist, erhöht aufstellen und die Türen ihrer Häuser mit Sandsäcken verschließen (z.B. Interviews R12, R17). In der Slumsiedlung Ratchapa sind fast alle Häuser Holzkonstruktionen, so dass Sandsäcke hier unwirksam sind, weil das Wasser durch den Holzfußboden in das Innere des Hauses eindringen kann. Auch in Ban Lad Kret machen Sandsäcke lediglich bei den modernen Häusern Sinn oder zum Schutz landwirtschaftlicher Flächen. Sind besonders starke Überflutungen angekündigt, erhöhen die Landwirte mit Sandsäcken die Erddeiche um ihre Anbauflächen. Viele Bewohner der Flussinsel berichten davon, dass sie vor einem Hochwasser Lebensmittel und Trinkwasser auf Vorrat kaufen. Eine weitere vorbereitende Maßnahme in Ratchapa ist das Evakuieren von alten oder kranken Nachbarschaftsmitgliedern, die dann meist bei Familienangehörigen oder in Notunterkünften untergebracht werden (GD_R2).

Spätestens wenn es dann zu einem Hochwasserereignis kommt, spielen soziale Netzwerke eine wichtige Rolle bei der Bewältigung (siehe Kapitel 5.4.1.1). Die Interviewpartner in beiden Untersuchungsgebieten berichten von gegenseitiger Hilfe während Überflutungen. Es wird Essen für die Nachbarn gekocht oder auf deren Kinder aufgepasst, wenn diese gerade besonders beschäftigt sind. Außerdem werden Werkzeuge, Pumpen oder kleine Boote verliehen (GD_R1; Interview R13). Der Alltag gestaltet sich sowohl in Ratchapa als auch in Ban Lad Kret als schwierig und richtet sich nach der Tide. Bei Niedrigwasser können die täglich anfallenden Arbeiten leichter bewältigt werden als bei Hochwasser. Die Slumbewohner haben den Vorteil, dass sie die Siedlung schnell verlassen können, um beispielsweise einen Arzt aufzusuchen oder Einkäufe zu erledigen. Auf der Flussinsel ist dies nicht der Fall, da es sehr aufwendig ist, während eines Hochwassers das Haus zu verlassen und zum Festland zu gelangen (Interview B5). Bei der Darstellung der Überflutungsauswirkungen auf die Bewohner Ratchapas (vgl. Kapitel 5.3) wurden die Wellen der vorbeifahrenden Boote und die Probleme, die sie verursachen, genannt. Als wichtige Handlungsstrategie diesbezüglich hissen die Slumbewohner rote Fahnen, um den Booten zu signalisieren, dass sie langsamer fahren sollen. Die berufliche Bewältigung wurde bereits in Kapitel 5.4.2.2 detailliert untersucht und soll an dieser Stelle nicht erneut aufgegriffen werden. Aufgrund der ökonomischen Situation in Ratchapa ist eine wichtige Bewältigungsstrategie die Aufnahme von Krediten. Da viele Slumbewohner aber im informellen Sektor tätig sind, haben sie keinen Zugang zum formalen Kreditsystem und müssen sich Geld bei informellen Geldverleihern leihen, die bis zu 20 % Zinsen täglich verlangen (Interview R17). Entsprechend ist eine solche Bewältigungsstrategie alles andere als nachhaltig und erhöht zusätzlich die Verwundbarkeit.

Die Bewohner beider Untersuchungsgebiete bleiben während der Überflutungen normalerweise in ihren Häusern wohnen und können auch ihrem Alltag nachgehen. Aufgrund der Schwere des Hochwassers von 2011 verließen allerdings viele Menschen ihre Häuser. Die Interviewpartner betonen, dass sie grundsätzlich versuchen so lange es geht in ihren Häusern zu bleiben; auch weil sie Angst vor Plünderungen haben (GD_R1; Interviews R13, B6). Eine der direkt an Ratchapa angrenzenden Schulen wurde in 2011 zu einer Notunterkunft umfunktioniert, in die viele der Slumbewohner, vor allem Frauen, Kinder und Alte gingen. Die hier untergebrachten Menschen wurden durch den Distrikt und andere externe Akteure mit Nahrungsmitteln und Trinkwasser versorgt sowie medizinisch betreut. Insgesamt gab es in Bangkok 190 Notunterkünfte mit einer Kapazität von 20 bis 4.000 Menschen (World Bank 2012). Die Bewohner von Ban Lad Kret versuchten ebenfalls in ihren Häusern zu bleiben. Viele Interviewpartner berichten, dass mindestens ein Haushaltsmitglied auf der Insel zurückblieb und auf das Haus aufpasste, während die anderen bei Freunden und Bekannten auf dem Festland unterkamen. Von Notunterkünften war in den Interviews auf der Flussinsel nicht die Rede. Nach einer Überflutung müssen Aufräumarbeiten und Reparaturen erledigt werden. Die Bewohner von Ban Lad Kret berichten, dass zuerst das eigene Haus und die Haushaltsgegenstände gereinigt bzw. repariert werden, bevor dann Wege und öffentliche Plätze zusammen mit den Nachbarn aufgeräumt werden. Typische Arbeiten sind das Streichen der Hauswände, die Reparatur verschiedener elektrischer Geräte und die Beseitigung von angeschwemmten Trümmern und Müll. Ähnlich sieht es in Ratchapa aus, wobei hier die Schäden an den Häusern oftmals weitaus größer sind. COHEN (2012, S. 326) beschreibt seine Erfahrungen während der Aufräumphase in seiner auto-ethnographischen Studie wie folgt:

> „As our neighbours also started to come back and clean their properties, discarding damaged furniture and household goods, huge heaps of trash accumulated in front of the dwellings and in empty lots on the estate. The saleng, mobile collectors of recyclable rubbish, had a heyday raking through the trash. Buyers of second-hand goods crisscrossed the estate, seeking to purchase discarded furniture and equipment. The city brought in huge trucks to collect the junk. Community leaders called upon the households to send representatives to clean the sois of the accumulated dirt […]“.

Laut GEENEN (2008) ist der Wiederaufbau einer der wichtigsten Bestandteile des Katastrophenmanagements. Werden keine Konsequenzen aus einer Katastrophe wie einer
schweren Überflutung gezogen, bleibt die Verwundbarkeit auf einem konstanten Niveau
bzw. vergrößert sich sogar, z. B. durch Vorschädigung des Baumaterials eines Hauses.

5.5.2 Anpassung

Genau wie Bewältigung baut Anpassung auf dem Zugang zu bestimmten Ressourcen
(z. B. finanzielles Kapital, soziale Netzwerke, Informationen und Bildung) auf. HUF-
SCHMIDT (2011) fasst die Einflussfaktoren von Anpassung zusammen und betont, dass
Anpassungshandeln darüber hinaus einer Motivation bedarf. Die Rationalität der Zwecksetzung (siehe Kapitel 2.2.3) begründet also hier das Unterlassen von bestimmten Handlungsweisen. Auch BIRKMANN (2011) widmet sich dem Thema Anpassung und identifiziert verschiedene *limits of adaptation*, die in unterschiedlicher Art und Weise die
Fähigkeit zur Anpassung bedingen. Die Charakteristika der Naturgefahr können dazu
führen, dass Anpassung physisch gar nicht erst möglich ist. Weiterhin führt ein Mangel an
finanziellen Ressourcen zu deutlich eingeschränkten Handlungsspielräumen. Politische,
soziale und institutionelle Begrenzungen beziehen sich auf politische Hürden oder gesellschaftliche Normen, die bestimmte Anpassungsmaßnahmen nicht zulassen. In einer Studie zu Überflutungen in Thailand identifizieren LEBEL et al. (2011) verschiedene *institutional traps*, die eine erfolgreiche Anpassung an Hochwasser auf nationaler Ebene
verhindern. Dazu zählen beispielsweise die Dominanz von Technokraten, das zentralisierte Hochwassermanagement oder der Fokus auf reaktiven statt auf proaktiven Maßnahmen.

Anpassung auf individueller und Haushaltsebene äußert sich in beiden Untersuchungsgebieten hinsichtlich der Erhöhung der Häuser. Die Wasserstände des Hochwassers von
2011 übertrafen alle bisherigen Überflutungsereignisse, so dass neue Anforderungen an
die Höhe der Häuser gestellt wurden. Als Reaktion haben sowohl in Ratchapa als auch in
Ban Lad Kret viele Haushalte ihre Häuser erhöht (GD_B1; Interviews R11, R13). Auch
vor 2011 war die Erhöhung der Häuser eine häufig durchgeführte Anpassungsmaßnahme.
In der Slumsiedlung spielen die bereits angesprochenen, eingeschränkten finanziellen
Ressourcen sowie die unsicheren Landbesitzverhältnisse eine limitierende Rolle. Auf der
Flussinsel dominieren traditionelle zweistöckige Holzhäuser, die an Überflutungen ange-
passt sind. Moderne Häuser hingegen sind nicht angepasst und können nur schwer erhöht
werden. Häufig ist die einzige technisch mögliche Lösung, die Erhöhung des Fußbodens,
was allerdings durch die Höhe des Hauses limitiert wird. Es gibt Ideen innerhalb der TAO,
Bauvorschriften zu formulieren, die den Bau moderner Häuser einschränken (Interview
B15). Weitere bauliche Anpassungsmaßnahmen beziehen sich auf die Erhöhung der
Steckdosen und des Stromkreislaufes. Dies wird in beiden Untersuchungsgebieten durch-

geführt. In Ban Lad Kret sind außerdem vereinzelt Betonmauern um Häuser zu beobachten, die als Hochwasserschutz dienen. Im Falle einer Überflutung können die Zugänge mit Sandsäcken verschlossen werden. Einige Dorfbewohner berichten von bestimmten Anschaffungen, die ihre Verwundbarkeit gegenüber Überflutungen verringern sollen, wie z. B. Wasserfilter, um unabhängig von Nothilfepaketen zu sein oder kleine Boote zur Fortbewegung (GD_B1; Interview B1). In beiden Untersuchungsgebieten gibt es Individuen mit einer relativ fatalistischen Einstellung, die von langfristigen Maßnahmen nichts wissen wollen und die die Überflutungen hinnehmen. „Just let it flood!" ist eine häufig gemachte Aussage sowohl in Ratchapa als auch in Ban Lad Kret (GD_R2, GD_B1).

Eine interessante Beobachtung sind Landnutzungsänderungen auf Koh Kret als Folge der wiederkehrenden Überflutungen. Die über Jahrzehnte dominanten Durianplantagen werden immer weniger, da es in der Vergangenheit und vor allem in 2011 zur Zerstörung der Bäume durch Hochwasser kam und die Landwirte entweder die Landwirtschaft komplett aufgaben oder sich auf andere Anbaufrüchte konzentrierten. In Ban Lad Kret fand beispielsweise eine Umstellung auf den Anbau von Melonen statt, da diese einen kurzen Wachstumszyklus haben, so dass man den Anbau an die saisonalen Überflutungen anpassen kann. Eine ähnliche Umstellung konnte bei thailändischen Landwirten an der Andamanküste als Reaktion auf den Tsunami von 2004 beobachtet werden. Es wurden vermehrt salzresistente Arten angebaut (MASSMANN 2010; WILLROTH et al. 2012). Ein ehemaliger Landwirt aus Ban Lad Kret verkaufte sein Land an einen Landentwickler aus Bangkok, der versuchte ein touristisches Großprojekt zu planen (Abb. 46), was allerdings am Wiederstand der Inselbewohner und an den Bauvorschriften scheiterte:

> Teilnehmer b: „[…] Auf dem Land sollte dann eine Bungalowanlage gebaut werden. Wir waren dagegen, weil das den Charakter der Insel zerstört hätte."
> Teilnehmerin d: „Genau, es kann doch nicht sein, dass die hier bauen ohne uns zu fragen. Wir – auch einige, die hier sitzen – haben mit dem Pooyaibaan gesprochen und auch mit den Leuten von der TAO."
> Teilnehmer b: „Ja, wir haben erreicht, dass nicht gebaut wurde."
> Teilnehmer e: „Ja unser Widerstand hat dazu geführt, dass die Bauvorschriften eingehalten wurden."
> (GD_B2)

Eine weitere Anpassungsstrategie der Landwirte in Ban Lad Kret ist eine permanente Erhöhung der Erddeiche um ihre Felder. Ein Landwirt, dessen Durians zerstört wurden, hat nach 2011 hohe Betonmauern bauen lassen, innerhalb derer er erneut Durians angepflanzt hat. Ob diese Art von Strategie langfristig erfolgreich sein wird, wird sich bei zukünftigen Überflutungsereignissen zeigen.

*Abb. 46:   Landentwicklung auf Koh Kret – Ein inzwischen gescheitertes Großprojekt in Ban
            Lad Kret*
Quelle: Eigene Aufnahme 2010

5.6   Das Hochwassermanagement externer Akteure

Die Bewältigungs- und Anpassungshandlungen auf individueller und Haushaltsebene
werden ergänzt und beeinflusst von den Maßnahmen externer Akteure. Wie zum Beispiel
wirtschaftliche Förderprogramme der Regierung auf die Verwundbarkeit und damit auf
die Handlungsspielräume der Bewohner der Untersuchungsgebiete wirken, wurde in Kapitel 5.4.2.3 erläutert. Hier geht es um Maßnahmen externer Akteure, die dem Hochwassermanagement zugeordnet werden können, d. h. um z. B. Frühwarnung, Soforthilfe und
Kompensationszahlungen. Innerhalb der Untersuchungsgebiete spielen vor allem bestimmte Maßnahmen der nationalen und lokalen Regierung sowie von Basisorganisationen eine wichtige Rolle. Darüber hinaus gibt es einige wenige Akteure wie z. B. die
thailändische Armee oder bestimmte Medienunternehmen, die in Ratchapa bzw. Ban Lad
Kret während Überflutungen aktiv sind. Die Organisation des thailändischen Hochwassermanagements wurde in Kapitel 4.5.3 detailliert vorgestellt. Im Folgenden geht es um
konkrete Maßnahmen der einzelnen Akteure, die sich auf der lokalen Ebene manifestieren. Diese Maßnahmen können den fünf Bereichen des Katastrophenmanagements zugeordnet werden (in Anlehnung an GEENEN 2008): Vorsorge, Bewältigung, Wiederherstellung, Vermeidung und Evaluierung. Ob Katastrophenmanagement in den Untersuchungsgebieten nachhaltig betrieben wird oder ob es vor allem einer reaktiven Logik folgt und

inwieweit es die Verwundbarkeit der Bewohner der beiden Untersuchungsgebiete bedingt, soll dabei herausgearbeitet werden.

5.6.1 Lokale Regierung

Die lokale Regierung hat eine optimale Position, um das Hochwassermanagement auf der lokalen Ebene zu koordinieren (PELLING 2003). Sie kann für eine reibungslose Zusammenarbeit der unterschiedlichen Akteure sorgen und auf eine angemessene Verteilung von Ressourcen achten. Ein wichtiges Kriterium für eine starke lokale Regierung ist der Fortschritt der Dezentralisierung (vgl. BOLLIN 2008).

Ratchapa

Für Ratchapa ist die Distriktregierung Dusit zuständig, deren Aktivitäten mit direktem Bezug zur Slumsiedlung vor allem die Frühwarnung und das Informieren der Bewohner, die Verteilung von Nothilfe sowie das Einrichten von Notunterkünften umfassen. Im Falle eines Hochwassers überwacht der Distrikt die Situation (unter anderem Wasserstände, Zustand der Flutschutzmauern, Wettervorhersagen) und warnt bzw. informiert die Slumbewohner mittels der Nachbarschaftsvertretung. Zusätzlich werden Tidekalender sowie Informationen zum richtigen Verhalten bei Überflutungen ausgegeben (Interview R23). Weiterhin verteilt die Distriktregierung verschiedene Hilfsgüter wie Notfallpakete, Sandsäcke und Material zum Hochstellen von Möbeln und anderen Gegenständen. Die Verteilung erfolgt auf dem Vorplatz des chinesischen Tempels. Die Notfallpakete enthalten Nahrungsmittel wie Reis, Dosenfisch und Tütensuppen, Toilettenartikel sowie Medikamente für flutspezifische Krankheiten (Abb. 47).

Laut Angaben des Distrikts verläuft die Verteilung der Hilfsgüter unproblematisch und fair. Jeder registrierte Haushalt kann nach Vorzeigen der Personalien und der Hausregis-

Abb. 47: Verteilung von Hilfsgütern im chinesischen Tempel durch Mitarbeiter des Distrikts (linkes Foto) und Inhalt von Notfallpaketen (rechtes Foto)
Quelle: Eigene Aufnahmen 2011

trierung ein bestimmtes Kontingent an Hilfsgütern in Empfang nehmen (Interview R22). Die Slumbewohner berichten allerdings von einer Vielzahl an Problemen, die mit der Hilfsverteilung verknüpft sind. Nicht registrierte Haushalte erhalten beispielsweise keinerlei staatliche Unterstützung. Weiterhin wird der Inhalt der Notfallpakete bemängelt, der in 2011 aus mehrheitlich abgelaufenen Lebensmitteln und Medikamenten bestand. Die Verteilung der Hilfsgüter wird von vielen Slumbewohnern als unfair bezeichnet, da bestimmte Haushalte bevorteilt wurden. Dies liegt allerdings weniger an der Distriktregierung als vielmehr an der ebenfalls involvierten Nachbarschaftsvertretung (dazu mehr in Kapitel 5.6.3). Ein letzter Kritikpunkt betrifft die zeitliche Dimension der Hilfsverteilung. Mehrfach wird in den Interviews über die langen Wartezeiten auf die Hilfsgüter geklagt. Erst durch Medienberichte, die das Leid der Betroffenen zeigen, wird das Vorgehen der Regierung beschleunigt. Aus Ratchapa wurde in 2011 zweimal im Fernsehen berichtet, woraufhin sich die Distriktregierung genötigt sah, schnell Nothilfe zu betreiben (Interviews R11, R17). Konfrontiert mit diesen Vorwürfen wiegelt die zuständige Distriktmitarbeiterin ab und erklärt, dass die Slumbewohner das Vorgehen des Distrikts nicht nachvollziehen könnten, da sie nicht wüssten wie bürokratische Abläufe funktionieren würden und wie die finanzielle Situation aussähe (Interview R22). Eine weitere Maßnahme der Distriktregierung, die unmittelbar die Slumbewohner betrifft, ist die Einrichtung von Notunterkünften. Hierfür ist das Department of Public Works zuständig. Insgesamt wurden während des Hochwassers von 2011 neun öffentliche Schulen in Dusit zu Notunterkünften umfunktioniert, die vor allem von älteren Personen, Frauen und Kindern aufgesucht wurden. Innerhalb der Notunterkünfte wurden warme Mahlzeiten und ärztliche Versorgung angeboten (ebd.). Die Bewohner von Ratchapa mussten aufgrund bürokratischer Hindernisse lange auf die Einrichtung der Notunterkunft in der angrenzenden Schule warten, die dann aber sehr gut angenommen wurde. Vor allem die räumliche Nähe zur Slumsiedlung wurde als sehr positiv wahrgenommen, da die Bewohner so jederzeit nach dem Rechten sehen konnten. Diejenigen Interviewpartner, die die Notunterkunft genutzt haben, betonen, dass sie ihnen bei der Bewältigung der Überflutungsfolgen sehr geholfen hat (Interviews R12, R17). Ähnliche Ergebnisse erzielte eine Studie zu nicht-strukturellen Maßnahmen des Hochwassermanagements in Dhaka, Bangladesch, wo Notunterkünfte als ein wichtiges Element identifiziert wurden, durch das die Verwundbarkeit der Betroffenen deutlich gesenkt werden konnte (FAISAL et al. 1999).

Ban Lad Kret

In Ban Lad Kret besitzt die lokale Regierung eine größere Nähe zur Bevölkerung als es in Ratchapa der Fall ist. Der Sonderstatus von Bangkok bedingt die Tatsache, dass der Distrikt die kleinste Verwaltungseinheit darstellt. In Nonthaburi hingegen gibt es noch die Tambon-Ebene und die Dorfebene, so dass die lokale Regierung in Ban Lad Kret durch die TAO sowie durch den Pooyaibaan und das dazugehörige Komitee repräsentiert wird (siehe Kapitel 5.4.3.1). Diese führen entsprechend Maßnahmen des Hochwassermanagements wie die Verteilung von Hilfsgütern oder die Warnung der Bevölkerung durch. Die Dorfbewohner erhalten Informationen und Warnungen über bevorstehende Überflutungen einerseits persönlich vom Pooyaibaan bei z. B. Dorfversammlungen (Interview B12) und andererseits über ein von der TAO installiertes Lautsprechersystem, das inzwischen 80 % der Insel abdeckt. Über diese Lautsprecher wird außerdem ein Inselradio ausgestrahlt, das neben Musik auch lokale Nachrichten, Veranstaltungshinweise und Jobangebote beinhaltet. Das Lautsprechersystem wird von den Interviewpartnern als äußerst hilfreich bezeichnet, da es neben den Hochwasserwarnungen auch Verhaltenshinweise und Informationen zu Hilfsverteilung und Kompensationszahlungen gibt (Interviews B6, B13). Ein funktionierendes Frühwarnsystem gilt als wichtige Determinante für die Reduzierung von Verwundbarkeit (WISNER et al. 2004).

Der wichtigste Akteur bei der Organisation der Nothilfe ist die TAO. Es können im Wesentlichen drei Maßnahmen unterschieden werden: die Verteilung von Notfallpaketen, der Bau temporärer erhöhter Gehwege und die Ausgabe von Sandsäcken. Die Notfallpakete enthalten wie in Ratchapa Nahrungsmittel, Toilettenartikel und Medikamente. Zusammen mit den Notfallpaketen wird Trinkwasser verteilt, da während eines Hochwassers das Wasser aus der Leitung verunreinigt ist. Die Verteilung erfolgt über ein Coupon-System. Jeder registrierte Haushalt der Insel erhält Coupons, mit denen er ca. zwei Mal die Woche die Pakete an verschiedenen zentralen Ausgabestellen abholen kann. Die für Ban Lad Kret nächstgelegene Ausgabestelle befindet sich im nördlich gelegenen Dorf Ban Aung Aang (Interview B15). Ältere und eingeschränkte Bewohner aus Ban Lad Kret erhalten die Notfallpakete meist durch den Pooyaibaan persönlich. Beschwerden über eine ungerechte Hilfsverteilung oder Unzufriedenheit mit den Notfallpaketen wurden in den Interviews nicht artikuliert. In der Gruppendiskussion wurde sogar über einen Überfluss an Notfallpaketen gesprochen, die dann an Bedürftige abgegeben wurden. Eine weitere wichtige Maßnahme ist der Bau von temporären Gehwegen aus Holz, um die Fortbewegung während eines Hochwassers zu gewährleisten (Abb. 48). Die Gehwege werden von der TAO vor einer Überflutung auf den bereits existierenden Betonpfaden ausreichend hoch aufgebaut und nach einem Hochwasser wieder abgebaut.

Neben Notfallpaketen und dem Bau temporärer Gehwege, stellte die TAO Sandsäcke für Haushalte und für Landwirte zur Verfügung. Jeder Haushalt hat Anspruch auf 15 Sandsäcke und jeder Landwirt hat zusätzlich Anspruch auf 100 Sandsäcke. Die Sandsäcke müssen selbst gefüllt werden. Hierfür stehen an verschiedenen Anlegern um die Insel Boote mit Sand bereit (Abb. 49). Die leeren Säcke erhält man auf Grundlage der Coupons an den zentralen Ausgabestellen für Notfallpakete. Die Interviewpartner berichten von zwei Problemen, die hinsichtlich der Verteilung von Sandsäcken in der Vergangenheit auftraten. Zum einen bedingt das provisorische Wegenetz einen stark eingeschränkten Transport der gefüllten Sandsäcke und zum anderen fühlen sich einige Landwirte ungerecht behandelt. Ein Landwirt, der in Ban Lad Kret die größten landwirtschaftlichen Flächen besitzt, versteht nicht, dass er genauso viele Sandsäcke erhält wie sein Nachbar, der eine viel kleiner Fläche bewirtschaftet. Für ihn sind 100 Sandsäcke nicht ansatzweise genug (Interview B9).

Abb. 48: Aufbau der temporären Gehwege in Ban Lad Kret vor dem Hochwasser von 2011
Quelle: Eigene Aufnahme 2011

Abb. 49: Ausgabestelle zum Befüllen von Sandsäcken an einem Pier in Ban Lad Kret
Quelle: Eigene Aufnahme 2011

Der Pooyaibaan und die Ratsmitglieder der TAO aus Ban Lad Kret unterstützen die Arbeiten der TAO im eigenen Dorf. Sie informieren die Bewohner über den Ablauf der Hilfsverteilung und sind gleichzeitig Ansprechpartner bei Problemen. Bei Krankheiten und Verletzungen organisieren sie ärztliche Versorgung. Wenn Bewohner durch das Hochwasser vom Zugang zum Wegenetz abgeschnitten sind, besorgen sie vom TAO kleine Boote und stellen diese den Betroffenen zur Verfügung. Sowohl die TAO als auch der Pooyaibaan und die Ratsmitglieder heben die harmonische Zusammenarbeit hervor, die von den Dorfbewohnern bestätigt wird. Während eines Hochwassers fühlen sie sich gut betreut (z. B. GD_B1, GD_B2). Im Vergleich zu Ratchapa gibt es hier wenige Probleme. Die Maßnahmen der lokalen Regierung folgen in beiden Untersuchungsgebieten einer reaktiven Logik, d. h. sie sind vornehmlich der Bewältigung zuzuordnen. Nachhaltige Anpassungsmaßnahmen dagegen sind wenig ausgeprägt. Das Lautsprechersystem auf Koh Kret, das zur Frühwarnung genutzt wird ist ein Beispiel für eine funktionierende Anpassungsmaßnahme.

5.6.2 Nationale Regierungsinstitutionen

Zu den nationalen Regierungsinstitutionen zählen die verschiedenen Ministerien mit ihren zahlreichen Behörden wie dem DDPM oder dem RID, staatliche Banken sowie viele weitere Akteure. Viele der Maßnahmen, die von der lokalen Regierung durchgeführt werden, sind von den nationalen Regierungsinstitutionen angeordnet und finanziert. So kommt beispielsweise das Budget für die verschiedenen Hilfsgüter, die in den Untersuchungsgebieten verteilt werden vom MoI. Im Folgenden sollen Maßnahmen vorgestellt werden, an denen die lokale Regierung häufig zwar beteiligt ist, die aber größtenteils durch nationale Regierungsinstitutionen selbst ausgeführt werden. Das nationale Hochwassermanagement sieht sich vor allem seit der großen Flut von 2011 einer starken Kritik ausgesetzt (vgl. Kapitel 4.4). Vor allem wird die Bevorzugung struktureller Flutschutzmechanismen hinterfragt, welche lange Zeit die einzigen staatlichen Anpassungsmaßnahmen waren. Trotz der Flutschutzmauern, Entwässerungskanäle und Pumpstationen kam es in 2011 zu einer Hochwasserkatastrophe, für die die Regierung keine adäquaten Antworten parat hatte. Lediglich reaktive Maßnahmen wie Nothilfe oder Entschädigungszahlungen konnten das Leid der Betroffenen zumindest teilweise lindern. Anpassung in Form nicht-struktureller Strategien fehlt nach wie vor. Außerdem wird die institutionelle Organisation kritisiert, die sich durch eine Vielzahl an beteiligten Akteuren, unklare und sich überschneidende Verantwortlichkeiten und personengebundene Entscheidungen auszeichnet. Nach dem Hochwasser von 2011 hat ein Umdenken innerhalb der nationalen Regierungsinstitutionen stattgefunden und es wurden Veränderungen angestoßen (siehe Kapitel 4.5.3). Der strukturelle Hochwasserschutz hat berechtigterweise noch immer Priorität. Allerdings wurde die Wirksamkeit nicht-struktureller Maßnahmen inzwischen erkannt (World Bank 2012; Interview DDPM Nonthaburi 2013) und es wird z. B. das Thema Hochwasser in den Schulunterricht aufgenommen. Außerdem gibt es

Programme auf Nachbarschaftsebene, durch die die lokale Bevölkerung in exponierten Gebieten auf Überflutungen vorbereitet wird (AIPA 2011). In den beiden Untersuchungsgebieten dieser Arbeit ist bisher allerdings noch nichts von diesem Umdenken zu spüren.

Ratchapa

Eine wichtige Maßnahme des zum Ministry of Agriculture and Cooperatives gehörenden Royal Irrigation Departments in Zusammenarbeit mit dem Department of Drainage and Sewerage der Stadt Bangkok, ist der Bau einer Hochwasserschutzmauer in der BMA entlang des Flussufers (IDS 2007). Der Bau wurde nach einem schweren Hochwasser in 1995 begonnen und sah sich in seinem Fortschreiten mit einer Reihe von Problemen konfrontiert, die in erster Linie mit Landkonflikten und physischen Hindernissen zusammenhingen. Im Bereich Ratchapa wurde die Flutschutzmauer erst in 2008 gebaut (Interview R26). Sie hat zu einer räumlichen Abgrenzung großer Teile der Slumsiedlung von ihrem Hinterland geführt und markiert die Grenze zwischen dem flussseitigen Land der Hafenbehörde und dem auf dem Festland liegenden privaten Land. Im nördlichen Teil von Ratchapa existiert bisher keine Flutschutzmauer (Abb. 50), da die Bewohner sich in der Vergangenheit erfolgreich gegen den Bau zur Wehr setzen konnten. Um eine Mauer in diesem Bereich bauen zu können, hätten mehrere Haushalte enteignet werden müssen. Da die nördlich der Krungton Brücke gelegenen Häuser allerdings einen rechtmäßigen Landstatus aufweisen, ist eine Enteignung hier, im Gegensatz zum südlichen Teil, in dem die Häuser unerlaubterweise auf dem Land der Hafenbehörde stehen, nicht ohne weiteres möglich (Interview R24, R26). Die Weigerung der entsprechenden Haushalte führte zu einem ernsten Konflikt mit ihren Nachbarn, da die Bewohner des nördlichen Bereiches von Ratchapa von einer Flutschutzmauer profitieren würden. Inzwischen wurden die Verhandlungen über den Bau zwischen dem thailändischen Staat und den Slumbewohnern wieder aufgenommen. Der im Raum stehende Kompromiss sieht eine Verkleinerung der Häuser bei gleichzeitiger Kompensation vor. Laut Angaben des Department of Public Works der Distriktregierung von Dusit wird mit dem Bau spätestens 2014 begonnen. Bisher bedeutet die Flutschutzmauer für die Slumbewohner zum einen eine räumliche Trennung, mit der die schon existierende Marginalisierung noch verstärkt wird und zum anderen eine spürbare Zunahme der negativen Auswirkungen von Hochwasser. Die Slumbewohner berichten von höheren Wasserständen seit dem Bau und von den zurückschwappenden Wellen vorbeifahrender Boote (z. B. Interviews R3, R6, R7).

Eine weitere Maßnahme, die allerdings reaktiven Charakter hat, ist die Entschädigung bei Hochwasserschäden. In 2011 bekam jeder vom Hochwasser betroffene Haushalt vom Ministry of Social Development and Human Security umgerechnet 160 USD als Soforthilfe. Die Entschädigungszahlung wurde unbürokratisch und schnell ausgezahlt. Arme Haushalte[23] erhielten zusätzlich 70 USD in Einkaufsgutscheinen (GD_R2; Interview

---

23 Wie genau arme Haushalt definiert sind, konnte nicht abschließend geklärt werden. Die Bewohner der Slumsiedlung Ratchapa gehören jedenfalls zu dieser Gruppe, während die Bewohner von Ban Lad Kret nicht dazugehören.

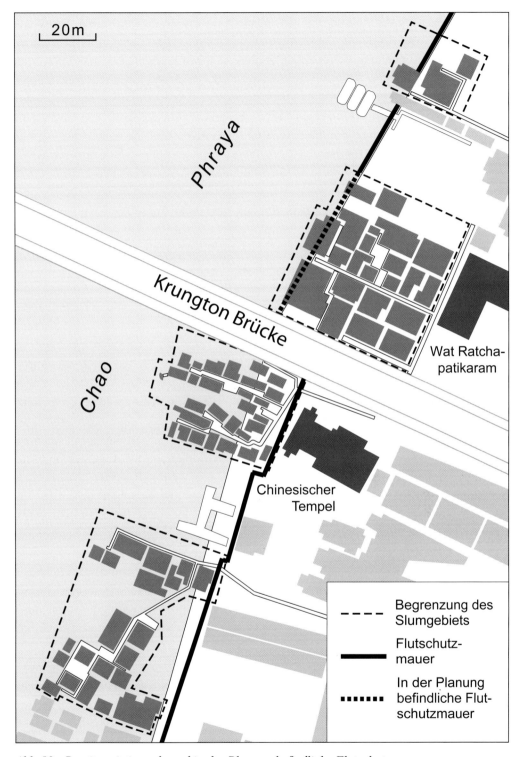

Abb. 50: Bereits existierende und in der Planung befindliche Flutschutzmauer
Quelle: Eigene Darstellung auf Grundlage eigener Erhebungen und CODI 2003

R13). Im Nachgang der Flut begann die Schadensevaluation, die ebenfalls Kompensationszahlungen zur Folge hatte. Entschädigt wurden dabei zerstörte oder beschädigte Häuser. Die Höhe der Zahlung war abhängig vom geschätzten Schaden. Die maximale Summe für komplett zerstörte Häuser betrug knapp 1.000 USD und für beschädigte Häuser 650 USD. Um Gelder zu erhalten, mussten komplizierte Antragsformulare ausgefüllt und zusammen mit einer Kopie des Personalausweises und der Hausregistrierung eingereicht werden (World Bank 2012). Für die Bewohner Ratchapas wurde die aufwendige Antragstellung zu einem großen Hindernis auf dem Weg zu Entschädigungszahlungen, was vor allem mit dem vergleichsweise schwachen Bildungsniveau zusammenhängt:

> Teilnehmerin a: „Ich habe nicht verstanden wie ich die Formulare ausfüllen muss."
> Teilnehmerin d: „Ich auch nicht."
> Teilnehmer b: „Zum Glück hat mir mein Nachbar geholfen. Der arbeitet für die Regierung und wusste, wie man das macht."
> Teilnehmerin a: „Ich kenne viele, die keine Entschädigung bekommen haben, weil die Formulare falsch ausgefüllt waren."
> (GD_R1)

Die Häuser der Slumbewohner wurden durch die Überflutungen teilweise vollständig zerstört bzw. sehr stark beschädigt. Entsprechend unglücklich waren die Betroffenen über die vergleichsweise niedrigen Kompensationszahlungen. Teilweise wurden für beschädigte Häuser sehr viel niedrigere Beträge als 650 USD ausgezahlt, was mit der Schätzung der Schadenshöhe zusammenhängt. Die Zahlungen werden auf Grundlage einer Schadensschätzung veranlasst, die durch Mitarbeiter des Department of Administration der Distriktregierung von Dusit durchgeführt werden. Einige Interviewpartner beschuldigen die verantwortlichen Personen, die Schäden bewusst gering eingeschätzt zu haben, um die übriggebliebenen Gelder in die eigene Tasche zu stecken (z. B. Interviews R4, R12). Eine Mitarbeiterin der entsprechenden Behörde erklärt, dass dem Distrikt ein bestimmtes vorgegebenes Budget für Kompensationszahlungen zur Verfügung steht, mit dem alle betroffenen Haushalte abgedeckt werden müssen. Die Folge ist, dass trotz hoher Schäden nicht immer die volle Höhe an Kompensation ausgezahlt werden kann (Interview R22).

Ban Lad Kret

Der Direktor des DDPM Nonthaburi erklärt, dass seit der Überflutung von 2011 ein Umdenken innerhalb der nationalen Regierungsinstitutionen hinsichtlich des Hochwassermanagements stattfindet. Die Stärkung lokaler Anpassungskapazitäten rückt immer mehr in den Fokus nationaler Anstrengungen und so wurde für sämtliche Provinzen im Rahmen des nationalen DPMPs die Ausbildung von Katastrophenhelfern formuliert[24].

---

24 Die Idee dazu entstand unmittelbar nach dem Tsunami von 2004. In den tsunamigefährdeten Provinzen an der Andamanküste gibt es ein flächendeckendes Netzwerk von freiwilligen Katastrophenhelfern, die sehr gut ausgebildet werden (BERESFORD und PETTIT 2009).

Abb. 51: Mobile Toilette in Ban Lad Kret während des Hochwassers von 2011
Quelle: Eigene Aufnahme 2011

Für Nonthaburi wurde in 2012 ein Trainingsprogramm für freiwillige Fluthelfer entwickelt, in dem bisher 12.000 Menschen ausgebildet wurden. Die Inhalte reichen von grundlegenden Informationen zur Entstehung und zum Verlauf von Überflutungen über das Erlernen von vorbereitenden Maßnahmen bis hin zu Erste-Hilfe-Übungen (Interview B17). In Ban Lad Kret gibt es bisher allerdings keine diesbezüglichen Anstrengungen. Eine weitere vorbereitende Maßnahme, die vom Ministry of Public Health (MOPH) durchgeführt wird und die auch das Untersuchungsgebiet Ban Lad Kret betrifft, ist die regelmäßige Schulung der Dorfbewohner zu den Themen Hygiene und Gesundheit während eines Hochwassers. Es werden Verhaltenshinweise gegeben sowie präventiv Medikamente verteilt (Interview B4). Das MOPH ist ebenfalls verantwortlich für das Bereitstellen schwimmender Toiletten an ausgewählten Bereichen der Insel während Überflutungen (Abb. 51).

Für die Zukunft soll es verstärkt Anstrengungen zur Landnutzungs- und Bebauungsplanung geben. Eine zur Diskussion stehende Idee innerhalb des zum MoI gehörenden Department of Public Works and Town and Country Planning ist das Bauverbot von modernen Häusern in überflutungsgefährdeten Gebieten (Interview B12). Nach GEENEN (2008) ist Flächenvorsorge bzw. Bauvorsorge eine der wichtigsten präventiven Schutzmaßnahmen gegenüber Hochwasser. Weiterhin wird von der Provinzregierung diskutiert, ob eine Flutschutzmauer um die Insel Koh Kret eine sinnvolle Maßnahme darstellen würde. Die im Tourismus beschäftigen Inselbewohner lehnen dies entschieden ab, da sie das Aussehen und die kulturellen Spezifika der Insel komplett verändern würde, was folglich das touristische Potenzial stark einschränken würde (GD_B1; Interview B12). Außerdem wäre der Bau einer solchen Mauer ohne die Enteignung zahlreicher Haushalte in Ufernähe und ohne hohe finanzielle Investitionen kaum möglich. Nichtsdestotrotz ist der Bau einer Flutschutzmauer bei der Mehrheit der Inselbewohner erwünscht (GD_B2; PHATTA-NAWASIN 2009).

Genau wie für die Haushalte der Slumsiedlung Ratchapa der Fall, wurde in 2011 auch für jeden Haushalt in Ban Lad Kret finanzielle Soforthilfe in Höhe von umgerechnet 160 USD gezahlt. Zusätzlich wurden nach dem Hochwasser Kompensationszahlungen für beschädigte und zerstörte Häuser zur Verfügung gestellt, die abhängig von der Schadenshöhe waren. Komplett zerstörte Häuser wurden, genau wie in Ratchapa, mit ca. 1.000 USD entschädigt und beschädigte Häuser mit maximal 650 USD. Die Auszahlung finanzieller Entschädigung musste in einem aufwendigen Verfahren beantragt werden. Alle 261 Haushalte Ban Lad Krets hatten Schäden an ihren Häusern vorzuweisen und beantragten entsprechend Entschädigungszahlungen (TAO Koh Kret 2012). Die Schäden wurden von Mitarbeitern der TAO sowie vom Pooyaibaan geschätzt und an den Distrikt weitergeleitet, der wiederum die gesammelten Schadensaufstellungen an die Provinz weiterleitete (Interview B12). In der Provinzverwaltung sammelten sich insgesamt 170.000 Anträge auf Kompensationszahlung. Das MoI stellte jeder von Hochwasser betroffenen Provinz ein bestimmtes Budget für Entschädigungszahlungen zur Verfügung, die das Geld dann an die einzelnen Distrikte verteilte. Von der Distriktebene wurde das Geld auf Tambonebene übertragen und daraufhin an die einzelnen Haushalte. Die Bewohner von Ban Lad Kret kritisieren die Entschädigungszahlungen als zu gering. Vor allem kritisieren sie aber die langen Wartezeiten. Viele Interviewpartner erzählen, dass sie erst im Herbst 2012, also ein Jahr nach der Hochwasserkatastrophe, entschädigt wurden:

> „Alle, die wir hier sitzen haben unser Geld erst vor ein paar Monaten bekommen. Also ein Jahr nach dem Hochwasser. Wie kann das sein? Wir kennen die Bürokratie. Aber ein Jahr?!" (Teilnehmerin GD_B1).

Konfrontiert mit dieser Kritik erklärt der Direktor des DDPM Nonthaburi, dass es nicht ansatzweise genug Personal gibt, um 170.000 Anträge auf Kompensationszahlungen in angemessener Zeit zu bearbeiten. Er berichtet von bestimmten Distrikten, die noch immer auf ihre Entschädigung warten und zeigt die vielen noch nicht bearbeiteten Anträge, die kistenweise auf den Fluren der Provinzverwaltung Nonthaburi gelagert werden (Abb. 52). In Bangkok funktionierte die Auszahlung von Entschädigung weitaus schneller, da es mehr Personal gibt und insgesamt weniger Haushalte betroffen waren als in Nonthaburi (Interview B17).

Neben Kompensationszahlungen für beschädigte und zerstörte Häuser gibt es auch Entschädigung für von Hochwasser betroffene landwirtschaftliche Flächen. Es werden 160 USD je 1.600 m² vom MOAC gezahlt. Neben dieser Entschädigung hat das MOAC

Abb. 52: *Anträge auf Kompensationszahlungen bezüglich des Hochwassers von 2011, die*
noch immer auf ihre Bearbeitung warten
Quelle: *Eigene Aufnahme 2013*

Landwirte mit der Bereitstellung von Saatgut und Setzlingen unterstützt, um die Produktion schnell wieder anlaufen zu lassen. Die Bank for Agriculture and Agricultural Cooperatives (BAAC) hat zusätzlich ein Kreditprogramm für von Überflutungen betroffene Landwirte entwickelt, das sich durch extrem niedrige Zinsen und lange Laufzeiten auszeichnet (World Bank 2012). Die interviewten Landwirte erklären, dass sie aufgrund ausreichender finanzieller Rücklagen nicht auf Kredite angewiesen waren (Interviews B4, B9, B15).

5.6.3 Die Nachbarschaftsvertretung in Ratchapa

Bestimmte Maßnahmen der Nachbarschaftsvertretung wurden bereits für die Analyse der externen Seite von Verwundbarkeit (siehe Kapitel 5.4) herangezogen, so dass hier auf eine Wiederholung verzichtet wird. In Ban Lad Kret gibt es kein lokales und selbstorganisiertes Hochwassermanagement, was mit der Stärke der lokalen Regierungsinstitutionen erklärt werden kann. In Ratchapa ist eine nachbarschaftliche Organisation von Hochwasserbewältigung und -anpassung notwendig, da, wie in den vorigen Kapiteln dar-

gelegt, staatliche Anstrengungen hier Defizite aufweisen. Bürgerbeteiligung beim Katastrophenmanagement wird als sehr wichtig für eine Reduzierung der Verwundbarkeit er-
achtet, birgt aber auch Gefahren (vgl. PELLING 2003). Die Nachbarschaftsvertretung von
Ratchapa wird vom Distrikt über bevorstehende Hochwasser informiert. Sie gibt diese
Informationen dann an die Slumbewohner weiter. Hierbei können verschiedene Vorge-
hensweisen unterschieden werden. Entweder es werden Nachbarschaftstreffen einberu-
fen, auf denen vor bevorstehenden Überflutungen gewarnt wird oder die Mitglieder der
Nachbarschaftsvertretung gehen von Tür zu Tür. Der Nachbarschaftsvorstand berichtet,
dass er sich für diesen Zweck eigens ein Megafon zugelegt hat (Interview R16). Außerdem ist die Nachbarschaftsvertretung verantwortlich für die Wartung der provisorischen
Holzgehwege, die durch tägliche Nutzung aber auch durch Überflutungen beschädigt
bzw. zerstört und entsprechend regelmäßig repariert werden müssen. Sichere Gehwege
sind besonders während Überflutungsereignissen wichtig, wenn ein hoher Wasserstand
die Sicht auf instabile oder lückenhafte Bereiche verhindert (GD_R1; Interview R17). Zu
den Aufgaben der Nachbarschaftsvertretung gehört nach eigenen Angaben weiterhin die
Unterstützung besonders verwundbarer Slumbewohner. Ältere und kranke Bewohner
werden im Falle eines Hochwassers evakuiert. Der Nachbarschaftsvorstand berichtet außerdem davon, dass oftmals bei der Erhöhung von Häusern bzw. Möbeln geholfen wird,
wenn die entsprechenden Bewohner aus Eigenleistung dazu nicht in der Lage sind (Interview R16). Wie in Kapitel 5.4.3.2 erwähnt, unterstützt die Nachbarschaftsvertretung bevorzugt die südlich gelegenen Haushalte, was in einer Benachteiligung der übrigen Slumbewohner resultiert. Eine 86 Jahre alte Frau aus dem nördlich der Krungton Brücke
gelegenen Bereich Ratchapas berichtet, dass sie sich während des Hochwassers von 2011
von der Nachbarschaftsvertretung allein gelassen fühlte. Sie hatte Glück, dass sich ihre
Nachbarn um sie kümmerten und sie in die Notunterkunft brachten, als sich die Situation
zuspitzte (Interview R14).

Die Nachbarschaftsvertretung ist weiterhin zentrale Koordinationsstelle für sämtliche
von externen Akteuren angebotene Hilfsmaßnahmen. Werden von z. B. politischen Parteien oder von Akteuren aus der Privatwirtschaft bestimmte Hilfsgüter nach Ratchapa
geliefert, so wird die Verteilung von der Nachbarschaftsvertretung organisiert. Nach eigenen Angaben soll so Fairness garantiert werden (Interview R16). Die Distriktregierung
verteilt zwar unabhängig Soforthilfe an die Bewohner. Allerdings ist die Nachbarschaftsvertretung insofern in diesen Prozess involviert, als dass sie bei der Ausgabe der Notfallpakete und Sandsäcke hilft. Für Bewohner, die zu den Ausgabezeiten keine Zeit haben
oder die aufgrund von körperlichen Einschränkungen die ihnen zustehenden Hilfsgüter
nicht in Empfang nehmen können, übernimmt die Nachbarschaftsvertretung die Abholung und Lieferung. Die Haushalte im nördlichen Ratchapa berichten, dass auf diese
Weise die Nachbarschaftsvertretung die Hilfsgüter zugunsten der südlichen Bewohner
umverteilt hat. Auch bei den Kompensationszahlungen fand laut Angaben einiger Bewohner eine ungerechte Verteilung statt, die mit den Machenschaften der Nachbarschafts-

vertretung begründet wird (Interviews R15, R18). Die Schätzung der Schäden wird zwar durch den Distrikt vorgenommen. Allerdings assistiert auch hier die Nachbarschaftsvertretung und hat nach bestimmten Interviewaussagen das Vorgehen des Distrikts manipuliert, so dass die südlichen Haushalte mehr Kompensation bekommen haben als die nördlichen. Ob all diese Anschuldigungen zutreffen, kann anhand der Interviews nicht geklärt werden. Auf Grundlage der vorangegangenen Analyse der historisch bedingten ethnischen und religiösen Konflikte und der politischen Dimension von Verwundbarkeit ist allerdings eine Einflussnahme der Nachbarschaftsvertretung auf die Verteilung von Hilfsgütern und Entschädigungszahlungen zu erwarten.

5.6.4 Weitere Akteure

Neben Regierungsinstitutionen und der Nachbarschaftsvertretung sind noch weitere Akteure während eines Hochwassers in den beiden Untersuchungsgebieten aktiv, nämlich die Armee und bestimmte Akteure aus der Privatwirtschaft. NROs waren bisher weder in Ratchapa noch in Ban Lad Kret aktiv. Dies ist vor dem Hintergrund eines effektiven Hochwassermanagements und einer damit einhergehenden Reduzierung von Vulnerabilität bedauerlich, da NROs laut PELLING (2003, S. 77) eine Reihe von Vorteilen haben:

> „[…] NGOs have a competitive advantage in that they are the best placed actors to produce, accumulate and transfer knowledge in order to redress information asymmetries in local decision-making, and so promote empowerment and infrastructural sustainability, and weaken systems of dependency and patronage […]. In individual projects, noted advantages of infrastructure provision or environmental improvement by NGOs over the private sector or municipal agencies include cost effectiveness, increased transparency and accountability to beneficiaries, social capital formation and the strengthening of local democracy and government […].In this way, NGOs are conceived as catalysts for a move away from hierarchical systems of urban government towards more resilient and inclusive systems of urban governance".

Während der Überflutungen in 2011 wurden in Ratchapa neben den Notfallpaketen der Distriktregierung zusätzliche Lebensmittel und Trinkwasser von der Armee, von verschiedenen Fernsehsendern, von Lokalpolitikern sowie von ansässigen Unternehmen wie der großen Boonrad Brewery verteilt. Die Verteilung von Hilfsgütern durch privatwirtschaftliche Akteure läuft in den meisten Fällen nicht ohne Eigennutz und wird gezielt zur Verbesserung des Unternehmensbildes genutzt. Im wirtschaftlich starken Dusit gibt es eine ganze Reihe von Akteuren aus der Wirtschaft, die in Ratchapa aktiv waren und somit den Slumbewohnern in materieller Hinsicht halfen. Für die Verteilung der zusätzlichen Hilfe fühlte sich die Nachbarschaftsvertretung verantwortlich, die allerdings die oben beschriebenen Probleme reproduzierte. Weiterhin engagierten sich verschiedene poli-

tische Parteien, allen voran die Pheu-Thai-Partei, indem sie ebenfalls Hilfspakete bereit-
stellten. Einige Interviewpartner berichten, dass die Pheu-Thai-Partei Hilfe nur an diejenigen Slumbewohner verteilte, von denen sie wusste, dass sie während der Wahlen loyal
waren. Diese Praxis wird mehrfach als Stimmenkauf bezeichnet (GD_R2). Um die medi-
zinische Versorgung in 2011 zu gewährleisten, kamen freiwillige Ärzte in die Nachbarschaft und behandelten körperlich kranke und verletzte sowie psychisch betroffene Bewohner. Neben der Verteilung von Hilfspaketen war die thailändische Armee in Ratchapa
noch in anderen Bereichen aktiv. Sie stellten wichtige Materialien zur Erhöhung von
Möbeln und anderen Haushaltsgegenständen bereit, sie halfen bei der Verstärkung und
beim Reparieren von beschädigten Häusern und sie unterstützen die Slumbewohner bei
den Aufräumarbeiten nach dem Hochwasser (Interview R22). In allen von Überflutungen
betroffenen Provinzen zusammen waren in 2011 insgesamt 56.000 Soldaten im Einsatz
(World Bank 2012).

Eine weitere Maßnahme, die von verschiedenen externen Akteuren unterstützt wurde, ist
der Bau der hölzernen Gehwege. Regierungsinstitutionen haben aufgrund der Landsituation jegliche baulichen Maßnahmen bisher gemieden, so dass die Bewohner der Slumsiedlung sich selber um den Bau sowie die Instandhaltung der Gehwege kümmern. Hierbei haben sie vor allem von der Pheu-Thai-Politikerin Leelawadee Watcharobol und von
CODI finanzielle Hilfe erhalten. Nach einem schweren Hochwasser in 2006 stellte CODI
insgesamt umgerechnet 3.100 USD zur Verfügung, um die beschädigten Gehwege zu
reparieren und zu erhöhen (Interview R25). Mit dem Geld wurden Materialen gekauft.
Die Arbeiten wurden von den Slumbewohnern selbst ausgeführt. Durch die Überflutungen in 2011 wurden erneut große Teile der Gehwege beschädigt. Diesmal war es Leelawadee Watcharobol, die finanzielles Kapital bereitstellte. Allerdings wurden nur die im
südlichen Ratchapa gelegenen Gehwege erneuert. Die Bewohner im nördlichen Ratchapa
müssen sich weiterhin mit den alten, beschädigten Gehwegen zufriedengeben. Sie fühlen
sich ungerecht behandelt und beschuldigen die Nachbarschaftsvertretung und die Pheu-
Thai-Partei:

> „Dr. Leelawadee hat viel Geld für die neuen Gehwege gegeben. Wir, die wir hier an
> der Brücke leben, müssen immer noch die alten, morschen Gehwege benutzen.
> Weil wir nicht die Pheu-Thai-Partei unterstützen. Neue Gehwege sind nur da gebaut
> worden, wo die Leute Dr. Leelawadee wählen. Dafür haben sie [die Nachbar-
> schaftsvertretung; Anmerkung des Verf.] gesorgt" (Teilnehmerin GD_R2).

Im Untersuchungsgebiet Ban Lad Kret spielen Akteure aus der Privatwirtschaft und politische Parteien im Hochwassermanagement kaum eine Rolle. Zum einen sind die Haushalte weniger auf Hilfsmaßnahmen angewiesen als die Bewohner von Ratchapa und zum
anderen sind die von der lokalen Regierung durchgeführten Maßnahmen ausreichend, um
die negativen Auswirkungen der Überflutungen zu bewältigen. Ein wichtiger Akteur, der

auf der Flussinsel während des Hochwassers von 2011 aktiv wurde, ist das thailändische Militär. Es war vornehmlich für den technischen Katastrophenschutz zuständig, indem es bestimmte kritische Infrastruktur durch Sandsackbarrieren schützte, beim Bau der temporären Gehwege half und alte und kranke Inselbewohner evakuierte. Die Aufräumarbeiten nach der Flut wurden in Ban Lad Kret durch verschiedene Studierendengruppen von unterschiedlichen Universitäten unterstützt (Interview B13).

6   Schlussbetrachtung

Vulnerabilität gegenüber Hochwasser offenbart sich am deutlichsten im konkreten Vollzug des entsprechenden Ereignisses. Trotz gleicher Exposition unterscheiden sich die Hochwasserfolgen merklich zwischen den Untersuchungsgebieten, aber auch zwischen den einzelnen Haushalten und Individuen. Es können materielle Verluste, Einkommenseinbußen und Verletzungen genauso beobachtet werden wie psychische Belastungen. Die Vielfalt der Auswirkungen lässt Rückschlüsse auf die Vulnerabilität der Betroffenen zu, die sich als äußerst komplex und multidimensional zeigt. Mit einer auf diese Besonderheit zugeschnittenen konzeptionellen und methodischen Herangehensweise liefert diese Arbeit vielschichtige Ergebnisse, die im Folgenden unter ausgewählten Gesichtspunkten zusammengefasst und diskutiert werden sollen. Die zusammenfassende Ergebnisdiskussion erfolgt entlang der theoretisch begründeten Struktur dieser Arbeit und kann zum Teil auch als eine Erweiterung der theoretischen Ansätze gelesen werden. Hierauf aufbauend wird weiterhin der Wert dieser Arbeit für die beiden Untersuchungsgebiete einerseits und für die Vulnerabilitätsforschung andererseits erläutert, bevor dann eine Einordnung der vorliegenden Forschung in aktuelle Debatten um angepasste *Governance*-Formen und die Neuausrichtung von internationalen sowie davon ausgehenden nationalen und regionalen Politiken hinsichtlich des Klimawandels und assoziierter Extremereignisse erfolgt. Die Arbeit wird beendet mit einer kritischen Reflexion, die zur Formulierung von Anregungen zu weitergehender Forschung führt.

Um dem multidimensionalen und komplexen Charakter von Vulnerabilität gerecht zu werden, bot sich die Untersuchung von zwei unterschiedlichen lokalen Kontexten in Bangkok an. Vor dem Hintergrund gleicher übergeordneter politischer und gesellschaftlicher Rahmenbedingungen konnte verdeutlicht werden, dass der lokalspezifische Kontext konstituierende Eigenschaften besitzt, die für die Analyse von Verwundbarkeit berücksichtigt werden müssen. Die Bewohner der innerstädtischen Slumsiedlung Ratchapa sind dabei meist mit ganz anderen Strukturelementen konfrontiert als die Bewohner von Ban Lad Kret. Wichtig ist an dieser Stelle die bewusste Zurückweisung monokausaler Erklärungsansätze wie „Die Armen siedeln bevorzugt an gefährlichen Orten und sind deshalb verwundbar gegenüber Hochwasser" oder „Armut ist die entscheidende Determinante von Vulnerabilität". Auch wenn die Gegenüberstellung, oder vielmehr Nebeneinanderstellung, einer Slumsiedlung und einer Mittelschichtsiedlung voreilige diesbezügliche Schlussfolgerungen zulässt, so ist dieses Vorgehen doch sinnvoll, um die kontextspezifische Multidimensionalität von Vulnerabilität sichtbar zu machen. Weiterhin ermöglicht die Bezugnahme auf zwei Fälle, gemäß den Überlegungen von GEORGE und BENNETT (2005), den konzeptionellen Geltungsanspruch zu erweitern, da sich mehr Variablen und Hypothesen generieren lassen als bei nur einem Fall.

Aus Perspektive der Geographischen Entwicklungs- und Hazardforschung wurde zunächst deutlich, dass dem Phänomen Vulnerabilität ein komplexes strukturelles Bedingungsgefüge zugrunde liegt. Entwicklungen innerhalb der Sozialwissenschaften führten anschließend zu einer Abkehr von strukturtheoretischen Überlegungen hin zu einer stärkeren Berücksichtigung des handelnden Individuums (vgl. Kapitel 2.1). Nun ist eine handlungstheoretische Sichtweise von Verwundbarkeit keineswegs trivial, vor allem nicht im Kontext marginalisierter Bevölkerungsgruppen, die mit den Auswirkungen von Hochwasser konfrontiert sind. Hier von „frei" Handelnden zu sprechen, klingt in erster Linie zynisch. Es stellt sich die Frage, wie viel Freiheit und Selbstbestimmung die handelnden Akteure in einer solchen Situation haben. An dieser Stelle setzt diese Arbeit an und berücksichtigt einerseits die einschränkenden und ermöglichenden Eigenschaften der Struktur. Andererseits konzeptualisiert sie Akteure nicht als passive Opfer, die sich in diese Struktur fügen, sondern vielmehr als aktiv Handelnde, die sich diskursiv mit den Strukturvorgaben auseinander setzen. Als Interpretationsanleitung dient hierbei die Strukturationstheorie von Giddens (vgl. Kapitel 2.2). Der Analyserahmen dieser Arbeit (vgl. Kapitel 2.3) unterscheidet zwischen einer externen und einer internen Seite von Vulnerabilität, die sich wechselseitig beeinflussen. Die externe Seite repräsentiert die gesellschaftlichen Handlungsbedingungen und hat ermöglichende bzw. einschränkende Eigenschaften. Bewältigungs- und Anpassungshandlungen (interne Seite) finden in diesem Kontext statt und (re)produzieren die Strukturelemente.

Während der empirischen Arbeiten wurde deutlich, dass Vulnerabilität **historisch eingebettet** ist. Die Bedeutung der Zeit wurde erkannt und in den folgenden Analyseschritten berücksichtigt. Die Analysekategorien von Vulnerabilität sind also kontextspezifisch und variieren darüber hinaus in Raum und Zeit. Sie befinden sich in einem kontinuierlichen Fluss (ERIKSEN und O'BRIEN 2007). Diese Erkenntnis hat insofern Auswirkungen auf den Analyserahmen, als dass dieser um eine prozessuale Perspektive erweitert werden muss, mit der der Wandel gesellschaftlicher Strukturen angemessen berücksichtigt werden kann. Strukturelle Bedingungsgefüge dürfen entsprechend nicht isoliert von bestimmten historischen Entwicklungen interpretiert werden bzw. „nicht als statische Gebilde gesehen werden, vor dessen Hintergrund soziale Akteure Strategien im Umgang mit den Folgen des Klimawandels zu entwickeln versuchen" (DIETZ 2011, S. 111). Historische Entwicklungen werden in dieser Arbeit in Anlehnung an BLAIKIE et al. (1994) als Grundursachen von Verwundbarkeit aufgefasst. Es konnte gezeigt werden, dass bereits die Besiedlung der Untersuchungsgebiete konstituierenden Charakter für die Verwundbarkeit der heutigen Bewohner hat (vgl. Kapitel 5.2). Dabei spielen sowohl ethnische als auch religiöse Elemente eine Rolle, die in unterschiedlicher Art und Weise mit dem aktuellen Bedingungsgefüge von Vulnerabilität verknüpft sind. Beispielsweise sorgen Differenzen in der Slumsiedlung Ratchapa, die sich entlang der historisch bedingten ethnischen und religiösen Zusammensetzung entwickeln, für unsichtbare Trennlinien, die durch die physischen Hindernisse, die die Nachbarschaft gliedern, noch verstärkt werden.

In Ban Lad Kret müssen bestimmte Strukturelemente, die Verwundbarkeit konstituieren, vor dem Hintergrund der Mon-Kultur interpretiert werden. Das Resultat sind unterschiedliche Wahrnehmungen und Handlungen in Bezug auf das Hochwasser sowie ungleiche Verfügungsrechte und Machtverhältnisse.

Die Handlungsbedingungen im Kontext von Vulnerabilität werden weiterhin durch Regeln und Ressourcen konstituiert, die sowohl ermöglichend als auch einschränkend auf das Handeln der betroffenen Akteure wirken. Die Akteure erhalten und verändern durch ihr Handeln diese Strukturen. Veränderungen treten insbesondere dann auf, wenn die negativen Auswirkungen von Hochwasser ein gewisses Niveau überschreiten und die Betroffenen neue Handlungen entwickeln müssen. Die zentrale Fragestellung dieser Arbeit lautet: Welche kontextspezifischen Faktoren konstituieren die Vulnerabilität der Bewohner und wie gestaltet sich dieser Einfluss? Erste Erklärungsansätze liefern dabei die obigen Ausführungen zur historischen Einbettung. Abschließend beantwortet wird die Frage mit der Analyse der externen Seite von Verwundbarkeit, welche die Handlungsbedingungen repräsentiert und welche in eine soziale, eine ökonomische und eine politische Dimension aufgeteilt werden kann. Diese Differenzierung macht nur analytisch Sinn, da die einzelnen Dimensionen zum einen nicht trennscharf voneinander abgegrenzt werden können und sich zum anderen wechselseitig beeinflussen. Als Grundlage für die Untersuchung der drei Dimensionen dienen Überlegungen zu Verfügungsrechten und Machtverhältnissen. Wichtig dabei ist, dass Verfügungsrechte und Machtverhältnisse nicht per se politisch oder ökonomisch sind. Die Topographien von Macht spiegeln sich beispielsweise sowohl innerhalb lokaler Arbeitsmarktstrukturen als auch in politischen Strukturen und Prozessen wie dem Hochwassermanagement wider.

Der **sozialen Dimension** werden dabei zwei Analysekategorien zugeordnet, nämlich „soziale Netzwerke" und „Bildung". Es zeigt sich, dass die Verfügbarkeit von funktionierenden sozialen Netzwerken die Verwundbarkeit eines Individuums bzw. eines Haushaltes reduzieren kann (vgl. Kapitel 5.4.1.1). Bestimmte Beziehungen ermöglichen den Zugang zu verschiedenen Ressourcen, die bei der Bewältigung von Überflutungen helfen können. Die Aussage „[…] good things emerging out of social embeddedness, bad things are more commonly associated with the behavior of homo economicus" (PORTES und SENSENBRENNER 1993, S. 1338) verweist auf eine sehr positive Sichtweise von sozialen Netzwerken, die sich zusätzlich von ökonomisch determiniertem Verhalten abgrenzt. Tatsächlich aber darf man den ambivalenten Charakter sozialer Netzwerke nicht unberücksichtigt lassen. Soziale Strukturen können nämlich auch einschränkend auf Akteure wirken, vor allem in Abhängigkeitsbeziehungen, die auf ungleichen Machtverhältnissen aufbauen (z. B. BOHLE 2005; DI FALCO und BULTE 2011). Den in dieser Arbeit identifizierten Patron-Klientenbeziehungen zwischen verwundbaren Bewohnern und lokalen Führungspersönlichkeiten können zum Teil zwar Vorteile zugeordnet werden. Sie können allerdings auch zu einer Erhöhung der Verwundbarkeit bei fehlenden Kontakten führen.

In der Literatur wird argumentiert, dass die Bedeutung sozialer Netzwerke in urbanen Räumen aufgrund von Anonymität geringer sei als in ländlichen Gebieten (z. B. PHILLIPS 2002). Die Ergebnisse dieser Arbeit können dies nicht bestätigen. Sowohl im sozial eher homogenen Ban Lad Kret, als auch in der von sozialen Konflikten gekennzeichneten Slumsiedlung Ratchapa kennen sich die Bewohner untereinander gut. Eine weitere soziale Analysekategorie bezieht sich auf Bildung. Der Zugang zu hochwasserspezifischen Informationen auf der einen Seite und die Verfügbarkeit eines funktionierenden staatlichen Bildungssystems auf der anderen Seite haben sowohl direkten als auch indirekten Einfluss auf die Verwundbarkeit von Individuen und Haushalten (vgl. Kapitel 5.4.1.2). Wichtig ist an dieser Stelle der Verweis auf die Argumentation von Giddens: Autoritative Ressourcen, zu denen Bildung gehört, sind elementar wichtig für die sinnvolle Nutzung allokativer Ressourcen (GIDDENS 1995). Beispielsweise können ohne das Wissen über die physischen Grundlagen von Hochwasser (Strömung, Tideeinflüsse etc.) finanzielle Ressourcen nicht sinnvoll eingesetzt werden (Anpassung der Häuser, struktureller Hochwasserschutz etc.).

„Physische Vulnerabilität", „Strategien zur Existenzsicherung" und „Förderprogramme" sind die Analysekategorien, die der **ökonomischen Dimension** von Verwundbarkeit zugrunde liegen. Wie sich zeigt bedingt die bauliche Umwelt maßgeblich das Ausmaß der Hochwasserschäden (vgl. Kapitel 5.4.2.1). Interessant dabei ist, dass nicht nur die Verfügbarkeit finanzieller Ressourcen die Bauweise eines Hauses oder den Zustand der Verkehrsinfrastruktur determiniert, sondern auch kulturelles Wissen und lokale politische Beziehungen. Erneut zeigt sich die Kontextabhängigkeit des Phänomens Vulnerabilität. Die Transformationsprozesse, denen die Stadt Bangkok seit Ende des zweiten Weltkrieges unterliegt, liefern Erklärungen für die Abwendung von traditionellen Baustilen und die zunehmende Besiedlung überflutungsgefährdeter Bereiche. Die Bewohner der beiden Untersuchungsgebiete nutzen verschiedene Strategien zur Existenzsicherung (vgl. Kapitel 5.4.2.2). Dabei ist festzustellen, dass die Beschäftigung im informellen Sektor mit eingeschränkten Verfügungsrechten bezüglich des Zugangs zu sozialer Sicherung oder zu Krediten einhergeht, was die Verwundbarkeit potentiell erhöht. Diesem Argument entgegen steht die Flexibilität, mit denen informelle Tätigkeiten an Hochwassersituationen angepasst werden. Als besonders wirksam hinsichtlich einer Reduzierung von Vulnerabilität kann Einkommensdiversifizierung herausgestellt werden, die sich in fast allen Berufsgruppen feststellen lässt. Es gibt allerdings verschiedene Hürden, die eine erfolgreiche Diversifizierung erschweren (vgl. REARDON und TAYLOR 1996). Gemüseanbau zur Selbstversorgung ist beispielsweise nur auf freien Flächen möglich. Der Einstieg in viele Berufe erfordert darüber hinaus Kapital (z. B. für die Anschaffung des notwendigen Equipments). Einkommensdiversifizierung ist also eng verknüpft mit Ungleichheit und Armut (KELLY und ADGER 2000). Die dritte Analysekategorie bezieht sich auf die Bereitstellung allokativer und autoritativer Ressourcen durch staatliche Förderprogramme, die nicht dem Hochwassermanagement zuzuordnen sind (vgl. Kapitel 5.4.2.3).

Der Zugang zu Krediten, beruflicher Weiterbildung usw. kann Vulnerabilität verringern; vor allem dort, wo es keine Überschneidungen mit z. B. Klientelismus und Korruption gibt. In Ban Lad Kret trägt beispielsweise das OTOP-Programm zu einer Verbesserung der beruflichen Situation bei. In Ratchapa werden staatliche Fördermaßnahmen, soweit überhaupt vorhanden, oft durch Konflikte und Bevor- bzw. Benachteiligungen entlang bestimmter Beziehungen unterminiert.

Bei der **politischen Dimension** von Verwundbarkeit handelt es sich um eine Analysekategorie, die, wie oben bereits angedeutet, nicht ausschließlich ungleiche Machtverhältnisse repräsentiert. Sie umfasst darüber hinaus institutionelle Aspekte sowie Zugangsfragen und wird entsprechend definiert durch „lokale *Governance*", „Klientelismus, Korruption und Machtverhältnisse" sowie „unsichere Landbesitzverhältnisse". Die Rolle des Staates darf bei der Analyse der Vulnerabilität bestimmter Bevölkerungsgruppen nicht unberücksichtigt bleiben. Politische Transparenz, demokratische Prinzipien, Rechtsstaatlichkeit und die Bereitstellung öffentlicher Güter sind dabei wichtige Kriterien. Es zeigt sich, dass der Einfluss von lokalen Regierungsinstitutionen auf die Verwundbarkeit der Bewohner der beiden Untersuchungsgebiete sehr vielschichtig ist (vgl. Kapitel 5.4.3.1). Die komplizierte thailändische Verwaltungsstruktur sowie unterschiedlich weit vorangeschrittene Dezentralisierungsbemühungen resultieren in verschiedenen Ausprägungen der für die beiden Untersuchungsgebiete zuständigen lokalen Regierungen. Während in Ban Lad Kret lokale Regierungsakteure wie TAO, Kamnan und Pooyaibaan vorhanden sind und Räume der Partizipation schaffen, gibt es in Ratchapa lediglich die übergeordnete und „anonyme" Distriktregierung, die auf der lokalen Ebene zwangsläufig Defizite vorzuweisen hat. Diese Situation wird überlagert von weiteren *Governance*-Problemen bzw. „institutional traps" (LEBEL et al. 2011). Die thailändische Regierung und dabei vor allem auch das staatliche Hochwassermanagement zeichnen sich aus durch eine Vielzahl an Institutionen mit sich überschneidenden Aufgaben und ohne klare Verteilung der Verantwortlichkeiten, durch mangelnde Kapazitäten (finanziell und personell), durch personengebundene Entscheidungsprozesse sowie durch fehlende Kooperation (siehe dazu auch KRAAS 1996; Kapitel 4.5). Diese strukturellen Probleme spiegeln sich auf der lokalen Ebene wider. In Ratchapa, wo der Staat die Bewohner kaum erreicht, haben sich die Defizite akkumuliert. Durch Selbstorganisation in Form einer Nachbarschaftsvertretung wird versucht, lokale Problemlösungen zu entwickeln. Wie PELLING (2003) hierzu berechtigterweise anmerkt, bietet zivilgesellschaftliches Engagement die größten Potenziale die eigene Verwundbarkeit zu reduzieren. Gleichzeitig ist es aber auch mit sehr hohen Risiken verbunden, die sich größtenteils auf die Führungsfähigkeit und Integrität der Nachbarschaftsvertreter beziehen. Ein Beispiel hierfür sind die Patron-Klientenbeziehungen, die Vorteile für den Einzelnen bringen können, aber für viele Bewohner von Ratchapa eher negativ zu bewerten sind, da sie den Zugang zu bestimmten Ressourcen limitieren und außerdem zu selektiver Marginalisierung von Slumbewohnern führen können (vgl. Kapitel 5.4.3.2). Die politische Dimension von Vulnerabilität übersetzt sich, wie oben angedeutet, unter anderem in eingeschränkte individuelle und kollektive Entscheidungsautonomien. Dieser Mangel an politischer Einflussnahme erhöht das Risiko, existenzielle Verfügungsrechte wie den Zugang zu z. B. Land oder zu staatlicher Unterstützung in Krisenzeiten einzubüßen (vgl. DIETZ 2011). Es zeigt sich, dass unsichere Landbesitzverhältnisse einen starken Einfluss auf die Verwundbarkeit der Slumbewohner haben, da sie sehr deutlich Bewältigungs- und Anpassungshandlungen sowie weiterhin den Zugang zu öffentlichen Dienstleistungen einschränken (vgl. Kapitel 5.4.3.3).

Die bisherigen Überlegungen machen deutlich, dass gesellschaftliche Strukturelemente (eingeschränkte Informationen, ungleiche Machtverhältnisse, informelle Beschäftigungsstrukturen, fehlender Zugang zu sicheren Landbesitzverhältnissen etc.) nicht einseitig als strukturelle Zwänge betrachtet werden können, die im Sinne einer Zweck-Mittel-Rationalität (GIDDENS 1995) die Handlungsalternativen einschränken. Vielmehr generieren die Akteure durch den Rückgriff auf die ihnen zur Verfügung stehenden Ressourcen und durch die spezifische Interpretation der existierenden Regeln neue Handlungsalternativen, die in konkreten Bewältigungs- und Anpassungsstrategien gegenüber Hochwasser sichtbar werden. Eine weitere zentrale Forschungsfrage dieser Arbeit konnte entsprechend beantwortet werden: Welche Handlungsstrategien gibt es bzw. werden entwickelt, um die Auswirkungen von Hochwasser zu bewältigen und sich an zukünftige Ereignisse anzupassen und welche Bedingungen liegen ihnen zugrunde? Es konnten diverse Strategien identifiziert werden. Als Beispiel kann die Erhöhung und Verstärkung der Häuser genannt werden oder das strategische Zusammentragen von relevanten Informationen (Wettervorhersagen, Tidezeiten, Flutwarnungen, Verhaltenshinweise, Informationen zu Hilfsverteilung und Kompensationszahlungen usw.), um besser vorbereitet zu sein. Dabei zeigt sich, dass die Verfügbarkeit zahlreicher allokativer und autoritativer Ressourcen nicht per se zu einer erfolgreichen Bewältigung und Anpassung führt, da auch gesellschaftlich eingebettete Wahrnehmungen und Bewertungen von Risiken eine Rolle spielen bzw. soziale Regeln, an denen sich das Handeln ausrichtet[1].

Ein weiterer zu beobachtender Aspekt bezieht sich auf das Verhältnis allokativer und autoritativer Ressourcen zueinander. Oftmals werden fehlende allokative Ressourcen durch autoritative Ressourcen ausgeglichen, so dass erfolgreiches Handeln im Kontext von Verwundbarkeit ermöglicht wird. Eine Vernetzung innerhalb der Nachbarschaft bzw. eine Integration in soziale Netzwerke kann z. B. den Zugang zu Werkzeugen oder Booten, die während eines Hochwassers benötigt werden, herstellen. Finanzielle Zwänge werden so umgangen. Besonders wichtig scheint dieser Zusammenhang in der Slumsiedlung zu sein, in der die Menschen über limitierte materielle und finanzielle Ressourcen verfügen und wo der institutionelle politische Rahmen, unter anderem aufgrund der Landsituation,

---

[1]   Überlegungen hierzu finden sich auch bei BIRKMANN (2011) unter dem Stichwort „Limits of Adaptation".

mit Problemen behaftet ist.

Die Produktion und Reproduktion von Strukturelementen erfolgt im Handeln. Ein anschauliches Beispiel liefern die Landnutzungsänderungen auf Koh Kret als Folge von immer stärker werdendem Hochwasser. Eindeichungen bzw. die Verwendung von Sandsäcken und Wasserpumpen reichen nicht mehr aus, so dass bewusst nach Alternativen gesucht wird. In Ban Lad Kret zeigt sich, dass sich zum einen die Umstellung auf resistente Anbaufrüchte und zum anderen die komplette Aufgabe der Landwirtschaft als neue Strategien durchsetzen. Ein anderes Beispiel bezieht sich auf das Vorgehen der Nachbarschaftsvertretung in Ratchapa, die während eines Hochwassers ihre Unterstützer bevorzugt und so bestehende Abhängigkeitsbeziehungen festigt.

Da Verwundbarkeit schwer zu quantifizieren ist, wurde auf eine vergleichende Gewichtung von Faktoren verzichtet. Vielmehr wurden auf Grundlage der Interviewaussagen qualitative Wertungen vorgenommen sowie Zusammenhänge hergestellt. Die Ergebnisse dieser Arbeit, also die Generierung detaillierter Aussagen über die Verwundbarkeit der Bewohner von Ratchapa und Ban Lad Kret in Kombination mit der Entwicklung eines angepassten Analyserahmens, haben zum einen Konsequenzen für die beiden Untersuchungsgebiete und zum anderen für weitere von Hochwasser gefährdete Städte. Mittels eines verbesserten Verständnisses von Vulnerabilität können gezielt Maßnahmen durchgeführt werden, um die Lebenssituation der Bewohner zu verbessern und Resilienz gegenüber Hochwasser zu erzeugen. Der Analyserahmen sowie die identifizierten Einflussfaktoren von Vulnerabilität können darüber hinaus in anderen von Hochwasser betroffenen Nachbarschaften in Bangkok sowie in anderen urbanen Räumen mit ähnlichen sozioökonomischen und politischen Charakteristika angewandt und überprüft werden. Anknüpfend an Überlegungen von Birkmann et al. zu einem Paradigmenwechsel innerhalb der Stadtplanung vor dem Hintergrund des Klimawandels und assoziierten Extremereignissen, können die Ergebnisse dieser Arbeit als sinnvoller Beitrag gelesen werden. Die Hinwendung zu einer „adaptive urban governance" bedeutet

> „to move from the dominant focus on the adjustment of physical structures towards the improvement of planning tools and governance processes and structures themselves. It addresses in particular the necessity to link different temporal and spatial scales in adaptation strategies, to acknowledge and to mediate between different types of knowledge (expert and local knowledge), and to achieve improved integration of different types of measures, tools and norm systems (in particular between formal and informal approaches" (BIRKMANN et al. 2010, S. 185).

Hieran anschließend lässt sich die vorliegende Arbeit in den weiteren Kontext internationaler Bemühungen zur Reduzierung von Naturkatastrophen einordnen. Aufbauend auf den wissenschaftlichen Entwicklungen seit den 1970er Jahren, die gesellschaftlichen Aspekten ihren angemessenen Rang innerhalb der Erforschung von Katastrophen einräumten[2], fand auch ein Paradigmenwechsel in der Politik statt. Der Zehnjahresplan des UNISDR, das Hyogo Framework for Action (mehr zum HFA bei UNISDR 2007), hebt die Bedeutung von gesellschaftlicher Verwundbarkeit erstmals hervor und fordert zum einen wissenschaftlichen Fortschritt in diesem Feld und zum anderen praktische Konsequenzen. Trotz dieser Entwicklungen wird der politische Diskurs nach wie vor von einer naturwissenschaftlichen Perspektive beherrscht, die sich auf strukturelle und technische Problemlösungen konzentriert (vgl. PELLING 2003). Mit dieser Arbeit soll ein weiterer Schritt hin zu einer besseren Berücksichtigung der gesellschaftlichen Dimension von Vulnerabilität getan werden.

Ob die Bewohner der Untersuchungsgebiete als „verwundbar" bezeichnet werden sollten, muss differenziert beurteilt werden. Betrachtet man die Lage der Gebäude oder die oftmals eingeschränkten finanziellen Ressourcen kann man sehr wohl von einer verwundbaren Situation sprechen. Betrachtet man aber die Potenziale sozialer Netzwerke oder lokaler Organisationsformen, so relativiert sich diese Aussage. Für die Bewohner der Untersuchungsgebiete sind Überflutungen *tam-má-daa* - etwas Gewöhnliches - wobei das Extremhochwasser von 2011 auch für sie eine außergewöhnliche Situation darstellte. Wie optimistisch können die Ergebnisse dieser Arbeit also stimmen? Erfolgreiche Bewältigung und Anpassung baut immer auf der Erfahrung mit vergangenen Hochwasserereignissen auf. Ob mit der zukünftig zu erwartenden Zunahme an Überflutungen in Dauer und Intensität erfolgreich umgegangen werden kann, wird sich zeigen. Vor dem Hintergrund des Klimawandels und urbaner Transformationsprozesse wird sich die Verwundbarkeit der Stadtbewohner weiterhin kontinuierlich wandeln. Im Gegensatz zu den recht statischen institutionellen Mechanismen des Hochwassermanagements, können sich die Akteure auf der lokalen Ebene flexibel an Änderungen anpassen (was sie auch tun, wie diese Arbeit gezeigt hat). Außerdem gleichen sie mit ihrem Bewältigungs- und Anpassungshandeln teilweise die staatlichen Defizite aus. Diese lokalen Umgangsformen mit Überflutungen, die zudem oft auf gemeinsam getroffenen Entscheidungen beruhen, können als generalisierbare Lösungsansätze herangezogen werden, wobei ein besonderes Augenmerk auf Prinzipien wie Fairness, Partizipationsmöglichkeiten und Transparenz liegen sollte. Bleibt zu hoffen, dass lokale Umgangsformen mit Hochwasser sowie lokales Wissen und Erfahrungen in politischen Entscheidungen berücksichtigt werden. Die Aussage des Direktors des DDPM von Nonthaburi stimmt positiv:

> „Besides structural measures in flood management, we plan to include non-structural measures such as legislation and policy reviews, better communication strategies but most important community engagement in planning, prevention and mitigation" (Interview DDPM Nonthaburi 2013).

---

2   Ausgangspunkt war hier unter anderem der Nature-Artikel „Taking the naturalness out of natural disasters" von O'KEEFE et al. (1976); siehe auch Kapitel 2.1.

Die vorliegenden Ergebnisse werden abschließend einer **kritischen Reflexion** unterzogen. Im Zentrum der Untersuchung stand die Suche nach dem Bedingungsgefüge der Vulnerabilität der Bewohner von Ratchapa und Ban Lad Kret. Dabei wurden auf Grundlage der qualitativen Herangehensweise lokale Kräfte fokussiert und weniger außerhalb der Nachbarschaften liegende Strukturen und Prozesse, die allerdings ebenfalls einen großen Einfluss auf Verwundbarkeit ausüben und somit zusätzliche aufschlussreiche Erkenntnisse liefern können. Mittels einzelner Experteninterviews wurde versucht diese externe Perspektive zu berücksichtigen, wobei eingeräumt werden muss, dass bestimmte Sichtweisen auf die Überflutungsproblematik von z. B. der Hafenbehörde und weiteren auf verschiedene Art und Weise involvierten Akteuren für eine ganzheitliche Untersuchung fehlen. Vor diesem Hintergrund wird eine *Governance*-Analyse des thailändischen Katastrophenmanagements empfohlen wie sie z. B. bei CHANG SENG (2010) oder LASSA (2010) in einem anderen Kontext für Indonesien zu finden sind. Ein weiterer Kritikpunkt bezieht sich auf die für Vulnerabilität so wichtigen Wirkungszusammenhänge, die sich aus Hierarchien und Machtverhältnissen ergeben. Sie werden in dieser Arbeit als wesentliche Grundlage von Verwundbarkeit konzipiert. Die methodische Umsetzung sah sich hierbei allerdings mit forschungsethischen Schwierigkeiten konfrontiert, die sich zum einen aus der Identifizierbarkeit der Interviewpartner und zum anderen aus der Brisanz der entsprechenden Themenkomplexe ergaben. Die Interpretation der Interviewaussagen ist vor diesem Hintergrund als schwierig zu betrachten. Angesichts der obigen Kritik und vor allem auch der Komplexität und Vielfalt der vorliegenden Forschungsinhalte besteht ein weiterführender Forschungsbedarf z. B. hinsichtlich der Analyse von Machtverhältnissen oder der Effektivitätskriterien von Bewältigung- und Anpassungshandeln.

Im Rahmen der Entwicklung des Analyserahmens erfolgte bereits eine kritische Auseinandersetzung mit den bisherigen Entwicklungslinien der Verwundbarkeitsforschung. Um die Klammer zu schließen, soll an dieser Stelle die Kritik am Konzept der Vulnerabilität erneut aufgegriffen werden. Die Weiterentwicklungen der letzten Jahre haben deutlich gemacht, dass Verwundbarkeit komplex und multidimensional ist. Für ein ganzheitliches Verständnis sollten also verschiedene Faktoren (gesellschaftliche, ökologische und kulturelle) berücksichtigt werden, wobei diese Arbeit gesellschaftliche Strukturen und Prozesse in den Vordergrund rückt. Weiterhin sollten unterschiedliche Skalen (Individuen, Haushalte, Gesellschaften) und Ebenen (räumlich, zeitlich) in die Analyse mit aufgenommen werden. Diese aus forschungshistorischer Sicht logische Entwicklung des Konzeptes gibt für verschiedene Autoren Anlass zur Kritik, da die Komplexität inzwischen so stark zugenommen hat, dass eine einfache Anwendung kaum mehr möglich ist (z. B. VAN DILLEN 2002; THYWISSEN 2006). Aus einer stärker hermeneutischen Perspektive kommt die Kritik aus entgegengesetzter Richtung und bezieht sich auf die konzeptionelle Abstraktion (z. B. VOSS 2008). Dieser Wiederspruch ist sicherlich zum Teil auch in der vorliegenden Untersuchung wiederzuerkennen. Daran anschließende Kritik bezieht sich auf die schnelle Entwicklung des Konzeptes, die Unübersichtlichkeit zur Folge hat, was oftmals die eher einfach konzipierten mechanistischen, unpolitischen und ahistorischen Modelle von Vulnerabilität begünstigt (BOHLE und GLADE 2008). Viele der Interdependenzen zwischen den einzelnen Faktoren von Verwundbarkeit sind nach ERICKSEN et al. (2010) bis heute nicht richtig verstanden, so dass die tatsächlichen Wechselwirkungen zu Überraschungen führen können. Die theoretischen Ausführungen dieser Arbeit und die hier erwähnten Kritikpunkte machen deutlich, dass Hochwasser und andere Naturkatastrophen sich nicht hinreichend aus nur einer disziplinären Perspektive beschreiben lassen. Vielmehr bedarf es einer interdisziplinären Herangehensweise und einer Offenheit bei der Methodenwahl, die aus dem Konzept Vulnerabilität ein übergreifendes Konzept machen.

7 Literaturverzeichnis

ACHR (2003): Housing by People in Asia. Asian Coalition for Housing Rights (Newsletter of the Asian Coalition for Housing Rights, 15).

ADELEKAN, I.O. (2010): Vulnerability of Poor Urban Coastal Communities to Flooding in Lagos, Nigeria. In: Environment and Urbanization 22 (2), S. 433-450.

ADGER, W.N. (2006): Vulnerability. In: Global Environmental Change 16 (3), S. 268-281.

ADGER, W.N.; S. Huq; K. Brown; D. Conway und M. Hulme (2003): Adaptation to Climate Change in the Developing World. In: Progress in Development Studies 3 (3), S. 179-195.

AHSAN, S.M.M. (2013): Resilient Cities for the Poor or by the Poor? A Case Study from Bangkok. Masterarbeit. Technische Universität, Berlin. School VI Planning Building Environment.

AIPA (2011): Thailand's Country Report on Disaster Response Management. ASEAN Inter-Parliamentary Assembly (3rd AIPA CAUCUS Report).

AIT (2008): Energy Access in Urban Slums: A Case of Khon Kaen, Thailand. Asian Institute of Technology.

ALBRITTON, R.B. und T. BUREEKUL (2004): Developing Democracy under a New Constitution in Thailand. Asian Barometer Project Office. Taipei (Working Paper Series, 28).

ALEXANDER, D. (1997): The Study of Natural Disasters, 1977-1997: Some Reflections on a Changing Field of Knowledge. In: Disasters 21 (4), S. 284-304.

ARCHER, D. (2010): Empowering the Urban Poor through Community-Based Slum Upgrading: The Case of Bangkok, Thailand (Empowering the Urban Poor).

ARUNOTAI, N. (2008): Saved by an Old Legend and a Keen Observation: The Case of Moken Sea Nomads in Thailand. In: United Nations International Strategy for Disaster Reduction (Hrsg.): Indigenous Knowledge for Disaster Risk Reduction: Good Practices and Lessons Learned from Experience in the Asia-Pacific Region. Bangkok, S. 73-78.

ASHLEY, C. und D. CARNEY (1999): Sustainable Livelihoods: Lessons from Early Experience. Department for International Development. London.

ASKEW, M. (2002): Bangkok. Place Practice and Representation. London.

ATTESLANDER, P. (2006): Methoden der empirischen Sozialforschung. 11. Aufl. Berlin u.a.

BAKER, C.J. und P. PHONGPAICHIT (2009): A History of Thailand. 2. Aufl. Cambridge/ New York.

BALASSIANO, K. (2008): Support for a Civil Society in Thailand. East-West Center. Honolulu (International Graduate Student Conference Series, 36).

BALGAR, K. und N. MAHLKOW (2013): Lokalkulturelle Konstruktion von Vulnerabilität und Resilienz im Kontext des Klimawandels. Leibniz-Institut für Regionalentwicklung und Strukturplanung. Erkner (Working Paper, 47).

Bangkok Post (2010): Coping with the Floods. In: Bangkok Post, 05.11.2010. URL: http://www.bangkokpost.com/news/local/204851/coping-with-the-floods (aufgerufen: 02.10.2014).

BANKOFF, G. (2011): Historical Concepts of Disaster and Risk. In: WISNER, B.; J.C. GAILLARD und I. KELMAN (HRSG.): Handbook of Hazards and Disaster Risk. New York, S. 37-47.

BARROWS, H. H. (1923): Geography as Human Ecology. In: Annals of the Association of American Geographers 13 (1), S. 1-14.

BAUER, C. (1990): Language and Ethnicity. The Mon in Burma and Thailand. In: WIJEYEWARDENE, G. (Hrsg.): Ethnic Groups across National Boundaries in Mainland Southeast Asia. Singapore: Institute of Southeast Asian Studies (Social Issues in Southeast Asia), S. 14-47.

BECKER, E. und T. JAHN (2006): Soziale Ökologie. Grundzüge einer Wissenschaft von den gesellschaftlichen Naturverhältnissen. Frankfurt am Main.

BERCHT, A. L. (2013): Stresserleben, Emotionen und Coping in Guangzhou, China. Mensch-Umwelt-Transaktionen aus geographischer und psychologischer Perspektive. Stuttgart (Megacities and Global Change, 8).

BERESFORD, A. und S. PETTIT (2009): Emergency Logistics and Risk Mitigation in Thailand Following the Asian Tsunami. In: International Journal of Risk Assessment and Management 13 (1), S. 7.

BERKES, F. (2007): Understanding Uncertainty and Reducing Vulnerability: Lessons from Resilience Thinking. In: Natural Hazards 41 (2), S. 283-295.

BERTRAND, J. (1998): Growth and Democracy in Southeast Asia. In: Comparative Politics 30 (3), S. 355-375.

BIRKMANN, J. (Hrsg.) (2006a): Measuring Vulnerability to Natural Hazards. Towards Disaster Resilient Societies. Tokyo et.al.

BIRKMANN, J. (2006b): Measuring Vulnerability to Promote Disaster-Resilient Societies: Conceptual Frameworks and Definitions. In: BIRKMANN, J. (Hrsg.): Measuring Vulnerability to Natural Hazards. Towards Disaster Resilient Societies. Tokyo et al., S. 9-54.

BIRKMANN, J. (2011): First- and Second-Order Adaptation to Natural Hazards and Extreme Events in the Context of Climate Change. In: Natural Hazards 58 (2), S. 811-840.

BIRKMANN, J.; M. GARSCHAGEN; F. KRAAS und N. QUANG (2010): Adaptive Urban Governance: New Challenges for the Second Generation of Urban Adaptation Strategies to Climate Change. In: Sustainability Science 5 (2), S. 185-206.

BLAIKIE, P. (1999): A Review of Political Ecology. Issues, Epistemology and Analytical Narratives. In: Zeitschrift für Wirtschaftsgeographie 43 (3-4), S. 131-147.

BLAIKIE, P.; T. CANNON; I. DAVIS, und B. WISNER (1994): At Risk. Natural Hazards, People's Vulnerability, and Disasters. London et al.

BMA (o. J.): The Bangkok Metropolitan Administration. Bangkok Metropolitan Administration. Bangkok.

BOHLE, H.-G.; T. E. DOWNING und M. J. WATTS (1994): Climate Change and Social Vulnerability. In: Global Environmental Change 4 (1), S. 37-48.

BOHLE, H.-G. (1994): Dürrekatastrophen und Hungerkrisen. Sozialwissenschaftliche Perspektiven geographischer Risikoforschung. In: Geographische Rundschau 46 (7-8), S. 400-407.

BOHLE, H.-G. (2001a): Neue Ansätze der geographischen Risikoforschung. Ein Analyserahmen zur Bestimmung nachhaltiger Lebenssicherung von Armutsgruppen. In: Die Erde 132 (2), S. 119-140.

BOHLE, H.-G. (2001b): Vulnerability and Criticality. International Human Dimensions Programme on Global Environmental Change (IHDP Newsletter Update).

BOHLE, H.-G. (2005): Social or Unsocial Capital? The Concept of Social Capital in Geographical Vulnerability. In: Geographische Zeitschrift 93 (2), S. 65-81.

BOHLE, H.-G. (2007): Geographien von Verwundbarkeit. In: Geographische Rundschau 59 (10), S. 20-25.

BOHLE, H.-G. (2011): Vom Raum zum Menschen: Geographische Entwicklungsforschung als Handlungswissenschaft. In: GEBHARDT, H.; R. GLASER; U. RADTKE und P. REUBER (HRSG.): Geographie. Physische Geographie und Humangeographie. Unter Mitarbeit von Stephan Meyer. 2. Aufl. Heidelberg, S. 746-763.

BOHLE, H.-G. und T. GLADE (2008): Vulnerabilitätskonzepte in Sozial- und Naturwissenschaften. In: FELGENTREFF, C. und T. GLADE (HRSG.): Naturrisiken und Sozialkatastrophen. Berlin, S. 99-119.

BOHLE, H.-G.; M. MAYER und E. WEBER (1998): Livelihood Security and Vulnerability in Nepal, India, and Sri Lanka. In: Bulletin of the International Geographical Union 48 (1), S. 5-20.

BÖHN, D. und E. ROTHFUSS (Hrsg.) (2007): Handbuch des Geographie-Unterrichts Band 8/1 Entwicklungsländer I. Köln.

BOLLIN, C. (2008): Staatliche Verantwortung und Bürgerbeteiligung – Voraussetzungen für effektive Katastrophenvorsorge. In: FELGENTREFF, C. und T. GLADE (HRSG.): Naturrisiken und Sozialkatastrophen. Berlin, S. 253-267.

BOONPERM, J.; J. HAUGHTON und S. R. KHANDKER (2013): Does the Village Fund Matter in Thailand? Evaluating the Impact on Incomes and Spending. In: Journal of Asian Economics 25, S. 3-16.

BOONPERM, J.; J. HAUGHTON; S. R. KHANDKER und P. RUKUMNUAYKIT (2012): Appraising the Thailand Village Fund. The World Bank (Policy Research Working Paper, 5998).

BOONYABANCHA, S. (2005a): Baan Mankong: Going to Scale with "Slum" and Squatter Upgrading in Thailand. In: Environment and Urbanization 17 (1), S. 21-46.

BOONYABANCHA, S. (2005b): How Upgrading of Thailand's Informal Settlements is Spear Heading a Community-Driven, City-Wide, Integrated Social Development Process. Community Organizations Development Institute (New Frontiers of Social Policy).

BOURDIEU, P. (1987): Sozialer Sinn. Kritik der theoretischen Vernunft. 1. Aufl. Frankfurt am Main.

BOWORNWATHANA, B. (2005): Administrative Reform and Tidal Waves from Regime Shifts: Tsunamis in Thailand's Political and Administrative History. In: Asia Pacific Journal of Public Administration 27 (1), S. 37-52.

BOWORNWATHANA, B. (2008): History and Political Context of Public Administration in Thailand. In: BERMAN, E. M. (Hrsg.): Public Administration in Southeast Asia. Thailand, Philippines, Malaysia, Hong Kong and Macau. London, S. 29-52.

BRKLACICH, M. und H.-G. BOHLE (2006): Assessing Human Vulnerability to Global Climatic Change. In: EHLERS, E. und T. KRAFFT (HRSG.): Earth System Science in the Anthropocene. Berlin/New York, S. 51-61.

BRONGER, D. (1976): Formen räumlicher Verflechtung von Regionen in Andhra Pradesh, Indien als Grundlage einer Entwicklungsplanung. Ein Beitrag der angewandten Geographie zur Entwicklungsländerforschung. Paderborn (Bochumer geographische Arbeiten. Sonderreihe, 5).

BROUWER, R.; S. AKTER; L. BRANDER, und E. HAQUE (2007): Socioeconomic Vulnerability and Adaptation to Environmental Risk: A Case Study of Climate Change and Flooding in Bangladesh. In: Risk Analysis 27 (2), S. 313-326.

BRUHN, J. G. (1974): Human Ecology: A Unifying Science? In: Human Ecology 2 (2), S. 105-125.

BULL-KAMANGA, L. (2003): From Everyday Hazards to Disasters: The Accumulation of Risk in Urban Areas. In: Environment and Urbanization 15 (1), S. 193-204.

BURCHARDT, H.-J. (2001): Dezentralisierung und local governance. Empirische Befunde und neue theoretische Anforderungen. In: Journal für Entwicklungspolitik 17 (3/4), S. 329-351.

BÜRKNER, H.-J. (2010): Vulnerabilität und Resilienz – Forschungsstand und sozialwissenschaftliche Untersuchungsperspektiven. Leibniz-Institut für Regionalentwicklung und Strukturplanung. Erkner (Working Paper, 43).

BURTON, I. (1962): Types of Agricultural Occupance of Flood Plains in the United States. Department of Geography, University of Chicago. Chicago (Research Paper, 75).

BUTTS, K. (2011): Project 1 Brief. INDA Arch Design III 2012. Chulalongkorn University. Bangkok. URL: http://indaarchdesigniifall2011.blogspot.de/2011/08/project-1-brief.html (aufgerufen: 02.10.2014).

CALGARO, E. und K. LLOYD (2008): Sun, Sea, Sand and Tsunami: Examining Disaster Vulnerability in the Tourism Community of Khao Lak, Thailand. In: Singapore Journal of Tropical Geography 29 (3), S. 288-306.

CAMERON, J. (2005): Focusing on the Focus Group. In: HAY, I. (Hrsg.): Qualitative Research Methods in Human Geography. 2. Aufl. New York, S. 116-132.

CANNON, T. (2008): Vulnerability, "Innocent" Disasters and the Imperative of Cultural Understanding. In: Disaster Prevention and Management 17 (3), S. 350-357.

CANNON, T. und D. MÜLLER-MAHN (2010): Vulnerability, Resilience and Development Discourses in Context of Climate Change. In: Natural Hazards 55 (3), S. 621-635.

CARGO, M. und S. L. MERCER (2008): The Value and Challenges of Participatory Research: Strengthening its Practice. In: Annual Review of Public Health 29, S. 325-350.

CARNEY, D.; M. DRINKWATER; T. RUSINOW; K. NEEFJES; S. WANMALI und N. SINGH (1999): Livelihood Approaches Compared. A Brief Comparison of the Livelihoods Approaches of the UK Department for International Development (DFID), CARE, Oxfam and the United Nations Development Programme (UNDP). Department for International Development. URL: http://www.start.org/Program/advanced_institute3_web/p3_documents_folder/Carney_etal.pdf, (aufgerufen: 18.09.2014).

CHALAPATI, S. (2008): Sufficiency Economy as a Response to the Problem of Poverty in Thailand. In: Asian Social Science 4 (7), S. 3-6.

CHAMBERS, R. (1989): Vulnerability: How the Poor Cope. In: IDS Bulletin 20 (2), S. 1-7.

CHANDRANUJ, M. (2004): Municipal Government, Social Capital, and Decentralization in Thailand. Dissertation. Northern Illinois University.

CHANG SENG, D. (2010): Disaster Risk Preparedness. The Role of Risk Governance, Multi-Institutional Arrangements and Polycentric Frameworks for a Resilient Tsunami Early Warning System in Indonesia. Bonn: UNU-EHS (Graduate Research Series, Vol. 5).

CHAOWARAT, P. (2010): Participatory Planning in Municipal Development in Thailand. Dissertation. Technische Universität, Berlin.

CHARDCHAWARN, S. (2010): Local Governance in Thailand: The Politics of Decentralization and the Roles of Bureaucrats, Politicians, and the People. Institute of Developing Economies, Japan External Trade Organization (V.R.F. Series, 459).

CHARIYAPHAN, R. (2012): Thailand's Country Profile 2012. Department of Disaster Prevention and Mitigation.

CHARUVICHAIPONG, C. und E. SAJOR (2006): Promoting Waste Separation for Recycling and Local Governance in Thailand. In: Habitat International 30 (3), S. 579-594.

CHILD, J. (1997): Strategic Choice in the Analysis of Action, Structure, Organizations and Environment: Retrospect and Prospect. In: Organization Studies 18 (1), S. 43-76.

CHIPLUNKAR, A.; S. KALLIDAIKURICHI und T. C. KHEONG (2012): Good Practices in Urban Water Management: Decoding Good Practices for a Successful Future. Asian Development Bank. National University of Singapore.

CHRISTMANN, G.; O. IBERT; H. KILPER und T. MOSS (2011): Vulnerabilität und Resilienz in sozio-räumlicher Perspektive. Begriffliche Klärungen und theoretischer Rahmen. Leibniz-Institut für Regionalentwicklung und Strukturplanung. Erkner (Working Paper, 44).

CLARK, G. E.; K. DOW; S. EMANI; W. JIN; J. X. KASPERSON; R. E. KASPERSON; W. B. MEYER; S. C. MOSER; S. J. RATICK und H. E. SCHWARZ (1998): Assessing the Vulnerability of Coastal Communities to Extreme Storms. The Case of Revere, MA., USA. In: Mitigation and Adaptation Strategies for Global Change 3, S. 59-82.

CLARKE GUARNIZO, C. (1992): Living with Hazards: Communities' Adjustment Mechanisms in Developing Countries. In: KREIMER, A. und M. MUNASINGHE (HRSG.): Environmental Management and Urban Vulnerability. Washington, D.C: World Bank (World Bank Discussion Papers, 168), S. 93-106.

CODI (2003): Entwicklungsplan für die Gemeinschaft Ratchapa-Tubtim-Ruamjai. Powerpoint-Präsentation (in Thai). Community Organizations Development Institute. Bangkok, 2003.

COHEN, E. (2012): Flooded: An Auto-Ethnography of the 2011 Bangkok Flood. In: ASEAS – The Austrian Journal of South-East Asian Studies 5 (2), S. 316-334.

COLLET, D. (2012): Vulnerabilität als Brückenkonzept der Hungerforschung. In: COLLET, D. (Hrsg.): Handeln in Hungerkrisen. Neue Perspektiven auf soziale und klimatische Vulnerabilität. Göttingen, S. 13-25.

CRANG, M. und I. COOK (2007): Doing Ethnographies. Los Angeles, London.

CUTTER, S. L. (2003): The Vulnerability of Science and the Science of Vulnerability. In: Annals of the Association of American Geographers 93 (1), S. 1-12.

CUTTER, S. L.; B. J. BORUFF und W. L. SHIRLEY (2003): Social Vulnerability to Environmental Hazards. In: Social Science Quarterly 84 (2), S. 242-261.

CUTTER, S. L.; J. T. MITCHELL und M. S. SCOTT (2000): Revealing the Vulnerability of People and Places: A Case Study of Georgetown County, South Carolina. In: Annals of the Association of American Geographers 90 (4), S. 713-737.

DAMM, M. (2009): Mapping Social-Ecological Vulnerability to Flooding. A Sub-National Approach for Germany. Bonn: UNU-EHS (Graduate Research Series, Vol. 3).

DANIERE, A. und L. M. TAKAHASHI (1999a): Poverty and Access: Differences and Commonalties across Slum Communities in Bangkok. In: Habitat International 23 (2), S. 271-288.

DANIERE, A. und L. M. TAKAHASHI (1999b): Public Policy and Human Dignity in Thailand: Environmental Policies and Human Values in Bangkok. In: Policy Sciences 32, S. 247-268.

DASGUPTA, P. und I. SERAGELDIN (2000): Social Capital. A Multifaceted Perspective. Washington, D.C.: World Bank.

DE VRIES, D. (2007): Being Temporal and Vulnerability to Natural Hazards. In: WARNER, K. (Hrsg.): Perspectives on Social Vulnerability. Bonn: UNU-EHS (Studies of the University, 6), S. 36-49.

DEVEREUX, S. (2001): Sen's Entitlement Approach: Critiques and Counter-critiques. In: Oxford Development Studies 29 (3), S. 245-263.

DFID (1999): Sustainable Livelihoods Guidance Sheets. Department for International Development. London. URL: http://www.eldis.org/vfile/upload/1/document/0901/section2.pdf (aufgerufen: 02.10.2014).

DI FALCO, S. und E. BULTE (2011): A Dark Side of Social Capital? Kinship, Consumption, and Savings. In: Journal of Development Studies 47 (8), S. 1128-1151.

DIETER, H. (1998): Die Asienkrise. Ursachen, Konsequenzen und die Rolle des Internationalen Währungsfonds. Marburg.

DIETZ, K. (2006): Vulnerabilität und Anpassung gegenüber Klimawandel aus sozial-ökologischer Perspektive. Aktuelle Tendenzen und Herausforderungen in der internationalen Klima- und Entwicklungspolitik. BMBF (Diskussionspapier 01/06 des Projektes „Global Governance und Klimawandel").

DIETZ, K. (2011): Der Klimawandel als Demokratiefrage. Sozial-ökologische und politische Dimensionen von Vulnerabilität in Nicaragua und Tansania. Münster (Raumproduktionen: Theorie und gesellschaftliche Praxis, 11).

DIETZ, K. (2014): Wider der Naturalisierung. Für eine Politische Ökologie der Vulnerabilität und Anpassung an den Klimawandel. In: Lothar-Beyer-Stiftung (Hrsg.): Passagen in den Sozialwissenschaften. Beiträge der Stipendiaten. Kassel, S. 38-50.

DÖRFLER, T.; O. GRAEFE und D. MÜLLER-MAHN (2003): Habitus und Feld. Anregungen für eine Neuorientierung der geographischen Entwicklungsforschung auf der Grundlage von Bourdieus „Theorie der Praxis". In: Geographica Helvetica 58, S. 11-23.

DRÈZE, J. und A. SEN (1989): Hunger and Public Action. Oxford/New York (Studies in Development Economics).

DUTTA, D. (2011): An Integrated Tool for Assessment of Flood Vulnerability of Coastal Cities to Sea-Level Rise and Potential Socio-Economic Impacts: A Case Study in Bangkok, Thailand. In: Hydrological Sciences Journal 56 (5), S. 805-823.

DYCK, I. und R. A. KEARNS (2006): Structuration Theory: Agency, Structure and Everyday Life. In: AITKEN, S. C. und G. VALENTINE (HRSG.): Approaches to Human Geography. London, S. 86-97.

EAKIN, H. und A. L. LUERS (2006): Assessing the Vulnerability of Social-Environmental Systems. In: Annual Review of Environment and Resources 31, S. 365-394.

EBERT, A.; N. KERLE und A. STEIN (2009): Urban Social Vulnerability Assessment with Physical Proxies and Spatial Metrics Derived from Air- and Spaceborne Imagery and GIS data. In: Natural Hazards 48 (2), S. 275-294.

ELWOOD, S. (2010): Mixed Methods: Thinking, Doing, and Asking in Multiple Ways. In: DELYSER, D. (Hrsg.): The SAGE Handbook of Qualitative Geography. Los Angeles/London, S. 94-113.

EMDE, G. (2012): Flooding in Thailand's Chao Phraya Basin. A Study of Human and Environmental Causes. Department of Geography and the Environment, University of Denver. Denver.

ENGKAGUL, S. (1993): Flooding Features in Bangkok and Vicinity: Geographical Approach. In: GeoJournal 31 (4), S. 335-338.

ENZENSBERGER, H. M. (1978): Der Untergang der Titanic. Eine Komödie. Frankfurt am Main.

ERICKSEN, P.; B. STEWART und H.-G. BOHLE (2010): Vulnerability and Resilience of Food Systems. In: Ingram, J. S. I; P. ERICKSEN und D. M. LIVERMAN (HRSG.): Food Security and Global Environmental Change. London, S. 67-77.

ERIKSEN, S. H. und K. O'BRIEN (2007): Vulnerability, Poverty and the Need for Sustainable Adaptation Measures. In: Climate Policy 7 (4), S. 337-352.

ESSER, H. (2002): Soziologie. Frankfurt.

ETZOLD, B.; S. JÜLICH; M. KECK; P. SAKDAPOLRAK; T. SCHMITT und A. ZIMMER (2012): Doing Institutions. A Dialectic Reading of Institutions and Social Practices and its Relevance for Development Geography. In: Erdkunde 66 (3), S. 185-195.

FAISAL, I.; M. KABIR und A. NISHAT (1999): Non-Structural Flood Mitigation Measures for Dhaka City. In: Urban Water 1 (2), S. 145-153.

FELGENTREFF, C. und W. R. DOMBROWSKY (2008): Hazard-, Risiko- und Katastrophenforschung. In: FELGENTREFF, C. und T. GLADE (HRSG.): Naturrisiken und Sozialkatastrophen. Berlin, S. 13-29.

FELGENTREFF, C. und T. GLADE (Hrsg.) (2008): Naturrisiken und Sozialkatastrophen. Berlin.

FELGENTREFF, C.; C. KUHLICKE und F. WESTHOLT (2012): Naturereignisse und Sozialkatastrophen. Forschungsforum Öffentliche Sicherheit. Berlin (Schriftenreige Sicherheit, 8).

FEW, R. (2003): Flooding, Vulnerability and Coping Strategies: Local Responses to a Global Threat. In: Progress in Development Studies 3 (1), S. 43-58.

FLICK, U. (2007): Qualitative Sozialforschung. Eine Einführung. Reinbek bei Hamburg (Rororo Rowohlts Enzyklopädie, 55694).

FLICK, U. (2008): Triangulation. Eine Einführung. 2. Aufl. Wiesbaden (Qualitative Sozialforschung, Bd. 12).

FLICK, U.; E. KARDORFF und I. STEINKE (Hrsg.) (2008): Qualitative Forschung. Ein Handbuch. 6. Aufl. Reinbek bei Hamburg (Rororo, 55628: Rowohlts Enzyklopädie).

FLYVBJERG, B. (2006): Five Misunderstandings About Case-Study Research. In: Qualitative Inquiry 12 (2), S. 219-245.

FOLKE, C. (2006): Resilience: The Emergence of a Perspective for Social-Ecological Systems Analyses. In: Global Environmental Change 16 (3), S. 253-267.

FRIEDMANN, J. (1992): Empowerment. The Politics of Alternative Development. Cambridge.

FRISCH, M. (1979): Der Mensch erscheint im Holozän. Frankfurt am Main.

FROSCHAUER, U. und M. LUEGER (2003): Das qualitative Interview. Zur Praxis interpretativer Analyse sozialer Systeme. Wien (UTB Soziologie, 2418).

GADAMER, H.-G. (1960): Wahrheit und Methode. Grundzüge einer philosophischen Hermeneutik. Tübingen.

GALLOPÍN, G. C. (2006): Linkages between Vulnerability, Resilience, and Adaptive Capacity. In: Global Environmental Change 16 (3), S. 293-303.

GEENEN, E. M. (2008): Katastrophenvorsorge – Katastrophenmanagement. In: FELGEN-TREFF, C. und T. GLADE (HRSG.): Naturrisiken und Sozialkatastrophen. Berlin, S. 225-239.

GEORGE, A. L. und A. BENNETT (2005): Case Studies and Theory Development in the Social Sciences. Cambridge (BCSIA Studies in International Security).

GIDDENS, A. (1984): The Constitution of Society. Outline of the Theory of Structuration. Cambridge.

GIDDENS, A. (1988): Die „Theorie der Strukturierung". Ein Interview mit Anthony Giddens. geführt von Bernd Kießling. In: Zeitschrift für Soziologie 17 (4), S. 286-295.

GIDDENS, A. (1991): Structuration Theory: Past, Present and Future. In: BRYANT, C. G. A. und D. JARY (HRSG.): Giddens' Theory of Structuration. A Critical Appreciation. London/New York (International Library of Sociology), S. 201-221.

GIDDENS, A. (1995): Die Konstitution der Gesellschaft. Grundzüge einer Theorie der Strukturierung. 2. Aufl. Frankfurt am Main (Theorie und Gesellschaft, 1).

GLASER, B. G. und A. L. STRAUSS (1967): The Discovery of Grounded Theory. Strategies for Qualitative Research. Chicago.

GRANT, E. (2001): Social Capital and Community Strategies: Neighbourhood Development in Guatemala City. In: Development & Change 32 (5), S. 975-997.

GREGORY, D. (1981): Human Agency and Human Geography. In: Transactions of the Institute of British Geographers 6 (1), S. 1-18.

GREGORY, D.; R. JOHNSTON; G. PRATT; M. J. WATTS und S. WHATMORE (Hrsg.) (2009): The Dictionary of Human Geography. 5. Aufl. Malden.

GREGSON, N. (2005): Agency : Structure. In: CLOKE, P. J. und R. JOHNSTON (HRSG.): Spaces of Geographical Thought. Deconstructing Human Geography's Binaries. London/Thousand Oaks, S. 21-41.

HAAN, L. de (2012): The Livelihood Approach: A Critical Exploration. In: Erdkunde 66 (4), S. 345-357.

HANSJÜRGENS, B.; D. HEINRICHS und C. KUHLICKE (2008): Mega-Urbanization and Social Vulnerability. In: BOHLE, H.-G. und K. WARNER (HRSG.): Megacities. Resilience and Social Vulnerability ; Outcomes of the 2nd UNU EHS Summer Academy of the Munich Re Chair on Social Vulnerability, 22-28 July 2007, Hohenkammer, Germany. Bonn: UNU EHS (Studies of the University, 10), S. 20-28.

HAY, J. und N. MIMURA (2006): Supporting Climate Change Vulnerability and Adaptation Assessments in the Asia-Pacific Region: An Example of Sustainability Science. In: Sustainability Science 1 (1), S. 23-35.

HEINZE, T. (2001): Qualitative Sozialforschung. Einführung, Methodologie und Forschungspraxis. München.

HERMANNS, H. (2008): Interviewen als Tätigkeit. In: FLICK, U.; E. KARDORFF und I. STEINKE (HRSG.): Qualitative Forschung. Ein Handbuch. 6. Aufl. Reinbek bei Hamburg (Rororo, 55628: Rowohlts Enzyklopädie), S. 182-185.

HEWITT, K. (1997): Regions of Risk. A Geographical Introduction to Disasters. Harlow (Themes in Resource Management).

HEWITT, K. (1998): Excluded Perspectives in the Social Construction of Disaster. In: QUARANTELLI, E. L. (Hrsg.): What is a Disaster? Perspectives on the Question. London/New York, S. 75-92.

HIDAJAT, R. (2008): Community Based Disaster Risk Management – Erfahrungen mit lokaler Katastrophenvorsorge in Indonesien. In: FELGENTREFF, C. und T. GLADE (HRSG.): Naturrisiken und Sozialkatastrophen. Berlin, S. 367-380.

HOLLING, C. S. (1973): Resilience and Stability of Ecological Systems. In: Annual Review of Ecology and Systematics 4 (1), S. 1-23.

HONER, A. (2010): Interview. In: BOHNSACK, R.; W. MAROTZKI und M. MEUSER (HRSG.): Hauptbegriffe Qualitativer Sozialforschung. 3. Aufl. Opladen (UTB Erziehungswissenschaft, Sozialwissenschaft, 8226), S. 94-99.

HUFSCHMIDT, G. (2011): A Comparative Analysis of Several Vulnerability Concepts. In: Natural Hazards 58 (2), S. 621-643.

HUTANUWATR, K. (o. J.): A Preliminary Review on Frameworks for Thai Climate Risk and Approaches in Social/Economic Vulnerability Assessment in Bangkok.

HUTASERANI, S. (1992): Managing the Urban Informal Sector in Thailand: A Search for Practical Policies Based on the Basic Minimum Needs Approach. Human Resources and Social Development Program.

IDS (2007): Governance Screening for Urban Climate Change Resilience-Building and Adaptation Strategies in Asia. Assessment of Bangkok City, Thailand. Institute of Developmant Studies.

IOI (2012): Enhancing Flood Early Warning Capability of Thailand's National Disaster Warning Center Project. Report on Component B: Stakeholder Capacity Assessment: Questionnaire & Gap Analyses, and Strategic Road Maps. International Ocean Institute.

IPCC (Hrsg.) (2007): Climate Change 2007 – Impacts, Adaptation and Vulnerability. Contribution of Working Group II to the Fourth Assessment Report of the Intergovernmental Panel on Climate Change. Cambridge. URL: http://www.ipcc.ch/ipccreports/ar4-wg2.htm (aufgerufen: 02.10.2014).

JACHS, S. (2011): Einführung in das Katastrophenmanagement. Hamburg.

JANSSEN, M. A. und E. OSTROM (2006): Resilience, Vulnerability, and Adaptation: A Cross-Cutting Theme of the International Human Dimensions Programme on Global Environmental Change. In: Global Environmental Change 16 (3), S. 237-239.

JENKS, M. (2005): Above and below the Line: Globalization and Urban Form in Bangkok. In: RICHARDSON, H. W. und C.-H. C. BAE (HRSG.): Globalization and Urban Development. Berlin (Advances in Spatial Science), S. 311-321.

JOAS, H. und W. KNÖBL (2004): Sozialtheorie. Zwanzig einführende Vorlesungen. Frankfurt am Main (Suhrkamp Taschenbuch Wissenschaft, 1669).

JOHNSON, T.; C. ASHWORTH und C. DANDEKER (1984): The Structure of Social Theory. Dilemmas, Strategies, and Projects. New York.

JUMSAI, S. (2011): We Lived with Floods Before; Why Can't We Do so Again? In: The Nation 2011, 27.10.2011 (9).

KABIR, R.; K. SUDDHI-DHAMKI und Y. FANG (2011): Disaster Risk Management. Post Disaster Needs Assessment for Sustainable Recovery. Thailand Floods 2011. UNDP (UNDP Internal Report on DRM-PDNA).

KAEWKITIPONG, L.; C. CHEN und P. RACTHAM (2012): Lessons Learned from the Use of Social Media in Combating a Crisis: A Case Study of 2011 Thailand Flooding Disaster. Orlando (Thirty Third International Conference on Information Systems).

KAMOLVEJ, T. (2006): The Integration of Intergovernmental Coordination and Information Management in Response to Immediate Crises. Dissertation. University of Pitsburgh.

KAPLAN, M.; F. G. RENAUD und G. LÜCHTERS (2009): Vulnerability Assessment and Protective Effects of Coastal Vegetation during the 2004 Tsunami in Sri Lanka. In: Natural Hazards and Earth System Science 9 (4), S. 1479-1494.

KAPLOWITZ, M. D. (2001): Assessing Mangrove Products and Services at the Local Level: The Use of Focus Groups and Indiviual Interviews. In: Landscape and Urban Planning 56 (1-2), S. 53-60.

KASPERSON, R. E.; K. DOW; E. ARCHER; D. CACERES; T. DOWNING; T. ELMQVIST; S. ERIKSEN; C. FOLKE; G. HAN; K. IYENGAR; C. VOGEL; K. WILSON und G. ZIERVOGEL (2005): Vulnerable People and Places. In: HASSAN, R. M.; R. J. SCHOLES und N. ASH (HRSG.): Ecosystems and Human Well-Being. Current State and Trends: Findings of the Condition and Trends Working Group of the Millennium Ecosystem Assessment. Washington (The Millennium Ecosystem Assessment Series, 1), S. 143-164.

KASPERSON, R. E. und J. X. KASPERSON (2001): Climate Change, Vulnerability, and Social Justice. Stockholm.

KATES, R. W. (2001): Environment and Development: Sustainability Science. In: Science 292 (5517), S. 641-642.

KECK, M. und P. SAKDAPOLRAK (2013): What is Social Resilience? Lessons Learned and Ways Forward. In: Erdkunde 67 (1), S. 5-19.

KELLY, P. M. und W. N. ADGER (2000): Theory and Practice in Assessing Vulnerability to Climate Change and Facilitating Adaptation. In: Climatic Change 47 (4), S. 325-352.

KEUPP, H. und B. RÖHRLE (1987): Soziale Netzwerke. Frankfurt/New York.

KIEN, N. V. (2011): Social Capital, Livelihood Diversification and Household Resilience to Annual Flood Events in the Vietnamese Mekong River Delta. Australien Demographic and Social Research Institute. Canberra (Research Report, No. 2011-RR10).

KIESSLING, B. (1988): Kritik der Giddensschen Sozialtheorie. Ein Beitrag zur theoretisch-methodischen Grundlegung der Sozialwissenschaften. Frankfurt am Main/ New York (Beiträge zur Gesellschaftsforschung, Bd. 8).

KING, R. (2011): Reading Bangkok. Singapore.

KITZINGER, J. (1994): The Methodology of Focus Groups: The Importance of Interaction between Research Participants. In: Sociology of Health and Illness 16 (1), S. 103-121.

KOMORI, D.; S. NAKAMURA; M. KIGUCHI; A. NISHIJIMA; D. YAMAZAKI; S. SUZUKI; A. KAWASAKI; K. OKI und T. OKI (2012): Characteristics of the 2011 Chao Phraya River Flood in Central Thailand. In: Hydrological Research Letters 6, S. 41-46.

KONGTHON, A.; C. HARUECHAIYASAK; J. PAILAI und S. KONGYOUNG (2012): The Role of Twitter during a Natural Disaster: Case Study of 2011 Thai Flood. Technology Management for Emerging Technologies (PICMET). Vancouver (2012 Proceedings of PICMET).

KRAAS, F. (1996): Bangkok. Ungeplante Megastadtentwicklung durch Wirtschaftsboom und soziokulturelle Persistenzen. In: Geographische Rundschau 48 (2), S. 89-96.

KRAAS, F. (2007a): Megacities and Global Change in East, Southeast and South Asia. In: ASIEN 103, S. 9-22.

KRAAS, F. (2007b): Megacities and Global Change: Key Priorities. In: Geographical Journal 173 (1), S. 79-82.

KRAAS, F. (2012): Das Hochwasser 2011 in Bangkok. In: Geographische Rundschau 64 (1), S. 58-61.

KREUTZMANN, H. (2003): Theorie und Praxis in der Entwicklungsforschung – Einführung zum Themenheft. In: Geographica Helvetica 58 (1), S. 2-10.

KRÜGER, F. (2003): Handlungsorientierte Entwicklungsforschung: Trends, Perspektiven, Defizite. In: Petermanns Geographische Mitteilungen 147 (1), S. 6-15.

KRÜGER, F.W. (1997): Urbanisierung und Verwundbarkeit in Botswana. Existenzsicherung und Anfälligkeit städtischer Bevölkerungsgruppen in Gaborone. Pfaffenweiler (Sozioökonomische Prozesse in Asien und Afrika, Bd. 1).

LAMBERT, R.J. (1994): Monitoring Local Food Security and Coping Strategies: Lessons from Information Collection and Analysis in Mopti, Mali. In: Disasters 18 (4), S. 332-343.

LAMLA, J. (2003): Anthony Giddens. Frankfurt am Main.

LAMNEK, S. (2010): Qualitative Sozialforschung. Lehrbuch.

LASSA, J.A. (2010): Institutional Vulnerability and Governance of Disaster Risk Reduction: Macro, Meso and Micro Scale Assessment. (With Case Studies from Indonesia). Dissertation. Universität Bonn, Bonn.

LEBEL, L.; J.B. MANUTA und P. GARDEN (2011): Institutional Traps and Vulnerability to Changes in Climate and Flood Regimes in Thailand. In: Regional Environmental Change 11 (1), S. 45-58.

LEGEWIE, H. (1995): Feldforschung und teilnehmende Beobachtung. In: FLICK, U. (Hrsg.): Handbuch qualitative Sozialforschung. Grundlagen, Konzepte, Methoden und Anwendungen. 2. Aufl. Weinheim, S. 189-192.

LENZ, M. (2011): Land unter in Bangkok. In: Spektrum der Wissenschaft 2011, 28.10.2011.

LIAMPUTTONG, P. (2010): Performing Qualitative Cross-Cultural Research. New York.

LO, F. und Y. YEUNG (1996): Emerging World Cities in Pacific Asia. Tokyo.

LOGERFO, J. und D. KING (1996): Thailand: Toward Democratic Stability. In: Journal of Democracy 7 (1), S. 102-117.

LOHNERT, B. (1995): Überleben am Rande der Stadt. Ernährungssicherungspolitik, Getreidehandel und verwundbare Gruppen in Mali. Das Beispiel Mopti. Saarbrücken (Freiburger Studien zur geographischen Entwicklungsforschung, 8).

LONGHURST, R. (2010): Semi-Structured Interviews and Focus Groups. In: CLIFFORD, N. J.; S. FRENCH und G. VALENTINE (HRSG.): Key Methods in Geography. 2. Aufl. Thousand Oaks, S. 104-115.

LUERS, A. L. (2005): The Surface of Vulnerability: An Analytical Framework for Examining Environmental Change. In: Global Environmental Change 15 (3), S. 214-223.

LUHMANN, N. (1987): Soziale Systeme. Grundriss einer allgemeinen Theorie. 1. Aufl. Frankfurt am Main (Suhrkamp Taschenbuch Wissenschaft, 666).

MANYENA, S. B. (2012): Disaster and Development Paradigms: Too Close for Comfort? In: Development Policy Review 30 (3), S. 327-345.

MAROME, W. A.; A. SUWANARIT; R. TIAMPAYOTHORN und T. CHENVIDYAKARN (o.J.): Urban Development Perspective on Climate Change Risk and Vulnerability: Landscape Urbanism, Landuse Plan and Informality Economy and Settlement.

MARX, K. (1869): Der achtzehnte Brumaire des Louis Bonaparte. 2. überarbeitete Auflage. Hamburg.

MASCARENHAS, A. und B. WISNER (2011): Politics. Power and Disasters. In: WISNER, B.; J. C. GAILLARD und I. KELMAN (HRSG.): Handbook of Hazards and Disaster Risk. New York, S. 48-60.

MASSMANN, F. (2010): Analyse der Vulnerabilität von Landwirtschaft und Fischerei an der Andamanküste Thailands im Kontext des Tsunamis von 2004. Diplomarbeit. Universität Kiel, Kiel. Geographisches Institut.

MASSMANN, F. und R. WEHRHAHN (2014): Qualitative Social Vulnerability Assessments to Natural Hazards: Examples from Coastal Thailand. In: Revista de Gestão Costeira Integrada 14 (1), S. 3-13.

MATEO-BABIANO, I. B. (2012): Public Life in Bangkok's Urban Spaces. In: Habitat International 36 (4), S. 452-461.

MATTISSEK, A.; C. PFAFFENBACH und P. REUBER (2012): Methode der empirischen Humangeographie. Braunschweig (Das Geographische Seminar, 20).

MAYRING, P. (1996): Einführung in die qualitative Sozialforschung. Eine Anleitung zu qualitativem Denken. 2. Auflage. Weinheim.

MCLAUGHLIN, P. und T. DIETZ (2008): Structure, Agency and Environment: Toward an Integrated Perspective on Vulnerability. In: Global Environmental Change 18 (1), S. 99-111.

MENKHOFF, L. und O. RUNGRUXSIRIVORN (2011): Do Village Funds Improve Access to Finance? Evidence from Thailand. In: World Development 39 (1), S. 110-122.

MENZEL, U. (1992): Das Ende der Dritten Welt und das Scheitern der grossen Theorie. 1. Aufl. Frankfurt am Main.

MERKENS, H. (2008): Auswahlverfahren, Sampling, Fallkonstruktion. In: FLICK, U.; E. KARDORFF und I. STEINKE (HRSG.): Qualitative Forschung. Ein Handbuch. 6. Aufl. Reinbek bei Hamburg (Rororo, 55628: Rowohlts Enzyklopädie), S. 286-299.

MIEBACH, B. (2010): Soziologische Handlungstheorie. Eine Einführung. 3., aktualisierte Aufl. Wiesbaden.

MILETI, D. S. und J. H. SORENSON (1990): Communication of Emergency Public Warnings: A Social Science Perspective and State-of-the-Art Assessment (Oak Ridge National Laboratory Report, ORNL-6609).

MILLER, F.; H. OSBAHR; E. BOYD; F. THOMALLA; S. BHARWANI; G. ZIERVOGEL; B. WALKER; J. BIRKMANN; S. VAN DER LEEUW; J. ROCKSTRÖM; J. HINKEL; T. DOWNING; C. FOLKE und D. NELSON (2010): Resilience and Vulnerability: Complementary or Conflicting Concepts? In: Ecology and Society 15 (3).

MITCHELL, J. K. (1999): Crucibles of Hazard. Mega-Cities and Disasters in Transition. Tokyo/New York.

MOE (2008): Towards a Learning Society in Thailand. An Introduction to Education in Thailand. Ministry of Education. Bangkok.

MONTESANO, M. J.; P. Chachavalpongpun und A. Chongvilaivan (Hrsg.) (2012): Bangkok May 2010. Perspectives on a Divided Thailand. Singapore: Institute of Southeast Asian Studies.

MORGAN, D. L. (1996): Focus Groups. In: Annual Review of Sociology 22 (1), S. 129-152.

MOUNIER, A. und P. TANGCHUANG (2010): Education and Knowledge in Thailand. The Quality Controversy. Chiang Mai, Thailand.

MÜLLER-MAHN, D. (2008): Schleichende Katastrophen – Dürren und Hungerkrisen in Afrika. In: FELGENTREFF, C. und T. GLADE (HRSG.): Naturrisiken und Sozialkatastrophen. Berlin, S. 395-408.

MÜLLER-MAHN, D. und J. VERNE (2010): Geographische Entwicklungsforschung – alte Probleme, neue Perspektive. In: Geographische Rundschau 62 (10), S. 4-11.

MÜLLER-MAHN, H.-D. (2001): Fellachendörfer. Sozialgeographischer Wandel im ländlichen Ägypten. Stuttgart (Erdkundliches Wissen, Heft 127).

MÜLLER-MAHN, H.-D. und U. WARDENGA (Hrsg.) (2005): Möglichkeiten und Grenzen integrativer Forschungsansätze in physischer Geographie und Humangeographie. Leipzig: Leibniz-Institut für Länderkunde (Forum ifl, Heft 2).

MUSTAFA, D. (1998): Structural Causes of Vulnerability to Flood Hazard in Pakistan. In: Economic Geography 74 (3), S. 289-305.

MUSTAFA, D.; S. AHMED; E. SAROCH und H. BELL (2011): Pinning Down Vulnerability: From Narratives to Numbers. In: Disasters 35 (1), S. 62-86.

MUTTARAK, R. und W. LUTZ (2014): Is Education a Key to Reducing Vulnerability to Natural Disasters and hence Unavoidable Climate Change? In: Ecology and Society 19 (1).

NATSUDA, K.; K. IGUSA; A. WIBOONPONGSE; A. CHEAMUANGPHAN; S. SHINGKHARAT und J. THOBURN (2011): One Village One Product – Rural Development Strategy in Asia: The Case of OTOP in Thailand. Ritsumeikan Center for Asia Pacific Studies (RCAPS Working Paper, S. 11-3).

NESDB (o.J.): Decentralization and the Budget for Social Services at Tambon Administrative Level. National Economic and Social Development Board. Bangkok.

NESDB (1967): Evaluation of the First Six-Year Plan 1961-1966. The National Economic and Social Development Board. Bangkok.

NICHOLLS, R.J. (1995): Coastal Megacities and Climate Change. In: GeoJournal 37 (3), S. 369-379.

NORTH, D.C. (1990): Institutions, Institutional Change, and Economic Performance. Cambridge/New York).

NSO (2010): The 2010 Population and Housing Census. The National Statistical Office Thailand. Bangkok.

NUSCHELER, F. (2009): Good Governance. Ein universelles Leitbild von Staatlichkeit und Entwicklung? Institut für Entwicklung und Frieden (INEF). Duisburg (INEF-Report, 96).

O'BRIEN, J. (1985): Sowing the Seeds of Famine: The Political Economy of Food Deficits in Sudan. In: Review of African Political Economy 12 (33), S. 23-32.

OCKEY, J. (1998): Crime, Society and Politics in Thailand. In: TROCKI, C.A. (Hrsg.): Gangsters, Democracy, and the State in Southeast Asia. Ithaca/New York: Southeast Asia Program, Cornell University (Southeast Asia ProgramSeries, No. 17).

OCKEY, J. (2005): Monarch, Monarchy, Succession and Stability in Thailand. In: Asia Pacific Viewpoint 46 (2), S. 115-127.

O'KEEFE, P.; K. WESTGATE und B. WISNER (1976): Taking the Naturalness out of Natural Disasters. In: Nature 260 (5552), S. 566-567.

OLIVER-SMITH, A. (1986): The Martyred City. Death and Rebirth in the Andes. 1. Aufl. Albuquerque.

ONREPP (2010): Thailand's Second National Communication under the United Nations Framework Convention on Climate Change. Ministry of Natural Resources and Environment. office of Natural Resources and Environmental Policy and Planning. Bangkok.

PARK, R.E.; E. BURGESS und R. D. MCKENZIE (1925): The City: Suggestions for the Study of Human Nature in the Urban Environment. Chicago.

PARKER, D. (1999): Flood. In: INGLETON, J. (Hrsg.): Natural Disaster Management. A Presentation to Commemorate the International Decade for Natural Disaster Reduction (IDNDR), 1990-2000. Leicester, S. 38-40.

PAUL, B.K. (2011): Environmental Hazards and Disasters. Contexts, Perspectives and Management. Chichester/Hoboken.

PELLING, M. (2003): The Vulnerability of Cities. Natural Disasters and Social Resilience. London/Sterling.

PFAFFENBACH, C. (2011): Methoden qualitativer Feldforschung in der Geographie. In: GEBHARDT, H.; R. GLASER; U. RADTKE und P. REUBER (HRSG.): Geographie. Physische Geographie und Humangeographie. 2. Aufl. Heidelberg, S. 157-175.

PHATTANAWASIN, S. (2009): Conservation and Development of Koh Kret Community Environment in Nonthaburi. Faculty of Architecture and Planning, Thammasat University.

PHIEN-WEJ, N.; P. H. GIAO und P. NUTALYA (2006): Land Subsidence in Bangkok, Thailand. In: Engineering Geology 82, S. 187-201.

PHILLIPS, S. (2002): Social Capital, Local Networks and Community Development. In: RAKODI, C. und T. LLOYD-JONES (HRSG.): Urban Livelihoods. A People-Centred Approach to Reducing Poverty. London/Sterling, S. 133-150.

PLAPP, T. (2005): The Social Construction of Vulnerability. In: Geophysical Research Abstracts 7.

POHL, J. (2008): Die Entstehung der geographischen Hazardforschung. In: FELGENTREFF, C. und T. GLADE (HRSG.): Naturrisiken und Sozialkatastrophen. Berlin.

PONGRATZ, L.A.; R. REICHENBACH und M. WIMMER (Hrsg.) (2007): Bildung, Wissen, Kompetenz. Bielefeld.

POOLE, P.A. (1967): Thailand's Vietnamese Minority. In: Asian Survey 7 (12), S. 886-895.

PORNCHOKCHAI, S. (2003): Global Report on Human Settlements 2003: City Report: Bangkok. UNCHS.

PORPHANT, O. (1994): Bangkok and Thai Economic Development: Aspects of Change, 1820-1970. Dissertation. University of New England, NSW.

PORTES, A. und J. SENSENBRENNER (1993): Embeddedness and Immigration: Notes on the Social Determinants of Economic Action. In: American Journal of Sociology 98 (6), S. 1320-1350.

PSACHAROPOULOS, G. und H.A. PATRINOS (2002): Returns to Investment in Education: A Further Update. World Bank. Washington, D.C. (Policy Research Working Paper, WPS2881).

PUTNAM, R.D. (2000): Bowling Alone. The Collapse and Revival of American Community. New York.

RADCLIFFE, S.A. (2005): Development and Geography: Towards a Postcolonial Development Geography? In: Progress in Human Geography 29 (3), S. 291-298.

RATANAWARAHE, A. (2013): Thailand. Bangkok. In: SHIRLEY, I.F. und C. NEILL (HRSG.): Asian and Pacific Cities. Development Patterns. Milton Park et.al. (Routledge Advances in Asia-Pacific Studies), S. 40-55.

RAUCH, T. (1985): Peripher-kapitalistisches Wachstumsmuster und regionale Entwicklung. In: SCHOLZ, F. (Hrsg.): Entwicklungsländer. Beiträge der Geographie zur Entwicklungs-Forschung. Darmstadt (Wege der Forschung, Bd. 553).

RAUKEN, T. und I. KELMAN (2010): River Flood Vulnerability in Norway through the Pressure and Release Model. In: Journal of Flood Risk Management 3 (4), S. 314-322.

REALE, A. und J. HANDMER (2011): Land Tenure, Disasters and Vulnerability. In: Disasters 35 (1), S. 160-182.

REARDON, T. und J. TAYLOR (1996): Agroclimatic Shock, Income Inequality, and Poverty: Evidence from Burkina Faso. In: World Development 24 (5), S. 901-914.

RERNGNIRUNSATHIT, P. (2012): Study on Disaster Preparedness and Early Warning Systems. Asian Disaster Reduction Center.

ROBBINS, P. (2004): Political Ecology. A Critical Introduction. Malden.

RONGWIRIYAPHANICH, S. (2012): Effects of Land Policy on Hybrid Rural-Urban Development Patterns and Resilience. A Case Study of the Territorial Development in the Bangkok Metropolitan Region.

RUSSELL, M. (1993): Are Households Universal? On Misunderstanding Domestic Groups in Swaziland. In: Development and Change 24 (4), S. 755-785.

SAJOR, E. E. und R. ONGSAKUL (2007): Mixed Land Use and Equity in Water Governance in Peri-Urban Bangkok. In: International Journal of Urban and Regional Research 31 (4), S. 782-801.

SAKDAPOLRAK, P. (2010): Orte und Räume der Health Vulnerability. Bourdieus Theorie der Praxis für die Analyse von Krankheit und Gesundheit in megaurbanen Slums von Chennai, Südindien. Saarbrücken: Verl. für Entwicklungspolitik (Studien zur geographischen Entwicklungsforschung, 38).

SAKDAPOLRAK, P.; C. BUTSCH; R. L. CARTER; M.-D. COJOCARU; B. ETZOLD; N. KISHOR; C. LACAMBRA; M. L. REYES und S. SAGALA (2008): The Megacity Resilience Framework. In: BOHLE, H.-G. und K. WARNER (HRSG.): Megacities. Resilience and Social Vulnerability; Outcomes of the 2nd UNU EHS Summer Academy of the Munich Re Chair on Social Vulnerability, 22-28 July 2007, Hohenkammer, Germany. Bonn: UNU EHS (Studies of the University, 10), S. 10-19.

SASSEN, S. (2001): The Global City. New York, London, Tokyo. 2. Aufl. Princeton.

SCHEUER, S.; D. HAASE und V. MEYER (2011): Exploring Multicriteria Flood Vulnerability by Integrating Economic, Social and Ecological Dimensions of Flood Risk and Coping Capacity: From a Starting Point View towards an End Point View of Vulnerability. In: Natural Hazards 58 (2), S. 731-751.

SCHUBERT, K. und M. KLEIN (2011): Das Politiklexikon. Begriffe, Fakten, Zusammenhänge. 5. Aufl. Bonn.

SCOTT, J.C. (1976): The Moral Economy of the Peasant. Rebellion and Subsistence in Southeast Asia. New Haven.

SEIFFERT, H. (2006): Einführung in die Wissenschaftstheorie. 11. Aufl. München (Beck'sche Reihe, 61).

SEN, A. (1981): Poverty and Famines. An Essay on Entitlement and Deprivation. Oxford/ New York.

SEN, A. (1984): Resources, Values and Development. Oxford.

SHERBININ, A. de; A. SCHILLER und A. PULSIPHER (2007): The Vulnerability of Global Cities to Climate Hazards. In: Environment and Urbanization 19 (1), S. 39-64.

SIMON, D. (2003): Dilemmas of Development and the Environment in a Globalizing World: Theory, Policy and Praxis. In: Progress in Development Studies 3 (1), S. 5-41.

SIMON, G. L. und S. DOOLING (2013): Flame and Fortune in California: The Material and Political Dimensions of Vulnerability. In: Global Environmental Change 23 (6), S. 1410-1423.

SINGH, R. (2008): Wastewater Related Risks and Social Vulnerability: A Case Study of Delhi. In: BOHLE, H.-G. und K. WARNER (HRSG.): Megacities. Resilience and Social Vulnerability; Outcomes of the 2nd UNU EHS Summer Academy of the Munich Re Chair on Social Vulnerability, 22-28 July 2007, Hohenkammer, Germany. Bonn: UNU EHS (Studies of the University, 10), S. 121-131.

SIROROS, P. und K. J. HALLER (2000): Thai Public Hearings: Smokescreen or Ceremony? In: Thammasat Review 5 (1), S. 147-164.

SMIT, B. und J. WANDEL (2006): Adaptation, Adaptive Capacity and Vulnerability. In: Global Environmental Change 16 (3), S. 282-292.

SMITH, K. (2004): Environmental hazards. Assessing risk and reducing disaster. 4. Aufl. London/New York.

SOITHONG, W. (2011): Social Capital, People's Political Participation and Institutional Performance of Local Government in Thailand. Doktorarbeit. University of Adelaide, Adelaide, Australien. Department of History and Politics.

SOPHA, C. (2009): Ban Khmer and Ban Yuan Villages, a Model for Ethnic Community for Tourism Development as a Secondary Attraction in Bangkok.

STEINBRINK, M. (2009): Leben zwischen Land und Stadt. Migration, Translokalität und Verwundbarkeit in Südafrika. Wiesbaden.

STERNSTEIN, L. (1982): Portrait of Bangkok. Bangkok, Thailand: Bangkok Metropolitan Administration.

STERR, H.; G. KAISER; H. RÖMER; P. WILLROTH; J. REVILLA-DIEZ und R. LUDWIG (2009): Tsunamigefährdung an den Küsten Thailands. Was lehrt die Katastrophe von 2004? In: Geographische Rundschau 61 (12), S. 28-35.

STOREY, D. (2012): Incompatible Partners? Urban Poor Communities and River Systems in Bangkok, Thailand. In: International Development Planning Review 34 (2), S. 109-128.

STRAUSS, A. L. und J. CORBIN (1997): Grounded Theory in Practice. London.

SUSMAN, P.; P. O'KEEFE und B. WISNER (1983): Global Disasters: A Radical Interpretation. In: HEWITT, K. (Hrsg.): Interpretations of Calamity from the Viewpoint of Human Ecology. Boston (The Risks & hazards series, 1), S. 263-283.

SUWATTANA, T. (2002): Towards Sustainable Eco-Cultural Tourism for Waterbased Settlements on the Banks of Chao Phraya River: Ko Kret, Case Study Nonthaburi Province, Thailand. In: Journal of Humanities (3), S. 81-88.

SYVITSKI, J.P.; A.J. KETTNER; I. OVEREEM; E.W.H. HUTTON; M.T. HANNON; G.R. BRAKENRIDGE; J. DAY; C. VÖRÖSMARTY; Y. SAITO; L. GIOSAN und R.J. NICHOLLS (2009): Sinking Deltas due to Human Activities. In: Nature Geoscience 2 (10), S. 681-686.

TANGPIANPANT, P.G. (2010): Thaksin Populism and Beyond: A study of Thaksin's Pro-Poor Populist Policies in Thailand. Bachelor-Thesis. Wesleyan University, Middletown, Connecticut.

TANNER, T. und T. MITCHELL (2008): Entrenchment or Enhancement: Could Climate Change Adaptation Help to Reduce Chronic Poverty? In: IDS Bulletin 39 (4), S. 6-15.

TAO Koh Kret (2012): Flood Damage Assessment Report 2011 (in Thai). Tambon Administrative Organization. Division on Environment. Koh Kret.

TAT (2014): Koh Kret, Nonthaburi. Tourism Authority of Thailand. Bangkok. URL: http://www.tourismthailand.org/Koh-Kret (aufgerufen: 15.09.2014).

TAYLOR, A.; K. HARRIS und C. EHRHART (2010): Adaptation Key Terms. In: Tiempo – A Bulletin on Climate and Development 77, S. 10-13.

THAITAKOO, D. und B. MCGRATH (2008): Changing Landscape, Changing Climate: Bangkok and the Chao Phraya River Delta. In: Places 20 (2), S. 30-35.

THIEKEN, A. (2008): Hochwasserschutz in Deutschland. Neue Modelle zur Abschätzung von Hochwasserschäden. In: Ökologisches Wirtschaften 3, S. 30-34.

THRIFT, N.J. (1983): On the Determination of Social Action in Space and Time. In: Environment and Planning D: Society and Space 1 (1), S. 23-57.

THYWISSEN, K. (2006): Components of Risk. A Comparative Glossary. Bonn: EHS (Studies of the University, 2).

TIMMERMAN, P. (1981): Vulnerability, Resilience and the Collapse of Society. Toronto (Environmental Monograph, 1).

Transparency International (2013): Corruption Perceptions Index 2013. Transparency International. URL: http://www.transparency.org/cpi2013/results (aufgerufen: 27.04.2014).

TREIBEL, A. (2006): Einführung in soziologische Theorien der Gegenwart. 7. Aufl. Wiesbaden (Lehrbuch, Bd. 3).

TRÖGER, S. (2003): Akteure in ihrer Lebensgestaltung (livelihood) zu Zeiten sozialer Transformation. Theoretische Überlegungen und ihre Anwendung auf das Beispiel von Landnutzungskonflikten in Tansania. In: Geographica Helvetica 58 (1), S. 24-34.

TRÖGER, S. (2004): Handeln zur Ernährungssicherung im Zeichen gesellschaftlichen Umbruchs. Untersuchungen auf dem Ufipa-Plateau im Südwesten Tansanias. Saarbrücken: Verlag für Entwicklungspolitik (Studien zur geographischen Entwicklungsforschung, 27).

TURNER, B.L.; R.E. KASPERSON; P.A. MATSON; J.J. MCCARTHY; R.W. CORELL; L. CHRISTENSEN; N. ECKLEY; J.X. KASPERSON; A. LUERS; M.L. MARTELLO; C. POLSKY; A. PULSIPHER und A. SCHILLER (2003): A Framework for Vulnerability Analysis in Sustainability Science. In: Proceedings of the National Academy of Sciences 100 (14), S. 8074-8079.

UN (2012): World Urbanization Prospects: The 2011 Revision. Population Division of the Department of Economic and Social Affairs. New York.

UN (2014): The World Population Situation in 2014. A Concise Report. Department of Economic and Social Affairs, Population Division. United Nations. New York.

UN-Habitat (2003): The Challenge of Slums. London (Global Report on Human Settlements, 2003).

UNISDR (2007): Hyogo Framework for Action 2005-2015: Building the Resilience of Nations and Communities to Disasters. United Nations International Strategy for Disaster Reduction.

USAVAGOVITWONG, N. (2012): Successful Approaches to National Slum Upgrading and Prevention, Thailand. World Bank (Working Paper Series, 66).

USAVAGOVITWONG, N. und P. POSRIPRASERT (2006): Urban Poor Housing Development on Bangkok's Waterfront: Securing Tenure, Supporting Community Processes. In: Environment and Urbanization 18 (2), S. 523–536.

VAN DILLEN, S. (2002): Naturrisikoforschung und das Konzept der sozialen Verwundbarkeit: Zum Stand der Diskussion. In: TETZLAFF, G., T. TRAUTMANN. und K.S. RADKE (HRSG.): Zweites Forum Katastrophenvorsorge. Leipzig, S.143-149.

VICHIT-VADAKAN, J. (2008): Public Ethics and Corruption in Thailand. In: BERMAN, E. M. (Hrsg.): Public Administration in Southeast Asia. Thailand, Philippines, Malaysia, Hong Kong and Macau. London (Public Administration and Public Policy), S. 79-94.

VINIJNAIYAPAK, N. (2004): Institutions and Civic Engagement: A Case Study of Thai Community in Los Angeles. Dissertation. University of Southern California, Los Angeles.

VIRATKAPAN, V. und R. PERERA (2006): Slum Relocation Projects in Bangkok: What Has Contributed to Their Success or Failure? In: Habitat International 30 (1), S. 157-174.

VOSS, H. und R. HIDAJAT (2001): Vulnerabilität als Komponente zur Bewertung des Naturrisikos. 2. Forum Katastrophenvorsorge „Extreme Naturereignisse – Folgen, Vorsorge, Werkzeuge". Leipzig, 24.09.2001.

VOSS, M. (2008): The Vulnerable Can't Speak. An Integrative Vulnerability Approach to Disaster and Climate Change Research. In: Behemoth 1 (3).

VOSS, M. (2009): Vulnerabilität. In: HAMMERL, C., T. KOLNBERGER und E. FUCHS (HRSG.): Naturkatastrophen. Rezeption – Bewältigung – Verarbeitung. Innsbruck, Wien, Bozen (Konzepte und Kontroversen, 7), S.103-121.

WALGENBACH, P. (2006): Die Strukturationstheorie. In: KIESER, A. und M. EBERS (HRSG.): Organisationstheorien. 6. Aufl. Stuttgart, S. 403-426.

WALSH, J. (2011): The Vietnamese in Thailand: a History of Work, Struggle and Acceptance. In: Acta Universitatis Danubius (1), S.160-172.

WATTANAKULJARUS, A. (2008): Thailand Village Fund: Populist Policy for the Poor. National Institute of Development Administration.

WATTS, M. und H.-G. BOHLE (2003): Verwundbarkeit, Sicherheit und Globalisierung. In: GEBHARDT, H.; P. REUBER; G. WOLKERSDORFER und H. BATHELT (HRSG.): Kulturgeographie. Aktuelle Ansätze und Entwicklungen. Heidelberg, S. 67-82.

WATTS, M. J. und H.-G. BOHLE (1993): The Space of Vulnerability: The Causal Structure of Hunger and Famine. In: Progress in Human Geography 17 (1), S. 43-67.

WEBER, M. (1921): Soziologische Grundbegriffe. In: WEBER, M. (Hrsg.): Gesammelte Aufsätze zur Wissenschaftslehre. Tübingen.

WEBER, M. (1922): Grundriss der Sozialökonomik. 3. Abteilung: Wirtschaft und Gesellschaft. Tübingen.

WEBSTER, D. und C. MANEEPONG (2011): Bangkok: New Risks, Old Resilience. In: HAMNETT, S. und D. K. FORBES (HRSG.): Planning Asian Cities. Risks and Resilience. London/New York, S. 264-286.

WECHTUNYAGUL, P. (2008): The Integration of Cultural and Natural Heritage Values for Sustainable Tourism in Koh Kred, Nonthaburi Province. Dissertation. Silpakorn University, Bangkok.

WEICHHART, P. (2005): Auf der Suche nach der „dritten Säule". Gibt es Wege von der Rhetorik zur Pragmatik? In: MÜLLER-MAHN, H.-D. und U. WARDENGA (HRSG.): Möglichkeiten und Grenzen integrativer Forschungsansätze in physischer Geographie und Humangeographie. Leipzig: Leibniz-Institut für Länderkunde (Forum ifl, Heft 2), S. 109-136.

WEICHSELGARTNER, J. (2003): Toward a Policy-Relevant Hazard Geography: Critical Comments on Geographiy Natural Hazard Research. In: Die Erde 134 (2), S. 181-193.

WELZ, G. (1998): Moving Targets. Feldforschung unter Mobilitätsdruck. In: Zeitschrift für Volkskunde 94 (2), S. 177-194.

WERLEN, B. (1995): Sozialgeographie alltäglicher Regionalisierungen. Stuttgart (Erdkundliches Wissen, 116).

WERLEN, B. (2008): Sozialgeographie. 3. Aufl. Stuttgart.

WHITE, G. F. (1945): Human Adjustment to Floods. Department of Geography, University of Chicago. Chicago (Research Paper, 29).

WHITE, G. F. (1964): Choice of Adjustment to Floods. Department of Geography, University of Chicago. Chicago (Research Paper, 93).

WHITE, G. F. (1974): Natural Hazards, Local, National, Global. New York.

WILHELM, M. (2011): Approaching Disaster Vulnerability in a Megacity: Community Resilience to Flooding in two Kampungs in Jakarta. Dissertation. Achern.

WILLROTH, P.; F. MASSMANN; R. WEHRHAHN und J. REVILLA DIEZ (2012): Socio-Economic Vulnerability of Coastal Communities in Southern Thailand: The Development of Adaptation Strategies. In: Natural Hazards and Earth System Science 12 (8), S. 2647-2658.

WISNER, B. (2009): Vulnerability. In: THRIFT, N. J. und R. KITCHIN (HRSG.): Internationanal Encyclopedia of Human Geography. Amterdam u.a., S. 176-182.

WISNER, B.; P. BLAIKIE; T. CANNON und I. DAVIS (2004): At Risk. Natural Hazards, People's Vulnerability and Disasters.

WISNER, B.; J.C. GAILLARD und I. KELMAN (2011a): Challenging Risk. In: WISNER, B.; J.C. GAILLARD und I. KELMAN (HRSG.): Handbook of Hazards and Disaster Risk. New York, S. 1-7.

WISNER, B.; J.C. GAILLARD und I. KELMAN (2011b): Framing Disaster. Theories and Stories Seeking to Understand Hazards, Vulnerability and Risk. In: WISNER, B.; J.C. GAILLARD und I. KELMAN (HRSG.): Handbook of Hazards and Disaster Risk. New York, S. 18-33.

WOLFF, R.D. und S.A. RESNICK (1987): Economics. Marxian Versus Neoclassical. Baltimore.

WONGPREEDEE, A. und C. MAHAKANJANA (2008): Decentralization and Local Governance in Thailand. In: BERMAN, E.M. (Hrsg.): Public Administration in Southeast Asia. Thailand, Philippines, Malaysia, Hong Kong and Macau. London, S. 53-77.

World Bank (2009): Climate Change Impact and Adaptation Study for Bangkok Metropolitan Region. World Bank.

World Bank (2012): Thai Flood 2011. Rapid Assessment for Resilient Recovery and Reconstruction Planning. Bangkok.

YANG, H.-H.; H.-C. LI und D. SHAW (2010): Analyzing Social Vulnerability Factors of Flood Disasters in Taiwan.

YASIR, A. (2009): The Political Economy of Disaster Vulnerability: A Case Study of Pakistan Earthquake 2005. London School of Economics & Political Science (MPRA Paper, 20762).

ZARGHAM, H. (2007): Sustainable Tourism Development and Handicrafts in the Developing World. In: KUNGOLOS, A.; C.A. BREBBIA und E. BERIATOS (HRSG.): Sustainable Development. Algarve, Portugal, 25-27 April 2007, S. 1011-1017.

ZIAI, A. (2006): Zwischen Global Governance und Post-Development. Entwicklungspolitik aus diskursanalytischer Perspektive. Münster (Einsprüche, 17).

ZIEGLER, A.D.; L.H. SHE; C. TANTASARIN; N.R. JACHOWSKI und R. WASSON (2012): Floods, False Hope, and the Future. In: Hydrological Processes 26 (11), S. 1748-1750.

Ältere Bände der
Schriften des Geographischen Instituts der Universität Kiel
(Band I, 1932 - Band 43, 1975)
sowie der
Kieler Geographischen Schriften
(Band 44, 1976 - Band 57, 1983)
sind teilweise noch auf Anfrage im Geographischen Institut der CAU erhältlich

Band 58
Bähr, Jürgen (Hrsg.): Kiel 1879 - 1979. Entwicklung von Stadt und Umland im Bild der Topographischen Karte 1:25 000. Zum 32. Deutschen Kartographentag vom 11. - 14. Mai 1983 in Kiel. 1983. III, 192 S., 21 Tab., 38 Abb. mit 2 Kartenblättern in Anlage. ISBN 3-923887-00-0.

Band 59
Gans, Paul: Raumzeitliche Eigenschaften und Verflechtungen innerstädtischer Wanderungen in Ludwigshafen/Rhein zwischen 1971 und 1978. Eine empirische Analyse mit Hilfe des Entropiekonzeptes und der Informationsstatistik. 1983. XII, 226 S., 45 Tab. und 41 Abb. ISBN 3-923887-01-9.

Band 60
*Paffen, Karlheinz und Kortum, Gerhard: Die Geographie des Meeres. Disziplingeschichtliche Entwicklung seit 1650 und heutiger methodischer Stand. 1984. XIV, 293 S., 25 Abb. ISBN 3-923887-02-7.

Band 61
*Bartels, Dietrich u. a.: Lebensraum Norddeutschland. 1984. IX, 139 S., 23 Tab. und 21 Karten. ISBN 3-923887-03-5.

Band 62
Klug, Heinz (Hrsg.): Küste und Meeresboden. Neue Ergebnisse geomorphologischer Feldforschungen. 1985. V, 214 S., 45 Fotos, 10 Tab.und 66 Abb. ISBN 3-923887-04-3.

Band 63
Kortum, Gerhard: Zuckerrübenanbau und Entwicklung ländlicher Wirtschaftsräume in der Türkei. Ausbreitung und Auswirkung einer Industriepflanze unter besonderer Berücksichtigung des Bezirks Beypazari (Provinz Ankara). 1986. XVI, 392 S., 36 Tab., 47 Abb. und 8 Fotos im Anhang. ISBN 3-923887-05-1.

Band 64
Fränzle, Otto (Hrsg.): Geoökologische Umweltbewertung. Wissenschaftstheoretische und methodische Beiträge zur Analyse und Planung. 1986. VI,130 S., 26 Tab. und 30 Abb. ISBN 3-923887-06-X.

Band 65
Stewig, Reinhard: Bursa, Nordwestanatolien. Auswirkungen der Industrialisierung auf die Bevölkerungs- und Sozialstruktur einer Industriegroßstadt im Orient. Teil 2. 1986. XVI, 222 S., 71 Tab., 7 Abb. und 20 Fotos. ISBN 3-923887-07-8

Band 66
Stewig, Reinhard (Hrsg.): Untersuchungen über die Kleinstadt in Schleswig-Holstein. 1987. VI, 370 S., 38 Tab., 11 Diagr. und 84 Karten
ISBN 3-923887-08-6.

Band 67
Achenbach, Hermann: Historische Wirtschaftskarte des östlichen Schleswig-Holstein um 1850. XII, 277 S., 38 Tab., 34 Abb., Textband und Kartenmappe.
ISBN 3-923887-09-4.

*= vergriffen

Band 68

Bähr, Jürgen (Hrsg.): Wohnen in lateinamerikanischen Städten - Housing in Latin American cities. 1988. IX, 299 S., 64 Tab., 71 Abb. und 21 Fotos. ISBN 3-923887-10-8.

Band 69

Baudissin-Zinzendorf, Ute Gräfin von: Freizeitverkehr an der Lübecker Bucht. Eine gruppen- und regionsspezifische Analyse der Nachfrageseite. 1988. XII, 350 S., 50 Tab., 40 Abb. und 4 Abb. im Anhang. ISBN 3-923887-11-6.

Band 70

Härtling, Andrea: Regionalpolitische Maßnahmen in Schweden. Analyse und Bewertung ihrer Auswirkungen auf die strukturschwachen peripheren Landesteile. 1988. IV, 341 Seiten, 50 Tab., 8 Abb. und 16 Karten. ISBN 3-923887-12-4.

Band 71

Pez, Peter: Sonderkulturen im Umland von Hamburg. Eine standortanalytische Untersuchung. 1989. XII, 190 S., 27 Tab. und 35 Abb. ISBN 3-923887-13-2.

Band 72

Kruse, Elfriede: Die Holzveredelungsindustrie in Finnland. Struktur- und Standortmerkmale von 1850 bis zur Gegenwart. 1989. X, 123 S., 30 Tab., 26 Abb. und 9 Karten. ISBN 3-923887-14-0.

Band 73

Bähr, Jürgen, Christoph Corves und Wolfram Noodt (Hrsg.): Die Bedrohung tropischer Wälder: Ursachen, Auswirkungen, Schutzkonzepte. 1989. IV, 149 S., 9 Tab. und 27 Abb. ISBN 3-923887-15-9

Band 74

Bruhn, Norbert: Substratgenese - Rumpfflächendynamik. Bodenbildung und Tiefenverwitterung in saprolitisch zersetzten granitischen Gneisen aus Südindien. 1990. IV, 191 S. 35 Tab., 31 Abb. und 28 Fotos. ISBN 3-923887-16-7.

Band 75

Priebs, Axel: Dorfbezogene Politik und Planung in Dänemark unter sich wandelnden gesellschaftlichen Rahmenbedingungen. 1990. IX, 239 S., 5 Tab. und 28 Abb. ISBN 3-923887-17-5.

Band 76

Stewig, Reinhard: Über das Verhältnis der Geographie zur Wirklichkeit und zu den Nachbarwissenschaften. Eine Einführung. 1990. IX, 131 S., 15 Abb. IBSN 923887-18-3.

Band 77

Gans, Paul: Die Innenstädte von Buenos Aires und Montevideo. Dynamik der Nutzungsstruktur, Wohnbedingungen und informeller Sektor. 1990. XVIII, 252 S., & 64 Tab., 36 Abb. und 30 Karten in separatem Kartenband. ISBN 3-923887-19-1.

Band 78

Bähr, Jürgen & Paul Gans (eds): The Geographical Approach to Fertility. 1991. XII, 452 S., 84 Tab. und 167 Fig. ISBN 3-923887-20-5.

Band 79

Reiche, Ernst-Walter: Entwicklung, Validierung und Anwendung eines Modellsystems zur Beschreibung und flächenhaften Bilanzierung der Wasser- und Stickstoffdynamik in Böden. 1991. XIII, 150 S., 27 Tab. und 57 Abb. ISBN 3-923887-21-3.

Band 80

Achenbach, Hermann (Hrsg.): Beiträge zur regionalen Geographie von Schleswig-Holstein. Festschrift Reinhard Stewig. 1991. X, 386 S., 54 Tab. und 73 Abb. ISBN 3-923887-22-1.

Band 81

Stewig, Reinhard (Hrsg.): Endogener Tourismus. 1991. V, 193 S., 53 Tab. und 44 Abb. ISBN 3-923887-23-X.

Band 82

Jürgens, Ulrich: Gemischtrassige Wohngebiete in südafrikanischen Städten. 1991. XVII, 299 S., 58 Tab. und 28 Abb. ISBN 3-923887-24-8.

Band 83

Eckert, Markus: Industrialisierung und Entindustrialisierung in Schleswig-Holstein. 1992. XVII, 350 S., 31 Tab. und 42 Abb ISBN 3-923887-25-6.

Band 84

Neumeyer, Michael: Heimat. Zu Geschichte und Begriff eines Phänomens. 1992. V, 150 S. ISBN 3-923887-26-4.

Band 85

Kuhnt, Gerald und Zölitz-Möller, Reinhard (Hrsg): Beiträge zur Geoökologie aus Forschung, Praxis und Lehre. Otto Fränzle zum 60. Geburtstag. 1992. VIII, 376 S., 34 Tab. und 88 Abb. ISBN 3-923887-27-2.

Band 86

Reimers, Thomas: Bewirtschaftungsintensität und Extensivierung in der Landwirtschaft. Eine Untersuchung zum raum-, agrar- und betriebsstrukturellen Umfeld am Beispiel Schleswig-Holsteins. 1993. XII, 232 S., 44 Tab., 46 Abb. und 12 Klappkarten im Anhang. ISBN 3-923887-28-0.

Band 87

Stewig, Reinhard (Hrsg.): Stadtteiluntersuchungen in Kiel, Baugeschichte, Sozialstruktur, Lebensqualität, Heimatgefühl. 1993. VIII, 337 S., 159 Tab., 10 Abb., 33 Karten und 77 Graphiken. ISBN 923887-29-9.

Band 88

Wichmann, Peter: Jungquartäre randtropische Verwitterung. Ein bodengeographischer Beitrag zur Landschaftsentwicklung von Südwest-Nepal. 1993. X, 125 S., 18 Tab. und 17 Abb. ISBN 3-923887-30-2.

Band 89

Wehrhahn, Rainer: Konflikte zwischen Naturschutz und Entwicklung im Bereich des Atlantischen Regenwaldes im Bundesstaat São Paulo, Brasilien. Untersuchungen zur Wahrnehmung von Umweltproblemen und zur Umsetzung von Schutzkonzepten. 1994. XIV, 293 S., 72 Tab., 41 Abb. und 20 Fotos. ISBN 3-923887-31-0.

Band 90

Stewig, Reinhard (Hrsg.): Entstehung und Entwicklung der Industriegesellschaft auf den Britischen Inseln. 1995. XII, 367 S., 20 Tab., 54 Abb. und 5 Graphiken. ISBN 3-923887-32-9.

Band 91

Bock, Steffen: Ein Ansatz zur polygonbasierten Klassifikation von Luft- und Satellitenbildern mittels künstlicher neuronaler Netze. 1995. XI, 152 S., 4 Tab. und 48 Abb. ISBN 3-923887-33-7.

Band 92

Matuschewski, Anke: Stadtentwicklung durch Public-Private-Partnership in Schweden. Kooperationsansätze der achtziger und neunziger Jahre im Vergleich. 1996. XI, 246 S., 16 Tab., 34 Abb., und 20 Fotos. ISBN 3-923887-34-5.

Band 93

Ulrich, Johannes und Kortum, Gerhard.: Otto Krümmel (1854-1912): Geograph und Wegbereiter der modernen Ozeanographie. 1997. VIII, 340 S. ISBN 3-923887-35-3.
24,00 €

Band 94

Schenck, Freya S.: Strukturveränderungen spanisch-amerikanischer Mittelstädte untersucht am Beispiel der Stadt Cuenca, Ecuador. 1997. XVIII, 270 S. ISBN 3-923887-36-1.
13,20 €

Band 95

Pez, Peter: Verkehrsmittelwahl im Stadtbereich und ihre Beeinflussbarkeit. Eine verkehrsgeographische Analyse am Beispiel Kiel und Lüneburg. 1998. XVII, 396 S., 52 Tab. und 86 Abb.
ISBN 3-923887-37-X.
17,30 €

Band 96

Stewig, Reinhard: Entstehung der Industriegesellschaft in der Türkei. Teil 1: Entwicklung bis 1950, 1998. XV, 349 S., 35 Abb., 4 Graph., 5 Tab. und 4 Listen.
ISBN 3-923887-38-8.
15,40 €

Band 97

Higelke, Bodo (Hrsg.): Beiträge zur Küsten- und Meeresgeographie. Heinz Klug zum 65. Geburtstag gewidmet von Schülern, Freunden und Kollegen. 1998. XXII, 338 S., 29 Tab., 3 Fotos und 2 Klappkarten. ISBN 3-923887-39-6.
18,40 €

Band 98

Jürgens, Ulrich: Einzelhandel in den Neuen Bundesländern - die Konkurrenzsituation zwischen Innenstadt und "Grüner Wiese", dargestellt anhand der Entwicklungen in Leipzig, Rostock und Cottbus. 1998. XVI. 395 S., 83 Tab. und 52 Abb.
ISBN 3-923887-40-X.
16,30 €

Band 99

Stewig, Reinhard: Entstehung der Industriegesellschaft in der Türkei. Teil 2: Entwicklung 1950-1980. 1999. XI, 289 S., 36 Abb., 8 Graph., 12 Tab. und 2 Listen.
ISBN 3-923887-41-8.
13,80 €

Band 100

Eglitis, Andri: Grundversorgung mit Gütern und Dienstleistungen in ländlichen Räumen der neuen Bundesländer. Persistenz und Wandel der dezentralen Versorgungsstrukturen seit der deutschen Einheit. 1999. XXI, 422 S., 90 Tab. und 35 Abb.
ISBN 3-923887-42-6.
20,60 €

Band 101

Dünckmann, Florian: Naturschutz und kleinbäuerliche Landnutzung im Rahmen Nachhaltiger Entwicklung. Untersuchungen zu regionalen und lokalen Auswirkungen von umweltpolitischen Maßnahmen im Vale do Ribeira, Brasilien. 1999. XII, 294 S., 10 Tab., 9 Karten und 1 Klappkarte.ISBN 3-923887-43-4.
23,40 €

Band 102

Stewig, Reinhard: Entstehung der Industriegesellschaft in der Türkei. Teil 3: Entwicklung seit 1980. 2000. XX, 360 S., 65 Tab., 12 Abb. und 5 Graphiken
ISBN 3-923887-44-2.
17,10 €

Band 103

*Bähr, Jürgen & Widderich, Sönke: Vom Notstand zum Normalzustand - eine Bilanz des kubanischen Transformationsprozesses. La larga marcha desde el período especial habia la normalidad – un balance de la transformación cubana. 2000. XI, 222 S., 51 Tab. und 15 Abb. ISBN 3-923887-45-0.
11,40 €

*= vergriffen

Band 104

Bähr, Jürgen & Jürgens, Ulrich: Transformationsprozesse im Südlichen Afrika - Konsequenzen für Gesellschaft und Natur. Symposium in Kiel vom 29.10.-30.10.1999. 2000. 222 S., 40 Tab., 42 Abb. und 2 Fig.
ISBN 3-923887-46-9.   13,30 €

Band 105

Gnad, Martin: Desegregation und neue Segregation in Johannesburg nach dem Ende der Apartheid. 2002. 281 S., 28 Tab. und 55 Abb.
ISBN 3-923887-47-7.   14,80 €

Band 106

*Widderich, Sönke: Die sozialen Auswirkungen des kubanischen Transformationsprozesses. 2002. 210 S., 44 Tab. und 17 Abb. ISBN 3-923887-48-5.   12,55 €

Band 107

Stewig, Reinhard: Bursa, Nordwestanatolien: 30 Jahre danach. 2003. 163 S., 16 Tab., 20 Abb. und 20 Fotos.ISBN 3-923887-49-3.   13,00 €

Band 108

Stewig, Reinhard: Proposal for Including Bursa, the Cradle City of the Ottoman Empire, in the UNESCO Wolrd Heritage Inventory. 2004. X, 75 S., 21 Abb., 16 Farbfotos und 3 Pläne. ISBN 3-923887-50-7.   18,00 €

Band 109

Rathje, Frank: Umnutzungsvorgänge in der Gutslandschaft von Schleswig-Holstein und Mecklenburg-Vorpommern. Eine Bilanz unter der besonderen Berücksichtigung des Tourismus. 2004. VI, 330 S., 56 Abb. ISBN 3-923887-51-5.   18,20 €

Band 110

Matuschewski, Anke: Regionale Verankerung der Informationswirtschaft in Deutschland. Materielle und immaterielle Beziehungen von Unternehmen der Informationswirtschaft in Dresden-Ostsachsen, Hamburg und der TechnologieRegion Karlsruhe. 2004. II, 385 S., 71 Tab. und 30 Abb. ISBN 3-923887-52-3.   18,00 €

Band 111

*Gans, Paul, Axel Priebs und Rainer Wehrhahn (Hrsg.): Kulturgeographie der Stadt. 2006. VI, 646 S., 65 Tab. und 110 Abb.
ISBN 3-923887-53-1.   34,00 €

Band 112

Plöger, Jörg: Die nachträglich abgeschotteten Nachbarschaften in Lima (Peru). Eine Analyse sozialräumlicher Kontrollmaßnahmen im Kontext zunehmender Unsicherheiten. 2006. VI, 202 S., 1 Tab. und 22 Abb. ISBN 3-923887-54-X.   14,50 €

Band 113

Stewig, Reinhard: Proposal for Including the Bosphorus, a Singularly Integrated Natural, Cultural and Historical Sea- and Landscape, in the UNESCO World Heritage Inventory. 2006. VII, 102 S., 5 Abb. und 48 Farbfotos. ISBN 3-923887-55-8.   19,50 €

Band 114

Herzig, Alexander: Entwicklung eines GIS-basierten Entscheidungsunterstützungssystems als Werkzeug nachhaltiger Landnutzungsplanung. Konzeption und Aufbau des räumlichen Landnutzungsmanagementsystems LUMASS für die ökologische Optimierung von Landnutzungsprozessen und -mustern. 2007. VI, 146 S., 21 Tab. und 46 Abb.
ISBN 978-3-923887-56-9.   12,00 €

Band 115

Galleguillos Araya-Schübelin, Myriam Ximena: Möglichkeiten zum Abbau von Segregation in Armenvierteln. Die Frage nach der sozialen und ökonomischen Nachhaltigkeit urbaner Ballungsräume am Beispiel Santiago de Chile. 2007. VIII, 226 S., 6 Tab. und 19 Abb. ISBN 978-3-923887-57-6.   15,00 €

*= vergriffen

Band 116
Sandner Le Gall, Verena: Indigenes Management mariner Ressourcen in Zentralamerika: Der Wandel von Nutzungsmustern und Institutionen in den autonomen Regionen der Kuna (Panama) und Miskito (Nicaragua). 2007. VIII, 390 S., 14 Tab. und 44 Abb.
ISBN 978-3-923887-58-3.   18,00 €

Band 117
Wehrhahn, Rainer (Hrsg.): Risiko und Vulnerabilität in Lateinamerika. 2007. II, 314 S., 13 Tab. und 50 Abb.
ISBN 978-3-923887-59-0.   16,50 €

Band 118
Klein, Ulrike: Geomedienkompetenz. Untersuchung zur Akzeptanz und Anwendung von Geomedien im Geographieunterricht unter besonderer Berücksichtigung moderner Informations- und Kommunikationstechniken. 2008. XI, 244 S., 89 Tab. und 57 Abb.
ISBN 978-3-923887-60-6.   15,50 €

Band 119
Sterr, Horst, Christoph Corves und Götz von Rohr (Hrsg.): The ToLearn Project, Learning how to Foster Sustainable Tourism in the North Sea Region 2009. III, 168 S., 6 Tab. und 23 farbige Abb.
ISBN 978-3-923887-61-3.   15,00 €

Band 120
Sandfuchs, Katrin: Wohnen in der Stadt. Bewohnerstrukturen, Nachbarschaften und Motive der Wohnstandortwahl in innenstadtnahen Neubaugebieten Hannovers. 2009. X, 282 S., 30 Tab. und 44 Abb.
ISBN 978-3-923887-62-0.   16,20 €

Band 121
Oppelt, Natascha: Monitoring of the Biophysical Status of Vegetation Using Multi-angular, Hyperspectral Remote Sensing for the Optimization of a Physically-based SVAT Model. 2010. XXII, 130 S., 34 Tab. und 62 Abb. davon 24 farbig
ISBN 978-3-923887-63-7.   14,50 €

Band 122
Mössner, Samuel: Integrierte Stadtentwicklungsprogramme - eine „Vertrauens-Konstellation". Beispiele aus Frankfurt a. M. und Mailand. 2010. X, 202 S., 5 Tab. und 6 Abb.
ISBN 978-3-923887-64-4.   14,50 €

Band 123
Sandner Le Gall, Verena und Rainer Wehrhahn (Hrsg.): Geographies of Inequality in Latin America. 2012. II, 402 S., 22 Tab. und 64 Abb.
ISBN 978-3-923887-65-1.   17,50 €

Band 124
Schlichting, Ina von: Migration, Translokalität und Doing Community. Stabilisierende Eigenschaften einer ecuadorianischen Dorfgemeinschaft in Ecuador, Deutschland und Spanien. 2013.IX, 242 S., 7 Tab. und 14 Abb.
ISBN 978-3-923887-66-8.   16,50 €

Band 125
Lukas, Michael, Neoliberale Stadtentwicklung in Santiago de Chile. Akteurskonstellationen und Machtverhältnisse in der Planung städtebaulicher Megaprojekte. 2014. IX, 244 S., 13 Tab. und 11 Abb.
ISBN 978-3-923887-67-5.   16,90 €